匡亚明 主编

中国思想家评传丛书

桓谭 王充 评传

钟肇鹏 周桂钿 著

南京大学中国思想家研究中心

南京大学出版社

中国思想家评传丛书

王　充像　　（王冠英　摄）

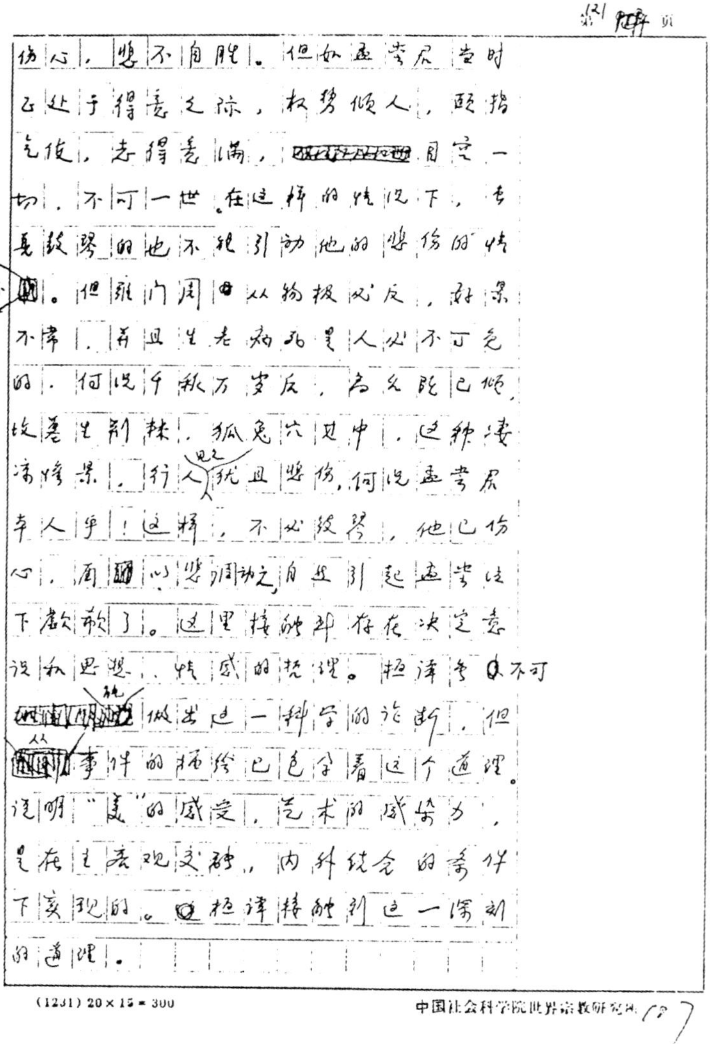

伤心，悲不自胜。但如孟尝君当时正处于得意之际，权势倾人，颐指气使，志得意满，目空一切，不可一世。在这样的情况下，当是鼓琴的也不能引动他的悲伤的情怀。但雍门周从物极必反，好景不常，并且生老病死是人所不可免的，何况千秋万岁后，高台既已倾，坟墓生荆棘，狐兔穴其中，这种凄凉情景，行人见之犹且悲伤，何况孟尝君本人乎！这样，不必鼓琴，他已伤心，再以悲调动之，自然引起孟尝君下欷歔了。这里接触到存在决定意识和思想、情感的规律。桓谭当然不可能做出这一科学的论断，但从事件的描绘已包含着这个道理。说明"美"的感受，艺术的感染力，是在主客观交融，内外统合的条件下实现的。桓谭接触到这一深刻的道理。

(1231) 20×15＝300　　中国社会科学院世界宗教研究所　(8)

《桓谭评传》作者手稿之一

《中国思想家评传丛书》序

匡亚明

伟大的中华民族在长达五千年连绵不断的曲折发展过程中，像滚滚东流的长江那样，以磅礴之势，冲破了重重险阻，奔腾向前，现在更以崭新面貌，雄姿英发，屹立于世界民族之林。这是人类历史上的一个奇迹。产生这一奇迹有诸多原因，其中十分重要的一点，就是我们勤劳、勇敢、智慧的各族人民，在长期的生产活动、社会活动、思维活动和对外交往以及抗击外来侵略过程中，逐渐创造、积累、发展了具有以生生不息的内在思想活力为核心的优秀传统思想文化。这是一种伟大、坚强的精神支柱，是我们民族凝聚力和生命力之所在，是历史留给我们所有海内外炎黄子孙引以自豪的无价之宝。

当然，和各国各种不同传统思想文化一样，在中华民族的思想文化传统中，也是既有精华，又有糟粕，因而全盘肯定或全盘否定，不对；一知半解、信口开河或裹足不前、漠然置之，也不对。郑重而严肃的态度应该是对它进行实事求是的科学的研究和分析，取其精华，弃其糟粕，继承和弘扬这份瑰宝，振兴中华，造福人类。人类历史发展的连续性，就是在不断去粗取精、继往开来和改革创新过程中实现的。继往是为了开来，开来不能离开继往。民族虚无主义和复古主义，都是违背历史发展的辩证规律的。

现在我们国家正处在一个新的继往开来迈向四化的关键时刻。继往就是继民族优秀传统之往，开来就是开社会主义现代化建设之来。对中国传统思想文化从广度和深度上进行系统研究，实现去粗取精的要求，正是继往开来必须完成的紧迫任务。我认为这是中国各族人民，首先是文化界、学术界、理论界义不容辞的光荣职责。但面对这一时间上长达五千年，内容上涉及人文科学、自然科学等各个领域的传统思想文化，将从何着手呢？毛泽东同志早在 1938 年就说过："从孔夫子到孙中山，我们应当给以总结，承继这一份珍贵的遗产。"①这是很有远见而又切合实际的英明建议。从孔子到孙中山这两千余年是中国历史上思想文化最丰富的时期，如果总结了这段历史，也就基本上总结了五千年传统思想文化的主要内容。当然，基本上不等于全部。孔子以前和孙中山以后的情况，可以另行研究。因此，我认为首先最好是在时间上从孔子开始到孙中山为止，方法上采取《中国思想家评传丛书》的形式作为实现这一任务的开端。这就是从这段历史的各个时期、各个领域和

---

① 毛泽东《中国共产党在民族战争中的地位》，《毛泽东选集》第 2 卷，人民出版社 1952 年版，第 522 页。

各个学科(包括文、史、哲、经、教、农、工、医、政治等等)有杰出成就的人物中,遴选二百余人作为传主(一般为一人一传,少数为二人或二人以上合传),通过对每个传主的评述,从各个侧面展现那些在不同时期、不同领域中有代表性人物的思想活力和业绩,从而以微见著、由具体到一般地勾勒出这段历史中中国传统思想文化的总体面貌,揭示其积极因素和消极因素的主要内涵,以利于开门见山、引人入胜地批判继承、古为今用,也为进一步全面系统地总结中国传统思想文化打下基础。自从毛泽东同志提出上引建议后,半个世纪以来,不少专家学者已从各个方面做了许多工作,但对全面完成这个任务来说还远远不够,还要在深度和广度上继续努力。作为“抛砖引玉”,本《丛书》只是这个继续努力所应完成的工作的一部分。《丛书》凡二百部,约四千万言,自1990年开始陆续出版,争取十到十五年全部出齐。

《丛书》所以用“中国思想家评传”命名,主要是考虑到中国传统思想文化中的核心是生生不息的内在思想活力,而历史事实也反复证明,凡是在各个不同时代不同领域和学科中取得成就者,大多是那些在当时历史条件下自觉或不自觉地认识和掌握了该领域事物发展规律的具有敏锐思想的人。他们取得成就的大小,取决于思想上认识和反映这些规律的程度如何。思想并非先验之物,它所以能反映和掌握这些规律,主要是通过社会实践和对前人思想成果的借鉴和继承。思想一旦形成,反过来在一定程度上又对实践起决定性指导作用。韩愈说的“行成于思,毁于随”①,列宁说的“没有革命的理论

① 韩愈《进学解》,中华书局《四部备要》东雅堂本《韩昌黎全集》卷十二第3页。

就不会有革命的运动”①，这些话，虽所处时代和所持立场不同，所要解决的问题的性质也不同，但就认识论中思与行、理论（思想的高度概括）与实践的关系而言，确有相通之处，即都强调思想对实践的指导意义和作用。因此我们以“中国思想家评传”命名，就是力图抓住问题的核心，高屋建瓴地从思想角度去评述历史人物，以便对每个传主在他所处时代的具体情况下，如何在他所从事的领域中，克服困难，施展才华，取得成功，做出贡献，从思想深处洞察其底蕴。历史上各个时代富有思想因而能在有关方面取得成就的人，直接阐述自己思想观点的论著虽亦不少，但大量的则是其思想既来自实践（包括对前人、他人实践经验的吸取）、又渗透在自己创造性实践之中，集中凝聚在他自己的业绩和事功上，而没有留下论著。另一些人却只留下著作而无其他功绩，对这些人来说，他那些有价值的著作就理所当然地是他的伟大业绩和事功。如果论述一个人的思想而不联系他的业绩（包括著作），必将流于空洞的抽象；同样，如果只讲一个人的具体业绩而不结合他的思想活动，又必将成为现象的罗列。评价思想和评价业绩，两者不应偏废。而不断在实践中丰富和深化的思想活力则是经常起主导作用的因素，强调这个因素，引起人们的正视和反思，正是我们的主旨和目的。当然，思想和思想家，思想家和实践家，都是既有区别又有联系的不同概念，忽视这一点是不对的。《丛书》的重点则是放在两者的联系和结合上。至于如何使两者很好联系和结合而又着意于剖析其思想活力，各占多少篇幅或以何种方式表达，则自当由作者根据传主的具体情况创造性

① 列宁《怎么办》，《列宁选集》第1卷，人民出版社1976年版，第241页。

地作出妥善安排。

自从人类历史上产生了马克思主义，不仅全人类解放和发展有了划时代的明确方向，学术研究也有了更严密的科学方法，即辩证唯物主义和历史唯物主义的世界观和方法论。根据这一科学方法，在研究和总结中国传统思想文化，特别是联系到《丛书》的撰著时，我认为下列几点应特别引起重视。

一、坚持实事求是的原则。实事求是是贯串在马克思实际活动和理论研究中的主线，离开了它也就离开了马克思主义。只有切实掌握了客观情况，才能得出正确的认识和判断。前者为"实事"，后者为"求是"，二者相结合，就叫实事求是。事不实则非夸即诬。为了弄清情况，就必须对情况的本质与现象、整体与局部、真与伪、精与粗，作出区别、梳理和取舍，这样才能掌握情况的实质，达到"实事"的要求；然后进一步加以分析研究，找出事物本身固有的真相而非主观臆测的假象，并验证其是否符合人民利益和人类历史前进方向，是否反映科学、技术、文化、艺术的发展规律，这样才能得出正确的认识和判断，达到"求是"的要求。实事求是是治学的基本功夫，是对每个传主的功、过、是、非作出公正评价的必要前提。不论古今中外，对历史人物过高或过低的不公正评价，大都由于未能认真坚持实事求是原则的缘故。

二、坚持批判继承的原则。马克思主义学说就是批判的学说，而批判是为了继承、发展和创新。这就需要我们在实事求是的基础上，既要继承发扬传主业绩和思想中的积极因素，又要批判清除其消极因素。凡传主业绩和思想中体现了诸如爱国主义、民主意识、科学见解、艺术创造和艰苦奋斗、克己奉公、追求真理的精神，即在符合历史前进要求的"立德"、"立功”、“立言”诸方面有显著成就等积极因素者，必须满腔热情地加以继承和弘扬，并紧密结合当前社会主义建设实际，使之深入人心，蔚然成风；凡反映有诸如封建迷信、专制独裁、愚昧落后、丧失民族尊严和违背科学进步等消极因素者，必须以历史唯物主义的观点加以批判，清除其一定程度上至今尚起作用的消极影响，而消极因素经过彻底批判后可转化为有益的教训；凡积极因素和消极因素相混者，更当加以认真清理和扬弃，既发扬其积极因素又摒弃其消极因素。我们力求一点一滴、切实认真地探索各个传主思想和业绩中珍贵的积极因素，使之成为全国各族人民正在从事的继往开来伟大历史工程的组成部分。

三、坚持“百花齐放”、“百家争鸣”的原则。“百花齐放”和“百家争鸣”，是发扬学术民主、促进学术繁荣的正确原则和巨大动力。前者强调一个“齐”字，后者强调一个“争”字，是表示学术上平等、民主和自由的两种不同状态；前者突出的是统一与和谐，后者突出的是区别与争论；两种状态又统一于不断地相互促进和相互补充、转化的持续发展提高过程之中。“百花齐放”、“百家争鸣”的原则体现在撰著评传时，应从“齐放”和“争鸣”出发，综合中外各个时期对有关传主的不同评价，吸取符合客观存在的对的东西，摒弃其违反客观存在的不实的东西，然后创造性地提出经过自己独立思考的、赶前人或超前人的一家之言。同时，对整个《丛书》而言，也有个共性、个性又统一又区别的问题。这就是一方面作者应把“实事求是”、“批判继承”和“百花齐放”、“百家争鸣”这几点作为大家的共性(统一与共识)；另一方面，对每部评传的立意、结构和行文(文体、文风和文采等)，则主要是作者的创造性思维劳动和雅俗共赏的文字表达艺术的成果，是彼此的个性（区别），不宜也不应强求一律。评传作者都有充分自由去发扬这一个性，力求在对每一传主的评述中探索和展示其积极因素，使之和正在变革中国面貌的伟大社会主义建设实践融为一体，丰富其内容，促进其发展，而不是仅仅停留在对传主思想业绩的一般性诠释上。

我认为，以上三点大体上可以表达《丛书》所遵循的主要指导思想，但也不排除用其他思想和方法得出的有价值的研究成果。

感谢所有关心和支持《丛书》工作的单位和个人，特别感谢《丛书》的名誉顾问和学术顾问。他们的热情关心、支持和指教，使《丛书》工作得以顺利进行。更要感谢所有承担评传撰著任务的老中青学者，他们都以严谨的治学态度，作出了或正在作出对学术，对民族，对历史负责的研究成果。没有他们的积极合作，《丛书》工作的开展是不可能的。《丛书》副主编和中国思想家研究中心、南京大学出版社，在制定《丛书》规划，约请和联系国内外学者，审定书稿以及筹划编辑出版等方面，克服重重困难，做了大量工作，他们的辛勤劳动是《丛书》能按预定计划出版的必要前提。

现在《丛书》开始出版了，我作为年逾八旬的老人，看到自己迫于使命感而酝酿已久的设想终于在大家支持合作下实现，心情怡然感奋，好像回到了青年时代一样，体会到“不知老之将至”的愉悦，并以这种愉悦心情等待着《丛书》最后一部的问世；特别盼望看到它在继承中华民族传统思想文化的珍贵遗产方面，在激励人心、提高民族自尊心和爱国主义思想方面，在促进当前建设有中国特色的继往开来的社会主义现代化物质文明和精神文明的历史性伟大事业中，能起到应有的作用。我以一颗耄耋童心，默默地祝愿这一由一批老中青优秀学者经长年累月紧张思维劳动而作出的集体性学术成果能发出无私的熠熠之光，紧紧伴照着全民族、全人类排除前进道路上的各种障碍，走向和平、发展、繁荣、幸福的明天！

热诚欢迎国内外同仁和各界人士不吝赐教，以匡不逮。是为序。

1990年10月7日

《桓谭评传》内容简介

桓谭是汉代著名的唯物主义哲学家。他的主要著作《新论》，自宋以后亡佚，现在只存佚文三万字左右。他批判当时流行的谶纬神学及占卜、祭祀、祷祝等世俗迷信。他的"形神烛火"之喻、无鬼论及否定长生之说等光辉的思想也保存下来。本传对桓谭的生平、著作作了较详细的考辨，对他的哲学、政治、美学思想作了系统的剖析。桓谭思想直接影响汉代的唯物主义巨子王充，王充推崇桓谭，予以很高的评价，本传对桓谭王充的关系也作了论证。

A BRIEF INTRODUCTION

Huan Tan was the famous materialistic philosopher of Han dynasty. His main work was The New Comments, which was lost after song and can be seen only about 30,000 characters now. Huan Tan criticized the divination combined with mystical confucianist belief and common superstitions at the time, such as praying, practise divination, offering sacrifices to gods or ancestors, etc.. His brilliant thoughts, including "ghostless Comments"、"negating eternal life views" and so on, have been conserved.

The author made detailed and systematic observation of Huan Tan's life, works, and thoughts of philosophy、politics and aesthetics.

The author also discussed the relationship between Huan Tan and the important materialist of Han Dynasty Wang Chong, who was influenced by Huan Tan directly and set high value on Huan Tan.

《王充评传》内容简介

王充是中国汉代（公元 1 世纪）的重要哲学家，他的著作《论衡》是当时百科全书式的巨著，王充批评当时流行的天人感应说和其它各种迷信，用事实与逻辑相结合的方法详细分析当时社会关注的各种哲学问题，表现了近代科学精神，有明显的超前性，对后代有深远的影响。

A BRIEF INTRODUCTION

Wang Chong was the important philosopher in Chinese Han dynasty (first Century), Wang's works "Lun Heng" was an encyclopedical book. It Criticized "the theory of the induction between the God and the human" and the other Superstitions which were popular in that time; It elaborated all kinds of Philosophical Problems which people were interested in with the method combine logic with the facts; It displayed some kind of mordern Scientific spirt, so it far exceeded its times; It deeply influenced the later generatians.

目　次

桓 谭 评 传

王 充 评 传

A CRITICAL BIOGRAPHY OF HUAN TAN

CONTENTS

A CRITICAL BIOGRAPHY OF WANG CHONG

CONTENTS

桓 谭 评 传

钟肇鹏 著

第一章　桓谭的生平和著作

第一节　桓谭生平

桓谭是汉代著名的思想家，字君山，沛国相（今安徽濉溪县）人。生于汉成帝阳朔二年（公元前 23 年）。他的父亲成帝时为大乐令。大乐令是六百石的高官，比博士地位高，相当于博士祭酒、尚书仆射的俸禄，在外官中与州刺史同列。汉代的高级官员可以“任子为郎”。桓谭“以父任为郎”。① 他十七岁为奉车郎，守卫殿中小苑西门。又管理过宫中的刻漏。白天他参照日影，夜里则观察星宿的位置来校正时辰。他少时喜好《离骚》，但不赞成屈原的人生观，“博观他书，辄欲反学”。②

桓谭学问广博，精于音乐，长于文学，又兼通天文历数。

① 《后汉书》本传。
② 《新论·道赋》。

他“遍习《五经》”，博通诸子，曾向班固的从伯父班嗣借《庄子》。班嗣虽修儒学，但贵老庄之术。班嗣给他回信说：

> 若夫严子者，绝圣弃智，修生保真，清虚淡泊，归之自然，独师友造化，而不为世俗所役者也。渔钓于一壑，则万物不奸其志；栖迟于一丘，则天下不易其乐。不绂圣人之罔，不嗅骄君之饵，荡然肆志，谈者不得而名焉，故可贵也。今吾子已贯仁谊之羁绊，系名声之缰锁，伏周、孔之轨躅，驰颜、闵之极挚，既系挛于世教矣，何用大道为自炫耀？昔有学步于邯郸者，曾未得其仿佛，又复失其故步，遂匍匐而归耳！[①]

从这封信里可见桓谭的志趣和思想倾向。他虽博通诸子百家，但以儒术为宗，所以准确说他“贯仁义之羁绊”，“伏周孔之轨躅”。汉武帝定儒学于一尊，当时今文经学盛行。今文经学好结合当时政治来讲论阐发经义，流于烦琐附会。桓谭不赞成这种学风，他曾批评讲小夏侯《尚书》的秦近君讲《尧典》“两字之说，至十余万言，但说‘曰若稽古’，三万言”。[②] 又说：“学者既多蔽暗，而师道又复缺然，此所以滋昏也。”[③]他研究经学有个特点，喜好古学，但训诂举大义，而不随波逐流，去搞那种支离破碎、牵强附会的章句之学。例如汉代的今文博士都排斥《左传》，说“左氏不传《春秋》”。桓谭则认为《谷梁传》“残略，多有遗失”。《公羊》“缘经文作传，弥离其本事”。他同刘歆友善，

---

① 《汉书·叙传上》。

② 《汉书·艺文志》颜注引。

③ 《文选·(颜延年)皇太子释奠会诗》李善注引。

并尊重《左传》。他说："《左氏传》于经，犹衣之表里，相待而成。经而无传，使圣人闭门思之，十年不能知也。"[①]他与汉代时髦的今文经学不合，所以《后汉书·桓谭传》说他："喜非毁俗儒，由是多见排诋。哀平间，位不过郎。"桓谭与傅皇后（汉哀帝后）的父亲孔乡侯傅晏有至交，那时高安侯董贤的妹妹为昭仪，颇受哀帝宠幸，皇后日渐疏远，傅晏也感到岌岌可危。桓谭说："刑罚不能加无罪，邪枉不能胜正人。"劝傅晏遣散宾客，谦诚自守，"修己正家以避祸"。结果傅晏幸免于难。王莽时，谭为谏议大夫，迁掌乐大夫。王莽作《大诰》，派遣谏议大夫桓谭等颁行天下，回京后，封谭为明告里附城（相当于关内侯）。但他并不阿附王莽，当时好些士大夫称颂王莽功德，"谭独自守，默然无言"。[②] 王莽当政后，凭主观想象进行复古主义的改革，致使"农商失业，食货具废"。[③] 弄得农村破产，民不聊生。荆州地区的农民在新市（今湖北京山县）人王匡、王凤领导下，逃入绿林山（今湖北大洪山）进行革命，称"新市兵"。平林（湖北随县北）人陈牧领导的农民起义军称"平林兵"。桓谭曾在新市、平林军拥戴的更始皇帝刘玄部下为太中大夫，正反映出他不满意于王莽统治和同情农民的进步的政治倾向。

东汉光武帝刘秀即位后，征求博学通人，大司空宋弘推荐桓谭，说他"才学洽闻，几能及扬雄、刘向父子"。于是任桓谭为议郎，给事中。他曾上疏陈政事，认为法律禁令没有尽善尽美的，"大抵取便国利事多者则可矣"，主张"共定国是"。他说：

① 《意林》卷三引。
② 《后汉书·本传》。
③ 《汉书·食货志》。

"君臣不合，则国是无从定矣。"[1]提出"抑并兼"，"举本业而抑末利"。但他的建议都未被采纳。后来因反对图谶，被贬黜为六安(今安徽六安)郡丞，在赴任的途中病卒，终年七十余岁。

第二节　桓谭著作考

桓谭著作，现在能考见的有《新论》十七卷，《乐元起》两卷，《太初历法》三卷，《桓谭集》五卷。还有《琴操》两卷，《两唐志》也认为是桓谭之作。今分别考辨如下：

1.《新论》十七卷，残。

《新论》是具有代表性的桓谭的主要著作。据《后汉书·桓谭传》李贤注所列凡十六篇，有：(1)《本造》言著书之意，造作之旨，类似全书序言。(2)《王霸》论皇、帝、王、霸之别，阐明儒家尊王贱霸之旨。(3)《求辅》言君主当求贤才辅佐，阐明为治贵在得贤能人才的重要性。(4)《言体》说明为政贵识大体，大体即为政之本。(5)《见微》言见微而知著，由小以见大。《见微》一作《见徵》，微、徵形近，作"微"为是。(6)《谴非》谴责君主的失误及王莽为政之非。(7)《启寤》启发人们，令其醒悟。(8)《祛蔽》对思想上、认识上的偏蔽一一加以辨析。(9)《正经》辨证儒家经典，祛除经学上的邪说。(10)《识通》对历史人物一分为二，具体情况进行具体分析，以见通人之蔽。(11)《离事》本篇大概是记录或辨析一些古今事件。(12)《道赋》论说有关赋的制作及故事，即"赋话"也。(13)《辨惑》辨析世俗上的一些迷惑，说明无仙无鬼。(14)《述策》记述历史

① 《后汉书·本传》。

上的重要策略，今存汉初陈平献策解汉高帝平城之围一节。(15)《闵友》记叙怀念故友、故人之作。(16)《琴道》本篇为桓谭未完之作，但有开头的一章，记述有关琴的历史、制作、故事等。《新论》十六篇，其中《本造》《闵友》《琴道》各为一篇，其余十三篇，因卷帙庞大，光武帝刘秀令分为上下，则为二十六篇，加《本造》《闵友》《琴道》三篇，故《后汉书・桓谭传》说：《新论》"二十九篇"。《东观汉记・桓谭传》云："光武读之，敕言卷大，令皆别为上下，凡二十九篇。唯《琴道》未毕，但有发首一章。"严可均辑《桓子新论序》云："案二十九篇而十七卷者，上下篇仍合卷，为十六卷。疑复有录一卷，故十七卷。"

桓谭"见刘向《新序》，陆贾《新语》，乃为《新论》"[①]。《新论》云："余为《新论》术辨古今，亦欲兴治也。何异《春秋》褒贬邪！"[②]王充《论衡・定贤》篇云："孔子不王，素王之业，在于《春秋》。然则桓君山素丞相之迹，存于《新论》者也。"又《案书》篇曰："《新论》之义，与《春秋》会一也。"亦以《新论》比于《春秋》。王充对桓子《新论》极为推崇。《论衡・超奇》篇谓桓君山"又作《新论》，论世间事，辨照然否，虚妄之言，伪饰之辞，莫不证定。彼子长、子云说论之徒，君山为甲"。《佚文》篇云："挟君山之书，富于猗顿之财。"《定贤》篇云："世间为文者众矣，是非不分，然否不定。桓君山论之，可谓得实矣。论文以察实，则君山汉之贤人也。"《案书》篇云："仲舒之言道德政治，可嘉美也。质定世事，论说世疑，桓君山莫上也。故仲舒之文可及而君山之论难追也。"《对作》篇云："众事不失实，凡论不坏乱，则桓谭之论不起。""桓君山《新论》，邹伯奇《检

①② 《太平御览》卷六〇二引《新论》。

论》，可谓论矣。”王充认为《新论》的水平高于董仲舒、司马迁、扬雄的著作，直可上比孔子之《春秋》，可以称为汉代第一。

《隋书·经籍志》子部儒家著录“桓子《新论》十七卷”。《两唐志》并著录桓子《新论》十七卷。梁玉绳《瞥记》卷五谓：“桓谭《新论》二十九篇，凡十七卷，其书盖亡于宋世，故《宋史·志》《文献通考》皆无之。明陈第《世善堂书目》有《新论》二卷，当是后人所缀拾也。仁和孙之騄搜采群书，辑成二卷。”孙之騄辑本今不可见。现有孙冯翼辑《桓子新论》一卷，收入《问经堂丛书》中。严可均辑《新论》三卷载《全后汉文》卷十三至卷十五。严辑序云：“其书宋时不著录。《群书治要》所载十五事，当是《求辅》《言体》《见徵》《谴非》四篇。《意林》所载三十六事，当是十三篇，惟少《本造》《述策》《闵友》三篇，各书所载，又三百许事，合并重复，联属断散，凡百七十二事，依《治要》《意林》次第，以类相从，定为三卷。诸引但《琴道》有篇名，余无篇名。今望文分系，仍加各篇旧名，取便检阅。”严辑优于孙氏辑本，但仍有佚文尚待补充。1977年上海人民出版社据严氏《全后汉文》辑本加以标点，又补辑十余条，但搜罗尚未完备。

2.《乐元起》两卷，佚。

《旧唐书·经籍志》乐类著录“《乐元起》二卷，桓谭撰。”《新唐志》同。曾朴《补后汉书艺文志》云：“案《白虎通德论》引有《乐元语》，盖河间献王所撰，此书名《乐元起》者或起发《乐元语》之粃谬，故以为名。”肇鹏案《汉书·食货志下》云：“《乐语》，有五均。”颜注引邓展曰：“《乐元语》，河间献王所传。”《白虎通义·礼乐》篇两引《乐元语》，即河间献王《乐元语》之佚文。桓谭精于音乐,《乐元起》佚文无存,其详不可知。顾名思义,盖推考乐之元起。曾朴以为乃针对《乐元语》而作,“起发《乐元语》之粃谬”说无据。

3.《太初历法》三卷,佚。

顾怀三《补后汉书艺文志》卷四历象类有“桓谭《太初历法》三卷”。乾隆《江南通志》卷一九二载有“《太初历法》三卷沛国桓谭”。顾氏盖本于此。肇鹏案桓谭《太初历法》,历代史志均无著录,《江南通志》亦不言出处,疑为误记。

4.《桓谭集》五卷,佚。

《后汉书本传》言谭“所著赋诔书奏凡二十六篇”。《隋书经籍志》“梁有后汉《桓谭集》五卷,亡”。新旧《唐志》并著录《桓谭集》二卷。宋以后亡佚。严可均《全后汉文》卷十二辑《仙赋》并序一篇,《陈时政疏》《抑谶重赏疏》二篇,《便宜》二,《启事》一,《答扬雄书》一,皆只言片语,凡七篇,不及本传所云二十六篇的三分之一。《文心雕龙·才略》篇云:“桓谭著论,富号猗顿,宋弘称荐,爰比相如,而集灵诸赋,偏浅无才,故知长于讽论,不及丽文也。”是刘勰推崇其《新论》而次其辞赋也。

5.《琴操》两卷,佚。

新旧《唐志》并著录桓谭《琴操》二卷。清代马瑞辰辑本序云:“《唐志》载桓谭《琴操》二卷。按桓谭《新论》有《琴道》篇,不闻有《琴操》。《琴操》言‘伏羲始作琴’。与《琴道》言神农始作琴不合,则《琴操》决非桓谭所作。《文选》注引《新论》‘雍门说孟尝君曰:今君下罗帐,来清风’。《北堂书钞》引作《琴操》,是唐人误以《琴道》篇为《琴操》之证也。”马氏以桓谭并无《琴操》之作,唐人误以《新论·琴道》为《琴操》。然侯康《补后汉书·艺文志》云:“马说甚辨,然《唐志》所有,未敢轻删。”肇鹏案，历代撰《琴操》者除桓谭外有蔡邕、孔衍等人。隋唐志并著晋孔衍撰《琴操》三卷。《隋志》又有《琴操钞》二种。今存《琴操》两卷，题蔡邕撰。阮元《四库未收书目提要》云：“上卷诗歌五曲，一十二操，九引；下卷杂歌二十一章。今《文选·长笛赋》李善注引《琴操》曰‘伏羲作琴，以修身理性，反天真也。’又《演连珠》、《归田赋》注引蔡邕《琴操》曰：‘伏羲氏作琴，弦有五者，象五行也。’俱与此同。则在唐世已然，其为旧题无疑。”然蔡邕《琴操》，两《唐志》并未著录。同名之书，古今颇多，焉知桓谭必无此作，两《唐志》并有著录，原书久佚，未可轻于否定。

第三节 桓谭与王莽的关系

桓谭与王莽为旧相识。王莽居摄，谭为谏议大夫，封明告里附城，相当于关内侯的爵位，王莽始建国(9年)后为掌乐大夫，后被免职。《后汉书·桓谭传》说：“当王莽居摄篡弑之际，天下之士莫不竞褒称德美，作符命以求容媚，谭独自守，默然无言。”桓谭对王莽并不歌功颂德、造作符命以求宠幸，异于阿谀附莽之辈。关于《后汉书》的这段记载，顾炎武认为是范书为之讳，乃史家曲笔。《日知录》卷二十六《后汉书》条云：

> 案《前汉书·翟义传》“莽依《周书》作《大诰》，遣大夫桓谭等班行谕告，当反位孺子之意，还，封谭为明告里附城。”是曾受莽封爵，史为讳之尔。光武终不用谭，当自有说。

王先谦《后汉书集解》说：

荀悦《汉纪》及《通鉴》皆援据班史，明斥桓谭附莽之事。论者动言其以非谶见黜，则蔚宗饰词误之也。刮党阿大逆之污，褒为自守默然，盖不仅为之讳尔。

他们对范书的指摘，是否有充分的根据和真有道理呢？根据是很不充分的，唯一的道理就是封建的正统观念。以汉王朝为正统，王莽是篡弑。因之凡在王莽当政时期为官的如桓谭、扬雄之流都是投靠"伪政权"的"附逆"之辈。这种封建正统观在今天看来已经没有什么价值，以此作为标准来衡量历史人物，当然就更无价值可言。只有否定了"忠臣不事二主，烈女不嫁二夫"这种封建的忠贞观念，才能如实地评价桓谭思想和范晔记述是否合乎实际。

桓谭虽在王莽朝服官，并受封爵，但两人的思想并不相同，用现代的话来说，服官受爵是在王莽下面工作，这属于工作关系。至于上符命歌颂功德以邀幸取宠，则关系到思想人品的问题。这本是两回事，未容混为一谈。怎么能说凡是在王莽时服官受爵的人都必然是阿附王莽的叛逆呢？

桓谭虽在王莽时服官受爵，但对王莽的为人和许多措施并不苟同曲附而是持批评的态度。请看下列证明：

(1) 指摘王莽为政不识大体，办了许多蠢事，如复古、迷信鬼神等等。《新论》说：

王翁始秉国政，自以通明贤圣，而谓群下才智莫能出其上。是故举措兴事，辄欲自信任，不肯与诸明习者通共。苟直意而发，得之而用，是以稀获其功效焉。故卒遇破亡，此不知大体者也。①

王翁嘉慕前圣之治，而简薄汉家法令，故多所变更，欲事事效古。美先圣制度，而不知己之不能行其事。释近趋远，所尚非务，故以高义，退致废乱，此不知大体者也。②

王翁刑杀人，又复加毒害焉。至生烧人，以醓五毒灌死者肌肉。及埋之，复荐覆以荆棘。人既死，与草木等，虽重加创毒，亦何损益？……王翁之残死人，观人五藏，无损于生人，生人恶之者，以残酷示之也。……王翁以亡，知大体与不知者远矣。③

桓谭批评王莽好卜筮，迷信鬼神，结果众叛亲离。更始帝刘玄兵临城下，他还“抱持符命、威斗”逃到渐台下，真是迷惑愚蠢到极点。

桓谭认为治国施政首先贵识大体，所谓“大体”就是能掌握大政方针，既能坚持原则，又能通权达变，处事得宜，无不适当。他曾以汉高帝刘邦同王莽对比，刘邦善于知人任贤，张良、萧何、韩信三者皆人杰，而为刘邦所用，这就是识大体的证明。王莽则恰恰与此相反，他刚愎自用而不善用人。他自专自信，搞复古主义，残害死尸，结果引起活人的怨恨，迷信鬼神干了许多蠢事，弄得众叛亲离，至于败亡。

(2) 不善用人，不能用贤去恶。桓谭《新论》说：

---

①②③ 《群书治要》卷四十四引。

昔齐桓公出,见一故墟而问之。或对曰:"郭氏之墟也。"复问:"郭氏曷为墟?"曰:"善善而恶恶焉。"桓公曰:"善善而恶恶乃所以为存,而反为墟,何也?"曰:"善善而不能用,恶恶而不能去。彼善人知其贵己而不用,则怨之;恶人见其贱己而不好,则仇之。夫与善人为怨,恶人为仇,欲毋亡,得乎?"乃者王翁善天下贤智才能之士,皆征聚,而不肯用,使人怀诽谤而怨之。更始帝恶诸王假号无义之人,而不能去,令各心恨而仇之。是以王翁见攻而身死,宫室烧尽;更始帝为诸王假号而出走,令城郭残。二主皆有善善恶恶之费,故不免于祸难大灾,卒使长安大都,坏败为墟,此大非之行也。①

王翁前欲北伐匈奴,及后东击青、徐众郡赤眉之徒,皆不择良将,而但以世姓及信谨文吏,或遣亲属子孙,素所爱好,咸无权智将帅之用,猥使据军持众,当赴强敌。是以军合则损,士众散走,咎在不择将。将与主俱不知大体者也。②

这是说王莽不善于选用人才,在文人武将的任用上都失计,所以政乱兵败,卒致覆亡。

(3) 征讨匈奴,军事上,外交上均失败。《新论》说王莽:

分单于为十五,是以恨恚大怒,事相攻拒。王翁

---

①② 《群书治要》卷四十四引。

不自非悔，乃遂持屈强无理，多拜将率，调发兵马，运徙粮食财物，以弹索天下。天下愁恨怨苦，因大扰乱，竟不能挫伤一胡虏，徒自穷极竭尽而已。……今匈奴负于王翁，王翁就往侵削扰之，故使事至于斯，岂所谓“肉自生虫，而人自生祸”者耶！①

王莽专擅，私心自用，弄得政治、经济、军事、外交上全盘失败，其致命伤在不识大体。《新论》说：“唯王翁之过绝世人有三焉：其智足以饰非夺是，辩能穷诘说士，威则震惧群下，又数阴中不快己者，故群臣莫能抗答其论，莫敢干犯匡谏，卒以致亡败，其不知大体之祸也。”又说：“王翁行甚类暴秦，故亦十五岁而亡。”

从以上分析概括起来可以看出，(1) 桓谭对王莽举措行为多所批评，虽在王莽下为官，但思想异趣，并非同流。(2) 桓谭反对谶纬，不信符命，自然不会去造作。(3) 谭为人耿介，敢于冒犯光武帝刘秀，不畏强御，从性格上看，不会同流合污，阿附王莽。在王莽当权之时，群下造符命以迎合王莽，谭虽未便公开指斥，但保持沉默，完全是可能的，所以范蔚宗谓“谭能自守，默然无言”是可信的，并非史家曲笔，为谭隐讳。何况范晔与桓谭相去三百余年，非其亲昵，范氏又何必曲笔为之讳邪？

第四节　桓谭对刘歆扬雄的评价

桓谭与刘歆、扬雄为旧交。扬雄比桓谭大三十岁，刘歆比

① 《群书治要》卷四十四引。

桓谭大二十多岁，年辈均长于谭。桓谭是个善独立思考的学者，所以“喜非毁俗儒”，不随一时风尚，“好古学”这点与刘歆、扬雄一致。《后汉书·本传》称谭“数从刘歆、扬雄辨析疑异。”范晔在这里用“辨析疑异”四字是很恰当的，他概括了《新论》中所载桓谭与刘子骏、扬子云的辩论和剖析疑难。现在《新论》虽残缺很多，就所存佚文还可以证实。

余与刘子骏言养性无益，其兄子伯玉曰：“天生杀人药，必有生人药也。”余曰：“钩吻不与人相宜，故食则死，非为杀人生也。譬若巴豆毒鱼，礜石贼鼠，桂害獭，杏核杀狗，天非故为作也。”[1]

刘子骏信方士虚言，谓神仙可学。尝问：“人言诚能抑嗜欲，阖耳目，可不衰竭乎？”余见其庭下有大榆树，久老剥折，指谓曰：“彼树无情欲可忍，无耳目可阖，然犹枯槁朽蠹，人虽欲爱养，何能使之不衰？”[2]

刘向、刘歆父子得见《淮南鸿宝秘书》，他们信方士虚言，认为炼丹服食，可以长生成仙，他们是有神论者，刘伯玉是刘歆的侄儿，他既迷信神仙，又是神学目的论者，认为天是有意志的，人世间的一切都是上帝有意的安排。桓谭是无神论者，他不相信神仙长生之术，不相信方士骗人的“虚言”。树木无耳目情欲，还得枯槁朽蠹，不能长生，何况人呢？说明闭目塞听，并不能成仙不死。至于毒药杀死人畜，只是由于药性有毒，与

① 《太平御览》卷九九〇引。
② 《艺文类聚》卷八十八引。

人畜不相宜，所以吃了中毒致死，并不是天有意志，故意为之，这是对神学目的论的批判。还有一则难刘歆以土龙求雨的故事。刘歆虽好古文经学，但他迷信神仙，喜好方术。他做土龙，吹律求雨。桓谭问他求雨用土龙干什么？他说因为龙是兴云作雨的，所以做土龙以象其类，这样可以感动上天降雨。桓谭说：譬如磁石引针，玳瑁拾芥，要是假的磁石、玳瑁就不能引针拾芥。即使龙能致雨，但你做的土龙怎么能致雨呢？问得刘歆张口结舌，无法回答。

桓谭好古学，虽受到刘歆的影响，但在哲学思想上与刘歆并不一致。桓谭是唯物主义的无神论者，而刘歆则是唯心主义的有神论者。

桓谭对扬雄极为推崇，论其交谊在师友之间。他曾想从扬雄学作赋，扬雄告诉他"能读千赋，则善赋"。① 又谓"余少时见扬子云之丽文高论，不自量年少新进，而猥欲逮及。尝激一事，而作小赋，用精思太剧，而立感动发病，弥日瘳"。② 扬子云也说在汉成帝时，他随从到甘泉，诏使作赋，因为时间仓促，用心苦思，遂"梦其五脏出在地，以手收而内(纳)之，及觉，病喘悸，大少气，病一岁。"③可见写作的劳精苦思，有损健康。

桓谭同扬雄一起辩论盖天，扬雄本信盖天说，桓谭主浑天说，以浑天说难扬雄，最后扬雄放弃了盖天说也相信浑天说。《新论》云：

---

① 《意林》引《新论》。
② 《意林》卷三引。
③ 《意林》卷三引。

通人扬子云因众儒之说天，以为如盖转，常左旋，日月星辰随而东西，乃图画形体行度，参以四时历数，昏明昼夜，欲为世人立纪律，以垂法后嗣。余难之曰："春秋分昼夜欲等，平旦，日出于卯，正东方；暮，日入于酉，正西方。今以天下人占视之，此乃人之卯酉，非天卯酉，当北斗极。北斗极、天枢，天轴也；犹盖有保斗矣，盖虽转而保斗不移。天亦转，周帀，斗极常在，知为天之中也。仰视之，又在北，不正在人上。而春秋分时，日出入乃在斗南。如盖转，则北道近，南道远，彼昼夜刻漏之数，何从等乎?"子云无以解也。后与子云奏事待报，坐白虎殿廊庑下，以寒故，背日曝背。有顷，日光去，背不复曝焉。因以示子云曰："天即盖转而日西行，其光影当照此廊下而稍东耳，无乃是反应浑天家法焉!"子云立坏其所作。则儒家以天为左转，非也。①

扬雄曾经按照传统的盖天说绘出日月星辰运行的度数，并参考四季的变化和昼夜的交替，制成天体运行图，想以这种宇宙模式作为万世遵循的规律。桓谭见到这图同他辩道："天如果像圆盖子那样转动，人在南方，太阳在南方轨道上就是白天，太阳转到北边轨道就是黑夜。而图上的北边轨道长，南边轨道短，为什么现在昼夜的时间都相当呢?"扬雄不能回答。一个冬天的上午，扬雄和桓谭同去奏事，等待皇帝召见。因为天气冷，两人就坐在白虎殿东厢走廊下晒太阳。一会儿阳光

① 《晋书·天文志一》引。

过去，背上晒不到太阳了。桓谭对扬雄说：天体如果像盖那样旋转，太阳向西边走，阳光应当照到这走廊下，然后渐渐向东转去，不应像现在这样照不到了，这正与浑天家的说法相符合。扬雄也觉得桓谭的话有道理，于是把绘制的天体运行图销毁，放弃了盖天说改从浑天说，并写出《难盖天八事》，举出八条理由来驳斥盖天论。

扬雄作《太玄》为当时人所讥，刘歆曾对扬雄说："空自苦，今学者有禄利，然尚不能明《易》，又如《玄》何？吾恐后人用覆酱瓿也。"[1]扬雄笑而不言，因作《解嘲》《解难》以释之，而桓谭对《太玄经》有极高的评价。他说：

> 扬雄作《玄》书，以为玄者天也、道也，言圣贤制法作事，皆引天道以为本统，而因附续万类，王政、人事、法度，故伏羲氏谓之易，老子谓之道，孔子谓之元，而扬雄谓之玄。《玄经》三篇以纪天地人之道，立三体，有上中下，如《禹贡》之陈三品，三三而九，因以九九八十一，故为八十一卦。[2]

有人问桓谭："子尝称扬雄书，岂能传于后世乎？"谭曰："必传。顾君与谭不及见也。凡人贱近而贵远，亲见扬子云禄位容貌不能动人，故轻其书。昔老聃著虚无之言两篇，薄仁义，非礼学，然后世好之者尚以为过于《五经》，自汉文景之君及司马迁皆有是言。今扬子之书，文义至深，而论不诡于圣人，若

① 《汉书·扬雄传下》。

② 《后汉书·张衡传》章怀太子注引《新论》。

使遭遇时君，更阅贤知，为所称善，则必度越诸子矣。”[①]王莽问桓谭：“扬子云何人邪？”答曰：“扬子云才智开通，能入圣道，卓绝于众，汉兴以来，未有此也。”[②]并推尊扬雄为圣人。他曾同扬雄一起讨论过什么是圣人。桓谭说：“如后世复有圣人，徒知其材能之胜己，多不知其圣与非圣也。子云曰诚然。”“张子侯曰：‘扬子云西道孔子也，乃贤如此。’吾应曰：‘子云亦东道孔子也。昔仲尼岂独是鲁孔子？亦齐、楚圣人也。’”[③]以扬雄为圣人，比之孔子，可谓推崇备至。但是桓谭对扬雄也不是一味恭维，他们之间除了在天文学上辩论浑天盖天的优劣，如上所述而外，桓谭也对扬雄有所批评，如说：“扬子云大才，而下晓音。”[④]又说他在长安连续死了两个儿子，扬雄很哀痛，把两人都运回四川安葬，花费很多钱，因此弄得很困窘，批评他“不能以义割恩”。[⑤] 因爱恋已死的儿子终致贫困。桓谭认为这是通人之蔽。

① 《汉书·扬雄传下》。
② 《论衡·超奇》及《太平御览》卷四三二、卷六〇二引。
③ 《意林》卷三引。
④ 《太平御览》卷五六五引。
⑤ 《太平御览》卷五五六引。

第二章　桓谭的形神论

形神问题是中国哲学史上讨论的重要课题之一。这个问题起源于先秦，经两汉南北朝儒、道、佛三家都注意这个问题，加以论辩，讨论才深入系统化。后来为道教所吸取构成形、精、气、神的内丹理论体系，影响颇大。桓谭坚持唯物主义，在形神问题的讨论中有着重要贡献。

第一节　古代的形神观

形神问题就是形体与精神的关系问题。形神之论最早源于道家。道家讲养生之道，贵在安神而保形，形全而神旺。《庄子·在宥》说："神将守形，形乃长生。"《天地》篇说："执道者德全，德全者形全，形全者神全。神全者，圣人之道。"这是以道德为本，掌握了道德，也就是说得道者就可形全神全。这里值得注意的有两点：(1) 说明形神是互相依存的。(2) 从"形全者神全”,说明形全是神全的先决条件,所以说:“形体保神,各有仪则。”[①]《天地》《天道》是庄学流入黄老一派的思想,以形为本,具有唯物主义倾向。由于形神互为依存,关系密切,所以要养生的就应该避免过度的损耗形神。《庄子·刻意》说:“形劳而不休则弊,精用而不已则劳。”形体太劳累,精疲力尽,显然对养生不利。

荀子是个唯物主义哲学家,他明确地说:“形具而神生。”[②]说明形体是根本,精神是由形派生的。

汉代讲到形神的颇多,司马谈有一节关于形神较系统的看法,他说:

> 凡人所生者神也,所托者形也。神大用则竭,形大劳则敝,形神离则死。死者不可复生,离者不可复反,故圣人重之。由是观之,神者生之本也,形者生之具也。[③]

司马谈是个黄老学者,上承道家思想传统。他这里说明人的生命是形、神的结合,形神分离则生命终结,人就死亡。要使形神相及,不至分离,就要逸形养神。因为精神耗损太多则枯竭,形体太劳累就受损伤,都会加速形神的分离。但是司马谈认为神是生之本,形只是受神驱使的工具。这就与《荀子》说的“形具而神生”及《庄子》所说“形全则神全”异趣。

---

① 《庄子·天地》。
② 《荀子·天论》。
③ 《史记·太史公自序》。

《淮南子·原道》说:“形神气志,各居其宜。”这里讲到形体、精神、气和意志四者的关系。形、气是物质性的东西,神、志是属于精神性的,认为四者处于适当的位置,应互相协调起来。与《淮南子》同时,董仲舒著《春秋繁露》,其中也讲到神、气与意志的关系。《繁露·循天之道》说:“意劳者神扰,神扰者气少,气少则难久矣。故君子闭欲止恶以平意,平意以静神,静神以养气。”讲修养的必须清心寡欲,使意志平和,意志平和则精神安静,精神安静则气息和畅,所以养气。《淮南子·原道》说:“形者,生之舍也;气者,生之充也;神者,生之制也;一失位则二者伤矣。”[①]他认为形体是生命寄托之所,气是充实于形体之内的,神是生的主宰。三者各处于适当的位置,才能互济。如果其中一个失位,则其余二者就会受损伤,而三者之中又以神为主,所以说:“以神为主者,形从而利;以形为制者,神从而害。”[②]“故神制则形从,形胜则神穷。”[③]并且明确地说:“神贵于形。”[④]既然神贵于形,所以修道的人贵在全神保精,使“神与形化。”[⑤]则形神均可长存。即使形体不复存在,而“神”也能长存。“不得形神具没”。[⑥]西汉末期严遵著《老子指归》卷九说:“夫生之于形也,神为之蒂,精为之根。血气为之卒徒。”血气属于形体,这是以精神为主宰,形体为卒徒,显然是神本形末论。出现于后汉时的道教经典《太平经》说:“形者乃主死,精神乃主生,常合即吉,去则凶。无精神则死,有精神则生,常合

① “二”旧本作“三”,今从王念孙校改。
② 《淮南子·原道》。
③④ 《淮南子·诠言》。
⑤⑥ 《淮南子·淑真》。

即为一，可以长存也。”[①]这说明形体主死，而精神主生，精神可以离形体而存在。精、气、神三者合一为修炼长生之道，形神合一，永不分离即是神仙。《淮南子》和《老子指归》就为后来道教长生成仙和神不灭论，打下理论基础。

第二节　桓谭的唯物主义形神论

汉代神仙方术盛行。神仙思想不仅宣传精神不灭，而且认为肉体也可以不朽，人可以成仙，白日飞升，长生不死。“神为形主”的思想为宗教神学理论奠定了基础。桓谭的形神烛火之喻，认为“火烛俱尽”即是说形神俱灭，批判了形体长存的神仙妄想，否定了神存形灭的宗教思想。在形神问题上，坚持了唯物主义，具有划时代的意义。

桓谭的形神论，不是一篇论文，而是一篇辩论文字。他的同乡故陈令杜房读《老子》，问桓谭道：“老子用恬淡养性，致寿数百岁，今行其道，宁能延年却老乎？”[②]这里反应出两个问题。其一，司马迁说：“盖老子百有六十余岁，或言二百余岁，以其修道而养寿也。”[③]可见老子寿数百岁的神话是汉代广泛流传的。其二，老子所以能活数百岁，是由于他“修道”而得长寿。老子修的什么“道”？这里说是恬淡可以养生延年。恬淡的意思就是不为名利等身外之物所役，经常保持心情平静、安适，凡事淡然处之。“得之不喜，失之不忧。”这实际上是一种心理

---

① 《太平经合校》716 页。

② 《弘明集》卷五。

③ 《史记·老子传》。

修养和意志锻炼，中心安适，和乐自然，存于中，形于外，所谓“心广体胖”。[①] 心理生理健康则可以延年却老。

桓谭也承认人的身体有强弱坚脆的不同，如能爱护保养，思虑劳累不过度，当然比不知爱养，苦思冥索，劳累过度的强一些。譬如衣履器用，爱护地使用就能保持完好，而且使用时间也长。桓谭因就旁边点燃的“麻烛”为喻。他说：“精神居形体，犹火之燃烛矣。”把精神与形体比作烛火同蜡烛的关系。烛火离开蜡烛则不复存在，说明精神离开形体也不会存在。所以说：“烛无，火亦不能独行于虚空。”即使是烛燃烧后剩下的灰烬，也不能令其再燃。这就像人到老年齿落发白，精神也不能润泽身体内外的各部分，肌肉就会干枯，气尽之后，人就死亡，形同神都不复存在，就如火同烛俱尽一样。

人若遭到外伤或患疾病，如能就良医诊治，并好好调养，也能恢复健康，终其天年。如果不加爱护和医治，就会中年夭亡，就像蜡烛点燃后，因蜡泪而倾斜，有的地方剥掉一块，如果善于扶持，转动蜡烛则可以继续燃烧，直到一支烛燃完。否则也会中途熄灭。

人生之时，自己什么都不知道；那么到老死的时候，也会不知不觉地死去。在古代和平的日子里，人人生活在太平环境中，个个身体坚强，得享高寿，一般都是百岁左右才死，死的时候好像睡觉一样，也没有什么痛苦，就如谷物和果实成熟了，自然落地一样。后世的人，生在浇薄浑浊的环境里，而且结婚太早，劳累过度，所以自身和生下来的孩子都受到损伤。筋骨血气并不坚强充实，因之幼年或中年就夭折。有的患病经受许

① 《礼记·中庸》。

多痛苦折磨，最后才死。所以大家对于死就憎恨害怕，认为这是最大的变故。齐景公曾对晏子说："使古而无死，若何？""晏子曰：上帝以人之殁为善，仁者息焉，不仁者如焉。今不思勉，广日学自通，以趋立身扬名，如但贪利长生，多求延寿益年，则惑之不解者也。"[①]

从以上的议论说明：(1) 桓谭的人生观是吸取了儒家把握现实，提倡勤勉，努力学习，在学问事业上做出贡献，扬名于世的思想。(2) 在生死观上，他吸取了道家的自然无为思想，认为人生是在不知不觉中自然而生，老死也是自然而死。生死自然，这是摄取了《庄子》中"其生也天行，其死也物化"[②]，"安适而处顺"[③]的思想。(3) 批判神仙长生思想，认为贪生贪利，妄图长生不死是大惑不解。

当时有人提出质难形神烛火之喻说：

> 以烛火喻形神，恐似而非焉。今人之肌肤，时剥伤而自愈者，血气通行也。彼蒸烛缺伤，虽有火居之，不能复全。是以神气而生长，如火烛不能自补完，盖其所以异也，而何欲同之？[④]

这是说用烛和火比形和神，恐怕是似是而非的。人的肌肉皮肤有时损伤了能自己恢复，这是由于神气血气通畅的缘故。

---

① 《新论·形神》。
② 《庄子·天地》。
③ 《庄子·养生主》。
④ 《新论·形神》。

蜡烛剥落，虽然火还燃着也不能恢复完整。可见神气能生产肌肤，而火则不能保养蜡烛，这就是两者的差异，怎么能将形神同烛火等同起来呢？桓谭回答说：

> 火则从一端起，而人神气则于体当从内稍出合于外，若由外腠达于内，固未必由端往也，譬犹炭火之燃赤，如水过渡之，亦小灭，然复生焉。此与人血气长肌肉等，顾其终极，或为炙，或为炧耳。曷为不可以喻哉！①

他认为蜡烛的火是从头上燃起，人的精神则充满全身，由体内到体外表，又从体表的肌肤达到体内，不像蜡烛只能由上端往下燃烧。这可以炭火来比喻。炭经火烧红后，如果滴上一点水，着水的那点也会暂时熄灭，但跟着又会燃烧起来，这就和人的血气生长肌肤相同，所不同的只是最后烛化为灰烬，人变成腐肉罢了。质难者的用意认为精神可以再生肉体，强调神对形的决定作用。桓谭则认为精神居形体之中，神不仅不能决定形，而且形亡则神亦不复存在，形神俱亡，如火烛俱灭。前者认为神是第一性的，具有决定作用，属于唯心主义；后者认为形亡神灭，形是第一性的，属于唯物主义。

有一次桓谭同刘伯师②在夜间点着灯火坐谈。桓谭说：人的衰老也像油干灯芯尽一样，并提到从前辩论麻烛的故事。伯师说灯干了可以再加油，烛点完了，可以再换一支，人衰老

---

① 《新论·形神》。

② 刘伯玉为刘歆兄子，伯师亦当为刘歆之侄。

了，可不可以像灯烛那样倾斜一下或更换一下，使他新生呢？桓谭说：

> 人既禀形体而立，犹彼持灯一烛，及其尽极，安能自尽易？尽易之乃在人。人之蹶，傥亦在天，天或能为也。[①] 其肌骨血气充强，则形神枝而久生，恶则绝伤，犹火之随脂烛多少长短为迟速矣。欲灯烛自尽易以不能，但促敛旁脂以染渍其头，转侧蒸干使火得安居，则皆复明焉。及本尽者，亦无以燃。[②]

这是说人的生命依靠形体而存在，就如火光依赖蜡烛一样。灯油尽了，灯怎么能自己加油；烛点完了，烛怎能自己更换。加油更换是人而不是灯烛。人的衰老，出于自然，如果要更换新生，天也许能有所为吧！人的肌骨血气强壮，形体自然能支持得长久，否则就会损伤中断。正如灯烛燃烧时间的长短，决定于油的多少和烛的长短一样。灯烛虽不能自己调整更换，但如能搜括一点旁边的油脂，把灯倾斜一下，把烛转动一下，也还可以延长燃烧的时间，但到烛干燃尽了，还是得熄灭。桓谭对养生作了一个简要的总结说：

> 今人之养性，或能使堕齿复生，白发更黑，肌颜光泽，如彼促脂转烛者，至寿极亦独死耳。明者知其难求，故不以自劳；愚者欺或（惑），而冀获尽脂易烛

---

① “也”旧本并误作“他”。他，也形近，或以他字连下读，亦非。

② 《新论·形神》。

> 之力，故汲汲不息。又草木五谷，以阴阳气生于土，及其长大成实，实复入土，而后能生，犹人与禽兽昆虫，皆以雄雌交接相生。生之有长，长之有老，老之有死，若四时之代谢矣。而欲变易其性，求为异道，惑之不解也。①

桓谭在这里说明：(1) 认为养生之道可以使肌肤光泽，增进健康，甚至可使白发变黑，齿落复生，可以延年，就像蜡烛剥蚀，转动一下则可继续燃烧。但人的寿命总有终极，等于蜡烛燃完了必然熄灭，人到寿终必然死亡，这是不可变易的。(2) 聪明的人知道长生不死是不可能的，所以不去徒劳。愚蠢的人迷惑不解，妄想长生不死，所以积极追求长生的各种方术，实际是自己欺骗自己。(3) 最后他讲明植物和动物生长的道理。植物都是禀阴阳之气生于土中，然后结实，实入于土，才能再生。人与禽兽昆虫都是雌雄交配才产生后代的。有出生，有成长，由成长壮大而衰老，由衰老至死亡，则如同春夏秋冬四时代谢样，是自然的规律。企图长生的，妄想改变必然的规律，岂非愚蠢之极，大惑不解吗？桓谭最后从自然规律的高度来批判长生成仙思想，具有无可辩驳的说服力，达到了当时最高的科学水平。桓谭的形神烛火之喻在当时是具有划时代的意义，但由于自然科学水平和时代的局限，这个比喻并不是没有缺点的。第一，按照辩证唯物论的观点，精神是物质运动的最高形式，是人脑运动产生的。古代的唯物主义者不能有这种理解，如《管子·内业》说："精也者，气之精者也。"认为精是一种极细微的

① 《新论·形神》。

精气,这把精神和物质混淆起来,不能划清两者的界限。桓谭虽说神居于形体之中,但又说“神气”。王充继承了桓谭的思想,他说:“人之精神,藏于形体之内。”“天下无独燃之火,世间安得有无体独知之精?”[①]但他也认为精是精气,所以说:“人之所生者精气也,死而精气灭”[②]。桓谭和王充在形神问题上坚持了唯物主义,但他们把精神说成“神气”“精气”,并未能摆脱《管子》等古代唯物主义的影响。其次是,因为烛和火都是物质,所以烛火之喻也容易被主张灵魂不死的神不灭论者钻空子。晋朝佛教学者慧远就说:“火之传于薪,犹神之传于形;火之传异薪,犹神之传异形。”[③]这就为宗教的轮回说作了论证。这个问题直到梁朝范缜的《神灭论》提出形质神用的光辉命题,他把形神比作刃和利的关系,才算对形神问题从唯物主义哲学的高度对唯心主义的质难作了较好的回答。

---

①② 《论衡·论死》。

③ 《弘明集》卷五《沙门不敬王者论》。

第三章　桓谭反对谶纬和迷信

在谶纬中，孔子被塑造为一尊神，把儒学宗教化。在谶纬神学的乌烟瘴气之下，汉代迷信盛行，怪说布张。桓谭以清醒的头脑，敢于坚持真理，批判谶纬神学和世俗迷信，正是在这种斗争中，桓谭成为一位卓越的唯物主义思想家。

第一节　谶纬神学和汉代迷信

谶纬是一种依托神圣预示吉凶的语言。汉武帝以后，独尊儒术，把经学神学化。谶为神的预言，示人吉凶；纬以配经，故称谶纬。谶纬中造出“孔子为汉制法”的神话。西汉后期方士化的儒生大量造作谶纬并编辑成书。东汉光武帝刘秀以“赤伏符”起兵，即皇帝位后，崇信谶纬，国家的典礼制度，往往援据谶纬作为判断的标准。在神学的笼罩之下，阴阳灾异之说和各种迷信广泛流行。今简述如下：

(1) 阴阳五行　谶纬以阴阳五行为骨架，阴阳五行灾异在汉代流行甚广，影响深远。汉代大儒如董仲舒有《春秋灾异》，孟喜得易家《阴阳灾变书》，京房承其学，均谶纬神学之先导。刘向有《洪范五行传》。他得《淮南鸿宝苑秘书》信神仙黄白之术，又《隋书·经籍志》经部异说类列谶纬诸书，其中有《刘向谶》一卷，并可见刘向与阴阳五行神仙图谶的密切关系。

(2) 堪舆　据阴阳五行以相宅室坟山的形势，以明吉凶。《史记·日者传》载有堪舆家。《汉书·艺文志》数术略五行类有《堪舆金匮》十四卷，即这家的著作。王充《论衡·讥日》引《葬历》曰："葬避九空地臽及日之刚柔，月之奇偶。"均属此类。

(3) 变复家　变谓转变、改变，复，除也，变复即转祸为福，消除灾祸。《史记·日者传》有"变复家"。《论衡》中《感虚》《寒温》并有"变复之家"。《后汉书·杨赐传》言"图变复之道"，《后汉书·周举传》言"变复之徵"，都是讲消灾去祸，转危祈福之术。

(4) 丛辰　以子丑寅卯等十二时辰的善神恶神所主以定每日之吉凶，为占卜择日算命之用。《史记·日者传》有丛辰家。《汉书·艺文志》术数略五行类有《钟律丛辰日苑》二十三卷。

(5) 建除　用十二辰测定某日吉凶的方法。《史记·日者传》有建除家。《淮南子·天文》篇"寅为建，卯为除"。建除家谓子开，丑闭，寅建，卯除，辰满，巳平，午定，未执，申破，酉危，戌成，亥收。以子卯午未酉戌为吉，丑寅辰巳申亥为凶。建除十神主十二辰之吉凶。

(6) 风角　《论衡·变动》篇所谓"风家"，又称风占。以时日、方位、风声等占风以定吉凶祸福。京房有《风角要占》三卷,《风角五音占》五卷,《风角杂占》十三卷。翼奉有《风角要候》十一卷,《风角鸟情》一卷,《风角杂占五音图》五卷。[①]

(7) 占梦　梦是人类的一种特殊精神现象。但占梦、圆梦在战国以前属于统治阶级上层人物的信仰,官方设有占梦官。秦时尚有占梦博士。《汉书·艺文志》云:"众占非下,而梦为大,故周有其官。"秦汉以后占梦与谶纬阴阳五行相结合,广泛在民间流传,为世俗迷信的一个重要组成部分。京房有《占梦书》[②]三卷,在谶纬中关于梦兆的记载甚多。如《诗纬·含神雾》说:"太任梦长人感己,生文王。"[③]《春秋演孔图》说:"孔子母颜氏征在,游大冢之陂,睡,梦黑帝使请己往,梦交。语曰:汝乳必于空桑之中,觉后若感,生丘于空桑之中。"[④]桓谭反对谶纬,于占梦禳梦也有所批判。

(8) 世俗日常迷信。在谶纬神学的气氛之下,举凡迁徙、嫁娶、丧葬、出行,甚至洗澡、裁衣等凡是人们生活中一举一动都得选择吉日良辰,并有不少的禁忌。《论衡·难岁》说:"移徙法曰:徙抵太岁,凶;负太岁,亦凶。"《后汉书·郭躬传》说汝南陈伯敬"还触归忌,则寄宿乡亭"。李贤注引《阴阳历法》曰:"归忌日,四孟在丑,四仲在寅,四季在子,其日不可远行,归家及徙也。"王充《论衡·讥日》说:"裁衣有书,书有吉凶,凶日制衣有祸,吉日则有福。"又曰:"《沐书》曰:子日沐,令人爱之;卯日沐,令人白头。"《隋书·经籍志》子部五行家有《沐浴书》一卷,

---

①② 并见《隋书·经籍志》子部五行类。

③ 《太平御览》卷八十四引。

④ 同上卷九五五引。

《裁衣书》一卷。日常生活中嫁娶、丧葬、迁徙、出行都得选择吉日良辰。《史记·日者传》说：

> 孝武帝时，聚会占家问之，某日可取妇乎？五行家曰：可。堪舆家曰：不可。建除家曰不吉。丛辰家曰大凶。历家曰小凶。天人家曰小吉。太一家曰大吉。辩讼不决，以状闻。制曰：避诸死忌，以五行为主，人取于五行者也。

真是众说纷纭，莫衷一是。最后只好以皇帝的权威下诏来解决。这是一个笑话，但由此可见汉代迷信的盛行。

第二节　桓谭对谶纬和迷信的批判

谶纬在东汉时代具有神学法典的性质，号为“内学”，尊为“秘经”，为皇帝所尊崇。桓谭不畏权势，敢于面折廷争，批判谶纬神学，反对世俗迷信，其头脑清醒，敢于独立思考，坚持真理的精神是很可贵的。

(1) 批判谶纬和神学目的论

东汉光武帝刘秀以图谶起兵，即位后迷信谶纬，“多以决定嫌疑”。桓谭上疏说：

> 凡人情忽于见事，而贵于异闻。观先王之所记述，咸以仁义正道为本，非有奇怪虚诞之事。盖天道性命，圣人所难言也。自子贡以下不得而闻，况后世浅儒能通之乎！今诸巧慧小才伎数之人，增益图书，

矫称谶记，以欺惑贪邪，诖误人主，焉可不抑远之哉？臣谭伏闻陛下穷折方士黄白之术，甚为明矣，而乃欲听纳谶记，又何误也！其事虽有时合，譬犹卜数只偶之类。陛下宜垂明听，发圣意，屏群小之曲说，述《五经》之正义，略雷同之俗语，详通人之雅谋。①

桓谭根据儒家创始人孔子的教导："不语怪力乱神。"《五经》的宗旨是"仁义正道为本"，重视现实，而不贵"异闻"，"奇怪虚诞之事"。子贡说："夫子之言性与天道，不可得而闻也。"后世浅儒群小，伪造图书谶记来欺骗蒙蔽人主，人主乃听信这些妖言邪说，岂不是大错特错吗？他劝刘秀当机立断，摒弃小人邪说，返于正道。在《新论》里也说："谶书出河图洛书，但有兆朕，而不可知。后人妄复加增依托，称是孔丘，误之甚也。"②指明谶纬依托孔子，其实都是后人妄作。刘秀看了桓谭的奏疏很不高兴。后来召集会议讨论灵台应建在何处，据《公羊》家说灵台在国之东南二十五里，《韩诗》说在南方七里内，《春秋左传》说在太庙中。《诗纬·含神雾》云："作邑于丰，起灵台在邑之内。"众说不同。光武帝刘秀说："吾欲以谶决之，如何？"谭默然良久说："臣不读谶。"刘秀问其故，桓谭"极言谶之非经"，引起迷信谶纬的皇帝大怒说："桓谭非圣无法，推下斩之。""谭叩头流血，良久乃得解。"遂贬为六安郡丞。这是一场惊心动魄的斗争。谶纬神学中的一个主要部分是占灾异变怪。桓谭说：

① 《后汉书·桓谭传》。

② 《意林》引。

灾异变怪者，天下所常有，无世而不然。逢明主贤臣智士仁人，则修德善政，省职慎行以应之，故咎殃消亡而祸转为福焉。昔大戊遭桑谷生朝之怪，获中宗之号。武丁有雊雉升鼎之异，身享百年之寿。周成王遇雷风折木之变，而获反风岁熟之报。宋景公有荧惑守心之忧，星为徙三舍。由是观之，则莫善于以德义精诚报塞之矣。故《周书》曰："天子见怪则修德，诸侯见怪则修政，大夫见怪则修职，士庶见怪则修身神不能伤道，妖亦不能害德。"及衰世薄俗，君臣多淫骄失政，士庶多邪心恶行，是以数有灾异变怪，又不能内自省视，畏天戒而反，外考谤议，求问厥故，惑于佞愚，而以自诖误，而令患祸得就，皆违天逆道者也。[1]

这说明灾异变怪是历代常有的现象，能修德善政，就可消除灾害，转祸为福。以下举商朝的大戊、武丁、周成王、宋景公正确地对待灾变的事例为证。后世衰薄，君臣骄淫失政，遇到灾变又不能正确对待，致令祸灾叠起。总的来说，桓谭相信人定可以胜天，而不惑于灾异变怪。谶纬和阴阳灾异的理论基础都是神学目的论。桓谭批判谶纬神学和阴阳灾异说，同时也反对天命论和神学目的论。他说：

汉高祖建立鸿基，侔功汤武，及身病，得良医弗用，专委妇人，归之天命，亦以误矣。此必通人而蔽

① 《群书治要》卷四十四引《新论》。

者也。[①]

桓谭肯定了汉高帝刘邦建立汉王朝的丰功伟绩，比之于殷商的成汤和周朝的武王。但是在他病重的时候不信任良医，而委之妇人，归于天命，这个错误正是通人之蔽。这是他相信科学而反对"天命"的最好证明。他曾同刘歆的侄儿刘伯玉辩论。刘伯玉相信神学目的论认为毒药是天生的，因之长生不老、起死回生的仙药也必然有。桓谭说："钩吻不与人相宜，故食则死，非为杀人生也。譬若巴豆毒鱼，礜石贼鼠，桂害獭，杏核杀狗，天非故为作也。"[②]钩吻又名毒根，俗称断肠草，陶弘景说："入口则钩人喉吻也。"[③]产于南方，有剧毒，食之半日即死。桓谭认为自然物由于性质的不相宜，所以有误服致死的，并不是天有意识，故意生产毒药来害人。这是自然之天与主宰之天的分野，也是哲学上唯物主义和唯心主义的论争。《新论》又说：

天下有鹳鸟，郡国皆食之，而三辅俗独不敢取之，取或雷霹雳起。原夫天不独左彼而右此，其杀取时，适与雷遇耳。[④]

鹳鸟郡国皆取食，说明这是正常的事。唯有三辅地区不

① 《文选》卷二十三谢灵运《庐陵王墓下》诗注引《新论》。
② 《太平御览》卷九九〇引。
③ 《本草纲目》卷十七。
④ 《太平御览》卷十三及九二五引。

敢取食，因为迷信说捕捉鹳鸟会遭雷击。这是天人感应论的说法。桓谭认为天是自然之天，是无意识的，不会厚此薄彼，对天下各地都是一样的。雷击之说，可能正当捕杀鹳鸟适逢霹雳，与雷相遇而生的，他用偶然的遭遇否定了天人感应的神学目的论。

（2）反对神仙长生之说

神仙长生之说起自晚周。秦汉以来，由于帝王贪婪地追求长生不死，所以汉代神仙方术广泛流传。桓谭断然否定神仙，他说："无仙道，好奇者为之。"刘歆认为人能够抑制嗜欲，闭目塞聪，可以不衰老。桓谭指庭下榆树说，那树木没有耳目情欲，还得枯朽，何况有耳目嗜欲的人呢？他的结论是："生之有长，长之有老，老之有死，若四时之代谢矣。"由生而长，由长而老，由老而死，这是自然的不可违抗的规律，而神仙长生之说，妄想违背这一规律，岂非执迷不悟吗？

> 曲阳侯王根迎方士西门君惠，从其学养性却老之术。余见侯曰："圣人不学养性，凡人欲为之，欺罔甚矣。"君惠曰："夫龟称三千岁，鹤言千岁，以人之材，何乃不如虫鸟邪？"余应曰："谁当久与龟鹤同居，君审如其年岁乎？设令然，蝉蟔渠略，又可使延年如龟鹤耶！①"

这里讲了三层意思来驳斥神仙却老之说。一是说明圣人不学养性却老之术，而凡人则迫切追求，圣人所不为而凡人所

① 《意林》卷三引。

急趋，这证明凡人的迷误，受到欺骗。龟鹤是动物中活得长久的。但说龟三千岁，鹤千岁，也不是事实。桓谭问道谁同龟鹤长期相处知道它的确切年龄呢？第三层意思说即使龟鹤真能活上千岁，那也是龟鹤的性质所决定的，怎么能让其余的动物如蝉螵小虫也都像龟鹤一样呢？这也证明人羡慕龟鹤的长年，也是不明物性，大惑不解。

他还对一些特殊的现象进行分析，驳斥神仙说：

> 余尝与郎冷喜出，见一老翁，粪上拾食，头面垢丑，不可忍视。喜曰："安知此非神仙？"余曰："道必形体如此，无以道为。"①
>
> 元帝被病，广求方士，汉中送道士王仲都者，诏问何所能为？对曰："但能忍寒暑耳。"乃以隆冬盛寒日，令袒衣，载以驷马，于上林昆明池上环冰而驰。御者厚衣狐裘，甚寒战，而仲都独无变色。卧于池台上，曛然自若，此耐寒也，因为待诏。至夏大暑日，使曝坐，又环以十炉火，不言热而身不汗出。②
>
> 近哀平间，睢陵有董仲君，好方道。尝犯事，坐重罪，系狱，佯病死。数日目陷虫出。吏捐弃之。既而复活，故知幻术靡所不有。③

---

① 《太平御览》卷三八二引。

② 《水经注·渭水》下，《三辅黄图》卷五，《艺文类聚》卷五，《初学记》卷三引。

③ 《太平御览》卷七三七及九四四引。

一个粪上捡东西吃，肮脏不堪的老人，无知者认为是神仙。桓谭说要是修成神仙是这样子，就用不着再修道了。正如好些求仙学道的误服丹药，中毒而死，正常的人引以为戒，知道丹药是骗人的。执迷不误的人反而说中毒而死者是尸解成仙，又服丹致死，岂不是愚蠢到极点吗？方士往往利用魔术或催眠术来骗人。如道士王仲都能耐寒暑，董仲君的佯死虫出也是幻术。桓谭加以揭露说“幻术靡所不有”。幻术就是现在说的魔术。魔术看来活灵活现，其实是幻术并非真实。

（3）批判世俗迷信

① 卜筮祭祷祝

桓谭《新论》说：

昔楚灵王骄逸轻下，简贤务鬼，信巫祝之道，斋戒洁鲜，以祀上帝，礼群神，躬执羽绂，起舞坛前。吴人来攻，其国人告急，而灵王鼓舞自若，顾应之曰：“寡人方祭上帝，乐明神，当蒙福祐焉，不敢赴救。”而吴兵遂至，俘获其太子及后姬以下，甚可伤。①

王翁好卜筮，信时日，而笃于事鬼神，多作庙兆，洁斋祀祭。牺牲殽膳之费，吏卒办治之苦，不可称道。为政不善，见叛天下。及难作兵起，无权策以自救解，乃驰之南郊告祷，抟心言冤，号兴流涕，叩头请命，幸天哀助之也。当兵入宫日，矢射交集，燔火大起，逃渐台下，尚抱其符命书及所作威斗，可谓蔽惑至

① 《太平御览》卷五二六及七三五引。

甚矣!①

这两节是批判楚灵王和王莽不务人事而迷信卜筮,祭祷鬼神。结果楚师大败,灵王的太子及后妃被俘。王莽则至死还执迷不误。所以桓谭说:“圣王治国,崇礼让,显仁义,以尊贤爱民为务,是为卜筮维寡,祭祀用稀。”②楚灵王和王莽反其道而行导致家破人亡。

② 占梦

占梦来卜吉凶,已如上述。桓谭《新论》说:“博士弟子韩生居东寺,连三夜有恶梦,以问人。人教使晨起,厕中祝之。三旦,而人告以咒诅,捕治,数日死。”③这是听信了占梦者的话,去祷祝禳解恶梦,反而被告发遭逮捕致死。从这一事实证明占禳梦解不仅未得福,反而遭祸。用事实来驳斥了占梦的迷信。

③ 求雨。雨水是关系农业生产的重要因素,所以久雨则祈晴,干旱则求雨,是上古以来为执政重视的大事。以龙求雨本是象征性的意义。自董仲舒以天人感应的神学目的论加以解释,使求雨的祭祀典礼更蒙上一层神秘的色彩。桓谭反对天人感应论,所以也批判土龙求雨。他说:

刘歆致雨,具作土龙吹律,及诸方术,无不备设。谭问:“求雨所以为土龙何也?”曰:“龙见者,辄有风雨兴起,以迎送之;故缘其象类而为之。”难以“顿牟、磁

① 《群书治要》引。
② 《太平御览》卷五二六及七三五引。
③ 《太平御览》卷一八六及四〇〇引。

石不能真是，何能掇针取芥？”子骏穷，无以应。[1]

土龙致雨原是古代巫师求雨所用。董仲舒《春秋繁露·求雨》篇用苍龙、赤龙、黄龙、白龙、黑龙以配春、夏、季夏、秋、冬四季及五方之色。董仲舒从天人相类、同类相感的理论出发，认为龙能兴云雨，造土龙以象其类。桓谭不相信天人感应论，他举出物类相感，如磁石引针，顿牟即是玳瑁，摩擦生电，可以引芥。桓谭说要是假的磁石、假的玳瑁就不能引针、拾芥。即使龙能致雨，用假的土龙怎么能致雨呢？以此破土龙致雨的迷信。

桓谭正是在拨开谶纬神学的迷雾，与诸多世俗迷信的斗争中成为一个卓越的唯物主义者。桓谭重视自然科学技术，他说：“伏羲之制杵臼，万民以济，及后世加巧，因延力借身重以践碓，而利十倍杵舂，又复设机关，用驴、骡、牛、马及役水而舂，其利且百倍。”[2]这说明从手舂的杵臼到足踩“借身重以践碓”而利十倍，再进而用畜力牛马驴骡，最后发明水碓而百倍于人力。水碓是电能及蒸汽机发明以前最先进的打磨粮食的工具，现在也还有好些地方在应用。桓谭通天文律历。他曾为典漏刻郎，发现气温的高低和湿度的大小会影响刻漏的准确性，必须根据寒温燥湿和日晷及星宿度数加以校正，才能得出准确的时刻。在桓谭《新论》中还记有两小儿辩日的故事，他说：

① 《续汉书·礼仪志中》刘昭注引及《论衡·乱龙》。
② 《太平御览》卷七六二引。

> 余小时闻闾巷言：孔子东游，见两小儿辩斗，问其故。一儿曰：我以日始出时近，日中时远。一儿以日初出远，日中时近。长水校尉平陵关子阳以为日之去人，上方远而四旁近。何以知之？星宿昏时出东方，其间甚疏，相离丈余。及夜半，在上方，视之甚数，相离唯一二尺。以准度望之，愈益明白。故知天上之远于旁也。日为天阳，火为地阳，地阳上升，天阳下降。今置火于地，从旁与上诊其热，远近殊不同，乃差半焉。日中，正在上覆盖人，人当天阳之冲，故热于始出时。又新从大阴中来，故复凉于其西在桑榆间。大小虽同，气犹不如清朝也。桓君山曰：子阳之言，岂其然乎！[1]

这个故事也见于《列子·汤问》篇，《列子》是魏晋时人重新编辑的，一般认为《列子》伪书，难于信据。所以桓谭才说"小时闻闾巷言"，可能是当时民间流传的故事。认为早上日近、中午日远的根据是近处视物大，愈远则物显得愈小。认为早上日远、中午日近的根据是，中午太阳温度高，早上太阳温度低。太阳是个热源，距太阳愈近，温度愈高；距太阳愈远，温度愈低。关子阳认为中午日远，四旁日近，也即是早晚太阳近，中午太阳远。关子阳的解释从盖天说立论认为天如覆盂，太阳在边沿时近，中午太阳在顶时日远。这个说法是不科学的。根据现代天文学家研究，上半年中午的太阳比早上远，而下半年中午的太阳则比早上近。但我们一年中看到的太阳一般都是早上大、

① 《隋书·天文志上》引。

中午小，这是由于人们的错觉造成的。至于为什么中午太阳热，早晚凉一些，关子阳用上蒸与旁射解释是有合理性的。因为中午太阳直射，经过的大气层比较薄，所以热量消耗少些，温度就较高；而早上的光斜射，透过的大气层厚。另外中午由于一个上午的加温，所以温度自然比早上高些，但这与太阳的远近并无多大关系。桓谭的父亲成帝时为大乐令，他自幼受家庭熏陶，爱好音乐，精通乐律，深于乐理。从现存的《新论·琴道》篇佚文中就可见，他对怎样制琴，辨调，音乐与政治，音乐与人的思想、感情均有所论述。正如神学是唯心主义哲学的同盟军一样，自然科学是唯物主义哲学的联盟军。桓谭的唯物主义思想正是建立在自然科学的基础上，他概括了当时天文、律历等自然科学技术的新成果，在批判流行的谶纬神学和各种世俗迷信中形成的。

第四章　桓谭的政治思想

桓谭虽博通经史诸子，但就他的主导思想来看，仍以儒学为中心。班嗣说他"贯仁谊之羁绊"，"伏周孔之轨躅"，正表明其儒家的性质。儒学以经世致用为宗，以人伦道德为本，由修己以推至天下国家；讲的是治国平天下之道，是现实的，政治的。桓谭的政治思想就是儒家的王道政治。他说：

> 夫上古称三皇、五帝，而次有三王、五霸，此皆天下君之冠首也。故言三皇以道治，而五帝用德化，三王由仁义，五霸用权智。其说之曰：无制令刑罚谓之皇；有制令而无刑罚谓之帝；赏善诛恶，诸侯朝事，谓之王；兴兵众，约盟誓，以信义矫世，谓之霸。王者，往也，言其惠泽优游，天下归往也。五帝以上久远，经传无事，唯王霸二盛之美，以定古今之理焉。夫王道之治，先除民害，而足其衣食，然后教以礼义，而威以刑

诛，使知好恶去就，是故大化四凑，天下安乐，此王者之术。霸功之大者，尊君卑臣，权统由一，政不二门，赏罚必信，法令著明，百官修理，威令必行，此霸者之术。①

他把治道分为皇、帝、王、霸四等。王道是以“道”治天下，其特点是既无刑罚，也没有制度、法令。这就是所谓“无为而治”。帝道是用德化，其特点是有制度、法令而没有刑罚。但是他认为三皇、五帝的事，年湮代久，文献无征。只有王霸两者郁郁乎文，既盛且美，文治灿然。王道是以仁义治天下，但是并不废弃刑赏诛罚。其特点是“赏善诛恶”，使天下归往，惠泽加于百姓。实现王道的规划，桓谭分为三步进程：(1)“为民除害”，使人民安定下来，这可叫作军事时期；(2)发展生产，使人民丰衣足食，这可叫作经济建设时期；(3)教以礼义，威以刑罚使民知好恶去就，这是教化时期。因为要是人民衣食无着，饥寒交迫，则会铤而走险，虽严刑诛罚而民不畏死，秦朝的教训就是这样，所以足民衣食之后，刑赏才能充分发挥作用。总的来说桓谭的王道就是儒家的平天下、“富而后教”的思想。霸道是以权力智术来进行统治，其特点是依靠武力，缔结盟约，威令必行，赏罚必信，用权势威慑进行统治。王道尚仁义，贵德治；霸道贵信义，以权力来控制。所以说：“王道纯粹，霸道驳杂。”关于王道和霸道这两种治术的高下纯驳，可以溯源于孔子。孔子说：“道之以政，齐之以刑，民免而无耻；道之以德，齐之以礼，

① 《意林》引《新论》。

有耻且格。”[1]孔子的思想与春秋末期的大政治家子产相近。子产说：“为政必以德，毋忘所以立。”[2]但他认为只有“有德者能以宽服民，其次莫如猛”。[3] 宽就是以德服人，猛则用刑、政来威慑。孔子很赞成子产的意见，他说：“善哉！政宽则民慢，慢则纠之以猛；猛则民残，残则施之以宽。宽以济猛，猛以济宽，政以是和。”[4]他们都主张宽猛相济，并不废“猛”的一手。孔子对于霸道的政治家就很推崇。他说；“管仲相桓公，霸诸侯，一匡天下，民到于今受其赐。微管仲，吾其被发左衽矣。”[5]又说：“桓公九合诸侯，不以兵革，管仲之力也。如其仁！如其仁。”[6]孔子认为管仲捍卫了华夏民族的文化传统免受侵略，有功于人民和后世。他对齐桓公的霸业和管仲的功绩是充分肯定的。孔子对管仲也有批评，一则说：“管仲之器小哉！”[7]另外说他“不知礼”。在生活上“有三归”，[8]不够节俭。可是儒家的后学则与孔子的态度有所不同。战国时孟子说：“仲尼之徒，无道桓文之事者，是以后世无传焉。”[9]孟子鄙视霸业，尊王贱霸，在他思想里，王和霸是绝对对立的，他不愿意谈霸道，所以说：“仲尼之徒无道桓文之事。”如上所述，孔子就称道管仲、齐桓公。一部《春秋》记载桓文之事很多，怎么能说“无道”呢？孟子很瞧不起管仲，耻与之为伍。他引用曾参的

① 《论语·为政》。
② 《史记·郑世家》。
③④ 《左传·昭公二十年》。
⑤⑥ 《论语·宪问》。
⑦ 《论语·八佾》。
⑧ “三归”指有三处公馆。
⑨ 《孟子·梁惠王上》。

儿子曾西的话:"管仲得君,如彼其专也;行乎国政,如彼其久也;功烈,如彼其卑也;尔何曾比予于是。"最后他明确表示:"管仲曾西之所不为也,而子为我愿之乎?"①荀子也说:"仲尼之门,五尺之竖子,言羞称乎五伯。"②但是荀子和孟子对王霸的态度有所不同。荀子不像孟子把王霸看成对立的,他只认为霸道是比王道低一级的治术。王道就是孔子说的"德治""礼治"。霸则是靠法术权势。荀子有《王霸》篇,他并不像孟子那样鄙视霸道。荀子在《强国》《天论》《大略》里,三次讲到"隆礼尊贤而王,重法爱民而霸"。但他又说"贵贤者霸"。③贵贤"也就是"尊贤"。可见尊贵贤才,王霸是一致的。那么除了这点,王道和霸道的区别实质上就是礼治与法治的区别。孟子生当战国前期,那时秦用商鞅,楚魏用吴起,齐国用孙膑、田忌,都提倡法治,讲富国强兵之道。孟子却提倡仁义德治,所以被视为"迂阔"而不切实际。荀子解释儒者"言羞称乎五伯"的道理,他举齐桓公为例,说齐桓"前事则杀兄而争国,内行则姑姊妹不嫁者七人",闺门混乱,这主要是个人生活作风上的问题,儒家强调为政者的品德修养,所以羞称之;对外则用权诈。简单地说王霸之别就是礼治与法术的区别。荀子认为齐桓公私生活虽有问题,但是他"有天下之大节"和"大知",④专任管仲而不疑,所以能成霸业。荀子也不像孟子那样轻视管仲。他说:"子谓子家驹续然大夫,不如晏子;晏子功用之臣也,不如子产;子产惠人也,

① 《孟子·公孙丑上》。
②④ 《荀子·仲尼》。
③ 《荀子·君子》。

不如管仲。"[1]这个"子"有人释为孔子,有人说是荀子。不管怎样讲,荀子至少是同意这一看法的。这里对管仲评价不低,认为管仲是高于晏婴、子产的人物。荀子的学生、法家集大成者韩非曾经批评儒家的"德治"。他说:

> 民者固服于势,寡能怀于义。仲尼,天下圣人也,修行明道以游海内,海内说其仁美其义,而为服役者七十人。盖贵仁者寡,能义者难也。故以天下之大,而为服役者七十人,而仁义者一人。鲁哀公下主也,南面君国,境内之民,莫敢不臣。民者固服于势,势诚易以服人,故仲尼反为臣,而哀公顾为君,仲尼非怀其义,服其势也。故以义,则仲尼不服于哀公,乘势,则哀公臣仲尼。今学者之说人主也,不乘必胜之势,而务行仁义则可以王,是求人主之必及仲尼,而以世之凡民皆如列徒,此必不得之数也。[2]

韩非又说:"今先王之爱民,不过父母之爱子,子未必不乱也,则民奚遽治哉!"[3]孟子用治家与治校的办法来治理国家,把君臣民的关系看成和父子、师生的关系一样,以为只靠仁义道德教育感化就能治国家,这是很不现实的主观空想。从国家和法权的理论来衡量,韩非对儒家的批评是正确的。汉代的董仲舒汲取了荀孟之说,他对江都易王说:"仲尼之门,五尺之童羞称五伯,为其先诈力而后仁谊也。苟为诈而已,故不足称于

---

① 《荀子·大略》。

②③ 《韩非子·五蠹》。

大君子之门也。”[1]司马迁问《公羊春秋》义于董仲舒，司马迁说：“管仲世所谓贤臣，然孔子小之，岂以为周道衰微，桓公既贤而不勉之至王，乃称霸哉！”这大概就是以王霸的高下来解释“管仲之器小哉”的内涵。

桓谭受荀子思想影响。他引“传曰：孔氏门人，五尺童子不言五霸事者，恶其违仁义而尚权诈也。”[2]他引的就是《荀子·仲尼》篇之文。汉儒对《论语》《孟子》《荀子》都泛称为“传”。桓谭说：“王道纯粹，霸道驳杂。”也本于荀子“粹而王，驳而霸”。[3] 总之，对于王霸之辨，他是受了儒家特别是荀子的思想影响。儒者往往从书本理论出发，喜欢作抽象的理论性的探讨，他们一般都缺乏从政的实践，所以每好为空泛的高论，孟子董仲舒尤其如此。汉元帝为太子时曾对他的父亲汉宣帝说：“陛下持刑太深，宜用儒生。”汉宣帝说：“汉家自有制度，本以霸王道杂之，奈何纯任德教，用周政乎！且俗儒不达时宜，好是古非今，使人眩于名实，不知所守，何足委任？”[4]其实我们从历史来看，周政哪里是“纯任德教”呢？所谓“纯任德教”都是儒家者流托古编造出来的，汉宣帝对儒生的批评很中肯，但对儒家的托古好言高论尚未达一间。桓谭的“崇王贱霸”之说，当然也不例外。

桓谭生值两汉之际，正当西汉王朝由陵夷而覆亡，王莽代汉，社会动荡不安的时期。他目睹时艰，总结历史上的经验教

① 《汉书·董仲舒传》。
② 《意林》引《新论》。
③ 《荀子·王霸》。
④ 《汉书·元帝纪》。

训，为治国安民提出一套基本的方略，今述其主要方面。

（一）总结历史的经验教训，作为前车之鉴。桓谭说：

> 昔秦王见周室之失统，丧权于诸侯，自以当保有九州，见万民碌碌，犹群羊聚猪，皆可以竿而驱之，故遂自恃，不任人封立诸侯。及陈胜、楚、汉，咸由布衣，非封君有土，而并共灭秦，遂以败也。高帝既定天下，念项王从函谷入，而已由武关到，推却关，修强守御，内充实三军，外多发屯戍，设穷治党与之法，重悬告反之赏。及王翁之夺取，乃不犯关梁阨塞，而坐得其处。王翁自见以专国秉政得之，即抑重臣，收下权，使事无大小深浅，皆断决于己身。及其失之，人（又）不从大臣生焉。更始帝见王莽以失百姓心亡天下，既西到京师，恃民悦喜，则自安乐，不听纳谏臣谋士，赤眉围其外，而近臣反城，遂以破败。由是观之，夫患害奇邪不一，何可胜为设防量备哉？防备之善者，则唯量贤智大材，然后先见豫图，遏将救之耳。①

这段话讲明历代帝王兴起都要总结前代覆亡的经验教训。秦始皇看到战国诸侯并立，割据一方，周王朝没法控制，所以秦灭六国以后，废封建，专以自信，不任人，建立了由皇帝一人擅权的中央集权制。但却没有料到陈胜、刘邦都起自布衣，一举而灭秦。汉王朝建立，高帝刘邦鉴于秦以孤立而亡，于是分封子弟功臣，加强守御和军备，严惩党与，重赏讦奸告反的人，以

① 《群书治要》及《太平御览》卷八十六引。

为这样可以永保江山。结果王莽篡权,不由关梁要塞,不费一兵一卒,就夺取了汉王朝的政权。王莽察觉到大臣专权窃位的危险,于是抑重臣,把大权集于一身,遇事专断,搞复古主义的改革,弄得“农桑失业,食货俱废”,民怨沸腾,农民革命军一举而推翻王莽的统治。更始帝刘玄鉴于王莽失民心而亡,于是实行笼络民心,自求安乐,而不纳谏,结果由于近臣的背叛,遭到失败。这表明历史是曲折多变的,有一利则有一弊,智者千虑,总不免有所疏失,可以说防不胜防。最好的防治是任贤使能,高瞻远瞩,发觉于未萌,补偏救弊,及时加以治理,所谓“防备之善者,则唯量贤智大材,然后先见豫图,遏将救之耳”。

(二)为政首要在识大体。桓谭《新论》中有《言体》篇,专门研究这个问题。他说:

> 凡人耳目所闻见,心意所知识,情性所好恶,利害所去就,亦皆同务焉。若材能有大小,智略有深浅,听明有暗照,质行有薄厚,亦则异度焉。非有大材深智,则不能见大体。大体者,皆是当之事也,夫言是而计当,遭变而用权,常守正,见事不惑,内有度量,不可倾移而诳以谲异,为知大体矣。①

所谓“大体”就是既能掌握大政方针,不失原则,又能通权达变,观察和处理问题无不适当。这就叫“言是而计当。”识大体得具备几个条件。其一,要具有“大材深智”,高瞻远瞩,通观全局,预见将来,才能识“大体”。其二,“大体”用今天的话

① 《群书治要》卷四四引。

说就是能够掌握全局,制定正确的路线、方针、政策。掌握这一纲领原则,就能执简以驭繁,所谓“圣人执要,四方来效”。其三,识“大体”要能坚持原则,毫不动摇,所谓“见事不惑”,“不可倾移而诳以谲异”。在对待具体问题上又能通权达变,具有灵活性,使处理问题,无不适当。在用人上,既有高度的原则性,又有宽宏的度量,不因私人恩怨和个人情绪来对人对事,这叫“内有度量”。桓谭认为汉高帝刘邦“怀大智略”,知人善任,张良、萧何、韩信三子皆人杰,高帝并用之,故得天下,“此知大体之效”。王莽则刚愎自用,“谓群下才智莫能出其上”,“又数阴中不快己者。故群臣莫能抗答其论,莫敢干犯匡谏,卒以致败亡,其不知大体之祸也”。① 王莽虽熟读经典,而无自知之明,气度褊狭,正如王夫之所说:“无高明之量以持其大体,无斟酌之权以审于独知,则读书万卷,止以导迷。”②他的失败是必然的。

(三)求明辅,选贤才。在路线方针、政策既定,即所谓明识大体之后,最主要的就是选用人才。桓谭于此三致意焉,他说:

> 治国者,辅佐之本,其任用咸得大才。大才乃主上之股肱羽翮也。③
>
> 君无材德,可选任明辅,不待必躬能也。由是察焉,则材能德行,国之针药也,其得立功效,乃在君辅。传曰:“得十良马,不如得一伯乐;得十利剑,不如得一欧冶。”多得善物,不如少得能知物。知物者之致

---

① 《群书治要》卷四四引。

② 《读通鉴论》卷十七。

③ 《意林》卷三引。

善珍，珍益广，非特止于十也。[1]

前世俊士，立功垂名，图画于殿阁官省，此乃国之大宝，亦无价矣。虽积和璧，累夏璜，囊隋侯，箧夜光，未足喻也。伊、吕、良、平，何世无之？但人君不知，群臣勿用也。[2]

君主不可能是万能的，居于最高的统治地位，要掌握全面，制定正确的路线、方针、政策，唯一的就是要有远见卓识的高才智士为之辅佐，这就是“识大体”，在方针、政策既定之后的重要任务。桓谭举例说：捕猎猛兽，不让美人去；钩大鱼，不让小孩去；美人和小孩都是亲爱的人，为什么不让他们去，因为他们不能胜任。“奈何万乘之主而不择人哉？”[3]又举魏牟说赵王的故事。魏牟说大王做帽子，不让亲近最喜欢的人做，而要找会做帽子的工人作，现在治理国家，“大王不求良士，而任使其私爱，此非轻国于二纵之制耶？”[4]桓谭把贤士分为五等，一是乡里之士，这类人善于治家，事父事兄，乡里称善。二是县廷之士，这类人聪明强干为一县之人才。三是州郡之士，这类人对上诚信笃行，对下廉平公正，为州郡之人才。四是公辅之士，这类人通达经术，学行声誉都很高，性情气度宽和而又不失原则，适于服官从政。五是天下之士，这种人出类拔萃，具有高才卓识，有大智大略，多谋善断，能建功立业，经邦济世

① 《群书治要》卷四四引。
② 《意林》卷三引。
③ 《长短经》引。
④ 《北堂书钞》卷一二七引。

的，如齐之管仲，汉之张良、萧何就是这类人才。君主得此，可以安天下。

识才难，得才不易。在得才之后要能用才得当，充分发挥贤才的作用也不容易。桓谭举出用才的“大难三”，“止善二”。他说：(1)凡有才干的人，往往意见高出众人，而不肯雷同影附，“持孤特之论，干雷同之计；以疏贱之处，逆贵近之心，则万不合，此一难也。”(2)非常之才，建殊卓之功，往往为群众所不理解，要是让大家议论，必定难于通过，“此二难也”。[①](3)即使能听其言，付诸施行，“而事未及成，谗人随而恶之，即中道狐疑”。这是三难。所谓“止善”者，就是阻碍贤能的因素，桓谭认为“止善”的因素主要有两种：(1)贤才为国做事，“众间之，则反见疑”，“遂被谮愬”。(2)才能之士，往往遭人嫉妒，而被疏远。因此对贤才必须完全相信，作为依靠的对象，不听谗言，不受任何离间。他说：“是故非君臣致密坚固，割心相信，动无间疑，若伊、吕之见用，傅说通梦，管鲍之信任，则难以遂功竟意矣。”[②]

(四)尊贤爱民乃为政之要。他说：“圣王治国，崇礼让，显仁义，以尊贤爱民为务。”[③]仁义礼让为治国的基本方针原则，这是儒家政治的指导思想。要实现这一基本方针就得选贤尊贤，依靠贤才乃能贯彻实施“爱民之务。”

总的看来，桓谭的政治思想不出儒家思想的规范。他的尊王贱霸，重本抑末，尊贤爱民，“崇礼让，显仁义”都是儒家的政治主张。但是儒者一般缺乏从政的实践经验，往往好从书

---

①② 《北堂书钞》卷一二七引。

③ 《太平御览》卷五二六引。

本及理论出发，他们好放言高论，但往往不切实际，“迂远而阔于事情”，所谓“博而寡要，劳而少功”。桓谭总结历史的经验教训，提出为政首要在识大体，对于儒家的政治思想有所丰富和发展。

第五章　桓谭的美学思想

桓谭继承了儒家传统的美学观点。他所讲的是广义的美，把人的言行与美善结合起来。他说："夫言行在于美善，不在于众多。出一美言善行而天下从之，或见一恶意丑事而万民违之，可不慎乎！"[①]这种美丑善恶之分主要是从伦理道德社会意义上来讲的，美言善行，也就是善言善行。这里所谓"美言"并不是指文辞修饰之美，而与孟子说的"禹闻善言则拜"[②]的善言相同。是儒家传统的美善结合的观点。

桓谭也注意到艺术"美"，《新论》说：

> 五声各从其方，春角，夏徵，秋商，冬羽，宫居中央而兼四季，以五音须宫而成。可以殿上五色锦屏

---

① 《群书治要》卷四四引。

② 《孟子·公孙丑上》。

风谕而示之：望视，则青、赤、白、黄、黑各各异类；就视，则皆以其色为地，四色文之。世其欲为四时五行之乐，亦当各以其声为地，而用四声文饰之，犹彼五色屏风矣。[①]

从音乐和彩绘来说，音乐须得五音配合，一个基调以四声和之。绘画屏风也是以一种色调为地，以四色文之，相杂而成文彩。还讲到皇帝的车驾和仪仗“皆玄黄五色，饰以金玉，翠羽珠络，锦绣茵席”[②]。显示金玉珠翠，玄黄杂色的华贵之美。

孔子讲“文质彬彬”，认为文与质要配合适当才是美。桓谭继承这一思想，对文章提出华实并重的美学观。《新论》说：

文家各有所慕：或好浮华，而不知实核；或美众多，而不见要约。[③]

作家有的喜欢在词藻上用力，字斟句酌，进行推敲，而不从文章的内容、实质上下工夫，就不免文辞华丽，内容空疏，华而不实，是为“浮华”。有的喜欢铺陈辞藻，文繁不杀，汉赋往往如此，而不简练精要。桓谭说：“予见新进丽文，美而无采；及见刘、扬言辞，常辄有得。”[④]新进丽文虽词彩美丽而无可取，因为它华而不实；刘向、扬雄的作品则既富文彩，又有内容，

① 《太平御览》卷七〇一引。
② 《续汉书·舆服志上》刘昭注引。
③ 《文心雕龙·定势》引。
④ 《文心雕龙·通变》引。

所以读后常有所得。这表明他论文的标准是华实并重，贵在"要约"。要写出华实并茂的"丽文高论"，必须经过刻苦钻研和长期的锻炼。扬子云好为深湛之思，所以能造《太玄》这样的高深微妙之论。桓谭曾经向扬雄请教怎样作赋，扬雄说："能读千赋，则善赋。"①王君大精通兵器的鉴别，他说："能观千剑，则晓剑。"桓谭引谚曰："伏习象神，巧者不过习者之门。"②说明神工巧匠在于长期的锻炼，熟能生巧。"读书破万卷，下笔如有神"，正是这个道理。

在美学上，桓谭还提出一些值得注意的观点。

(1) 他认为"美"不是自然生成的，自然之美，当然很好，但并不可贵。"美"是人为的加工，《新论》说："夫不翦之屋，不如阿房之宫；不琢之椽，不如磨砻之桷；玄酒不如苍吾之醇；控楬不如流郑之乐。"③不翦的茅屋，当然不如阿房宫的华美。玄酒是水，不如醴酒的醇香。这说明美是人类的创造，自然之美再加上人的修饰就会更加精致、典型和美好。

(2) 美的价值高下，在于人的认识水平。桓谭说洛阳季幼宾有小玉检，有个喜好玉器的史子伯看见很欣赏它，愿意出钱三万收买。幼宾说有爱好者已给了十万钱，我还不卖呢！桓谭惊骇地说："我若于路见此，千钱亦不市也。故知之与不知相去甚远。"④这说明美与不美，价值的高低在于对客观事物是否有认识。

(3) 桓谭受家学影响，好雅琴，精通乐律。在《新论·琴

---

①② 《意林》卷三引。

③ 《初学记》卷十五引。

④ 《太平御览》卷八〇五引。

道》中，他认为“八音广博，琴德最优”。儒家一贯认为音乐艺术是社会伦理道德的反映，桓谭则认为琴这种乐器最能表现高尚的道德情操，和政治的隆污，“足以通万物而考治乱”。音乐是感情、思想、道德的流露，所以通过音乐可以陶冶性情，“玩琴以养心”。“穷则独善其身而不失其操，故谓之操。”“达则兼善天下，无不通畅，故谓之畅。”表明音乐反映人的穷达志趣。关于音乐与道德、政治，思想的关系都是儒家的传统观点，桓谭继承了这些思想，但并无多少创造和发展。下面一节记孟尝君闻雍门周鼓琴则颇有新意。他说：

> 雍门周以琴见。孟尝君曰：“先生鼓琴，亦能令文悲乎?”对曰：“臣之所能令人悲者，先贵而后贱，昔富而今贫，摈压穷巷，不交四邻；不若身材高妙，怀质抱真，逢谗罹谤，怨结而不得信；不若交欢而结爱，无怨而生离，远赴绝国，无相见期；不若幼无父母，壮无妻儿，出以野泽为邻，入用掘穴为家，困于朝夕，无所假贷：若此人者，但闻飞鸟之号，秋风鸣条，则伤心矣，臣一为之援琴而太息，未有不凄恻而涕泣者也。今若足下，居则广厦高堂，连闼洞房，下罗帷，来清风；倡优在前，谄谀侍侧，扬激楚，舞郑妾，流声以娱耳，练色以淫目；水戏则舫龙舟，建羽旗，鼓钓乎不测之渊；野游则登平原，驰广囿，强弩下高鸟，勇士格猛兽；置酒娱乐，沈醉忘归：方此之时，视天地曾不若一指，虽有善鼓琴，未能动足下也。”孟尝君曰：“固然!”雍门周曰：“然臣窃为足下有所常悲。夫角帝而困秦者君也，连五国而伐楚者又君也。……夫以秦、

楚之强而报弱薛，犹磨萧斧而伐朝菌也，有识之士，莫不为足下寒心。天道不常盛，寒暑更进退，千秋万岁之后，宗庙必不血食；高台既已倾，曲池又已平，坟墓生荆棘，狐兔穴其中，游儿牧竖踯躅其足而歌其上曰：'孟尝君之尊贵，亦犹若是乎！'"于是孟尝君喟然太息，涕泪承睫而未下。雍门周引琴而鼓之，徐动宫徵，叩角羽，终而成曲。孟尝君遂歔欷而就之曰："先生鼓琴，令文立若亡国之人也。"①

这一段说明音乐之所以能感人，主要是使内外结合。一个人若是先贵而后贱，昔富而今贫，从优裕的生活环境中跌下来，一落千丈，自然产生失败、凄凉、悲伤的情感，所以闻飞鸟之号，秋风鸣条则凄怆伤心，悲不自胜。但如孟尝君当时正处于得意之际，权势倾人，颐指气使，志得意满，目空一切，不可一世。在这样的情况下，虽善鼓琴的也不能引动他的悲伤的情怀。但雍门周以为物极必反，好景不常，并且生老病死是人必不可免的，何况千秋万岁后，高台既已倾，坟墓生荆棘，狐兔穴其中，这种凄凉惨景，行人见之犹且悲伤，何况孟尝君本人乎！这样，不必鼓琴，他已伤心，再以悲调动之，自然引得孟尝君泣下歔欷了。这里接触到存在决定意识和思想、情感的哲理。桓谭虽不可能做出这一科学的论断，但从事件的描绘已包孕着这个道理。这说明"美"的感受，艺术的感染力，是在主客观交融、内外结合的条件下实现的。桓谭接触到这一深刻的道理。

① 《三国志·蜀书·郤正传》注引。

第六章 桓谭和王充

桓谭的著作大部分都已散佚。他的名著《新论》经各家搜罗辑佚，总计也不过三万字左右，但由此可窥见桓谭思想的梗概。汉代卓越的唯物主义思想家王充对桓谭备极推崇，王充是桓谭思想的继承者。

现在研究王充思想渊源的：有人认为王充是源于道家的黄老学派，站在道家立场来批判儒家；有人认为王充思想是渊源于儒家学派的荀卿。认为王充思想渊源于道家的主要根据是王充说："夫天道自然无为，黄老之家论说天道得其实矣。"[1]又说："道家论自然，不知引物事以验其言行，故自然之说未见信也。"[2]详审这两段话的意思，王充所肯定的只是"天道自然无为"这一句话，而对于道家的"不知引物事以验其言

① 《论衡·谴告》篇。

② 同上《自然》。

行"却进行了批判。王充的批评是深刻的,因为道家无论老子、庄子,就哲学体系来说是唯心主义的,所以道家虽言"天道自然无为",只能算说对一句话,但由于道家的脱离实践证验,因之"自然之说未见信"。这就是说道家的"自然之说"不能成立。王充的思想里只能说是采取道家的这句话,而却从认识论上批判了道家的思想体系。因此也就很难说王充思想是继承了道家,从道家立场来批判儒家了。认为王充思想渊源于荀卿的主要理由是认为荀卿具有唯物主义世界观,而王充也是唯物主义思想家,所以许多基本的方面是一致的。但我看整部《论衡》称道荀卿的地方极少,除了《本性》篇批评过荀卿的性恶论之外,就没有直接叙述过。所以要说王充继承了荀卿的思想也是有困难的。要是认为荀卿、王充同是属于唯物主义阵营,因之就算继承,那么王充就不只继承了荀卿,凡是在他以前的唯物主义哲学家他都有所继承,但这却不是我们这里所要研究的直接的继承关系了。

我们知道王充是"博通众流百家之言"的[1]。如果说道家和荀卿的思想都对王充有影响是可以的。正如侯外庐同志所说:"王充思想来源是复杂的,他善于吸取古代思想的优良传统,善于利用传统的思想材料而加以新的修订,因而他虽然承借了过去的学派,但能独立成一家之言。"[2]这个结论我们是同意的。但是,在研究哲学思想的继承问题上,总要分个主从,直接的或间接的关系。这就不是只从一般原则或辞句的类比就能解决的问题,而是要求在思想体系里面找出其内在联系,在

① 《后汉书》本传。

② 《中国思想通史》第2卷269页。

思想源流上发现前者对后者的影响，这才算是直接的继承。由这个意义出发我认为王充的思想渊源是直接继承了桓谭。

桓谭是汉代的唯物主义者，他所著的《新论》曾受到王充的累次推崇。《论衡·超奇》篇说：桓君山“作《新论》，论世间事，辨照然否，虚妄之言，伪饰之辞，莫不证定”。《对作》篇说：“众论不失实，凡论不坏乱，则桓谭之论不起。”《定贤》篇说：“世间为文者众矣。是非不分，然否不定，桓君山论之，可谓得实矣。”从这里可以看出《新论》的宗旨是在实事求是，辟除虚妄伪饰之词，辨照然否，使是非分明。这一著作之旨也正与王充《论衡》的“疾虚妄”相同。[①] 王充说：“伤伪书俗文，多不实诚，故为《论衡》之书。”[②]“细说微论，解释世俗之疑，辨照是非之理，使后进晓见然否之分。”[③] 可见两书著作的宗旨完全是一致的，因之《论衡》号为“实论”[④]而称桓谭《新论》也是“得实”。正因为这个缘故，所以王充认为《新论》的价值超过董仲舒、扬雄的著作，可以与孔子作《春秋》比美。《超奇》说：“彼子长、子云说论之徒，君山为甲。”《案书》篇说：“仲舒之言道德政治可嘉美也；质定世事，论说世疑，桓君山莫上也。故仲舒之文可及，而君山之论难追也。”又云：“《新论》之义与《春秋》会一也。”而王充《论衡》也是窃比于《春秋》的，所以说：“是故《春秋》为汉制法，《论衡》为汉平说。”[⑤]

---

①②③　《论衡·佚文》、《自纪》、《对作》。

④　同上《自纪》。又，所谓“实论”即实事求是之论。王充最重“实”字，故《论衡》中累云：“未为实也”，“未能得实”（《本性》篇），“如实论之”（《奇怪》篇），“实而论之”（《须颂》篇），例证很多。余嘉锡《四库提要辨证》以《实论》为王充另一著作非是。

⑤　《论衡·须颂》。

王充《论衡》与桓谭《新论》不仅著作的宗旨相同，而且在思想体系、思想方法上也有继承关系。下面予以说明。

（一）在“形”“神”关系上树立了唯物主义的世界观

“形”“神”关系问题是汉魏六朝哲学界争论的关键问题。“形”是指活人的肉体，“神”是指人的精神。所以“形”与“神”孰为第一性的问题也就是唯物主义和唯心主义两大阵营的分野。桓谭《新论》论形神说：“精神居形体，犹火之然烛矣。烛无，火亦不能行于虚空。”这就是说人的精神和形体，跟火和烛的关系相同。没有烛，火决不能在虚空中发光。精神是形体所产生的，犹之火光是烛产生的一样；形体坏了，精神也就不复存在，犹之烛灭了，火光也就不复存在。精神之从属于形体犹火之从属于烛。形与烛是第一性的，神与火是派生的。桓谭的形神烛火之喻是中古时代卓越的唯物主义命题。它不仅影响到王充，而且影响到傅玄、杨泉，而齐梁时代伟大的唯物主义者范缜“形神利刃”之喻，也是由此递变的。王充是直接继承了桓谭这一理论。他说：“天下无独燃之火，世间安得有无体独知之精。”又说：“火灭光消而烛在，人死精亡而形存。”①王充采取了桓谭形神烛火的譬喻，但在表述上较桓谭更为确切，因为桓谭说的“精神居形体”还有可能给唯心主义者钻空子，认为精神是寄托于形体之中的东西，因之也就可以离开形体而存在。王充却说不能有“无体独知之精”就堵塞了这一漏洞，说明精神不能离形体而存在。人死了精神也就消灭，只剩

① 《论衡·论死》。

下死人的躯体。王充说："死人精神消亡，形体朽败。"[①]正是桓谭形神理论更确切的表达。

基于精神从属于形体这一光辉的唯物主义命题，所以桓谭断定死人无知。《左传·襄公十九年》记荀偃"卒而视，不可含"。古代贵族死了要在口中放入米及贝玉一类东西，这叫"饭含"之礼。荀偃死了，由于眼睛睁起，口噤闭着，过去的人不了解，就认为这是"死者有知"的证明。桓谭以为："荀偃病而目出，初死其目未合，尸冷乃合，非其有所知也。"[②]《左传·文公元年》载楚成王自缢而死，谥之曰灵，不瞑；曰成，乃瞑。按照谥法："乱而不损"叫"灵"，是个恶谥；"安民立政"叫"成"，是个美谥。记这件事情的人是相信死人有知的，所以认为楚成王死了也能辨别谥的美恶。桓谭辨证道："自缢而死，其目未合，尸乃瞑，非由谥之善恶。"[③]王充《论衡·死伪》引用了这两件事，完全采用了桓谭的论证：

> 荀偃之病，卒苦目出，目出则口噤，口噤则不可唅。新死气盛，本病苦目出。宣子抚之早，故目不瞑，口不闭；少久气衰，怀子抚之，故目瞑口受唅。此自荀偃之病，非死精神见恨于口目也。
>
> 成王于时缢死，气尚盛，新绝目尚开，因谥曰灵；少久气衰，目适欲瞑，连更曰成。目之视瞑，与谥之为灵，偶应也。时人见其应成乃瞑，则谓成王之魂有

① 《论衡·论死》。
② 杜预注引。
③ 《左传·文公元年》《正义》引。

所知，则宜终不瞑也。

死人的有知无知的争论，实质上是有鬼论和无鬼论争论的前提。因为从人死无知必然会导致无鬼论——精神不能离开人体而存在；而人死有知，正说明灵魂的独立存在，走向有鬼论唯心主义的通道。这是必然的逻辑结论。

（二）否定神仙长生不死之说

神仙长生之说，汉代颇为盛行。认为炼丹服食可以使人长生不老。对于成仙升天大概有两种说法：一种认为成仙之后，肉体就可升天，这叫“白日飞升”，《史记·封禅书》说黄帝乘龙上天就是此派；一种认为成仙之后，肉体还是要死，但灵魂却脱离躯壳上升为仙，这就叫“尸解”，《史记·封禅书》所谓“形解销化，依于鬼神”就是这一类。但不管前者或后者都是属于唯灵论的宗教神学，与无神论的唯物主义观点是截然对立的。

桓谭批判神仙长生之说道：“刘子骏信方士虚言，谓神仙可学。余见其庭下有大榆树，久老剥折。指谓曰：‘彼树无情，然犹朽蠹，人虽欲爱养，何能使之不衰？’”[①]桓谭认为人同禽兽昆虫都是由于两性交接，然后产生。生了之后就有成长的阶段，成长了就有衰老的阶段，衰老之后就有死亡的阶段。这和春夏秋冬互相交替一样，是自然的规律。正是基于“生之有长，长之有老，老之有死，若四时之代谢”[②]，这种唯物主义的生命

① 《艺文类聚》卷八十八引《新论》。
② 《新论·形神》。

的辩证观点，所以他断然说："无仙道，好奇者为之。"[①]王充在反对神仙不死之说及生命辩证观上完全继承了桓谭的观点。《论衡·道虚》篇说："有血脉之类，无有不生，生无不死，以其生故知其死也。天地不生，故不死；阴阳不生故不死。生者死之效，死者生之验也。夫有始者必有终，有终者必有始。唯无终始者乃长生不死。人之生犹水也，水凝而为冰，气凝而为人。冰极一冬而释，人竟百岁而死。人可令不死，冰可令不释乎？诸学仙术为不死之方，其必不成，犹不能使冰凝不释也。"根据这个理论，王充也断言"物无不死，人安能仙"。两相比较，我们不难看出王充的理论，正是阐述了桓谭的观点。

（三）对迷信鬼神及卜筮的批判

两汉时代由于封建统治者以"神道设教"，当时迷信是极盛的。桓谭既然认为没有鬼神，所以他从无神论的观点出发首先起来反对巫祝卜筮和迷信鬼神。《新论》中批判楚灵王"简贤务鬼，信巫祝道"。吴国的军队攻楚，十分紧急，灵王却鼓舞自若说：寡人已祭祷上帝，当蒙保佑。结果吴兵至，把楚灵王的太子禄杀了。王莽迷信卜筮祭祀鬼神。刘玄的兵已攻入宫中，大火熊熊，他还抱着符命、威斗。像楚灵王和王莽这类执政的人迷信鬼神卜筮，不仅误了国家大事，同时也误了自己。王充说："衰世好信鬼，愚人好求福"[②]，正是对《新论》最好的注脚。桓谭认为他们是最愚蠢的人，给以了无情的批判。

① 《博物志》卷五引《新论》。

② 《论衡·解除》。

至于一般人迷信鬼神又怎样呢？桓谭说：

> 博士弟子韩生居东寺，连三夜恶梦。以问人，人教清晨起厕中祝之，三旦而人告以咒诅，捕治，数日死。①

这说明迷信不能致福反而遭祸。由于桓谭《新论》久佚，我们未窥全豹，只能从零星的佚文里面看见几条。而更全面地对汉代诸般迷信进行总的批判和清算这一任务，王充在《论衡》里完成了。《论衡·四讳》篇里批判了世俗忌讳的迷信。《讥日》篇批判了择时日定吉凶的迷信，他说："百祀无鬼，死人无知……祭之无福，不祭无祸。"在《卜筮》篇里批判了蓍龟卜筮的迷信。他说："蓍不神，龟不灵……欲知天，以人事。"又说："人在天地之间，犹虮虱之着人身也。如虮虱欲知人意，鸣人耳旁，人犹不闻，何则？小大不均，音语不通也。今以微小之人，问巨大天地，安能通其声音，天地安能知其旨意……枯龟之骨，死蓍之茎，问生之天地，世人谓之天地报应，误矣。"《辩祟》篇里批判了岁月吉凶和占射祸祟等一切迷信的虚妄。篇中说："诸占射祸祟者，皆不可信用；信用之者，皆不可是。"《难岁》篇里批判了触犯太岁说的迷信。《诘术》篇里批判了住宅吉凶及吹律定姓等五行家的谬说。在《解除》篇里对于各种祷祝禳解作了总的批判说："夫论解除，解除无益；论祭祀，祭祀无补；论巫祝，巫祝无力。竟在人不在鬼，在德不在祀，明矣哉。"

桓谭和王充同具有唯物主义和无神论的世界观。他们"务

---

① 《太平御览》卷一八六引。

实诚，疾虚妄”，对汉代一系列的迷信给予有力的批判，正是必然的逻辑发展。这一斗争任务，我们可以说是发端于桓谭而完成于王充。

（四）反对谶纬神学主张天道自然

谶纬神学是汉代的支配思想，号为“内学”，称为“秘经”。在汉代统治者看来，其重要在“五经”之上。通经之士，如果不习谶纬就会遭到排斥。桓谭是坚决反对谶纬的。他敢于在迷信谶纬的皇帝刘秀面前指出“听纳谶记”是错误的，并“极言谶之非经”[①]，结果遭到贬黜。他又说：“谶书出河图洛书，但有兆朕而不可知，后人妄复加增依托，称是孔丘，误之甚也。”[②]

谶纬神学的主要思想是天人感应说，认为君主的行动直接与天（上帝）相通，上天用祥瑞以示太平，灾异以示谴告。桓谭反对这种灾异迷信：“灾异变怪者天下所常有，无世不然。逢明主贤臣，智士仁人，则修德善政，省职慎行以应之，故咎殃消亡，而祸转为福焉。”[③]这就是说人为可以战胜灾变，转祸为福。这是“人定胜天”的唯物主义思想，与王充所说的“在人不在鬼，在德不在祀”正是一个意思。在《论衡》里面的《寒温》、《谴告》、《变动》等篇，也是反对天人感应、上天用灾异谴告国君的谬说，与《新论》旨意相同。

桓谭反对谶纬灾异的思想，还是基于他天道自然的唯物

① 《后汉书 · 桓谭传》。
② 《意林》引《新论》。
③ 《群书治要》引。

主义观点。他曾同刘歆的侄儿刘伯玉辩论，伯玉认为天既然能生杀人的毒药，当然也会生延年益寿，使人长生的药物。桓谭说："天非故为也。"①他认为钩吻（断肠草）能毒死人是由于性质相反，不与人相宜，所以食之即死，而并不是天故意生这种毒药来杀人。"天非故为"，就是否定有意志的天，而肯定自然的天。天道自然，这个道理王充在《论衡》里阐述得很清楚。《物势》篇说："天地合气，万物自生，犹夫妇合气，子自生矣。万物之生，含血之类知饥寒，见五谷可食，取而食之。见丝麻可衣，取而衣之。或说以为天生五谷以食人，生丝麻以衣人，此谓天为人作农夫桑女之徒也。不合自然，故其义疑，未可从也。……夫天之不故生五谷丝麻以衣食人，由其有灾变不欲以谴告人。物自生而人衣食之，气自变而人畏惧之，以若说论之厌于人心矣。如天瑞为故，自然焉在，无为何居？"

王充也是极力反对谶纬的。他说谶书是"后人诈记以明效验"的。又说："谶书秘文，远见未然，空虚暗昧，预睹未有，达闻暂见，卓谲怪神。"②在《论衡》里面批判谶纬的地方很多，如《奇怪》篇驳谶纬中圣人感生的谬说，《商虫》篇批判《春秋纬》及《河图秘征》中"贪扰生蝗"的感应说。这都是明白指出的，至于未指明而实际驳斥谶纬神学的就更多了。

（五）桓谭思想的总评价和王充对桓谭的继承

综上所述，可以判断桓谭是王充以前汉代卓越的唯物主

---

① 《太平御览》卷九九〇引。

② 《论衡·实知》。

义哲学家和无神论者。因此侯外庐同志等在《中国思想通史》第二卷里说：桓谭"并没有坚定的无神论世界观"。（260 页）这点是颇可商榷的。他们的理由是曹植《辨道论》说：

中兴笃论之士，有桓君山者，其所著述多善。刘子骏尝问："人诚能抑嗜欲，阖耳目，可不衰竭乎？"时庭中有一老榆，君山指而谓曰："此树无情欲可忍，无耳目可阖，然犹枯槁腐朽，而子骏乃言可不衰竭，非谈也。"君山援榆喻之，未是也。何者？（孙星衍云："此处有脱文"）余前为王莽典乐大夫。《乐记》云："文帝得魏文侯乐人窦公，年百八十，两目盲。帝奇而问之，何所施行。对曰'臣年十三而失明，父母哀其不及事，教臣鼓瑟，臣不能导引、不知寿得何力？'"君山论之曰："颇得少盲，专一内视，精不外鉴之助也。"先难子骏云内视无益，退论窦公便以不外鉴证之。吾未见其定论也。君山又曰："方士有董仲君者，系狱阳（佯）死，数日目陷虫出，死而复生，然后竟死。"生之必死，君子所达，夫何喻乎？夫至神不过天地，不能使蛰虫夏潜，震雷冬发，时变则物动，气移而事应。彼仲君者，乃能藏其气，尸其体，烂其肤，出其虫，无乃大怪乎？

《中国思想通史》根据此文说，这"对于桓谭无神论思想的不彻底性，批评得有些价值"。[①] 我看这却值得研究。刘子骏

① 《中国思想通史》卷三，339 页。

问的是“抑嗜欲，阖耳目，可不衰竭?”桓谭回答是否定的。我们知道刘向、歆父子都是迷信神仙的，这里说的“不衰竭”，也就是问人可以长生不死吗？桓谭引榆为喻，并肯定地说不能够，完全是正确的。至于认为窦公能活百八十岁，[①]他的解释是认为导引、内视能使人身体坚强，可以长寿。但是他并没有说能不衰竭，长生不死。前者答的是人是否可以长生不死，后者说的是养生锻炼可以使人康强长寿。这本是性质不同的两个问题。曹植妄加牵合，认为这是君山的自相矛盾，显然并未抓着要害。桓谭和王充都是无神论者。他们是坚决反对鬼神和神仙长生之说的。但是他们并不否认世间有长寿的人和锻炼养生能使人康强长寿。桓谭说：“今人之养性(生)，或能使堕齿复生，白发更黑，肌颜光泽，如彼促脂转烛者，至寿极亦独死耳。”[②]王充也说：“世无得道之效，而有有寿之人。”[③]王充“作养性之书，凡十六篇。养气自守，适时节酒，闭目塞聪，爱精自保，适辅服药导引，庶冀性命可延，斯须不老”。[④] 则仲任虽反对神仙不死，但也认为导引养生，可以延年益寿，与桓谭思想相一致。可见他们并不否认世间有长寿的人和锻炼养生的作用。他们否定鬼神迷信和神仙长生、人可以不死的谬说，而却肯定有寿考的人和锻炼养生的作用。这正是他们唯物主义世

① 窦公称是魏文侯时乐人。案魏文侯卒于公元前386年，而汉文帝元年为公元前157年，前后相距230年，窦公若在魏文侯时年十余岁至汉文帝时也已二百四十余岁。齐召南《汉书考证》据此以疑桓谭百八十岁的说法，但这至多只能说明窦公的事可疑或桓谭在考订年岁这点上有疏忽，并不影响其论点的准确性。

② 《新论·形神》。

③ 《论衡·道虚》。

④ 《论衡·自纪》。

界观中具有辩证因素的地方。至于董仲君的事，桓谭说他“死而复生，然后竟死。”正说明他终于还是死去，不能长生不死。至于目陷虫出，只不过“阳(佯)死”后的假象。这本是一种幻术。《太平御览》卷七三七引《新论》云：“方士董仲君犯事系狱，佯死，目陷虫烂，故知幻术靡所不有。”“生之必死”以下是曹植的话，他不明这是“佯死”的幻术，反而说：“无乃大怪乎？”真是少见多怪了。

从上面的分析可见，王充思想的主要方面是直接受桓谭影响的。值得注意的，桓谭和王充不仅在唯物主义世界观和无神论思想上有其承继关系，在方法论上两者也是相同的。桓谭好援喻取譬，如烛火形神的比喻为王充所吸收，而王充的水冰生死的比喻也是由此演化的。桓谭从人所患的疾病和体温高低来说明死人眼目开闭的原因，从而论证死人无知；从楚灵王和王莽的事说明巫祝卜筮的无益。正是王充所说的“引物事以验其言行”的方法。这就说明在思想方法上两者也是前后承继的。所以我认为王充在思想渊源上受影响最深的，也是直接继承的，恐怕并不是道家或荀卿而应该是唯物主义者桓谭。

附　录

一、桓谭年表

公元前23年，汉成帝阳朔二年，桓谭生。

案《新论》云："余年十七为奉车郎。"(《太平御览》卷二一五引)又云："吾少时为奉车郎，孝成帝出祠甘泉、河东，见部先置华阴集灵宫，……欲书壁为之赋，以颂二仙之行。"桓谭《仙赋序》："余少时为郎，孝成帝出祠甘泉、河东，见部先置华阴集灵宫，余居此焉，窃有乐高渺之志。"(并见《北堂书钞》卷一〇二引)考《汉书·成帝纪》绥和二年(公元前7年)"春正月行幸河东，祠后土。"可见桓谭所云"祠甘泉、河东"，在绥和二年，是岁谭年十七，则谭当生于公元前23年。《后汉书·桓谭传》谓谭"年七十余卒"。若前一年生，则卒年当八十，不得云"七十余"。若后一年生，则十七为奉车郎不得在成帝时。(据刘汝霖《汉晋学术编年》考证)

公元前7年，汉成帝绥和二年，桓谭十七岁。

谭为奉车郎，从成帝到甘泉、河东，作《仙赋》。

案"谭以父任为郎"。(《后汉书·本传》)据《新论》云："余年十七为奉车郎中，卫殿中小苑西门。"(《太平御览》卷二一五引)桓谭《仙赋序》云："余少时为郎，从孝成帝出祠甘泉、河东，见部先置华阴集灵宫，宫在华山下，武帝所造，欲以怀集仙者王乔、赤松子，故名殿为'存仙'。端门南向山，署曰'望仙门'，余居此焉，窃有乐高渺之志，即书壁为小赋。"(严可均辑《全后汉文》卷十二)成帝行幸甘泉、河东，祠后土在绥和二年，知谭为奉车郎及作《仙赋》皆在此年。

《新论·离事》云："昔余在孝成帝时为乐府令，凡所典领倡优伎乐，盖有千人之多也。"(《全后汉文》卷十五)案《后汉书·桓谭传》云："父成帝时为太乐令。"太乐令即乐府令，知成帝时为乐府令乃桓谭父亲的事，此"余"当是《新论》转引谭父自述之语。《汉官仪》云："太予乐令一人，秩六百石。"《续汉书·百官志二》云："太予乐令一人，六百石。"本注曰："掌伎乐，凡国祭祀，掌请奏乐及大飨用乐，掌其陈序。"故《新论》说掌倡优伎乐"盖有千人之多。"六百石属汉代高级官员，桓谭在成帝时只是十几岁的青少年，不可能任六百石的高官，统帅上千的倡优伎乐。本传说谭"哀平间，位不过郎。"如果成帝时已为乐府令，怎么能说"位不过郎"呢？惠栋《后汉书补注》误引《新论》此文于"以父任为郎下，"后人遂不加别白，以为此乃桓谭自述，不知乃谭转引其父之言，遂成大谬。

公元前3年，汉哀帝建平四年，桓谭二十一岁。

《后汉书·桓谭传》"哀平间，位不过郎。傅皇后父孔乡侯晏深善于谭，是时，高安侯董贤宠幸，女弟为昭仪。皇后日已疏，晏嘿嘿不复意。谭进说曰：……君侯以后父尊重，而多通宾客，必借以重势，贻致讥议。不如谢遣门徒，务执谦悫，此修已正家避祸之道也。晏曰善。遂罢遣常客，入白皇后，如谭所戒。……故傅氏终全于哀帝之时，及董贤为大司马，闻谭名，欲与之交，谭先奏书于贤。说以辅国保身之术，贤不能用，遂不与通。"案董贤以建平3年(公元前4年)贵幸，元寿元年(公元前2年)为大司马，知谭进说傅晏及奏书董贤当在此时。又《新论》云："余前为郎，典漏刻，燥湿寒温辄异度，故有昏明昼夜，昼日参以晷景，夜分参以星宿，则得其正。"(《初学记》卷二十五引)谭为郎掌漏刻当在哀帝时，故系于此。

公元7年，王莽居摄二年，桓谭三十岁。

王莽居摄，桓谭为谏大夫。居摄二年(公元7年)九月，东郡太守翟义发出警急命令，反对王莽，立刘信为天子，起兵讨莽。"莽惶惧不能食，昼夜抱孺子，告祷郊庙，放《大诰》作策。遣谏大夫桓谭等班于天下，谕以摄位当反政孺子之意。”(《汉书·王莽传上》)“还，封谭为明告里附城。”(《汉书·瞿方进传》)注：“明告者，以其出使能明告谕于外也。附城，云如古附庸也。”案《王莽传上》“赐爵关内侯者，更名曰附城。”据《封泥考略》卷九载有王莽时附城封泥 57 枚，上皆冠以里名，此言封桓谭为“明告里附城”，其例正同。陈直《汉书新证》云：“王莽所封附城，其里名皆为假设之名，非实有其地。”

公元 9 年，王莽始建国元年，桓谭三十二岁。

桓谭为掌乐大夫。《后汉书·桓谭传》谓谭“莽时为掌乐大夫。”谭为掌乐大夫当在此后数年之间。《新论》云：“余前为王翁典乐大夫，见乐家书记言：文帝时，得魏文侯时乐人窦公，年百八十岁，两目皆盲。”(《汉书·艺文志》颜注引)典乐大夫即掌乐大夫。唯魏文侯至汉文帝时已二百余年，谓窦公为魏文侯时人，所记年岁不合。

公元 12 年，始建国四年，桓谭三十五岁。

桓谭任讲乐祭酒。《新论》云：“阳城子张名衡。蜀郡人。王翁时(“时”字旧脱，据严可均校补)，与吾俱为讲乐祭酒。”(《太平御览》卷八一五引)案《论衡·超奇》篇)云：“阳成子长作《乐经》，扬子云作《太玄经》，造于眇思，极窅冥之深，非庶几之才，不能成也。”《论衡·对作》篇“阳成子张作《乐》，扬子云造《玄》，二经发于台下，读于阙掖，卓绝惊耳。”可见阳成子长精于音乐，并造《乐经》。阳城又作阳成，子长又作子张。成、城，长、张古通。阳成子长名衡，蜀郡人。《华阳国志》言成都少城有阳城门，居其地，因以为氏。《风俗通》佚文“汉有谏议大夫阳成公衡。王莽时阳成修献符命。”(《通志·氏族略五》引)阳成公衡当即阳成衡。阳成修疑“修”字乃“衡”字之误。

公元 18 年，天凤五年，桓谭四十一岁。

《新论》云：“余前为典乐大夫。有枭鸣于庭树上，而府中门下皆为忧惧。后余与典乐谢侯争斗，俱坐免去。”(《太平御览》卷四九六引)桓谭被免官，时间不详，当在此后数年间。

公元 23 年，淮阳王刘玄更始元年，桓谭四十六岁。

《后汉书·桓谭传》"更始立，召拜太中大夫。"

公元 25 年，光武帝建武元年，桓谭四十八岁。

《后汉书·桓谭传》"世祖即位，征待诏，上书言事，失旨，不用。"桓谭位待诏当在此时。

公元 26 年，建武二年，桓谭四十九岁。

桓谭为议郎给事中。《东观汉记·宋弘传》"宋弘为司空，上尝问弘通博之士，弘荐沛国桓谭，才学洽闻，几及扬雄、刘向父子。于是召谭拜议郎给事中。"案宋弘以建武二年二月任大司空，荐桓谭当在此时。

公元 28 年，建武四年，桓谭五十一岁。

桓谭免给事中，只任议郎。《东观汉记·宋弘传》言宋弘荐桓谭为议郎给事中。"每宴，辄令鼓琴，好其繁声。弘闻之不悦，悔于荐举。闻谭内出，正朝服坐府上，遣吏召之，谭至，不与席而让之。……后磊会群众，上使谭鼓琴，见弘失其常度，上怪而问之，弘乃离席免冠谢曰：臣所以荐桓谭者，望能忠正导主，而令朝廷耽悦郑声，臣之罪也。其后不复令谭给事中。"《后汉书·宋弘传》，作"弘乃离席免冠谢曰：臣所以荐桓谭者，望能以忠正导主，而令朝廷耽悦郑声，臣之罪也。帝改容谢，使反服，其后遂不复令谭给事中。"可以补《东观汉记》之未备。

公元 31 年，建武七年，桓谭五十四岁。

桓谭上《陈时政疏》及《抑谶重赏疏》。陈时政所宜，主旨说明（一）应当君臣合作，共定国是。（二）法律禁令没有尽善尽美的，"大抵取便国利事多者则可矣。"（三）"举本业，抑末利，抑并兼。"《抑谶重赏疏》要旨：（一）说明谶纬乃"巧慧小才伎数之人增益图书，矫称谶记，以诖误人主。"应当"屏群小之曲说，述五经之正义。"（二）应当知道"与之为取"。宜"轻爵重赏，与士共之。"案此两疏袁宏《后汉纪》载于建武 4 年（28 年）"谭既见退"之后，上疏的确切时间不明。谭以建武4年免给事中，但为议郎。刚被免职必不会上疏陈政事。考《后汉书·光武帝纪》建初6年(31年)号召“百僚并上封事，无有隐讳。”同年12月“大司空宋弘免”。下诏减省吏职“十置其一”。《后汉纪》系“上(光武帝刘秀)尝以郊祀事”问郑兴曰：“吾欲以谶决之，如何?”系于建初7年，互相参证，桓谭此两疏盖作于建初7年之后，故系于此。

公元56年，中元元年，桓谭七十九岁。

袁宏《后汉纪》中元元年“是岁起明堂、辟雍、灵台。”《后汉书·光武帝纪》同。《后汉书·桓谭传》说：“有诏会议灵台所处，帝谓谭曰：‘吾欲以谶决之，何如?’谭默然良久曰：‘臣不读谶。’帝问其故?谭复极言谶之非经。帝大怒曰：‘桓谭非圣无法，将下斩之。’谭扣头流血，良久乃得解，出为六安郡丞，意忽忽不乐，道病卒。时年七十余。”据此谭当卒于中元元年(56年)，终年七十九岁。但胡三省(《资治通鉴》卷四十四注)钱大昕(见《三史拾遗》卷四)侯康(见《后汉书补注续》)并疑谭不卒于中元元年。胡注谓“谭出为郡丞，必不在是年(案指中元元年)。”钱谓：“桓谭为六安郡丞亦在建武初也。”侯氏说：“建武十三年已省六安属庐江，何得复有郡丞?……当在六安未省以前矣。议灵台不必与立灵台同岁。”王先谦《后汉书集解》卷28上《桓谭传校补》谓：“谭于西汉成帝时，即以父任为郎，又为乐府令，历哀平两世，凡十一年，又更新莽，更始至建武初元，凡二十年。其齿当已六十矣。卒年仅七十余，则仕光武朝不过十许年也。刘顺拜六安太守，在建武八年，而六安之省并即在建武十三年，谭为六安郡丞，亦当在未并省之前。又谭二次上疏尚感帝之酬赏少薄，天下不时安定，则其时陇蜀必未全平，接书其后会议灵台所处，距上疏时亦必不远也。”王氏列举三证颇多臆必之辞。第一证不明桓谭生年，至谓建武初元其齿已六十，又谓成帝时为乐府令均未确切，说见上。第三证亦揣测之辞。唯《光武帝纪》载建武13年“省并西京十三国，”“六安属庐江。”然此纪所记“十三”即衍“十”

字，行政区划时有分合，未可据此孤证判断一切。桓谭卒年，史无明文，案袁宏《后汉纪》于中元元年（56 年）下书"是岁起明堂，辟雍灵台。初议灵台位，上问议郎桓谭"云云。范书及《通鉴》并沿《后汉纪》之文。系此事于中元元年。然袁纪明云"初议"，初者推原之词，明堂、辟雍、灵台建于中元元年，"初议灵台"不必即在中元元年。但议灵台时间，史无明文，是谭之卒年难于确定。据谢承《后汉书》载"谭年七十，喜非毁俗儒，出为六安郡丞，感而作赋，因思大道，遂发病卒"。（《北堂书钞》卷一〇二引）关于桓谭卒时年龄后汉刘珍撰《东观汉记》作"时年七十余"，谢承书则作"时年七十"。刘珍在谢承之前，故袁纪及范书并从刘珍作"七十余"。若从谢书终年七十，则当卒于建武 23 年（47 年）。若终年七十余，最多不过七十九岁，则当卒于中元元年（56 年）。总之桓谭卒年在公元 47—56 年之间是无疑的。这里则采《东观汉纪》袁宏《后汉纪》范晔《后汉书》之说，系于公元 56 年。

二、《新论·形神》的作者应断归桓谭

最近校阅哲学所《新论·形神》今译稿，并为之解题。关于《新论·形神》的作者，由于明吴康虞本《弘明集》[①]卷五在本篇下题“晋桓谭”，关锋在所著《王充哲学思想研究》的附录中认为这个“晋”字不能随意抹去，提出五个问题疑为非桓谭之作，并怀疑是晋华谭《新论》之误。现在仔细考查“新论形神”的作者应断归桓谭。今说明于下。

第一，《新论·形神》最初被选录不始于僧祐《弘明集》而是始于刘宋陆澄的《法论》。《法论》第十二帙于郑道子《神不灭论》后紧接着就是“桓君山新论论形神”。陆澄撰《法论目录序》云“置难形神，援譬薪火，庾阐发其议，谢瞻广其意，然桓谭未及闻经，先著此言，有足奇者，宜其掇附也”（《出三藏记集》卷十二引）。是陆澄编《法论》时因为桓谭形神之说，援譬薪火，所以编进去，但《新论·形神》明系主张神灭，并非“护法”之作，所以“掇附”于后，是只作为附录形式编入的。僧祐编《弘明集》有取于陆氏《法论》，所以在选入郑道子《神不灭论》之后，也以“桓君山新论形神”附录于后，今《弘明集》卷五在《新论形神》下有案语说：“臣澄以为君山未闻释氏之教，至于论形神已设薪火之譬，后之言者乃暗与之会，故有取焉”。这个臣澄正是陆澄。从这条案语证以《法论目录序》所云，可以肯定《新论·

① 今本《四部丛刊》影印《弘明集》题“汪道昆本”。这是沿《郘亭书目》以来之误，因为前有汪道昆序，所以误为汪本。详陈垣著《中国佛教史籍概论》页45、46。

形神》的作者为桓谭，无容怀疑。而僧祐编撰《弘明集》，这里正是采取了陆澄《法论》，所以在编排次序和案语上也未加改动，附于《神不灭论》之后；所以这篇也并不是后人混入《弘明集》的。[①]《法论》《弘明集》都是当时"护法"之作，自然不会选录神灭论，但把反对的文章作为附录还是可以的。不然为什么会把汉桓谭的文章列于宋郑道子《神不灭论》之后。这正说明哲学上的党性立场还是很明确的，陆澄、僧祐，并非客观主义地在编选。

第二，大藏经各本《弘明集》的本篇标题并作"桓君山新论形神"，没有作"晋桓谭"的，只有吴康虞本是刻的"晋桓谭"。但吴本亦出自大藏，汪道昆《弘明集序》云：

"亦如向者二集（指《弘明集》《广弘明集》）并入大藏，如海一沤，康虞抔而出之，易梵筴为儒筴，庶几乎薄海内外，无不流通，亦普门法也。"

可见吴康虞本出自大藏，易梵筴为儒筴。而现在大藏宋元本并无作"晋桓谭"的，并且汪序亦云"汉桓谭"。"晋"字是明刊之误可知。再就本篇的标题来说，据《出三藏记集》卷十二所载《法论》目录第十二帙中题"桓君山新论论形神"，《大唐内典录》（公元 664 年释道宣撰）中所载《法论》目录亦作"桓君山新论论形神"。桓谭《新论》无形神篇，知"论形神"三字是陆澄选录《新论》这段文字时所加的标题。僧祐沿陆氏《法论》之旧，故变作"桓君山新论论形神"。不过今本《弘明集》均脱一"论"字，

---

① 《弘明集》原本十卷，今本十四卷，（《大唐内典录》已称十四卷，知十四卷本由来已久）陈垣说："原本十四卷，皆梁以前文，后所增入，多梁代文。"（《中国佛教史籍概论》）

应据《法论》目录补上。然由此可见《新论·论形神》自刘宋陆澄选入《法论》,梁僧祐沿《法论》之旧编入《弘明集》以后,《大唐内典录》及宋元明大藏本《弘明集》本篇撰人并题为“桓君山”。从陆澄编选以来历代相沿并无异说。至严可均辑《全后汉文》以《论形神》编入《祛蔽》篇。严辑《新论》望文分系,自不免武断之嫌。正如关锋所说“将新论形神系入桓谭新论祛蔽篇,实属不伦不类”。就我看来“论形神”,可能是《新论·辨惑》篇的文字。

第三,《太平御览》卷八七〇引“与刘伯师夜坐”一段,明标“桓谭《新论》”,正是本篇的文字。这也足证《论形神》为桓谭之作。又据《意林》及《太平御览》等引《新论》而知刘子骏兄子名伯玉,这里的刘伯师大概就是刘伯玉的昆弟,刘向、刘歆他们一家都信神,而桓谭却都是反对神仙长生的,所以常与辩难,这也是个证明。

第四,再就桓谭的整个思想体系来看,桓谭纯粹是一个无神论者。我们看他首先反对谶纬。他说:

“谶出河图洛书,但有兆朕而不可知。后人妄复加增依托,称是孔丘,误之甚也。”(《意林》引《新论》)

他在刘秀面前“极言谶之非经”。至被专制的皇帝认为“非圣无法”,结果遭到谪贬,可见他的斗争精神。

我们再看他反对灾异迷信。他说:

“灾异变怪者天下所常有,无世而不然。逢明主贤臣智士仁人则修德善政,省职慎行以应之,故咎殃消亡,而祸转为福焉。昔太戊遭桑谷生朝之怪,获中宗之号;武丁有雊雉升鼎之异,身享百年之寿;周成王遇雷风折木之变,而获反风岁熟之报;宋景公有荧惑守心之忧,星为徙三舍。由是观之,则莫善于以德义精诚报塞之矣。故周书曰天子见怪则修德，诸侯见怪则修政，大夫见怪则修职，士庶见怪则修身。神不能伤道，怪亦不能害德。及衰世薄俗君臣多淫骄失政，士庶多邪心恶行，是以数有灾异变怪，又不能内自省视，畏天威而反外考谤议，求问厥故，惑干佞愚而以自诖误，而令患祸得就，皆违天逆道者也。"(《群书治要》引)

这种"神不能伤道，怪不能害德"，认为人力可以转祸为福的见解完全是唯物主义的思想。同时桓谭对于那些不务人事而迷信鬼神的，也给以严肃的批判。他说：

"昔楚灵王骄逸轻下，简贤务鬼，信巫祝之道，斋戒洁鲜以祀上帝，礼群神。躬执羽绂，起舞坛前。吴人来攻，其国人告急，而灵王鼓舞自若。顾应之曰：'寡人方祭上帝，乐明神，当蒙福佑焉'。不敢赴救，而吴兵遂至，俘获其太子及后，甚可伤。"(《太平御览》五二六引)。

"王翁(王莽)好卜筮，信时日而笃于事鬼神，多作庙兆洁斋祀祭牺牲肴膳之费。吏卒办治之苦，不可称道。为政不善，见叛天下，及难作兵起，无权策以自救解。乃驰之南郊告祷，抟心言冤，号兴流涕，叩头请命，幸天哀助之也。当兵入宫日，射矢交集，燔火大起，逃渐台下，尚抱其符命书及所作威斗，可谓蔽惑至甚矣。"(《群书治要》引)

像楚灵王和王莽这样最愚蠢的人，桓谭给以无情的揭露和批判。至于一般人迷信鬼神又怎样呢？他说：

"博士弟子韩生居东，连三夜有恶梦。以问人，人教清晨起厕中祝之，三旦而人告以为咒诅。捕治，数日死。"(《太平御览》一八六引)

这正说明迷信不能致福反而遭祸。他对于神仙长生之说也给以批判。

“刘子骏信方士虚言，谓神仙可学。余见其庭下有大榆树，久老剥折。指谓曰：彼树无情，然犹朽蠹，人虽欲爱养，何能使不衰。”(《艺文类聚》八十八，《太平御览》九五六引)余与刘子骏言养性(同生)无益。其兄子伯玉曰：天生杀人药，必有生人药也。余曰：钩吻不与人相宜，故食则死，非为杀人生也。譬若巴豆毒鱼，礜石贼鼠，桂害獭，杏核杀狗，天非故为作也。(《太平御览》九九〇引)

这正说明死生乃自然之理，想服食求仙，长生不老是不可能的。又说：

“曲阳侯迎方士西门君惠；从其学却老之术。君惠曰：龟称三千岁，鹤称千岁，以人之材何乃不及虫鸟耶？余应曰：谁当久与同居而知其年岁耳。”(《意林》引。案“耳”字疑“耶”字之脱烂。)

“方士董仲君犯事系狱，佯死，目陷虫烂，故知幻术靡所不有。(《太平御览》七三七引)圣人何不学仙而令死耶？圣人皆形解仙去，言死者示民有终也。无仙道，好奇者为之。”①(《意

① 此条孙冯翼，严可均等辑本均分为二条，关锋在《王充哲学思想研究》附记中也提出这问题，认为与《新论》形神观点直接对立。不知桓谭《新论》亦如王充《论衡》，其中充满了反对灾异迷信神仙长生的议论，都是以问答体书之。所设问难皆当时世俗迷信，答语就针对这些一一驳斥。类书征引断章取义，任意割裂；往往只引设问的一段而把驳斥一段删去。正如《御览》七二〇引“曲阳侯王根迎方士西门君惠”一节删“余应曰：谁当久与龟鹤同居而知其年岁耶”？《御览》六四三引“方士临淮董仲君，坐系狱病死，数日目陷生虫，吏捐弃去，便更活云，”却删去了最主要的一句“故知幻术靡所不有”。不加详察，很易迷惑。设若《论衡》全书不存，只截取几段世俗虚妄之言，把王充的驳议删去，岂不是出现同样的情况？桓子《新论》也正是这样，所以《新论》的辑本还有重加编排补辑的必要。

林》引。"无仙道"两句乃桓谭答语。据《博物志》五引补,"无"字前亦当有"余应曰"等字。)

桓谭是精通天文、音律等自然科学的,由于他的科学知识和注重实际的证验,所以形成他唯物主义的宇宙观,他继承古代朴素唯物主义和无神论的传统,因此能提出反谶纬,反灾异、迷信,反神仙长生等一系列的主张,构成他唯物主义和无神论的哲学体系。在这种思想体系下能够产生出《论形神》这样的作品是毫不奇怪的。所以我们认为桓谭算是王充以前汉代最重要的唯物主义哲学家。所以王充说"桓君山作《新论》,论世间事,辩照然否,虚妄之言,伪饰之辞,莫不证定。彼子长、子云论说之徒,君山为甲。"(《论衡·超奇》)又说"质定世事,论说世疑,桓君山莫上也。""新论之义,与春秋会一也。"(《论衡·案书》)事实上王充的烛火形神之譬,及好些反对灾异迷信神怪的思想是直接受桓谭的影响。所以他对桓谭备极推崇并不是无缘故的。《新论》自唐以后虽早已佚亡,但现在就仅存的佚文加以整理也可以看出其光辉的唯物主义和无神论的哲学体系,桓谭是唯物主义思想史上一支不灭的烛光,我们应该好好发掘和表彰的。

最后我再谈一谈华谭《新论》。关于华谭的事,《晋书》卷五十二有传。关于华谭的材料现在我们知道得还不多,对其全部思想还无法评述。但我们看他与博士王济的一段对答说:

"存亡有运,兴衰有期,天之所废,人不能支。徐偃修仁义而失国,仲尼逐鲁而逼齐,段干偃息而成名,谅否泰有时,曷人力之所能哉?"(《晋书·华谭传》)

很显然,这种"天之所废,人不能支"的思想,与桓谭的"修德善政则祸将为福"的思想是很不一致的。华谭的《遗顾荣等书》也有"天道伐恶,人神所不祐"的话(见《晋书·陈敏传》)。由此看来,他不是个无神论者。华谭《新论》久已不传,全书旨趣现在无从知道。今仅《初学记》、《意林》及《太平御览》各引一条。但其文章风格还可以看得出来。兹抄录两条以供参考:

"夫体道者圣,游神者哲。体道然后寄意形骸之外,游神然后穷理变化之端,故寂然不动而万物为我用,块然玄默而象机为我运"(《初学记》十七引华谭《新论》)。

"千云之枝,不育于邱垤之颠;径寸之珠,不产于渟汙之渚"(宋本《意林》引华谭《新论》)。

从这两段文字很显然可以看出华谭《新论》是用六朝骈体写的,这同《论形神》的文字是绝不相类的。这也是《新论·论形神》决非华谭之作的一个旁证。

据以上的几点论证,我认为《新论·论形神》的作者应断归桓谭,这是不容怀疑的。

(原载《人文杂志》1959 年第 2 期)

王充评传

周桂钿　著

前　言

王充(公元 27—100?)是中国东汉时代杰出的哲学家。他的学问渊博、眼光敏锐、思想深刻,这些都是他创立新的哲学体系的基础。他的哲学更重要的思想基础是他的科学精神。而这种精神在中国古代没有引起人们的注意和重视。冷静的思想家喜读《论衡》,深受启发,却不知是他的科学精神在起作用。

王充的科学精神表现在对自然界和人类社会的各种问题的讨论中。一是注意观察、了解各种事物,充分掌握各种实际情况,作为讨论的依据,不尚空谈。二是能将各种相关的事物联系考察,反复辩证,得出应有的结论。由于科学水平的限制,他得出的结论并非都是正确的,都是科学的,但他探讨问题的方法体现了近代科学精神。他的科学精神集中表现在"知为力"上,这是可以与培根的"知识就是力量"相媲美的。

在近两千年前，王充能有近代科学精神，并贯穿于各种问题的讨论中，实在难能可贵。我认为，称他为“科学精神的超前觉醒者”也不为过。他哲学的价值主要就在这种科学精神上。

王充有了科学精神，就能推崇权威而不迷信权威，所以敢于“问孔”、“非韩”、“刺孟”。有了科学精神，当天人感应说迷信像潮水般涌来的时候，敢于分析批判，作反潮流的中流砥柱。有了科学精神，对于世俗迷信也不是随波逐流，能以事实为根据，通过严密的逻辑推理，一一予以破除，同时对它产生的合理性作了恰如其分的探讨。由于科学不太发达，有一些现象他还未能作出适当的分析，由气的作用，推到星气的作用，产生了宿命论观点。这是不足之处，而这种思路导致人们去探索宇宙对地球、人类社会的影响，在这种意义上，星气说也不无些微价值。

对王充《论衡》的研究，代不乏人。这一世纪，学术界研究《论衡》成了一种热门，研究者相当多，海内外出版的专著、校释，约有几十种，发表的研究论文上千篇。研究总是随着时代不断发展的，并且不断地有所发现，有所创新，有所前进，没有尽头。

中国古人创造了灿烂的文化，与西方文化相比，毫不逊色！有待于我们向世人介绍。孔子已经介绍出去了，成为世界十大思想家之一。庄子、董仲舒、朱熹、王阳明、顾炎武、王夫之，也都需要大力介绍。最值得向外介绍的是充满科学精神的王充。王充《论衡》已使英国学者李约瑟博士惊叹不已。我相信，王充的科学精神必将使所有不带成见的西方人都惊叹不已。王充的科学精神会使持欧洲中心主义观念的人十分尴尬。

第一章 生平考辨

王充是中国东汉时代颇有特色的哲学家。国内外许多学者对他的批判哲学都很熟悉，而对他的生平却不甚清楚。尽管范晔《后汉书》为王充立了传，《论衡》又有自传性的《自纪》篇，但他的事迹仍有许多不明确之处。甚至有的学者认为本传是不可靠的，使本来就不太明朗的情况更加模糊了。因此，有必要再作一番考证和辨析。

范晔《后汉书·王充传》全文如下：

> 王充字仲任，会稽上虞人也。其先自魏郡元城徙焉。充少孤，乡里称孝。后到京师，受业太学，师事扶风班彪。好博览而不守章句。家贫无书，常游洛阳市肆，阅所卖书，一见辄能诵忆，遂博通众流百家之言。后归乡里，屏居教授。仕郡为功曹，以数谏争不合去。
>
> 充好论说，始若诡异，终有理实。以为俗儒守文，

多失其真，乃闭门潜思，绝庆弔之礼，户牖墙壁各置刀笔。著《论衡》八十五篇，二十余万言，释物类同异，正时俗嫌疑。

刺史董勤辟为从事，转治中，自免还家。友人同郡谢夷吾上书荐充才学，肃宗特诏公车征，病不行。年渐七十，志力衰耗，乃造《养性书》十六篇，裁节嗜欲，颐神自守。永元中，病卒于家。

王充本传仅用二百二十九个字极其简单地概括了王充的一生简历，而缺乏许多具体情节，《论衡·自纪》篇补充以后，稍加充实。不过，仍有许多不清楚的地方，也许古人以为那些具体情况无关宏旨，而今人却以为很有意义。有些学者根据这些不清楚的地方提出了疑问。我们根据《论衡》其他篇章的文字和其他资料，证明王充本传、《自纪》篇都是比较可信的。还有一些不清楚的详情，由于资料不足，只好阙如了。今对古今学者特别是台湾学者徐复观在《王充论考》中所提出的疑问分几个问题加以考辨。

一、"乡里称孝"

本传称王充"乡里称孝"。有人说这是有问题的。为什么？事出有因。东汉时代有人读了王充的著作，却因他出身于"细族孤门"[①]而加以嘲讽，认为出身低贱的人就不能有大作为，如果从卑贱家族中冒出一个特别杰出的人物，那一定是什

① 《论衡·自纪》。

么"变"、"异"、"妖"、"怪"。对于这种血统论观点，王充据理反驳。他说："鸟无世凤凰，兽无种麒麟，人无祖圣贤，物无常嘉珍。……祖浊裔清，不牓（读"妨"）奇人。鲧恶禹圣，叟顽舜神。伯牛寝疾，仲弓洁全；颜路庸固，回杰超伦；孔、墨祖愚，丘、翟圣贤；扬家不通，卓有子云；桓氏稽可，遹出君山。更禀于元，故能著文。"[①]王充认为，祖宗虽然没有什么特殊才能，自己却可以大有作为，因为历史上许多圣贤人物，如舜、禹、孔、墨、扬雄、桓谭等，他们的父、祖也都不是什么杰出的人物。尽管王充所列举的事实都是人们所公认的，所讲的道理也是雄辩的，还是为封建礼教所不允许的。正是这段反血统论的话被作为"不孝"的铁证，并且由此进一步否定本传中"乡里称孝"的记载。

唐代史学家刘知几首先提出："王充《论衡》之《自纪》也，述其父祖不肖，为州闾所鄙。而已答以'瞽顽舜神，鲧恶禹圣'。夫自叙而言家世，固当以扬名显亲为主。苟无其人，阙之可也。至若盛矜于己，而厚辱其先。此何异证父攘羊，学子名母？必责以名教，实三千之罪人也！"[②]后来许多学者相继指责王充为"不孝"。南宋王应麟在其《困学纪闻》中引述了刘知几的话，然后说《论衡》"此书非小疵也"。清代钱大昕在《十驾斋养新录》卷六中也说王充"自居于圣贤，而訾毁其亲"，"充而称孝，谁则非孝？"杭世骏不但说王充"不孝莫大"，而且认为称赞过《论衡》的蔡邕、王朗、袁山松、葛洪以及写《王充传》的范晔，不是"阿私所好"，就是"不孝之尤"。他还说范晔出于附和，"特书

① 《论衡·自纪》。

② 《史通·序传》。"证父"两句，典出《论语·子路》、《战国策·魏策三》。

之以孝”，孝子难道有靠诬蔑亲人而出名的吗？[①] 惠栋也引述《自纪》篇的这段话，说明《王充传》是不可信的。

现代学者徐复观在前人论王充不孝的基础上又提出了新的论据。他认为王充把父母生子完全作一种纯事实的判断，不会产生孝的观念。王充既然“自己没有孝的观念，如何会有‘乡里称孝’的事情？王充晚年因受到乡里的谴责而避难他乡，所以他正是‘大不理于众口’的人，更不会有乡里称孝的声誉”[②]。徐复观的说法在台湾学术界颇有影响。例如，黄云生在《王充评论》中经过详细分析以后，得出的结论是：“综上所述，谢承《后汉书》及范史王充传所载仲任‘乡里称孝’之言，缺乏积极之证据，难于断定确有其事。”

王充是否有“乡里称孝”的声誉，似乎还有认真加以讨论的必要，因为这不仅关系到王充个人品德的问题，而且更重要的是关系到范晔写的《王充传》是否可以信据的问题。

关于刘知几等人提出的矜己辱先、名教罪人的问题，张舜徽作了如下分析：

> 汉世述作之林，治经者必问其师承，立论者必稽其家学，而尤致详于门望世系。筚门寒族之士，虽文行卓异，终不为时所重，欲传其书甚难。故王充《论衡》既成，或嘲之曰：“宗祖无淑懿之基，文墨无篇籍之遗，虽著鸿丽之论，无所禀阶，终不为高。”（见《自纪》篇）充欲破时俗之陋见，乃因近取譬以自解。所

---

① 《道古堂文集·论王充》。

② 徐复观《两汉思想史》卷二《王充论考》，台湾学生书局 1979 年版。

谓“鸟无世凤凰,兽无种麒麟,人无祖圣贤,物无常嘉珍”,皆所以自喻其意。末又称引史事,明士贵崛起之旨。其用意固在力矫世人论士之偏,欲使其书得行于当时,而传之后世耳。其不得已之苦心,详绎通篇前后文意自见,何可责其矜己辱先,目为名教罪人乎?①

张先生认为王充那些话都是出于不得已,都是为了“破时俗之陋见”,“矫世人论士之偏”,没有“辱先”的意思。我以为这些道理已很明白,不必我再多说什么了。

《王充传》中说的是王充少年时有“乡里称孝”的声誉,而徐复观却以他晚年受乡里谴责而避难他乡来加以否定,显然是不妥当的。一个人在一生中会有许多变化,尤其是少年和老年更有不少差别。士隔三日,当刮目相待,士差半生,岂可等量齐观?

而实际上,王充少年时真有“乡里称孝”的可能,晚年却无“避难他乡”的事实。他的《自纪》篇说,六岁上学,有“恭愿仁顺,礼敬具备,矜庄寂寥”的表现,因此,“父未尝笞,母未尝非,闾里未尝让”。既恭敬,又从命,父母都很满意,何以不孝?“闾里未尝让”,何以不能“称孝”?本传与《自纪》篇可以互相印证,为什么还不能断定他确有其事呢?还缺乏什么样的“积极的证据”呢?另外,《自纪》篇载:“充以元和三年徙家,辟诣扬州,部丹阳、九江、庐江,后入为治中。材小任大,职在刺劄。笔札之思,历年寝废。章和二年,罢州家居。”这与本传上的记

---

① 《史通平议·序传》案语,见《史学三书平议》,中华书局 1983 年版。

载基本一致。本传载:“刺史董勤,辟为从事,转治中,自免还家。”这两段话互相补充,形成比较完整的内容。大意是说:扬州刺史董勤于元和三年(即公元86年,王充时年六十岁)征辟王充到扬州去当从事,负责丹阳、九江、庐江三郡的监察工作。后来转到扬州当“治中”,即刺史的属官,负责收集、整理各郡监察工作情况,向刺史汇报。章和二年(公元88年)他就辞去扬州治中的职务,回到家乡上虞县。应该说这一段经历是比较清楚的。但是,后代一些书籍传抄讹误,再加上误勘,使面目全非,与事实相去甚远。先有唐代的《北堂书钞》卷七十三、《意林》,后有宋代的《太平御览》卷六〇二引述这段话时均作“避难”。《太平御览》引作“充仕数不遇,以章和二年徙家避难扬州丹阳,入为治中。”黄晖在《论衡校释》中,根据《意林》等书来校正《自纪》篇,将那段话中的“辟”改为“避”,后加一个“难”字。这样一来,王充被征辟去做官,变成了避难他乡。黄晖误校导致徐复观的误解。徐复观又在误解的基础上说什么“受到乡里的谴责”,想象出王充“避难他乡”的原因。徐复观进一步认为《王充传》是不可信的。这当然是一个不小的误会。

王充写《论衡》的宗旨是“疾虚妄”而“求实诚”。所以他经常如实地写下许多事实,不为尊者、贤者、亲者讳,连圣人孔子,他也要问难一番。这是他的求实风格,也是他著文特色。“天地合气,万物自生,犹夫妇合气,子自生矣。”[1]这是王充自然论的重要观点,也体现他求实的著文特色。徐复观却认为王充将父母生子作为纯事实的判断,不会产生“孝”的观念。哲学观点与伦理观念是否可以这么简单地联系在一起呢?台

---

① 《论衡·自然》。

湾学者黄云生说王充这些，“其不事藻饰隐讳，不避明言浅露之态度，与其自叙家世之作风，实为互相表里者”。[1] 另一位台湾学者徐道邻也说：“我们细玩《论衡》词句，他只是不曾‘为亲者讳’而已——这可能是因为他相信‘天下之事，不可增损，考察前后，效验自列’之故——怎么能因此就骂他‘不孝’？甚至怀疑史书上所说‘乡里称孝’这个事实？”[2]我同意他们的意见，就不必再申述了。

二、“常游洛阳”

王充本传明确记载，王充“后到京师”，“常游洛阳市肆”。仅仅由于《自纪》篇没有提到去洛阳的事，徐复观便认为，王充没有去过洛阳。“王充既未尝到京师，则《传》中所有这段有关的纪录皆不可信。”[3]徐复观这种观点在台湾学术界还颇有影响。陈丽桂说：“有关他（指王充）的生平事迹，《后汉书》本传上的记载疏略而不实，我们应该从《论衡·自纪》篇他自己的叙述，及近代学者（指徐复观——引者注）对他的研究资料中去了解。”[4]黄云生也因此产生怀疑，他说：“究竟仲任曾经到达京师与否，恐亦有问题。”[5]既有问题，就有加以商讨之必要。

我们先从三本史书的记载考察起。范晔的《后汉书》王充本传说他“后到京师”，“常游洛阳市肆”。另一是袁山松《后汉

① 黄云生《王充评论》，三信出版社1975年版。
② 《王充论》，见《东海学报》三卷一期。
③ 《王充论考》。
④ 《王充》，见王寿南总编《中国历代思想家》第二册，台湾商务印书馆。
⑤ 《王充评论》。

书》称王充"诣太学，观天子临辟雍，作《六儒论》"。太学、辟雍都在京师洛阳。这是王充到洛阳的旁证。谢承《后汉书》载："固年十三，王充见之，拊其背谓彪曰：'此儿必记汉事。'"①《意林》引《抱朴子》佚文有类似内容："王仲任抚班固背曰：'此儿必为天下知名。'"两书说法虽然不尽相同，而所载王充与班固接触这一基本事实则是一致的。班固十三岁时，其父班彪在洛阳，班固随父也在洛阳。当年王充十八岁，也已到洛阳。以上三种《后汉书》，版本不同，著者各异，所记王充的事迹也不一样，但都确切地说明王充到过京师洛阳。

我们也可以从《论衡》中找到王充到过洛阳的证据。《自纪》篇所记的事是可信的，但它没有记的事却未必都是子虚乌有的。王充到洛阳的事，《自纪》篇没有记载，其他篇却有一些线索。例如，在《别通》篇中，王充说："人不博览者，不闻古今，不见事类，不知然否，犹目盲、耳聋、鼻痈者也。"可见他自以为是博览者。接着，他又说："人之游也，必欲入都，都多奇观也；入都必欲见市，市多异货也。……游于都邑者心厌，观于大市者意饱"。这些话可以认为是他游览京师洛阳的感想。他如果没有去过京师，没有博览过"奇观"、"异货"，那末，他就不会以此作比喻。这段话讲"入都""见市"，正好印证了本传中"常游洛阳市肆"的记载。又如，在《谈天》篇中，王充讲到在洛阳观察太阳和北极星的情况，这是没有被人注意到的事实。他说："洛阳，九州之中也。从洛阳北顾，极正在北。东海之上，去洛阳三千里，视极亦在北。推此以度，从流沙之地视极，亦必复在北焉。"他从洛阳观察北极星，联系到以前在老家东海对北极星的

① 范晔《后汉书·班固传》注引。

观察,再推论在“流沙之地”观察可能出现的情况。“流沙之地”在西方,王充未曾去过,所以他用“推此以度”,说明只是一种推测。对于洛阳,他直接说“从洛阳北顾”,说明不是推测,而是实地观察。王充不但在洛阳观察过北极星,而且也观察过太阳。他说:“今从洛地察日之去远近,非与极同也,极为远也。”观察比较结果,北极星离洛阳比太阳远。在遥远的南方观察太阳,情况怎么样呢?王充曾向从日南郡迁回洛阳的移民询问,得到的答复是在日南郡住处,中午的时刻,也不在日的南方。他说:“日南之郡,去洛且万里。徙民还者,问之,言日中之时,所居之地,未能在日南也。”这也是他在洛阳的明证。从以上这些内容来看,王充写《谈天》篇时,也许正在洛阳。在《说日》篇中,王充提到“从北塞下近,仰视斗极,且在人上”。说明王充不仅到过洛阳,而且到过洛阳更北的北塞附近,并在那里观察到北极星将要到人的头顶上。从这些内容来看,王充到过洛阳是确有其事,虽然《自纪》篇没有这方面的记载。

我们还可以从《论衡》中找到一些王充到过洛阳的间接的旁证。例如,《感虚》篇载:“建武三十一年中,陈留雨谷,谷下蔽地。案视谷形,若茨而黑,有似于稗实也。”《后汉书·光武帝纪》载:三十一年,“陈留雨谷,形如稗实”。建武三十一年,即公元55年,王充二十九岁。他当时实地考察了陈留的“雨谷”。说明他这年秋天在陈留。陈留是郡治所在地,它离浙江上虞县数千里,离当时京都洛阳只有约四百多里。就是现在河南开封市东南不远处的陈留镇。王充既然从千里迢迢的上虞来到陈留,绝不仅仅为了观察“雨谷”,为什么不去离陈留不远的繁华都城游览一趟呢?他认为:“人之游也,必欲入都。”他既到陈留,必去洛阳,则肯定无疑。同年夏天,王充还在陈留一带观察过蝗虫。《商虫》篇说:“建武三十一年,蝗起太山郡,西南过陈留、河南,遂入夷狄,所集乡县以千百数。”他看到“蝗食谷草,连日老极,或蜚徙去,或止枯死”。《后汉书·光武帝纪》载:三十一年,“是夏,蝗”。可见,王充这一年的夏、秋两季都在陈留,说明他并非路过。此外,王充对陈留地方的风土人情比较熟悉,在《论衡》中多处提到陈留的人和事。例如,在《程材》篇中,他说:“陈留太守陈子瑀,开广儒路,列曹掾史,皆能教授。簿书之吏,什置一二。”《效力》篇还记载陈留庞少都推荐诸生为吏时跟太守的一场辩论。也许这个陈留太守就是陈子瑀,在庞少都的影响下,大量录用儒生为吏。王充是否也就在陈留为吏呢?是否也受到庞少都的推荐、陈子瑀的重用呢?这种可能性是存在的。联系到上面讲到的,王充对“雨谷”、“蝗虫”的观察,似乎并非偶然。

《自纪》篇说:“在县位至掾曹,在都尉府位亦掾功曹,在太守为列掾五官功曹行事,入州为从事。”本传称“仕郡为功曹”。都没有说明王充在哪一个县哪一个郡哪一个州任职。本传称他“后归乡里,屏居教授”,说明他不在老家会稽郡上虞县任职。究竟在哪儿呢?值得探讨。据谢承《后汉书》记载,王充见班固时,班固年十三。王充大五岁,应是十八岁。王充十八岁已在洛阳,可能他正是这时到洛阳入太学读经,师事班彪,才见到班固的。王充何时离开太学,史无明文。《自纪》篇也只说:“经明德就,谢师而专门。”据以上考证,建武三十一年,王充二十九岁时,他正在陈留。这样,我们可以推断,王充十八岁以前到洛阳上太学,二十九岁以前离开洛阳到陈留。二十九岁前后,王充也许就在陈留一带任县掾功曹、都府掾功曹和郡列掾五官功曹行事,还可能入州为从事。

王充虽然出京任职，也还常去洛阳，故有“常游洛阳市肆”的记载。另外，袁山松《后汉书》载王充“观天子临辟雍，作《六儒论》”。据《后汉书·祭祀志中》载，光武中元元年，即公元56年，“初营北郊、明堂、辟雍、灵台，未用事”。刚建辟雍，尚未使用。明帝永平二年三月，明帝“临辟雍，初行大射礼”[①]，这是明帝第一次“临辟雍”。明帝第二次“临辟雍”是在永平八年，即公元65年。王充“观天子临辟雍”可能是在这两次中的一次。另据《吉验》篇载：“虞子大，陈留东昏人也，其生时以夜。适免母身，母见其上若一匹练状，经上天。明以问人，人皆曰：‘吉，贵。’气与天通，长大仕宦，位至司徒公。”虞延，字子大，永平八年（公元65年）任司徒，永平十三年（公元70年）因楚王英案牵连自杀。王充写《吉验》篇时称他为“司徒公”，可能是在他任司徒期间。虞延任司徒，家乡流传他出生时的“吉验”，王充据传说而记录下来。在《累害》篇中，王充提到“焦陈留君兄”[②]，说他“名称兖州，行完迹洁，无纤芥之毁；及其当为从事，刺史焦康绌而不用”。有好名声而不受任用，王充因而感到不平，说明他对焦贶的情况比较了解。《程材》篇提到“襄邑俗织锦，钝

① 《后汉书·明帝纪》。

② 北京大学历史系《论衡注释》（中华书局1979年版），校作“陈留焦君贶”。王充所说焦君陈留人，名称兖州，“及其当为从事，刺史焦康绌而不用”。焦康大概就是兖州刺史。范晔《后汉书·郑弘传》说弘是会稽山阴人，“师同郡河东太守焦贶”。范书与袁宏《后汉纪》都说河东太守焦贶受楚王英案牵连，病死于道。范书说弘送焦丧“还乡里”，而袁纪称送焦丧于“陈留”，陈留就是焦贶的“乡里”。其说与《累害》篇相合，郑弘少为灵文乡啬夫，与会稽太守第五伦见面。家乡应在会稽。后因祖父任西域都护，他不能随行，可能寄居叔祖家。叔祖任兖州刺史，这就与“名称兖州”的焦贶接近了，也许因此而称“同郡”。郑弘后为驺县令，驺县也在兖州。

妇无不巧”。襄邑即今河南睢县，介于陈留和商丘之间，距离陈留只有一百里。以上资料说明王充对陈留一带情况比较熟悉，有多方面的了解，间接证明他在这一带有较长时间的生活经历。虽然《自纪》篇只字未提“陈留”，我们仍然相信他确实在陈留生活过。因此，《自纪》篇虽然未提去洛阳的事，我们根据多方考察，可以印证本传上的记载，王充确实到过京师洛阳。

三、“师事班彪”

扶风班彪没有到过会稽，王充也未去过扶风。他们的相会是在洛阳。因此，王充“师事班彪”跟他去洛阳有直接关系。如果王充未去洛阳，“师事班彪”则成为不可能的事情。徐复观正是这么理解的。我们以上考证认为王充到过洛阳是可信的。于是，“师事班彪”就具备了最起码的条件。但是，一方面在时间上尚有不同意见，另一方面徐复观还提出其他理由来否定王充“师事班彪”，因此仍有加以研究的必要。

胡适、黄晖、徐敏都承认王充“师事班彪”是事实，但他们对于王充何时到洛阳却有不同看法。我们基于“师事班彪”与到洛阳有密切联系的看法来探讨一下时间问题。

王充本传和《自纪》篇都把王充学经列于出仕之前，这是一致的。也符合“学而优则仕”的正常过程。黄晖《论衡校释》附编二《王充年谱》把出仕系于二十二岁，而把到京师，师事班彪系于二十八岁。这里有两个问题：一是王充拊班固的背跟班彪说话，那时班固十三岁，王充十八岁。王充十八岁已经接触班彪父子，怎么能于二十八岁才到洛阳呢？二是王充二十八岁时，班彪已不在洛阳。王充二十八岁，正是建武三十年，公元54年。这时，班彪早已离开洛阳，并已死于望都长的官所，而这时班固二十三岁，“弱冠而孤”，[①]怏怏不乐地回到家乡去，“父彪卒，归乡里”。[②] 也就是说，如果王充二十八岁才到洛阳的话，他就见不到班彪，当然无法“师事”，也见不到十三岁的少年班固。二十三岁的弱冠青年、孤儿班固已归故里，王充也见不到他了，只能到班固当了兰台令史的时候才能在洛阳见面。那时班固已三十多岁，正在撰写《汉书》了，王充“必记汉事”的预言成了马后炮。

徐敏认为：“王充应为十五岁至京师洛阳进太学。那时他的老师班彪年四十一岁。”[③]他的根据是当时已有太学，贾逵十五岁已在太学。已有太学，当然是入太学的必要条件，但不是每个人入太学的充分条件。徐敏的逻辑是这样的：贾逵“十五岁已在太学”，推出“汉人十五岁入太学”，再推出“故王充应为十五岁至京师洛阳进太学。”贾逵十五岁已在太学，并非入学年龄。他十五岁入太学是否有普遍意义？是否有严格的制度？固然，《白虎通·辟雍》云：“古者以年十五入太学。”这里虽说“古者”，未必都是古代的制度。也许是当时人的一种设想。但它不是严格的制度，不是大一岁或小一岁都不准入学的。《后汉书·循吏列传》载：任延“年十二，为诸生”。

① 《汉书·叙传》云：“有子曰固，弱冠而孤”。《礼记·曲礼上》载：“男子二十冠而字”。冠指二十岁男子。“弱冠”指二十岁出头的男子。《后汉书·祢衡传》称二十四岁的祢衡为“弱冠”。班固于永平初已二十七岁，本传仍称“固始弱冠”。大概从二十岁到三十岁之间都可以称为“弱冠”。

② 《后汉书·班彪传》附《班固传》。

③ 徐敏《王充哲学思想探索》附录《王充年谱》，生活·读书·新知三联书店，1979年版。

诸生就是入太学的学生。他“显名太学,学中号为‘任圣童’”。这是说任延十二岁入太学。又载:仇览“年四十”,听王涣的建议以后才入太学的。仇览入太学当教师还是当学生?后面说“学毕归乡里”,可见是当学生的。这是大龄的太学生。可见,从十二岁到四十岁都可以入太学,年龄不限于十五岁,这是很显然的。那么,王充入太学的年龄也不一定十五岁。

胡适认为王充十八岁入京师,师事班彪,理由是王充拊班固跟班彪说话时年龄是十八岁。班彪于建武十三年(公元 37 年)随窦融进入京师洛阳。经窦融推荐,光武帝召见,拜为徐令。后以病免。王(读“肃”)况于二十三(公元 47 年)至二十七年(公元 51 年)当司徒。在这期间,班彪“复辟司徒王况府”。后由司徒荐举到望都任长官,至建武三十年,卒官,时年五十二岁。班彪既由司徒推荐到望都去任职,那么最晚应是建武二十七年之前,以后,王况就不当司徒了。如果他二十七年去望都,到三十年逝世,共有四个年头,有一些政绩,所以才有“吏民爱之”的社会反映。从班彪的这些经历来看,他从建武十三年(公元 37 年)到建武二十七年(公元 51 年)的十四年中都有可能在洛阳。而王充于建武二十年(公元 44 年)在洛阳。所以他们有接触的机会。而且他们有可能同在洛阳的时间达数年之久。可见,王充师事班彪从时间和地点上看,并不是绝不可能的事。至于王充进京师的时间,应在十八岁以前,这里包括胡适讲的十八岁,也包括徐敏讲的十五岁。但徐敏定在十五岁,根据是不足的。黄晖讲的二十八岁那就更不恰当了。

徐复观又提出太学的问题。他说:“王充受业太学,师事班彪,必须班彪与太学有关系。”而班彪在洛阳的行迹中,“根本与太学无缘”[①]。黄云生也说:“仲任是否到京师受业太学,师事班彪,颇有疑问。”[②]

关于太学,大家都知道是当时国办的最高学府。官学自东周衰废以后,到西汉重新兴起。从世界高等教育史上看,西汉政府办的太学比欧洲12世纪初期最早在意大利建立的萨勒诺大学要早一千多年。由《五经》博士任教师,对从各地来的诸生进行儒学专门教育。至于教学制度的详细情况,尚待考证。是否像徐复观所说的,不是博士,就不能在太学教授诸生呢?似乎情况并非那么简单。一般地说,被政府认可的经学博士可以在太学讲授,并有弟子员,像带研究生那样。但我们从《后汉书》看到的情况很复杂,博士、太学、讲授并非紧密联系在一起的。例如,任末,少习《齐诗》,“游京师,教授十余年”,而他就不是博士。有些博士却没有从事教学活动,而是参政。如杨伦被“特征博士”以后,就被派去当清河王傅了。又如,伏恭,“太常试经第一,拜博士,迁常山太守”,并没有留在太学任教,而是“学而优则仕”。有的博士虽然留在京师教授门徒,却不在太学中。董钧就是这种情况。他当了博士,“常教授门生百余人”,却与太学无缘。有的人(如服虔)入太学受业,却没有专门的指导教师,有的人(如魏应)从博士受业,却没有入太学。从博士以外的学者学习的情况更多,如颍容师事太尉杨赐。像李育没入太学受业,然“知名太学”,“后拜博士”。《后汉书·儒林传》说到“光武中兴,爱好经术,未及下车,而先访儒雅”时,“云会京师”的著名儒生有范升、陈元、郑兴、杜林、卫宏、刘琨、桓荣,于

① 《王充论考》。
② 《王充评论》。

是“立五经博士”，都在太学里讲授自己的一套学问。但是，查阅他们本传，只有桓荣一个人，当“车驾幸太学”时，他以博士身份，“论难于前”，而其他人的本传中都没有提及太学。究竟是与太学无缘呢，还是太学不足一提呢？另外，丁鸿十三岁“从桓荣受《欧阳尚书》”，杨伦“少为诸生，师事司徒丁鸿，习《古文尚书》”。《后汉书·丁鸿传》既没有说他入太学，也不讲他当博士，既可以从博士桓荣学习，又可以教授诸生杨伦。班彪虽然与太学无缘，为什么就不能教授王充呢？也许班彪与范升等人都是太学中的经学博士，史家以为这种职称不足载，所以都被后人误为与太学无缘。另外，入太学也不是史所必载。例如，《后汉书·崔骃传》载崔骃“年十三能通《诗》、《易》、《春秋》，博学有伟才”，“少游太学，与班固、傅毅同时齐名”。这段话似乎是说，崔骃、班固、傅毅都是太学中的优秀生。但是，班固、傅毅的本传均未提及入太学的事。所以，传中没有提到太学的，未必就与太学无缘。

从以上考证来看，班彪本传未载他在洛阳与太学有什么关系，并不能因此否定王充师事班彪的记载。

徐复观认为，王充虽然多次提到班彪，“但没有丝毫师生的意味在里面”。王充在《论衡》中提到好几百人，对谁也“没有丝毫师生的意味在里面”，这究竟是怎么回事呢？不外三种情况：一是没有老师，二是有老师而不提，三是虽提老师，并不带师生的意味。

台湾学者陈丽桂认为王充没有老师，他的学问是自学得来的。陈丽桂说：王充“少年时代，流落京师，家贫，没钱买书，只好跑到洛阳书店里，为人卖书，藉以自修。他的学问，最初大概就是这样苦学得来的。这在汉代家学、师学盛行的时代，实在是一个很稀罕的例子”。[1] 这种说法是否可信呢？对于“师事班彪，颇有疑问”的黄云生也感到疑惑难解。他说：“然则，仲任‘宗祖无淑懿之基，文墨无篇籍之遗’，出身于贾贩之家，无书香门第之凭藉，竟能奋身于著作文儒之列，立志为卓绝不循之人，除其天赋资质之外，必有薰陶之者，亦必有其私淑者。薰陶之者为谁？其私淑者为谁？颇为耐人玩索。”[2]黄云生对陈丽桂的无师说表示怀疑。王充自己也不同意，请看《自纪》篇，王充自叙：“手书既成，辞师受《论语》、《尚书》，日讽千字。经明德就，谢师而专门，援笔而众奇。”这里明确说“辞师”、“谢师”，可见有“师”无疑。王充到洛阳进太学，陈丽桂说他“流落京师”，恐怕也没有充分根据。“家贫无书，常游洛阳市肆，阅所卖书”，陈丽桂解释为“为人卖书”，似乎也欠当。如果王充当了书摊小店员，那不是“常游”，而是“长住”了。另外，《自纪》篇所谓“未尝履墨涂，出儒门”，并不是说他没有老师，而是说他著述没有师学传统。他先向老师学习，后来，“好博览而不守章句”，就“谢师而专门”，不肯局限于老师的家法章句，辞别老师，独立研究，走上自学成才的道路。正因为这样，他才能“博通众流百家之言”，自成一家之说，在汉代学派林立的情况下，树起一面五彩夺目的奇特的旗帜，永远飘扬在中国思想史的天空中！

我们再来考察第二种情况，即有老师而不提。王充从小上学，老师肯定不止一个。老师没有特别建树的，也许在他的学术著作中不会提到。对他学术思想影响较大的老师，则可能提到。这样，王充对老师在提与不提两可之间。而王充对班彪这

① 《王充》。
② 《王充评论》。

位老师还是提到了的。接着就有第三种情况，即他提到班彪时是否带有师生的意味。首先，据钟肇鹏先生研究认为，“班彪的《王命论》对王充以后的定命论是有一定的影响的”①。其次，王充在《论衡》中提到班彪的有七次，分别抄录如下：

《超奇》篇：“班叔皮续《太史公书》百篇以上，记事详悉，义浃理备，观读之者以为甲，而太史公乙。子男孟坚为尚书郎，文比叔皮，非徒五百里也，乃夫周、召、鲁、卫之谓也。苟可高古，而班氏父子不足纪也。”这段话三次提到班彪，都是极力赞扬的，认为班彪的著作《续太史公书》比《太史公书》（即《史记》）水平更高。

《佚文》篇：“扬子云作《法言》，蜀富人赍钱十万，愿载于书。子云不听，曰：‘夫富贾无仁义之行，犹圈中之鹿，栏中之牛也，安得妄载？’班叔皮《续太史公书》，载乡里人以为恶戒。邪人枉道，绳墨所弹，安得避讳？是故子云不为财劝，叔皮不为恩挠。文人之笔，独已公矣。贤圣定意于笔，笔集成文，文具情显，后人观之，以见正邪，安宜妄记！……《论衡》篇以十数，亦一言也，曰：‘疾虚妄。’”这段话两次提到班彪，主要说班彪著书实事求是，不因熟人情谊干扰，使所著书失去真实性。王充认为这是贤圣著书的原则，所以，他受此影响，所著《论衡》都是“疾虚妄”的。

《案书》篇：“孔子生周，始其本；仲舒在汉，终其末，尽也。皮续《太史公书》，盖其义也。”班彪《续太史公书》也像董仲舒继承孔子思想那样，继承发挥了司马迁《史记》的思想。

《对作》篇：“《五经》之兴，可谓作矣。《太史公书》、刘子政

---

① 《王充年谱》第12页，齐鲁书社，1983年版。

《序》、班叔皮《传》，可谓述矣。桓君山《新论》、邹伯奇《检论》，可谓论矣。”王充把著作分为三等：作、述、论。他称班彪的《续太史公书》又称《史记后传》为述，自己的《论衡》为论。作则提出重要的理论和社会行为的主要规范等。述是叙述事实，寓以褒贬，这是史书。论指用经书的理论分析评论社会问题。

从以上四段话来看，王充七次提到班彪都是褒扬，没有任何批评、贬抑之意。另外，他对班彪从来不称名，只称字，没有说班彪，只说班叔皮、叔皮，或只称皮。孔子的学生称孔子为“夫子”，墨子的学生称墨子为“子墨子”，王充对班彪只称字，都是出于对老师的尊敬。班固在《汉书・韦贤传》以及《翟方进传》中都引班彪的见解，称“司徒掾班彪曰”。我们从这里也看不出有什么父子的意味，难道他们不是父子吗？总之，要从文章中寻找师生的意味是很难的，尤其是在两千年前的汉代。另外，王充讲实诚。他虽然最崇拜孔子，认为“可效放者，莫过孔子”，对孔子照样要问难一番。对于圣人尚且如此，对于已经辞谢的老师为什么还一定要什么师生意味呢？即使我们从《论衡》中找不出对班彪没有什么特殊的师生意味，只要我们了解王充的性格，也就不会感到奇怪了。根据文中有无师生意味来判断他们是否师生关系，恐怕未必妥当，特别是对于汉代的王充。总之，我们认为，王充提到班彪是有师生意味的。即使没有师生意味，也不能否认他们的师生关系。

四、“屏居教授”

王充本传上载：“后归乡里，屏居教授。”徐复观根据《书解》篇中有“弟子门徒，不见一人”，“门虽无人”的话，就说：“这不是很清楚说他不曾'屏居教授'吗?"[1]谢朝清也认为,王充"即以'著书'寄托其晚年心境,并未有'教授'之事也"。[2] 究竟本传说法是否属实,尚须考究。

在《书解》篇中,王充把儒生分成两类:"著作者为文儒,说经者为世儒。"这两类儒生,哪一类更优越呢?有的人认为世儒优越,为什么呢?因为世儒讲解圣人的经典,传授贤者传疏,所以朝廷设置了固定的官位,最尊贵的一级为博士。可以招收天下儒生进行传授,自己死了,学问还可以由学生不断传下去。文儒"弟子门徒,不见一人",身死以后,没有人传他的学问。所以,世儒比文儒优越。王充不同意这种看法。他说:文儒"门虽无人,书文奇伟,世人亦传"。"世儒当时虽尊,不遭文儒之书,其迹不传"。如果没有文儒的书,那么,世儒的业绩也不会得到流传。

王充在这里讨论世儒和文儒的优劣,带有一般性,不是具体指某个人,更不能认为一定是说王充自己。虽然他颇擅于著作,自命为文儒,也有意为文儒辩护。但是,文儒并非一定没有门徒弟子的。例如他说:"周公制礼乐,名垂而不灭。孔子作《春秋》,闻传而不绝。"[3]在这里,王充把周公和孔子都作为文儒的代表人物。谁都知道,孔子并不是"弟子门徒不见一人"的。可见,王充即使是文儒,也未必是没有任何弟子的。所谓"门虽无人",只是门下即使无人的意思。因此,"门虽无人"一句不足以否定王充本传关于"屏居教授"的明确记载。

---

① 《王充论考》。

② 《王充治学方法研究》第 7 页,台北文津出版社,1986 年版。

③ 《论衡·书解》。

根据本传,“屏居教授”应在“仕郡为功曹,以数谏争不合去”之前。王充“仕郡为功曹”应指在颍川郡任功曹。当时灾情严重,王充曾向太守提出“备乏”、“禁酒”的建议,“言不纳用”[①]正与“以数谏争不合去”相符合。王充任颍川郡功曹在建初元年(公元76年)。而他屏居教授应在此前,即五十岁之前,约四十多岁。对于王充享寿七十岁左右的人来说,四十多岁应为中年,怎么也不能算是“晚年”!谢朝清说王充晚年“著书”不“教授”,与王充本传并不矛盾。

从《论衡》中,我们查不到王充教学的痕迹,也没有什么出名的学生,但也没有他从未教授的力证。那么,如何看待本传上的“屏居教授”呢?我以为,史书上记载的内容,如果没有明确的反证资料,就不能轻易否定。本传上有明确记载,《论衡》上没有相应的论述,可能是由于王充教授时间短,也没有培养出著名学生,自己对教学也不重视,所以在《论衡》中没有留下痕迹。不留痕迹,并非不存在。

五、“特诏公车征”

王充本传载:“友人同郡谢夷吾上书荐充才学,肃宗特诏公车征,病不行。”徐复观认为这一段记载“大有问题”。他认为,王充功名心极为严重,“假定真正被召,就是死在路上也是甘心的”,“岂有因荐被召而病不行之理?”而且当时荐士,只有两条途径:一是朝廷命官,二是本地方长官。谢夷吾既不是朝廷命官,也不是会稽上虞的地方长官,因此,“他是没有资格

① 《论衡·对作》。

推荐王充的”。[①] 徐复观的疑问促进了我们对这些问题的深入研究，从以下几个方面作分析。

首先，谢夷吾是了解王充的。谢夷吾是会稽山阴（浙江绍兴）人，王充是会稽上虞人，他俩是同郡邻县，相距不及百里。王充中年以后，“屏居教授”，在乡里有一定影响。他博学多才，又在北方，特别是京师洛阳生活过一段时间，见多识广。谢夷吾与他接触就会留下深刻的印象。这样，谢夷吾了解王充、推荐王充，就完全有可能。同时，谢承《后汉书·王充传》明确记载，“夷吾荐充曰：‘充之天才，非学所加，虽前世孟轲、孙卿，近汉扬雄、刘向、司马迁，不能过也。’”[②]两部史书同样记载谢夷吾荐充才学，岂可轻易否定？

其次，谢夷吾是可以推荐王充的。谢夷吾虽然不是朝中大官，也不是王充家乡的地方长官，但因有特殊情况，他还是有推荐王充的机会和可能的。谢承《后汉书》载：“夷吾雅性明远，能决断罪疑。行部始到南阳县，遇孝章皇帝巡狩，驾幸鲁阳，有诏敕荆州刺史入传录见囚徒，诫长吏‘勿废旧仪，朕将览焉’。上临西厢南面，夷吾处东厢，分帷隔中央。夷吾所决正一县三百余事，事与上合，而朝廷叹息曰：‘诸州刺史尽如此者，朕不忧天下。’常以励群臣。”[③]谢夷吾任荆州刺史，颇得东汉章帝的赏识。所以，钜鹿郡政治混乱，章帝就调谢夷吾去那里当太守。临行，章帝召见赏赐车马剑革带，并且说：“巨鹿剧郡难治，

① 《王充论考》。

② 范晔《后汉书·王充传》注引。

③ 《后汉书·方术列传》注引。

以君有拨烦之才，故特授任，当如刺史，勿毁前政。”[①]章帝认为谢夷吾善于“拨烦”（收拾烂摊子），就派他去老大难的钜鹿郡当太守，并希望他也像当刺史那样，打开局面，建立政绩。后来司空第五伦又向章帝推荐，让谢夷吾接替他的司空职务。推荐文是史学家班固起草的，写得相当漂亮。谢夷吾是这样一个人物，虽然不是三公九卿，还是有资格向章帝推荐人才的，包括推荐王充。

谢夷吾何时推荐王充，史无明文，我们可以从一系列历史事件中探究出推荐的大体时间。谢夷吾与第五伦颇有联系。第五伦当会稽太守时，将谢夷吾从郡吏提拔为督邮，后又转署主簿。后来又历任寿张令、荆州刺史、钜鹿太守。第五伦于章帝初立时任司空，年老后，托班固代笔写推荐文，中有“愿乞骸骨，更授夷吾”。第五伦“连以老病上疏乞身，元和三年，赐策罢”[②]，第五伦于元和三年（公元 86 年）罢司空职。他推荐谢夷吾接任司空职，当在元和二、三年间。推荐文中称“钜鹿太守会稽谢夷吾”，说明这时谢夷吾已任钜鹿太守。谢夷吾是从荆州刺史升迁为钜鹿太守的。他任荆州刺史恰逢章帝南巡，得到赏识。章帝两次南巡，一次在元和元年（公元 84 年），一次在章和元年（公元 87 年）。谢夷吾于元和三年已任钜鹿太守，说明他任荆州刺史正遇章帝第一次南巡。时在元和元年。据《后汉书·百官志五》载，各州常以八月巡行所部郡国，然后

---

① 《书抄》卷七五，见清汪文台辑《七家后汉书》第 105 页，河北人民出版社 1987 年版。

② 《后汉书·第五伦传》，其载“擢自远郡，代牟融为司空”，《谢夷吾传》作“司徒”，误。

汇总情况，在年底或下年初到京师奏事，汇报视察情况。谢夷吾可能于元和元年底或二年初到京师汇报。章帝对他印象较深，就派他任钜鹿太守。他任钜鹿太守似乎没有什么政绩，才想到推荐王充。所以谢夷吾推荐王充和章帝特诏公车征，可能都在章和元年以后。

王充于元和三年(公元86年)应扬州刺史董勤征辟，到扬州去任职，于章和二年(公元88年)，辞职回家。王充为什么自动辞职？一方面可能由于身体欠佳，因病辞职。另一方面可能为了著书立说。他对于"笔札之思，历年寝废"[①]似乎有点惋惜，自免还家，是为了摆脱政务，专心著述。不管出于哪一种原因而辞职，"肃宗特诏公车征，病不行"，也都是可以理解的。或者真病不能行，或者为了著述借口有病不肯行。章帝于章和二年(公元88年)去世，因此也就不再有征辟的事了。

第三，关于王充功名心的问题，也值得探讨。王充青少年时代功名心可能很重，不远数千里进京师入太学，目的就是要求取功名。学成以后，便进入仕途。他善于讲论、著述，谙于政事，于是便与熟悉政事的文吏论短长，比优劣。《程材》、《量知》、《谢短》等七八篇文章都是这一时期的主要著作。中年时代，希望跻身于朝列，写了《宣汉》、《恢国》、《验符》等七八篇文章，都是歌颂汉朝统治者的。"《宣汉》之篇，论汉已有圣帝，治已太平。《恢国》之篇，极论汉德非常，实然乃在百代之上。"《论衡》"为汉平说"，"彰汉德于百代，使帝名如日月"[②]。他认为臣子应该歌颂朝廷。汉德非常，却只有庸庸之名，他认为"咎在俗儒

① 《论衡·自纪》。
② 《论衡·须颂》。

不实论”。自己一再表白愿意歌颂，也能够歌颂，只是在“古荒流之地”，距离朝廷太远，不能歌颂得那么充分，“褒功失丘山之积，颂德遗膏腴之美”。假使能够像班固、贾逵那样在台阁之中，保证能够做到“论功德之实，不失毫厘之微”。这么露骨地表白功名心的知识分子在中国历史上是少有的。但是，王充的表白和追求没有得到朝廷的注意。到了老年，功名心也就逐渐淡薄了。对于仕途抱着一种无所谓的态度，说什么“福至不谓己所得，祸到不谓己所为。故时进意不为丰，时退志不为亏。不嫌亏以求盈，不违险以趋平，不鬻智以干禄，不辞爵以吊名，不贪进以自明，不恶退以怨人”。① 这一连串的“不”，就是在官场上“不争”，听之自然，随遇而安，颇有道家的意味。

王充晚年的兴趣转到著书立说上，他认为“高士所贵，不与俗均”，与普通人不一样，也与自己青少年时代不一样。所贵何在？“身与草木俱朽，声与日月并彰，行与孔子比穷，文与扬雄为双，吾荣之。身通而知困，官大而德细，于彼为荣，于我为累。偶合容说，身尊体佚，百载之后，与物俱殁，名不流于一嗣，文不遗于一札，官虽倾仓，文德不丰，非吾所臧。德汪涉而渊懿，知滂沛而盈溢，笔泷漉而雨集，言溶窟而泉出，富财羡知，贵行尊志，体列于一世，名传于千载，乃吾所谓异也。”②垂书示后，名传千载，就是王充晚年的追求。章和二年，他从扬州辞职回家，似乎也是为了著书。

总之，王充一生的功名心是变化的，先是较浓，后则淡漠。根据青少年乃至中年时的功名心较浓，来否定他晚年因病不

① 《论衡·自纪》。
② 《论衡·自纪》。

应征召的记载,显然是不妥当的。

另外有两点值得注意。中国古代写史有务实的传统。写《后汉书》达八家之多,而范晔《后汉书》能留存下来,说明该书较佳。范晔写史作传,极其严肃认真,对于“肃宗特诏公车征”这样有关天子的大事,岂可随便写入史传?还有,三国时,王充的同乡虞仲翔称王充为“征士”[①]。所谓“征士”,就是指被朝廷征召而不肯应征的隐士。王充死于公元100年左右,虞仲翔生于公元164年,相距几十年,应该比较可信。

经过一番考辨,我们认为,范晔《后汉书》王充本传和《论衡·自纪》篇所记载的王充生平事迹,是基本一致的,都是可信的。它们由于侧重点不同,可以互为补充。还有许多方面由于文字简略而不明确,需要从《七家后汉书》、《后汉纪》等其他史籍中和《论衡》其他篇章中,寻找旁证材料,作为补充,加以明确。这样,我们就可以把王充生平研究得比较清楚,写出比较详细的王充新传来。

六、王充新传

王充,字仲任,会稽上虞(今浙江省上虞市)人。他的祖先原籍在魏郡(今河北魏县)元城(今河南元村镇)。由于几代从军有功,封会稽阳亭,从魏郡迁到会稽郡。一年之间,所封的爵土就丧失了,于是就在那里落户当平民了,从事农业生产。世祖是武将出身,脾气粗暴,容易得罪人,特别是灾荒之年,还

① 《会稽典录》:“有道山阴赵晔,征士上虞王充。”《三国志·吴书·虞翻传》裴松之注引。

拦路抢劫，结怨甚多。当社会混乱的时候，怕仇人报复，祖父王汎带全家人从阳亭搬到钱唐县，以做小买卖为职业。王汎有两子：长子王蒙，次子王诵。王诵是王充的父亲。王蒙、王诵也像先辈那样意气用事，盛气凌人，在钱唐县又跟豪家丁伯等结怨，所以又将全家搬到上虞县定居。

建武三年（公元 27 年），王充诞生。王充小时与伙伴玩，不喜欢打闹。小伙伴们喜欢捉麻雀、捕蝉，或者玩钱、爬树，王充都不感兴趣，王诵感到奇怪。六岁时学写字，他规规矩矩，很有礼貌，又很庄重，说话少而有分寸，很像成年人，似乎没有少年的稚气。父亲没有打过他，母亲也没有责备过他，乡里人也没有指责过他。所以，王充有“乡里称孝”的好声誉。

不久，王诵去世，王充成了孤儿。他八岁到书馆学习。书馆里有学生一百多人，都因有过失受到惩罚，有的由于字写不好而挨打。只有王充写字天天有进步，又没有过失，所以从来没有受惩罚。

王充十七八岁时，告别启蒙老师，到京师洛阳去求学。他在太学深造，拜班彪为师。读《论语》、《尚书》等儒家典籍，每天可以背诵一千多字。班彪的儿子班固当时年方十三岁，王充与他谈话，见其谈论哲理，推论严密，叙述事情，条理清晰，语言精练，详略合适，便抚班固背对班彪说：“此儿必记汉事”，“此儿必为天下知名”。后来，班固撰《汉书》，成为著名的史学家。

建武二十三年（公元 47 年），班彪复辟司徒王况府，为司徒掾，并开始撰写《续太史公书》。这时，王充自觉“经明德就”，经书学好了，也树立了正确的道德观念，就“谢师而专门”，辞别老师，按自己的想法进行专门研究。他喜欢博览群书，不拘泥于章句之学。经常到洛阳市场上阅读所卖的书。

读一遍就能背下来，就这样博通了诸子百家的书。与朋友谈论时，王充经常提出一些新观点，大家开始都认为极其荒谬，听他说完，又都觉得很有道理。写文章也是这样，最后，大家都称赞他的文章很奇妙。

在洛阳期间，王充开始接触到天文学方面的争论。他一方面进行实际观察，观察日月运行、北极星和二十八宿，还询问过从日南郡回来的人。另一方面阅读有关天文的书籍，如邹衍之书、《禹纪》、《山海经》、《淮南子》和《周髀算经》等。经过初步研究，王充认为天是固定的形体，像玉石那样，不是像云烟那样的气。从此以后，王充一直思考天文学问题，又作过许多研究，终于形成自己的天文学思想体系——方天说，写成了天文学专论——《说日》篇。王充对天文学的研究，为他的天地本原论宇宙观奠定了坚实的基础，也为他反驳天人感应论提供了丰富的资料和有力的证据。

建武二十八年(公元 52 年)，司徒掾班彪奏事，并替光武帝草拟给南匈奴的诏书。不久，班彪离开洛阳，到望都县任长官。建武三十年(公元 54 年)，班彪死于官所。王充大约在这一时期离开洛阳，到外地任职。他可能先到陈留一带任职，先在县任掾功曹，又在都尉府任掾功曹，后在陈留郡为列掾五官功曹行事；也在州任过从事。

王充在陈留一带任职期间，好学深思习惯不变，追求真知欲望未减。每到一地，每见一物，总是细心观察，反复思考。例如，建武三十一年(公元 55)夏，发生蝗灾，他就细心观察蝗虫的情况："蝗食谷草，连日老极，或蜚徙去，或止枯死。"[①]又

① 《论衡·商虫》。

如，当年秋天，陈留雨谷，谷下蔽地。他观察到："案视谷形，若茨而黑，有似于稗实也。"[①]有人被雷电击死，他赶赴现场，接近死者，仔细观察，发现"中头则须发烧焦，中身则皮肤灼燌，临其尸上闻火气"[②]。他还了解到温湿之气容易生虫的情况，并从农民那里获得"煮马粪汁渍种"可以"令禾不虫"[③]的知识。这些丰富的知识和经验，为他以后撰写《论衡》提供了资料，为驳斥书本上的虚妄之言提供了大量的根据，也为论证天道自然论增加了证据。因此，他认为，道家论自然，人们不相信，就是因为缺乏充分的实际例子作为证据。

王充博学多才，在知识分子群中，恰似鹤立鸡群。从京师转到地方，高深的学问没有人理会，有点曲高和寡的感觉。新到地方，人生地不熟，办事较难。再加上大学问家不善于处理人事关系，也不善于处理日常政务，有时出错，受到上司的指责。但他自恃满腹学问，不甘示弱，于是连篇累牍地讨论儒生与文吏的优劣短长。他认为："文吏瓦石，儒生珠玉。"[④]抑文吏，褒儒生，实际上在为自己辩护。同时，他也不得不承认文吏在处理政务和人事纠纷方面比儒生有本事。他又认为儒生对政务琐事不是学不会，而是不肯干。他对文吏的论争引出对上级（刺史、太守）的不满情绪，认为他们水平低，不能知贤，无力举贤，还要妒贤，害贤。在封建时代，得罪了同僚和上司，升迁自然是困难的。王充还不了解这种现实，开始还用"大器晚成，

---

① 《论衡・感虚》。
② 《论衡・雷虚》。
③ 《论衡・商虫》。
④ 《论衡・程材》。

宝货难售”[①]来安慰自己。后来,到了晚年,仍然没有谋到什么称心的官职。那时却把一切现实当作命定的结果,产生了性命论思想。

身处逆境而奋发图强,心怀忧患又好学深思,再加上丰富的知识和科学的理性,是成就王充这位著名哲学家的基本条件。

永平初年,王充从陈留又到洛阳,永平二年(公元59年),明帝临辟雍。王充观看了这一盛况,写了《六儒论》。同时,还写了《讲瑞》、《调时》、《率性》等篇,力求解释一些社会现象,批判世俗迷信。

永平十年(公元67年)左右,王充可能到兖州任从事。当时,陈留人虞延当了司徒公。陈留传出虞延诞生时的奇异现象:夜间出生,母亲看见天上有一道白亮的光气。王充说他“气与天通,长大仕宦,位至司徒公”[②]。王充又看到陈留人焦贶,“名称兖州,行完迹洁,无纤芥之毁,及其当为从事,刺史焦康绌而不用”。[③] 也许王充为焦贶力争,被焦康免职。这时他体会到人情的冷暖。“俗性贪进忽退,收成弃败。充升擢在位之时,众人蚁附;废退穷居,旧故叛去。志俗人之寡恩,故闲居作《讥俗》、《节义》十二篇。冀俗人观书而自觉,故直露其文,集以俗言。”[④]后归乡里,屏居教授。

王充“得官不欣,失位不恨”,罢职在家,不甘寂寞,博览群

① 《论衡·状留》。
② 《论衡·吉验》。
③ 《论衡·累害》。
④ 《论衡·自纪》。

书，好听怪论。他感到社会上流行的言论和书籍，很多都是虚妄的。社会责任感迫使他关起门来，做研究考辨的工作。九虚三增、《论死》、《死伪》、《遭虎》、《乱龙》等大概都是这一时期的作品。这一批文章的主旨是“疾虚妄”，目的在于“冀悟迷惑之心，使知虚实之分”[①]，希望能将社会风气从浮华虚妄转为实诚纯朴。这批文章汇编成一书，《论衡》已初具规模。

建初元年（公元76年）已经五十岁的王充又到颍川郡去任功曹。当时中州受灾，农业歉收，颍川、汝南的人民四出流浪，逃荒要饭。皇帝关心灾情，几次下诏书到颍川。任郡功曹的王充积极向太守提出建议，主张禁止奢侈，以备困乏。太守自己重享受，不能采纳禁奢侈的建议。王充把自己的建议写成文章，题名《备乏》。饥荒的时候，粮食缺乏。王充看到酿酒要耗费大量粮食，而且饮酒会诱发偷盗抢劫，扰乱社会治安，就向太守提出禁止人民酿酒的建议。回家后给这篇奏记题名《禁酒》。以后又写了一系列文章，都是论述治民之道，提出具体政治措施。后来将这些文章汇编成书，名《政务》。因为王充多次提出建议，太守都不肯接受，所以，王充就辞去郡功曹的职务。再次回到家乡。“乃闭门潜思，绝庆吊之礼，户牖墙壁各置刀笔。”[②]将自己的文章进行整理、补充、修订，又写一些篇目，汇编为《论衡》一书。并写了自传性质的《自纪》篇，一方面叙述自己的身世、简历，一方面为自己的著述作出说明，同时驳斥别人的主要问难。

元和三年（公元86年），王充被扬州刺史董勤辟为从事，

---

① 《论衡·对作》。

② 《论衡·自纪》。

负责丹阳、九江、庐江三郡的监察工作。后被调到扬州任治中，负责各郡监察情况的汇总工作。这一时期由于政务繁忙，无暇著述，因此感到“笔札之思，历年寝废”有点惋惜，于章和二年(公元88年)，自动辞职，回家居住。又继续整理自己的文章。《讲瑞》篇从“为此论草于永平之初”到最后，这一段话就是在这一时期修订中增加的。

这时，同郡友人谢夷吾上书章帝，推荐王充。他说：“充之天才，非学所加，虽前世孟轲、孙卿，近汉扬雄、刘向、司马迁，不能过也。”[①]章帝特诏公车征，王充因年老身病，无法应征。实是终生憾事。

永元二、三年(公元90—91年)，王充六十多岁，总结老年保养身体的经验，有养气爱精，节制饮食，闭明塞聪，适当导引，辅助服药，自保自守等方面，写成《养性》书，共十六篇。最后在原来写成的《自纪》篇后面加上一段文字，补充说明他从元和三年以后的历程，记述了自己六十岁以后的晚年生活和心境。

永元中，约公元96年前后，王充七十岁左右，病卒于家。

① 谢承《后汉书》，见范晔《后汉书·王充传》注引。

第二章　王充著作综考

王充的著作今存《论衡》一书，而王充自称写过四部书：《论衡》、《讥俗》、《政务》、《养性》。有的学者提出，今本《论衡》已经包含以上四本书，并且指明哪些篇目是属于哪一本书的。有些学者不同意这种看法。这就需要考证。现存《论衡》是名副其实的，还是四本书的合订本？《论衡》一书的篇数，有没有佚篇、伪作，以及各篇写作年代等，都有争议，都需要加以考订。王充著作的综合考证，应先从今本《论衡》开始。

一、今本《论衡》

今本《论衡》一书，三十卷，八十五篇，《招致》一篇有目无文，实存八十四篇。本传载他晚年"造《养性》书十六篇"。王充《自纪》篇也说"庚辛域际"，"乃作《养性》之书，凡十六篇"。此外，《论衡》书中还提到《讥俗》、《政务》二书。学术界多数学者认为，王充只流传下来《论衡》一书，其他三书均已佚失。

公元 1923 年 6 月，张右源在东南大学《国学丛刊》二卷三期上发表《王充学说的梗概和治学方法》一文，提出设想："也许今本《论衡》是把原著《讥俗》之书，《论衡》之书，《养性》之书混杂起来了。"

过了近四十年，于公元 1962 年，朱谦之在中华书局编的《文史》第一期上发表《王充著作考》一文，对张右源的设想进行证实，认为王充《论衡》经过三次撰集。第一次撰集，《论衡》只有十几篇，有"九虚"、"三增"、《论死》、《订鬼》篇，《佚文》篇为总序。第二次撰集是将《论衡》和《政务》合为一本，《对作》篇是这合订本的自序。在晚年进行第三次撰集。王充"把一生精力所著《讥俗》之书、《节义》之书、《政务》之书、《论衡》之书、《养性》之书，撰集成一巨册，这就是约百多篇之定本《论衡》"。"《自纪》篇就作为《论衡》第三次撰集的总跋。"最后，朱谦之将今本《论衡》八十四篇分别系于五本书之下。而《自纪》篇和《对作》篇作为总序，置于各书之前。朱谦之对三次撰集的时间也作了探讨。他认为第一次撰集，"当汉明帝永平元年至章帝建初元年(公元 58—76 年)，在王充三十三岁至五十岁时"。第二次撰集，"当章帝元和四年至和帝永元八年(公元 87—96 年)，在王充六十二岁至七十岁时"。

朱谦之的说法是一种新见解，但不为学术界多数人所接受，只有孙叔平在《中国哲学史稿》中采取了这种见解。蒋祖怡连续发表《论王充〈养性〉之书》和《论王充的〈政务〉之书》两文，详细驳斥了朱谦之的观点。他认为被朱氏列为《养性》之书的篇目中没有王充在《自纪》篇中所讲《养性》之书的思想内容，前者讲性命，后者讲养身，不相一致。另外，被列入《养性》

书的《实知》篇，“庄襄王”称为“严襄王”，显然是由于避汉明帝刘庄的讳。汉明帝死于永平十八年(公元75年)，当时王充四十九岁。王充四十九岁之前写的《实知》篇怎么成了六十岁以后的晚年之作《养性》之书的篇目？同样，朱氏所列《政务》之书的篇目内容也与王充自己所说的《政务》书的思想内容不合。从内容看，《备乏》、《禁酒》应该是《政务》一书的篇目，惜已不传，也不存于今本《论衡》之中。《政务》之书是讲治民之道的，而《自然》篇却是论天道的，怎么会是《政务》的篇目呢？《讥俗》之书所讥的是“俗人之寡恩”的世情冷暖之“俗”，而朱氏所列篇目却是民间禁忌、迷信之“俗”。所讥之“俗”不相同，怎能张冠李戴！

蒋祖怡的驳斥是有道理的。我还可以补充一些意见。例如，朱氏认为《佚文》是第一次撰集的序。而《佚文》中提到“造论之人，颂上恢国”。并且认为诸子“皆论他事，不颂主上，无益于国，无补于化”。所以，“五文之中，论者之文多矣，则可尊明矣”。这是说他的论(指《论衡》文体)是高明的，高明就在于歌颂皇帝和国家，即指《须颂》、《恢国》等篇。朱氏提到的第一次撰集《论衡》的篇目中都没有“颂上恢国”的内容。如果《须颂》、《恢国》都是第一次撰集时的篇目，那么，朱氏就不应该将它们划归中期写的《政务》一书的篇目。又如，《恢国》篇中提到《初禀》篇：“《论衡·初禀》，以为王者生禀天命。”朱氏把《恢国》篇列为中期著作《政务》书的篇目。这里明显矛盾。而且从这一句话来看，《初禀》显然是《论衡》的篇目，怎么却成了《养性》书的篇目呢？再如，朱氏说：“写《讥俗》之书时，王充年约二十余岁。”而《调时》篇是《讥俗》的篇目。《调时》篇称：“今闻筑洛之民四方和会，功成事毕，不闻多死。”筑洛指当时洛阳大兴土木建北宫。北宫建成于永平八年，王充已经三十九岁。二十余岁写的文章怎么会提到三十九岁时发生的事呢？

总之，朱谦之的说法难以成立，但其说也并非一无可取。朱谦之提出《论衡》的三次撰集，我以为值得重视。如果不是多次撰集，那就难以说明何以在《论衡》的许多篇目中多次提到《论衡》。如：

《谢短》："各持满而自臧，非彼而是我，不知所为短，不悟于己未足，《论衡》训之。"

《乱龙》："董仲舒之龙说不终也，《论衡》终之。"

《须颂》："诸子并作，皆论他事，无褒颂之言，《论衡》有之。"

又云："无《论衡》之论，不知优劣之实。"

又云："《春秋》为汉制法，《论衡》为汉平说。"

又云："《论衡》之人在古荒流之地，其远非徒门庭也。"

《佚文》："《论衡》篇以十数，亦一言也，曰：疾虚妄。"

《对作》："是故《论衡》之造也，起众书并失实。"（共十六处提到《论衡》，文多不录。）

《自纪》："又伤伪书俗文，多不实诚，故为《论衡》之书。"

又云："《论衡》之书，何为复然？"

又云："《论衡》者，论之平也。"

加上上述《恢国》篇一处，全书提及《论衡》达二十八处之多。《须颂》、《对作》、《自纪》三篇则反复多次提到。可见,《论衡》一书有多次撰集的过程,篇目也是逐渐增多的。但是,所增加的篇目应该是"见事而作"的新篇,而不是将另外几本书与《论衡》合编。如果一一合编入《论衡》,在最后写《自纪》篇时应该只提篇目,不应再提那些书名。另外,朱谦之提到《逢遇》等篇的思想与《自纪》篇的思想都反映了王充晚年的心境,为"仕数不耦"作出说明,认为不是自己缺乏德才的问题。从文字上看,《逢遇》等篇逻辑严密、语言精练、思想丰富、深刻,相当成熟,真可谓"炉火纯青"。不过,朱氏将这些篇目归于《养性》之书则不妥,它们讲的是人生命运,而不是人身保养。它们应该仍然是《论衡》的篇目。总之,今本《论衡》还只是《论衡》,不是王充所有著作的合订本。

二、《论衡》篇数

王充本传说他"著《论衡》八十五篇,二十余万言"。谢承《后汉书》也说王充"著《论衡》八十五篇"。晋代葛洪《抱朴子·喻蔽》称:"王仲任作《论衡》八十余篇"。今存仍为八十五篇本,仅佚《招致》一篇。隋、唐以后,《论衡》有八十五篇,没有异议。

到了清代,纪昀主编的《四库全书总目提要》根据王充《自纪》篇称"吾书亦才出百",认为《论衡》"原书实百余篇,此本目录八十五篇,已非其旧矣"。刘盼遂认为《论衡》应有一百多篇,至今佚失至少有十五六篇;并从三个方面加以论证:一、以王充自己的话为证,如《自纪》篇的"吾书亦才出百",又如《佚文》篇的"《论衡》篇以百数,亦一言也,曰'疾虚妄'"。"百"字原作"十"。刘氏认为后人据八十五篇本改"百"为"十"。但是,后人为什么不改《自纪》篇中的“百”字呢？刘氏未加说明。二、以《论衡》本书提到的篇名为证，如《答佞》篇中的《觉佞》，又如《须颂》篇中的《能圣》、《实圣》，《对作》篇中的《盛褒》。共有四篇，未提及《备乏》、《禁酒》，他大概认为这两篇属于《政务》书，不是《论衡》的篇目。三、根据各书所引《论衡》佚文为证。如《灵隐经》、《意林》、《酉阳杂俎》所引《论衡》佚文都是今本《论衡》所没有的。黄晖同意刘盼遂的百篇说，并发现一条新资料。《三国志·吴书·虞翻传》注引《会稽典录》记载：虞翻说征士王充“著书垂藻，络绎百篇”。黄晖认为，这条资料，“足为当时尚存百篇之证”。[①] 朱谦之也主百篇说，但又有所不同。他认为《佚文》篇所说“《论衡》篇以十数”是指《论衡》第一次撰集时只有十余篇，或以十为单位计算，也不过一十、二十而已。对刘盼遂改“十数”为“百数”持不同意见，认为这是“以不误为误”。朱谦之认为王充最后撰集的《论衡》有百余篇，其中包括《政务》一书。这样，《备乏》、《禁酒》自然也是百篇本的佚篇。至于百篇本为什么从本传开始都只有八十五篇，黄晖提供了一种解释：

> 我以为仲任的手定稿，或者有百篇……后来因为蔡邕所得者，被人捉取数卷持去，故只剩八十五篇。见存的《论衡》，大概就是根源于蔡邕所存的残本，所以，葛洪、范晔都只能见到八十五篇。刘盼遂先生所引类书中佚文，似乎都只是八十五篇的佚文，未必在八十五篇之外。因为唐宋人所见的不能超出范

① 《论衡校释》自序。

晔、葛洪之外。[1]

后来，朱谦之也采纳这种说法，认为被人捉取的数卷或即《备乏》、《禁酒》之类。这样，《论衡》便只剩下八十五篇了。

蒋祖怡著《〈论衡〉篇数考》，明确否定百篇说。关于《自纪》篇的“吾书亦才出百”，他认为这个“书”是指《讥俗》、《政务》和《论衡》而言的，不是指《论衡》一书的篇数。至于《佚文》篇的“《论衡》篇以十数”，蒋氏认为，“这正是《论衡》原本没有百篇的重要证据之一”。关于《论衡》佚文问题，蒋氏认为都是《招致》篇或其他篇的佚文。他认为：“有佚文，不一定就有佚篇。”至于《论衡》中“盛褒”、“能圣”、“实圣”、“觉佞”四者，是否佚篇之名，蒋氏一一加以详细考查，最后都给以否定。

其一是“盛褒”，出于《对作》篇，原文是：

> 凡造作之过，意其言妄而谤诽也。《论衡》实事疾妄，《齐世》、《宣汉》、《恢国》、《验符》，盛褒须颂之言，无诽谤之辞。造作如此，可以免于罪矣。

文中有“盛褒须颂”四个字，刘盼遂分为两篇名：《盛褒》、《须颂》。后者今存，前者则为佚篇名，至为明显。蒋祖怡认为这里的“须”字是衍文，原文应为“盛褒颂之言”，与下文“无诽谤之辞”，正是对文。

其二是“能圣”、“实圣”，出自《须颂》篇，原文是：

---

① 《论衡校释》自序。

> 汉有实事，儒者不称；古有虚美，诚心然之。信久远之伪，忽近今之实。斯盖三增九虚，所以成也；能圣实圣，所以兴也。

蒋祖怡认为，在这段话中，“能圣”、“实圣”与“三增”、“九虚”并提。“三增”、“九虚”不是篇名，“乃是分别指《儒增》、《艺增》、《语增》三篇中的所论列的精神原则和《论衡》中九篇‘虚’中所论列的精神原则而言。”同样情况，“能圣”、“实圣”之说，“乃是指《齐世》、《恢国》、《验符》、《宣汉》这四篇中所论列的精神原则而言的”。所以，也不是篇名。

其三是《觉佞》之篇，出自《答佞》篇，原文是：

> 故《觉佞》之篇曰：人主好辨，佞人言利。

蒋祖怡认为：《觉佞》“可能是篇名。但是，它是否是《论衡》中的篇名，还值得进一步研究。”经过一番研究之后，他说：“我看也有可能‘觉佞之篇’是王充的《政务》中的一篇。”因为如果《论衡》已有“觉佞之篇”，那么，这里为什么又重复讲“觉佞”之道？

从以上争议来看，关于《论衡》篇数问题，主要涉及三个方面：一是《自纪》篇的“吾书亦才出百”，二是佚篇，三是佚文。

关于佚文，由于古人引述并不一定是严格的，有的只是引述其大意，有的则引自佚篇《招致》篇，有的则可能出自残篇的佚失部分。总之，蒋氏所谓“有佚文，不一定就有佚篇”的说法是对的，因此无法以佚文确证《论衡》有无佚篇和篇数多少。

关于《自纪》篇的“吾书亦才出百”，究竟这“书”是指全部著作，还是指《论衡》一书，难以断定。因此它不能成为论证的可靠根据。

鉴于以上情况，我从《论衡》是否有佚篇开始探讨。

《答佞》篇云："故《觉佞》之篇曰：'人主好辨，佞人言利。'"刘盼遂在《论衡集解》中说："《觉佞》当是《论衡》佚篇，与《答佞》为姐妹篇。旧相次也，犹《实知》之后有《知实》，《能圣》之后有《实圣》也。"刘氏所说可信。《论衡》中有很多姐妹篇，《觉佞》和《答佞》为姐妹篇是可能的。蒋祖怡认为《觉佞》可能是《政务》书的篇名。他提出："如果《论衡》中本有'觉佞之篇'，那么为什么在这篇里既引了'觉佞之篇曰'的话，而下文又重复地讲'觉佞'之道？"我认为王充写《觉佞》篇，主要论述如何觉察佞人。别人读后有些疑问。他又著《答佞》篇，来回答别人对佞人问题的疑问和责难，也是对《觉佞》篇的补充和发展。两篇思想有重复之处，正说明它们是姐妹篇。因此，《觉佞》应是《论衡》的佚篇。如果这一看法能够成立，那么《论衡》只有八十五篇的说法就动摇了。

另外，《须颂》篇云：

> 汉有实事，儒者不称；古有虚美，诚心然之。信久远之伪，忽近今之实。斯盖"三增"、"九虚"，所以成也；《能圣》、《实圣》，所以兴也。儒者称圣过实，稽合于汉，汉不能及。非不能及，儒者之说使难及也。实而论之，汉更难及。谷熟岁平，圣王因缘以立功化。故《治期》之篇，为汉激发。治有期，乱有时。能以乱为治者优，优者有之。建初孟年，无妄气至，圣世之期也。皇帝执德，救备其灾，故《顺鼓》、《明雩》，为

汉应变，是故灾变之至，或在圣世。《时旱》、《祸湛》，为汉论灾。是故《春秋》为汉制法，《论衡》为汉平说。

在这一段话中，我们将王充关于著述的内容抽出来，排列在下面：

“三增”、“九虚”，所以成也；
《能圣》、《实圣》，所以兴也；
《治期》之篇，为汉激发；
《顺鼓》、《明雩》，为汉应变；
《时旱》、《祸湛》，为汉论灾。

从以上所列，可见这些篇的文法颇为一致，其内容又都是为汉朝政治服务的。刘盼遂认为《能圣》、《实圣》是《论衡》佚篇，我以为《时旱》、《祸湛》也是《论衡》佚篇。这两篇的主要思想就是说在圣世也有水旱之灾。因此，汉代虽有水旱之灾，也不失为圣世。这么一来，这里又发现了四篇《论衡》佚篇名。

蒋祖怡认为，《能圣》、《实圣》与“三增”、“九虚”对应。后者不是篇名，前者就也不是篇名。这种说法也难以成立。请看《对作》篇的两段话：

若夫“九虚”、“三增”、《论死》、《订鬼》，世俗所久惑，人所不能觉也。

《论衡》“九虚”、“三增”，所以使俗务实诚也；《论死》、《订鬼》，所以使俗薄丧葬也。

这里《论死》、《订鬼》与“九虚”、“三增”联称、对称，绝不因为后者不是篇名而否定前者确实是篇名。为什么一定要说《能圣》、《实圣》不是篇名呢？而且，与“九虚”、“三增”并提的往往是篇名。可见，与“九虚”、“三增”并提的《能圣》、《实圣》应该是《论衡》的佚篇名。

关于“盛褒须颂之言”一句，如何断句都可以说通。不减字比减字略好。不过《盛褒》是否佚篇名，已无关宏旨。

经过考察，今本《论衡》有佚篇，可以肯定的五篇佚文是：《觉佞》、《能圣》、《实圣》、《时旱》、《祸湛》。《盛褒》可能是佚篇。《论衡》原有九十篇以上。这与《佚文》篇中的“《论衡》篇以十数”不相违背。加上《讥俗》、《节义》十二篇和《政务》书的《备乏》、《禁酒》等篇，王充著作起码有一百零四篇。这与《自纪》篇的“吾书亦才出百”也是一致的。后来，王充又著《养性》之书十六篇，则在百篇之外。

总之，我认为《论衡》是有佚篇的，肯定不止八十五篇。至于《论衡》是否有百篇本，我以为现在还难以论定。

三、《论衡》伪篇

清初，熊伯龙首先提出《论衡》的伪篇问题。他认为王充是推崇孔子的，不可能“问孔”，因此，《问孔》是伪篇。同样道理，《刺孟》也是伪作。他说：“《问孔》、《刺孟》二篇，小儒伪作，断非仲任之笔。”[①]熊伯龙是极力推崇王充的。他将《论衡》中关于“辟神怪祸福之说”的内容摘抄编成《论衡精选》，后改名《无何

① 《无何集·读〈论衡〉说一段》，中华书局，1979年9月版。

集》[1]。前人曾因《问孔》、《刺孟》批评王充"刺孟子","诋訾孔子"[2],以及"讥孔、孟而尊老子"[3]。熊伯龙否认《问孔》、《刺孟》两篇是王充所作,似有为王充开脱的意思。当时熊的友人提出《吉验》、《骨相》、《宣汉》、《恢国》、《验符》诸篇以及《订鬼》后四段"恐皆属伪作",原因是这些内容与其他篇的思想内容"相反","语涉虚妄"[4]。熊伯龙认为王充,"忠君爱国,尊重本朝",才有这些言论,"其实非信瑞应"。[5]熊伯龙的这种见解是有一定道理的。而他说《问孔》、《刺孟》是伪篇却未必妥当。

胡适在《中国哲学史大纲》上卷导言中,提出《乱龙》是伪篇。他说:

> 王充的《论衡》是汉代一部奇书。但其中《乱龙》篇,极力为董仲舒作土龙求雨一事辩护,与全书的宗旨恰相反。篇末有"《论衡》终之,故曰乱龙。乱者,终也"的话,全无道理,明明是后人假造的。此外,重复的话极多,伪造的书定不止这一篇。

还有哪些篇呢?胡适后来在《王充的〈论衡〉》的附注中说:"《别通》篇提及蔡伯喈。蔡邕生于西历133年,王充已死了三十多年了。此外尚有许多后人加入的痕迹。"

---

① 《无何集·凡例》。
② 王应麟《困学纪闻》卷十引葛文康公言。
③ 黄震《黄氏日抄》卷五十七。
④⑤ 《无何集·读〈论衡〉说二段》。

容肇祖先生著《〈论衡〉中无伪篇考》①，对胡适的说法进行批驳。他先从三方面对《乱龙》篇进行论证：一、《乱龙》所用辩证法纯为王充的辩证法，与全书各篇是一致的。二、《论衡》中说土龙求雨的有好些篇，而都是承认土龙求雨，没有明显反对董仲舒的。三、《顺鼓》、《明雩》为汉制法，为汉国家辩护。《乱龙》自然也不是假造的。关于释“乱”为“终”，又见于《案书》篇，不为毫无道理。关于蔡伯喈，王充《别通》篇讲的是“右扶风蔡伯喈”，与陈留蔡邕，字伯喈，是两个人。容肇祖先生的“细心求证”彻底驳斥了胡适之的“大胆假设”。此话以后无人再提起了。

熊伯龙提到的《问孔》、《刺孟》，实是王充的名作，无此两篇，王充的形象就不完整了。至于他推崇孔子，为什么还要“问孔”的问题，只要细读一下《问孔》篇的头一段，就会明白。王充反对“世儒学者”神化孔子的绝对僵化的思维方式，认为孔子是学问广博、道德高尚的圣人，但不是言行都没有错误的神。熊伯龙否认王充写过《问孔》、《刺孟》。蒋祖怡说他“想以卫道的立场，对王充这方面曲加辩护，但又提不出证据，流于笼统武断，其错误不待详辩”②。

总之，《论衡》无伪篇，成为学术界普遍的看法。熊伯龙和胡适提出的伪篇问题没有被学术界认可。

① 1936 年 6 月 26 日刊登于天津《大公报·史地周刊》第 90 期。

② 《王充卷》第 152 页，中州书画社，1983 年 10 月。此书文字错乱漏倒相当严重，初步翻阅一部分，就发现一百多处。第 141、190、248 这三页，错误尤多。

四、《政务》之书

王充在《论衡》中经常提到《政务》之书，又多次与《论衡》相提并论，说明这是他所著《论衡》之外的另一本著作。

王充把著作分为三类，一是“作”，“五经”是圣人所作。二是“述”，司马迁的《史记》、刘向的《新序》、班彪的《史记后传》就是贤者的“述”。三是“论”，桓谭的《新论》、邹伯奇的《检论》，都是“论”。王充认为，《论衡》、《政务》也都是“论”。经典著作是圣人提出的指导人们行为的基本理论著作。述是贤者记述历史事件的史书。论是理论家、政治家讨论理论和实际的问题，发表政治见解之类文章。三者的顺序是：作、述、论。“论者，述之次也。”[①]论排在述的后面。但这也不是绝对的。例如谷子云、唐子高能够写“论”，“陈得失，奏便宜，言应经传，文如星月”。而司马迁、刘向等人“累积篇第，文以万数，其过子云、子高远矣。然而因成纪前，无胸中之造”[②]。桓君山作《新论》，“论世间事，辩照然否，虚妄之言，伪饰之辞，莫不证定。彼子长、子云说论之徒，君山为甲”。司马迁《史记》是“述”，比谷永的“论”高明。而桓谭的《新论》比司马迁的“述”更高明。“质定世事，论说世疑，桓君山莫上也”，“君山之论难追也”。“《新论》之

① 《论衡·对作》。
② 《论衡·超奇》。

义，与《春秋》会一也。”[1]王充认为，在分析是非真假，判定善恶方面，《新论》和《春秋》是一致的。桓谭的“论”与圣人的“作”有同等意义。这样，“论”就居于“述”之上了。王充将自己的《论衡》、《政务》与桓谭《新论》相提并论，是否也认为这些书高于《史记》呢？他将《论衡》与《诗》并提，似乎有这个意思。但他对《政务》恐怕不敢高估，充其量不过相当于“唐林之奏，谷永之章”[2]。

《政务》属“论”，是讨论政治事务的专著。主要内容是“言治民之道”。“又闵人君之政，徒欲治人，不得其宜，不晓其务，悉精苦思，不睹所趋，故作《政务》之书。”[3]“《政务》为郡国守相、县邑令长陈通政事，所当尚务，欲令全民立化，奉称国恩。”[4]与针对“伪书俗文，多不实诚”而著的《论衡》不同，《政务》针对官吏的政事，认为他们处理政务“不得其宜，不晓其务”，“不睹所趋”。《政务》是向官吏提出指导意见，说明理由，使行政的结果能使全民受到感化，服从皇帝的领导，感激国家的恩典。用董仲舒的话说，就是“屈民而伸君”。从这一方面讲，王充和董仲舒是完全一致的，都是为汉朝统治服务的，只是服务的方式有所不同。如果说王充是农民哲学家，那么，那时的农民也是维护汉朝统治的。

古代天子派使者到天下各地去采访，为了了解风俗民情。据说，《诗》就是从民间采收来的。王充说：《论衡》、《政

① 《论衡·案书》。
② 《论衡·对作》。
③ 《论衡·自纪》。
④ 《论衡·对作》。

务》也像《诗》那样，是反映民间的意见，希望统治者采纳。作于民间，冀望见采，这是《政务》与《诗》一致之处。《政务》一书篇目可能较少，所以，王充在并提二书之后，所列篇目都是《论衡》中的。如说《论衡》诸篇"若夫'九虚'、'三增'、《论死》、《订鬼》"，又如说《论衡》"'九虚''三增'，所以使俗务实诚也；《论死》、《订鬼》，所以使俗薄丧葬也"。再如"《论衡》实事疾妄，《齐世》、《宣汉》、《恢国》、《验符》、《盛褒》、《须颂》之言，无诽谤之辞。造作如此，可以免于罪矣"。[①]《论衡》的文章都是批判性的。批判，容易被误解为诽谤。所以王充反复强调他的批判是疾虚妄，是为了使风俗务实诚，不是诽谤。《齐世》等篇一组文章，歌颂汉朝社会，也充满批判气息，主要批判颂古非今、厚古薄今，批判"儒者称圣泰隆……称治亦泰盛"[②]。这些文章当然不属于"上书奏记，陈列便宜，皆欲辅政"的政论文章。另如《谴告》、《明雩》、《乱龙》、《遭虎》、《讲瑞》、《指瑞》、《自然》、《治期》，也都不是讨论政务的文章，而是疾虚妄的《论衡》篇目。这个《治期》篇，是否讨论"治民之道"的政论文章呢？也不是。这篇讲治乱是"命期自然，非德化也"，"教之行废，国之安危，皆在命时，非人力也"。治乱全在于命期、时数，与人的德行、勤力毫无关系。政治好坏，一切听天由命，这当然也不是以"辅政"为宗旨的《政务》文章。

朱谦之认为《政务》一书的篇目有《寒温》、《谴告》、《变动》、《明雩》、《顺鼓》、《乱龙》、《遭虎》、《商虫》、《讲

① 《论衡·对作》。

② 《论衡·宣汉》。

瑞》、《指瑞》、《是应》、《治期》、《自然》、《感类》、《齐世》、《宣汉》、《恢国》、《验符》、《须颂》等十九篇，“以《须颂》为《政务》之书的后序”。但《须颂》篇说：“汉家功德，颇可观见。今上即命，未有褒载，《论衡》之人，为此毕精，故有《齐世》、《宣汉》、《恢国》、《验符》。”《齐世》等篇是“《论衡》之人”为歌颂汉家功德而写的。《须颂》又说：“汉家著书，多上及殷、周，诸子并作，皆论他事，无褒颂之言，《论衡》有之。”《论衡》有褒颂汉家功德的言论。这些言论就在《齐世》、《宣汉》等篇中。这里明确指出这些篇是《论衡》一书的篇目。朱谦之的解释是：“因为在结集时，《政务》与《论衡》为合订本，而总称之曰《论衡》。”

朱谦之的说法有两点困难。一是如果《须颂》是《政务》一书的后序，那么，它为什么不说《政务》如何如何，却说《论衡》如何如何？为什么只字未提《政务》，却五次提及《论衡》？二是如果二书合订，总称《论衡》，仅提《论衡》，便已包括《政务》，无须再提《政务》，那么，为什么在朱氏称之为第二次撰集的总序《对作》和第三次撰集的总序《自纪》中还都反复提到《政务》一书呢？既然《须颂》是《政务》的后序，《佚文》是《论衡》的第一次撰集的总序，那么，《须颂》与合订本又有什么关系呢？王充写《须颂》、《佚文》的时候，还没有《政务》这本书。可能在写《对作》之前才有这本书，所以才出现它与《论衡》并提的说法。建初孟年，王充五十岁，那时写了《备乏》、《禁酒》。此后可能又写了一些政论文章，汇编成《政务》一书。据此，王充《政务》一书约写成于建初之年，王充五十多岁。

蒋祖怡《论王充的〈政务〉之书》[①]对《备乏》和《禁酒》是《政务》一书的两篇名，和朱谦之所列《政务》一书的篇目，作了详细分析，可参考。

五、《讥俗》之书

王充《讥俗》之书的写作时间，据《自纪》篇说："充既疾俗情，作《讥俗》之书。又……作《政务》之书。又……为《论衡》之书。"似乎这是三本书写作的顺序。

《自纪》篇又说："充升擢在位之时，众人蚁附；废退穷居，旧故叛去。志俗人之寡恩，故闲居作《讥俗》、《节义》十二篇。"这说明他是在"废退穷居"时写作《讥俗》之书的。而《政务》之书则是他升擢在位时给长官提意见、出主意而写成的。这说明《讥俗》之书写在《政务》之书以后。《佚文》有《论衡》而无《政务》，《对作》有《论衡》和《政务》而无《讥俗》，《自纪》则既有《论衡》和《政务》，又有《讥俗》。这大概可以说明三书写成的前后顺序，或者是三书撰集的时间顺序。

《讥俗》的内容自然是"讥俗"。于是，朱谦之便将《论衡》有关讥俗的十篇系于此书。如果深入一步，那么我们就会发现，"讥俗"还有内容上的差异。朱氏所列十二篇如《言毒》、《薄葬》、《四讳》、《调时》、《讥日》、《卜筮》、《辨祟》、《难岁》、《诘术》、《解除》、《祀义》、《祭意》等各篇，都

① 原载《杭州大学学报》1963 年 10 月号，后收入《王充卷》，中州书画社，1983 年 10 月版。

是对世俗流行的虚妄之言、迷信说法进行分析批判。特别是对流传的迷信书籍如《葬历》、《沐书》、《移徙法》、《图宅术》的批判。因此，《对作》篇说："是故《论衡》之造也，起众书并失实，虚妄之言胜真美也。""其本皆起人间有非，故尽思极心，以讥世俗。"又说："今《论衡》就世俗之书，订其真伪，辩其实虚。"可见，《论衡》也有讥俗内容，因此，这十二篇应是《论衡》的篇目。而《自纪》称《讥俗》一书所讥的是"贪进忽退，收成弃败"的势利观念，讥的是世情炎凉的"寡恩"行为。上述十二篇全无这方面的内容。可见，它们不是《讥俗》之书的篇目。另外，《自纪》说"故闲居作《讥俗》、《节义》十二篇"。朱谦之将《讥俗》、《节义》分为两书，《讥俗》已有十二篇，又有《节义》九篇。与王充自称"《讥俗》、《节义》十二篇"不合。

王充在《自纪》篇中三次提到《讥俗》书名，第一次称《讥俗节义》，后两次只称《讥俗》。蒋祖怡认为，《讥俗》是讥没有"节义"之"俗"的。"所以，第一次提到这书名时，标举'节义'两字，说明此书内容的特点，以区别于《论衡》之书的'讥俗'。但此书的正式书名是《讥俗》，所以，下文再提到这书时，不再加'节义'两字。"①可备一说。

六、《养性》之书

《养性》之书是王充写的最后一本书。

王充写成《论衡》、《政务》、《讥俗》三书以后，又写了

① 《王充卷》。

自传性的《自纪》一篇，介绍自己的生平、志趣，三书的写作动机，及答复别人对《论衡》的责难。元和三年，公元86年，王充六十岁，被征辟到扬州任职。章和二年，公元88年，他罢州家居。到“庚辛域际”才作《养性》之书，凡十六篇。汉和帝永元年号地支纪年有两个“庚”、“辛”年，永元二年庚寅和三年辛卯，永元十二年庚子和十三年辛丑。若取前者，《养性》之书即写成于永元三年辛卯年，即公元91年，当时王充六十五岁。若取后者，此书应写成于永元十三年辛丑年，即公元101年，当时王充七十五岁。刘盼遂《论衡集解·自纪》篇注和蒋祖怡《王充卷·王充年谱》均取后者。蒋氏列王充年谱到七十八岁。徐敏《王充哲学思想探索》取前者，《养性》之书作于六十四岁，系于庚寅年。卒于“永元中”，“以九年为近是”。

《自纪》篇最后一段是补写的，补写的时间应在写成《养性》之书以后。在这一段话中，“年渐七十”是对当时状况的描写。所谓“年渐七十”，意即年龄快到七十岁，但尚未到达这个年龄。那么，他回忆“庚辛域际”写作《养性》之书则应在七十岁之前“庚寅”和“辛卯”年间。据此，我们认为，《养性》之书动笔于永元二年庚寅年，写成于永元三年辛卯年，即公元91年，王充当时六十五岁。又过一两年或两三年，“年渐七十”时补写了《自纪》篇最后一段，叙述一下晚年的生活和著述。

王充“见事而作”，“有感而发”。晚年健康状况日渐衰弱，又写《养性》之书，主要是讲老年保健方面的书。王充在《养性》之书十六篇之后有一段话：“养气自守，适时则酒，闭明塞聪，爱精自保，适辅服药引导，庶冀性命可延，斯须不老。”有人说这段话是《养性》之书的基本思想，有人则认为这是该书的主要篇目。刘勰《文心雕龙·养气》篇开头便称:"昔王充著述,制《养气》之篇,验已而作,岂虚妄哉!"《养气》可能正是《养性》书的一个篇目。据此类推,"自守"、"适时"、"则酒"、"闭明"、"塞聪"、"爱精"、"自保"、"适辅"、"服药"、"引导"等都可能是此书篇目。

《后汉书·王充传》:"年渐七十,志力衰耗,乃造《养性书》十六篇,裁节嗜欲,颐神自守。"本传用"裁节嗜欲,颐神自守"来概括那一段话,说明在范晔看来,那些不是篇目,而是王充自己保养身体的一些措施。《养气》却可能是其中一篇名。这是偶合,不能类推出其他也都是篇名。朱谦之所列《养性》之书的篇目也凑足十六篇,却没有《养气》之篇,而有《初禀》篇。

《恢国》篇称《论衡·初禀》,明确说《初禀》是《论衡》的篇目。而且《初禀》写于《恢国》之前。《恢国》篇称"孝明天崩,今上嗣位",显然写于章帝时代。可见,《初禀》是章帝时代以前的《论衡》篇目,不是和帝时代才写的《养性》一书的篇目。朱谦之所列其他十五篇也都是《论衡》的篇目,而不是《养性》书的篇目。蒋祖怡考之甚详,可参阅《王充卷》。

七、篇目考订

《论衡》各篇写作年代问题,徐敏《王充哲学思想探索》作过系统考订,把全部篇目分别确定在明帝、章帝、和帝三个时代所写成。据谢承《后汉书》称王充"见事而作,著《论衡》八十五篇"。我们就王充在各篇中提到的时事进一步推测该篇写作时间。

《谈天》 此篇提到“日南之郡，去洛且万里。徙民还者，问之，言日中，所居之地，未能在日南也。”又称：“今从洛地察日之去远近，非与极同也，极为远也。”说明写此篇时，王充正在洛阳。此篇最后才涉及天文学的内容，并且用“秘传或言”、“数家计之”等语，说明王充初涉天文学领域。应属早期作品。《变虚》、《感虚》、《祀义》、《明雩》都是利用《谈天》的结论来论证的。《说日》对天文学有很深入的研究，有很成熟的见解，应在《谈天》之后多年才能写成。

《觉佞》 《答佞》有“《觉佞》之篇曰”，说明《觉佞》写成于《答佞》之前。

《答佞》 此篇云：“近世兰陵王仲子，东都昔庐君阳，寝位久病，不应上征，可谓养名矣。”

《后汉书·独行传》载：“索卢放，字君阳，东郡人也。”“建武末，复征不起。”

东都应为东郡。昔庐与索卢，音近。“不应上征”与“复征不起”相应。昔庐君阳建武末不应征。说明此篇写于建武末以后，或者写于永平初年。

《商虫》 此篇提到“建武三十一年，蝗起太山郡，西南过陈留、河南，遂入夷狄”。

《后汉书·光武帝纪》：建武三十一年，“是夏，蝗”。

此篇写于建武三十一年夏之后。

《感虚》 此篇云：“建武三十一年中，陈留雨谷，谷下蔽地。案视谷形，若茨而黑，有似于稗实也。”

《后汉书·光武帝纪》：建武三十一年，“陈留雨谷，形如稗实”。

《感虚》和《商虫》可能都写于建武三十一年，即公元55年，或稍后。

《程材》　此篇云："东海相宗叔犀，犀广召幽隐，春秋会飨，设置三科，以第补吏，一府员吏，儒生什九。"

《后汉书·宋均传》："宋均字叔庠"，"永平元年，迁东海相，在郡五年，坐法免官，客授颍川"。《南蛮西南夷传》作"宗均"。

袁宏《后汉纪》：永平七年二月"征东海相宋均为尚书令"，"均罢朝，相与言曰：'今选举不得幽隐侧陋，但得见长吏耳'"。"叔犀"作"叔庠"。

"宋"与"宗"，"庠"与"犀"，疑形近而误。从时间、官职、事迹来看，可以认为是一个人。永平元年末任东海相，七年初离职，正可为"在郡五年"的佐证。王充说他任东海相时"广召幽隐"，与《后汉纪》所载"今选举不得幽隐侧陋"也正相应。说明此篇写于永平元年至七年间，即公元58—64年间。

《量知》　此篇开头云："《程材》所论，论材能行操，未言学知之殊奇也。"证明此篇写于永平前期，与《程材》同时或稍后。

《谢短》　此篇开头称："《程材》、《量知》，言儒生、文吏之材，不能相过。"是继《程材》、《量知》之后而写的。

《效力》　此篇开头曰："《程材》、《量知》之篇，徒言知学，未言才力也。"说明它是继《程材》、《量知》之后而写的。此篇还提到陈留庞少都荐诸生事。可见以上四篇可能都是在陈留时所写，时在永平初年。

《讲瑞》　本文称"此论草于永平之初"。说明写于永平元年，即公元 58 年。后又称："至元和、章和之际，孝章耀德，天下和洽，嘉瑞奇物，同时俱应，凤皇骐麟，连出重见，盛于五帝之时。此篇已成，故不得载。"这段话提到"孝章"，说明在章帝死后的和帝时代补写的。和帝永元元年，即公元 89 年，王充已六十二岁。

《调时》 此篇提到"今闻洛阳之民四方和会，功成事毕，不闻多死"。

《后汉书·钟离意传》："永平三年夏旱，而大起北宫。意诣阙免冠上疏"。意"出为鲁相，后德阳殿成，百官大会。帝思意言，谓公卿曰：钟离尚书若在，此殿不立"。又《明帝纪》：永平八年冬月，"北宫成"。

此篇讲"功成事毕"指北宫建成之后。说明写成于永平八年以后，即公元 65 年后。

《率性》 此篇云："洛阳城中之道无水，水工激上洛中之水，日夜驰流，水工之功也。"

《艺文类聚》卷八引《汉官典职》曰："德阳殿，周游容万人，自偃师去宫四十五里，激洛水于殿下。"

王充所谓激洛水，正是德阳殿的"激洛水于殿下"。德阳殿建于永平八年，此篇与《调时》一样写成于永平八年以后。徐敏以为"最早也应在永平三年（公元 60 年）以后"，[①]所留余地似乎过大。

《说日》 此篇提到观察日食："今察日之食，西崖光缺，其复也，西崖光复，过掩东崖复西崖，谓之合袭相掩障，如何？"

---

① 《王充哲学思想探索》第 39 页。

根据奥地利天文学家奥泊尔子(公元 1841—1886)的《日月食典》,在王充有生之年,中国可以看到两次日全食。一次在公元 65 年 12 月 16 日,即汉明帝永平八年。《明帝纪》载:"壬寅晦,日有食之,既。"另一次在公元 73 年 7 月 23 日,即永平十六年,"戊午晦,日有食之"。前次于黄河流域,可见日全食,故曰"既",即全食。后次于新疆到广东一带可见日全食,于洛阳只能见偏食,故无"既"字。王充只在洛阳一带见过永平八年的日全食,说明此篇写于公元 65 年以后。

《**吉验**》　此篇曰:"虞子大,陈留东莞人也,其生以夜,适免母身,母见其上若一匹练状,经上天。明以问人,人皆曰:'吉,贵。'气与天通,长大仕宦,位至司徒公。"

《后汉书·明帝纪》:"八年春正月己卯,司徒范迁薨。三月辛卯,太尉虞延为司徒。"又《虞延传》:"虞延字子大,陈留东昏人也。""八年,代范迁为司徒。""会楚王英谋反……延遂自杀。"

钟肇鹏先生以虞延于永平八年为司徒。[①] 徐敏据袁宏《后汉纪》卷九"八年"作"六年",认为:"此篇作于永平六年(公元 63 年)以后。"[②]看来虞延何时为司徒是个复杂的问题。

《后汉书·明帝纪》载:永平三年,司徒李䜣免,左冯翊郭丹为司徒。四年,司徒郭丹免,河南尹范迁为司徒。八年,司徒范迁薨,太尉虞延为司徒。这四个司徒相继任职,时间是明确的。袁宏《后汉纪》载永平三年郭丹代李䜣为司徒,与范书同。四年,郭丹免,不言继任者。六年虞延为司徒,也没

---

① 《王充年谱》第 33 页。

② 《王充哲学思想探索》第 39 页。

说继谁而任。而范迁为司徒在何时,没有记载,只在十二年介绍牟融时提到"司徒范逡荐融忠正公方"。未明范逡何时为司徒。华峤《后汉书》有"范迁为司徒"语。范书与袁纪比较,范书为佳,因此,以虞延八年为司徒为宜。那么,此篇应是写于永平八年以后,《后汉书·明帝纪》载:永平十四年,"司徒虞延免,自杀"。可见,《吉验》写于永平八年至十四年间,即公元65—71年。

《累害》 此篇云:"焦陈留君兄名称兖州,行完迹洁,无纤芥之毁,及其当为从事,刺史焦康绌而不用。"

悼广校云:袁宏《后汉纪》:郑弘事博士陈留焦贶,门徒数百人。范书《郑弘传》云:师同郡河东太守焦贶。知此文当是陈留焦君贶而讹倒也。①

《后汉书·郑弘传》:"楚王英谋反发觉,以疏引贶。贶被收捕,疾病,于道亡没。"

焦贶死于楚王英案,而王充所说焦贶事系未出仕之前。说明此篇写于楚王英案之前,即在永平十四年,公元71年之前。也许正是王充在陈留一带任职期间所写。时间或在永平中,约与《吉验》同时。

《遭虎》 此篇云:"楚王英宫楼未成,鹿走上阶,其后果薨。""卢奴令田光与公孙弘等谋反,其且觉时,狐鸣光舍屋上,光心恶之。"

《后汉书·天文志》:永平十四年,"是时考楚事未讫,司徒虞延与楚王英党与黄初、公孙弘等交通,皆自杀,或下狱伏诛"。

---

① 刘盼遂《论衡集解》第9页注文,古籍出版社,北京1957年7月版。

徐敏云："楚王刘英于永平十四年(公元 71 年)自杀，此篇应写于公元 71 年以后。"此说妥当。

《明雩》　此篇云："建初孟年，北州连旱，牛死民乏，放流就贱。圣主宽明于上，百官共职于下，太平之明时也。"说明写于建初元年(公元 76 年)以后。

《顺鼓》　《须颂》载："建初孟年，无妄气至，圣世之期也。皇帝执德，救备其灾，故《顺鼓》、《明雩》，为汉应变。"

此篇与《明雩》同时，都写于建初孟年救灾之后。即在公元 76 年后写成。

《案书》　此篇提到"今尚书郎班固，兰台令杨终、傅毅之徒，虽无篇章，赋颂记奏，文辞斐炳。"

《后汉书·班超传》："永平五年，兄固被召诣校书郎。"又《班彪传》："及肃宗雅好文章，固愈得幸"，"固自以二世才术，位不过郎……作《宾戏》以自通焉。后迁玄武司马。天子会诸儒讲论《五经》，作《白虎通德论》，令固撰集其事。"

又《杨终传》："显宗时，征诣兰台，拜校书郎。"建初元年，议罢边屯，又言："宣帝博征群儒，论定《五经》于石渠阁。方今天下少事，学者得成其业，而章句之徒，破坏大体，宜如石渠故事，永为后世则。""于是诏诸儒于白虎观论考同异焉。会终坐事系狱"，"终又上书自讼，即日贳出，乃得与于白虎观焉"。

又《傅毅传》："建初中，肃宗博召文学之士，以毅为兰台令史，拜郎中，与班固、贾逵共典校书。"

徐敏云："《后汉书·傅毅传》：'建初中以傅毅为兰台令史。'又据范书《班固传》：'固继父叔皮为《汉书》，至建初中始成'。此处讲班固著作只有赋、颂、奏记，没有提及班固著

《汉书》的事，可以证明，此篇的写作年代尚为建初五年（公元 80 年）左右。”

白虎观会议在建初四年，即公元 79 年。班固从永平五年，即公元 62 年任校书郎，于白虎观会议之前已改任玄武司马。为校书郎时间定于公元 62—79 年之间。杨终于永平年间任校书郎，于白虎观会议之前已“坐事系狱”。傅毅于建初中才被召为兰台令史。这三人同时任职的时间是建初元年至建初四年，即公元 76—79 年之间。

《别通》 此篇云：“是以兰台之史，班固、贾逵、杨终、傅毅之徒，名香文美。”说明此篇写于建初前期，约与《案书》同时。

《佚文》 此篇云：“孝明世好文人，并征兰台之官，文雄会聚。今上即命，诏求亡失，购募以金，安得不有好文之声！”又云：“造论之人，颂上恢国，国业传在千载，主德参贰日月。”

今上指章帝。诏求亡失，购募以金，似指用金钱征集散佚的图书，或与白虎观会议有关。造论之人，王充自称，颂上恢国，指歌颂汉朝统治，而后有《须颂》、《恢国》等篇。此篇约写于建初四年，公元 79 年前后。

《雷虚》 此篇提到“建初四年夏六月，雷击杀会稽鄞县羊五头，皆死”。说明此篇写于建初四年后。

《验符》 此篇提到“建初三年”“四年”“五年”，又记载：“湘水去泉陵城七里，水上聚石曰燕室丘，临水有侠山，其下哙，水深不测，二黄龙见，长出十六丈……又见状如驹马小大凡六，出水遨戏陵上，盖二龙之子也。并二龙为八，出移一时乃入。”

《后汉书·章帝纪》：建初三年，“零陵芝草，有八黄龙见于泉陵”。伏侯《古今注》云：“见零陵，泉陵湘水中，相与戏。其二大如马，有角；六枚大如驹，无角。”

王充所记与史书所载相应。说明此篇写于建初五年以后，即公元80年后。

《超奇》 此篇云：“诏书每下，文义经传四科，诏书斐然，郁郁好文之明验也。”

《后汉书·和帝纪》永元五年注引《汉官仪》曰：“建初八年十月己未，诏书辟士四科。”

可见此篇写于建初八年，公元83年以后。

《状留》 此篇开头就说：“论贤儒之才，既超程矣，世人怪其仕宦不进，官爵卑细，以贤才退在俗吏之后，信不怪也。”

徐敏以“超程”为《超奇》和《程材》两篇名，因此说：“此篇写在《超奇》、《程材》之后。”

北京大学历史系注“超程”为“出入”。即《超奇》篇所论述的贤儒出众。才既出众，为什么不能得到提升，总是当小官，排在俗吏之后呢？此篇就这一现象进行分析。此篇写于《超奇》之后。

《恢国》 此篇云：“孝明天崩，今上嗣位，元二之间，嘉德布流。三年，零陵生芝草五本。四年，甘露降五县。五年，芝夏生六本，黄龙见，大小凡八。”说明此篇写于建初五年之后，从介绍瑞应略于《验符》来看，它应晚成于《验符》。又云：“方今哀牢、鄯善、诺羌降附归德，匈奴时扰，遣将攘讨，获虏生口千万数。”《后汉书·西南夷传》载：“建初八年，北匈奴三木楼訾大人稽留斯等率三万余人款五原塞降。”《章帝纪》：建初八年，"夏六月，北匈奴大人率众款塞降"。可见此篇写于建初八年，即公元 83 年。

《须颂》 此篇云："陈平仲纪光武，班孟坚颂孝明，汉家功德颇可观见。今上即命，未有褒载，《论衡》之人，为此毕精，故有《齐世》、《宣汉》、《恢国》、《验符》。"后又提到的篇名有"三增九虚"，《能圣》、《实圣》、《治期》、《明雩》、《顺鼓》、《时旱》、《祸湛》、《讲瑞》。又云"《论衡》之人在古荒流之地"。

此处的"今上"指章帝。章帝建初元年到元和三年，即从公元 76 至 86 年。据前面考证，《验符》写于建初五年以后，《恢国》写于建初八年以后，而此篇提到《恢国》，说明也在建初八年，公元 83 年以后写成。又称自己"在古荒流之地"，说明仍在会稽，尚未徙居扬州。元和三年才迁徙扬州。说明至迟写于元和二年，公元 85 年。此篇写于公元 83—85 年间。

《对作》 此篇多次提到《政务》、《论衡》，还提到"九虚"，"三增"、《论死》、《订鬼》、《死伪》、《齐世》、《宣汉》、《恢国》、《验符》、《盛褒》、《须颂》。说明它写成于《须颂》之后，《自纪》之前；而《自纪》写于徙居扬州之前。因此，可以大体确定它与《须颂》、《自纪》是同一时期的作品。此篇又云："今著《论死》及《死伪》之篇，明死无知，不能为鬼。"说明《论死》、《死伪》也是这一时期的作品。

《自纪》 此篇开头自我介绍身世、经历、品德、性格，以及著述情况，是自传性的文字。后面用大量的篇幅来解答别人的责难。最后一段又提到"充以元和三年徙家"，后又"罢州家居"，"庚辛域际"又著《养性》之书。说明此篇写于元和三年以前，公元 86 年前。这时已经整理撰集完成《论

衡》一书。后去扬州，再度回家时，写了《养性》，在《自纪》的最后又补记这一段。这一段提到自己“年渐七十”，即将近七十岁，约六十八九岁，那就是在永元六七年，即公元94—95年。这时《养性》之书已写成，所谓“庚辛域际”应指永元二年的庚寅和永元三年的辛卯这两年。

徐敏认为写于汉明帝永平年间的只有《调时》、《率性》、《本性》、《吉验》等四篇。以上考订可知，永平前期就有《谈天》、《讲瑞》、《觉佞》、《答佞》、《商虫》、《感虚》、《程材》、《量知》、《谢短》、《效力》等十篇。永平后期又有《调时》、《率性》、《说日》、《吉验》、《累害》、《遭虎》等五篇。永平年间可考者约有十五篇。可以明确写于建初年间的有《明雩》、《顺鼓》、《案书》、《别通》、《佚文》、《恢国》、《雷虚》、《验符》、《超奇》、《状留》、《论死》、《死伪》、《订鬼》、《齐世》、《盛褒》等十六篇。《须颂》、《对作》、《自纪》三篇则写于元和元、二年间。这三篇所提到的“三增”、“九虚”、《能圣》、《实圣》、《治期》、《时旱》、《祸湛》、《宣汉》都是建初之作。徐敏将《自纪》写作时间定于永元年间。我认为写于永元年间的只有《自纪》篇的最后一段，主要部分是去扬州之前的元和元、二年写的。

《谴告》、《定贤》都将“庄”写作“严”，为了避汉明帝刘庄的讳。徐敏认为写于明帝死后。司马迁《史记》改蒯彻为蒯通，避当朝天子汉武帝名。王充避汉明帝名，也可以写于明帝时代，未必写于章帝时代。

《太平御览》卷六〇二引《论衡》曰：“《论衡》造于永平末，定于建初之年耳。”《讲瑞》称“此论草于永平之初”。因此，钟肇鹏先生“疑《御览》‘末’字当(初)为‘初’字之误”。[①] 少数篇目写于永平末之前。

《论衡》的篇目可以分为若干组，有些组可能在同一时期写成，例如《自然》篇说：“夫《寒温》、《谴告》、《变动》、《招致》，四疑皆已论矣。谴告于天道尤诡，故重论之。”说明这五篇写于同一时期。又如《须颂》篇称：“《论衡》之人，为此毕精，故有《齐世》、《宣汉》、《恢国》、《验符》。”说明这四篇可能是同期作品。其他如《程材》、《量知》、《谢短》、《效力》也是同期之作。而与这四篇编在一组的《别通》、《超奇》、《状留》却较晚写成。《纪妖》、《言毒》、《薄葬》可能与《论死》同样写于建初年间。而《讥日》、《卜筮》、《辨祟》、《难岁》、《诘术》、《解除》、《祀义》、《祭意》等篇可能写于永平后期，与《调时》同期。《实知》、《知实》、《定贤》，讨论圣贤问题。《正说》、《书解》、《案书》、《对作》，讨论著作问题，并牵涉到圣贤问题。因此，这些篇目都可能是写于元和年间的晚年之作。

从思想发展的线索来看，也可以推测某些篇目的先后次序。如对天文学的认识，从简单到复杂，先有《谈天》，后有《说日》。从经历对思想的影响来看，王充先是无所畏惧，批判锋芒直指孔、孟，血气方刚，要与文吏论短长。所以，《问孔》、《刺孟》、《答佞》、《程材》，都是早期作品，写于三十多岁。人到中年，四十多岁，仍不升迁，既不甘心，又寄一线希望于未来。这时，他以“大器晚成，宝货难售”[②]来作自我

---

① 《王充年谱》第 30 页。

② 《论衡·状留》。

安慰。到完全无望以后,便以"吉凶安危,不在于人"[1]来为自己辩解,并大讲命运、逢遇、幸偶,来说明并非自己不贤无能。因此,放在首篇的《逢遇》以及《命禄》、《命义》、《幸偶》都可能与《自纪》同期,写于晚年。《自纪》写于元和二年,王充五十九岁。《抱朴子·外篇自叙》说:"昔王充年在耳顺,道穷望绝,惧身名之偕灭,故《自纪》终篇。"较近事实。王充《自纪》篇说:"贫无一亩庇身,志佚于王公;贱无斗石之秩,意若食万钟。得官不欣,失位不恨。处逸乐而欲不放,居贫苦而志不倦。"这时似乎还过得去,只是不那么富裕。所以,在六十岁的时候还愿意跋山涉水去扬州当从事。过几年回家,生活就更困难了,到了"鲜所恃赖,贫无供养",真正陷于极端贫困的时候,他的思想就不那么轻松自在了,感到"志不娱快"了。这种思想变化,说明《自纪》篇的最后一段与大部分是写于两个不同时期。其间相隔约八九年。

一篇写成之后,过若干年又作一些补充,这种情况还有一些。最明显的莫过于《讲瑞》篇。该篇说:

> 为此论草于永平之初,时来有瑞,其孝明宣惠,众瑞并至。至元和、章和之际,孝章耀德,天下和洽,嘉瑞奇物,同时俱应,凤凰骐麟,连出重见,盛于五帝之时。此篇已成,故不得载。

这篇写于永平之初是明确的。这里提到"孝明"、"孝

---

① 《论衡·自纪》。

章”，说明补写这一段的时间是在章帝以后的和帝永元年间。后面又说：“案永平以来，讫于章和，甘露常降。”证明它补写于永元初年。这是从扬州“罢州家居”以后才有的事情。从此可见，从永平初到永元年间三十多年中，是王充断断续续撰写、修改、整理、补充《论衡》这部巨著的过程。其间有感于世事，又撰写了《政务》、《讥俗》二书，有时则集中精力，撰写《论衡》。王充自说：“幽处独居，考论实虚。”[①]范晔的《后汉书》本传称他“乃闭门潜思，绝庆弔之礼，户牖墙壁各置刀笔，著《论衡》八十五篇，二十余万言”。谢承《后汉书》也说他“于宅内门户垆柱各置笔砚简牍，见事而作，著《论衡》八十五篇”[②]。王充明知这样著述，“贼年损寿，无益于性”，对自己不利，但他仍然勤奋著述，完全出于“闵世忧俗”的社会责任心。他说，看到虚妄显于真，实诚乱于伪，“以情言之，岂吾心所能忍哉！”于是，“尽思极心，以讥世俗”[③]，写下《论衡》这部巨著。

关于王充的著作问题，存在许多不明确之处，也存在许多争议。我在黄晖、刘盼遂、朱谦之、蒋祖怡、徐敏、钟肇鹏诸先生的研究基础上，再作考订，当然还有许多问题需要继续研究，进一步明确。

---

① 《论衡·自纪》。

② 《艺文类聚》卷五十八引。

③ 《论衡·对作》。

第三章　王充及其《论衡》的历史命运

王充是东汉时代著名哲学家，却一生坎坷，不能得志。《论衡》是汉代流传下来的名著，历代却褒贬不一。对这一现象的研究，一方面可以了解王充思想为什么有这样的历史命运，另一方面也有助于我们对封建专制制度和思想发展规律的认识。

一、仕数不耦

王充《自纪》篇称他的祖父王汎、伯父王蒙和父亲王诵都是“任气”的人。这种家庭对王充有某种影响，使他的性格、思想，从小就与众不同。乡间小孩喜欢抓麻雀，捕知了，或者玩铜钱、爬树，王充“独不肯”。他跟小孩玩时，不喜欢打打闹闹。看来他的性格是内向的，属于思维型的。他六岁上学的时候，就有“臣人之志”，像成年人那样“恭愿仁顺，礼敬具备，矜庄寂寥”,那时就很少有小孩子的稚气了。“父未尝笞,母未尝非,闾里未尝让”,既没挨过父亲的打,也没受过母亲的骂,乡里的人也没有责备过他。因此,王充少年时在家乡有“乡里称孝”的好声誉。后来又学过《论语》、《尚书》等儒家典籍。接着到京师,入太学,师事班彪。在京师太学的环境下,他读的书更多了,“遂博通众流百家之言”。王充好学深思,不守章句而好博览,因此,学有独到见解。“才高而不尚苟作”,不随便写文章。一旦写出文章来,则“援笔而众奇”,常常博得许多人的赞赏。每当他提出一种新见解的时候,大家都觉得是一种怪论,不合时俗;但是,如果认真地听他说完,大家又觉得他说的有道理。写文章也是这样,“始若诡于众,极听其终,众乃是之”①。

王充博学多才,自视甚高,但只当过地方官的属员。为什么呢?这跟他的性格有关:“不好徼名于世,不为利害见将。常言人长,希言人短。专荐未达,解已进者过,及所不善,亦弗誉;有过不解,亦弗复陷。能释人之大过,亦悲夫人之细非。好自周,不肯自彰。勉以行操为基,耻以材能为名。众会乎坐,不问不言,赐见君将,不及不对。在乡里慕蘧伯玉之节,在朝廷贪史子鱼之行。见污伤不肯自明,位不进亦不怀恨。贫无一亩庇身,志佚于王公;贱无斗石之秩,意若食万钟。得官不欣,失位不恨。处逸乐而欲不放,居贫苦而志不倦。”②王充不争名利,不出风头,不走后门,不巴结上司,尽替人说好话,办好事,不搞鬼,不害人。这种人在封建专制时代是很难能得到提拔的。

人有两种性格,一是善与人同,一是善与人异。善与人同者一切思想总是跟多数人相同,十分随俗。这种人从政比较

---

①② 《论衡·自纪》。

适宜，他的想法总是代表多数人的意见，能够得到多数人的支持，并且也容易跟上下左右的人搞好关系，在任何时候，总能作出大家都能接受的处理决定，协调各种矛盾关系。大家欢迎他，他也能左右逢源。大家离不开他，他也离不开大家。他是当时多数人的思想代表。相反，善与人异者有一种逆反心理，总是提出与众不同的特殊意见。他的想法往往是违俗的。这种人做科学和学术的研究工作，能够开扩思路，想别人所未想，提出种种创见，创造各种奇迹。如果让善与人同者去研究科学和学术问题，他只能人云亦云，毫无创见，绝无成就。反过来，如果让善与人异者去当官，那么，他的想法总与别人不同，大家都反对，又总是跟上司闹别扭。这种人当官是很难维持下去的。

王充的性格是善与人异的。所以他交友甚少，“不泛结俗材”，就与多数人合不来。这样，一些人就要挑他的毛病，“俗材因其微过，蜚条陷之”，这样，他受了陷害，还不肯自明，也不埋怨那些陷害他的人。他又常向上司提意见，“言不纳用”[①]，“数谏争不合”[②]，只好辞职回家，还怎么能升迁呢？他的奇思怪想在知识分子中间颇受赞赏，而在官场上，情况就完全不同了。上司官气十足，盛气凌人，只要下级俯首帖耳，不允许下级据理抗争。上司自然听不进王充的雄辩。一般人文盲或半文盲，王充引经据典，高谈阔论，对于他们无异于对牛弹琴。尽管王充竭力把道理说得通俗一些，无奈当时社会风俗都与王充思想相抵触，能有几人相信王充的说法呢？“夫熯一炬火，爨一镬

① 《论衡·自纪》。

② 范晔《后汉书·王充传》。

水，终日不能热也。”[1]王充的论说，改变不了汉代的社会风气。这是必然的。王充思想对后代的影响比当时的帝王将相都要大得多。不过，他在当时还是吃不开，“世俗轻之，文吏薄之，将相贱之”。[2]

王充的异端思想使他更难立足。在哲学上，他反对天人感应说与谶纬迷信，在学术上瞧不起当时“守信师法”和专经的儒生，在思想上反对“独尊儒术”和神化孔子，提倡博通诸子百家。这些思想使他陷于孤立境地。“伟士坐以俊杰之才招致群吠之声”[3]。

总之，王充善与人异的性格、直道而行和异端思想，是他“仕数不耦”的内在原因。封建专制制度则是外在原因。

二、情随境迁

王充一生的思想是有发展变化的。他青少年时，好学深思，每有新见，藐视一切，敢于探讨大问题，因有《谈天》、《初禀》之作。

离开太学，到地方上任属官，与当地一些文吏发生矛盾，于是写了《程材》、《量知》、《谢短》、《效力》之类的文章，反复比较儒生与文吏的长短优劣。虽然有时也说文吏的长处，多数讲文吏不如儒生。有时也说儒生的不足，一再强调儒生的社会价值远远高于文吏。这大概也是青年气盛的时候写的。

---

① 《论衡·感虚》。
② 《论衡·程材》。
③ 《论衡·累害》。

经过若干时日，王充没能升迁，一方面埋怨上司没有慧眼识珠，不能提拔他这个大贤儒。他说："遇暗长吏，转移俗吏超在贤儒之上，贤儒处下，受驰走之使，至或岩居穴处，没身不见。咎在长吏不能知贤，而贤者道大，力劣不能拔举之故也。"[①]有的上司自己水平不高，妒忌高人。"长吏妒贤，不能容善，不被钳赭之刑，幸矣！焉敢望官位升举，道理之早成也？"不幸的情况，古已有之。"吴不能用子胥，楚不能用屈原"，不能用，让他走，就完了吧。但是，他们还要加害。这就是子胥、屈原受迫害的原因。王充还找出种种理由说明升官太快并不好，"轻躁早成，祸害暴疾"，"肉暴长者曰肿，泉暴出者曰涌，酒暴熟者易酸，醯暴酸者易臭"。他又为自己升迁较慢进行种种辩解，他说，"贤儒迟留"是"学多、道重为身累也"，又说："贤儒方节而行，无针锥之锐，固安能自穿、取畅达之功乎？"并说因为没人推荐。"麒麟须献，乃达阙下"，"麟有四足，尚不能自致，人有两足，安能自达？""吕望之徒，白首乃显；百里奚之知，明于黄发"，说明"大器晚成，宝货难售"。王充把贤儒迟留的原因在《状留》篇中说得十分完备了。总之是为自己中年没有显赫的地位作种种辩解，并且埋怨权势人物不推荐、不提拔他。还将希望寄托于未来，"大器晚成"。

王充看到班固、贾逵、杨终、傅毅等人写文章歌颂朝廷，都升了官，有的任尚书郎，有的为兰台令。王充对他们不无羡慕之情。他说："今尚书郎班固，兰台令杨终、傅毅之徒，虽无篇章，赋颂记奏，文辞斐炳。"[②]又说："永平中，神雀群集，孝明诏

---

① 《论衡·状留》。

② 《论衡·案书》。

上神爵颂，百官颂上，文皆比瓦石，唯班固、贾逵、傅毅、杨终、侯讽五颂金玉，孝明览焉。”①王充羡慕班固等人得到皇帝的赏识，于是就在行动上加以仿效。一方面，王充写了《齐世》、《宣汉》、《恢国》、《验符》、《须颂》等一系列为汉朝歌功颂德的文章，并且说：“……班孟坚（班固）颂孝明，汉家功德，颇可观见。今上即命，未有褒载，《论衡》之人，为此毕精，有《齐世》、《宣汉》、《恢国》、《验符》。”②所谓“毕精”，说明他歌颂汉德十分卖力，期望“彰汉德于百代，使帝名如日月”。另一方面，他极力批评不给汉朝歌功颂德的儒生，并一再表白自己的著《论衡》与那些儒生的议论不同，是积极歌颂汉德的。他说：“汉家著书，多上及殷、周，诸子并作，皆论他事，无褒颂之言，《论衡》有之。”又说汉朝“国德溢炽，莫有宣褒，使圣国大汉有庸庸之名，咎在俗儒不实论也”。王充认为：“古之帝王建鸿德者，须鸿笔之臣。褒颂纪载，鸿德乃彰，万世乃闻。”现在，“汉德非常，实然乃在百代之上”，极需要“表德颂功，宣褒主上”。“无鸿笔之论，不免庸庸之名”。许多儒生都是“好称古而毁今”的，汉代的名声恐怕要落得“在百代之下”了。王充说《论衡》是极力歌颂汉德的，“无《论衡》之论，不知优劣之实”。《论衡》已经把汉朝的功德摆到了百代之上。

王充一再表白自己著《论衡》都是为了颂汉德，希望得到朝廷的了解。他说：“古有命使采爵，欲观风俗知下情也。”《诗》作于民间，就是被命使采集去的。“《论衡》、《政务》，其犹

① 《论衡·佚文》。

② 《论衡·须颂》。

《诗》也，冀望见采”[1]，希望也被朝廷采去。为此，他才写了《论衡》。

王充希望朝廷能采集他的著作，体谅他的苦心，赏识他的文采，能召他荣登朝廷，像董仲舒那样，“能建美善于圣王之庭”[2]。遗憾的是，他“抱其盛高之力，窜于闾巷之深，何时得达？”他自己认为是“文章滂沛”的“鸿笔之人”，由于没人推荐，却被“弃遗于衡门之下”，无法“升陟圣主之庭，论说政事之务”[3]。他流落在“古荒流之地”[4]，远离朝廷，皇帝即使有“日月之明”，有最大的功劳，最好的美德，都可能没有歌颂到。“使至台阁之下，蹈班、贾之迹，论功德之实，不失毫厘之微。”[5]假使能像班固、贾逵那样，到台阁去当官，离皇帝很近，那么就能非常充分准确地歌颂功德，不至于有任何遗漏。

王充在中年时代，积极歌颂汉朝的政治目的，是希望通过歌颂，使朝廷了解他，提拔他。充分说明他是真心愿意为封建社会服务的知识分子，是愿意充当汉朝歌功颂德的御用文人的。说他是反抗封建地主阶级的农民思想家，认为他对汉朝的歌颂仅仅是为了“可以免于罪”[6]的说法，似乎不符合王充的思想实际。另外，当汉朝盛世的时候，王充进行这种歌颂也无可厚非。只当衰世末代，政治腐败、民不聊生的时候，一些文人文过饰非，虚造功德，胡乱歌颂，那才是卑鄙的。

王充眼看着那些无德无才、“薄能浊操”的人青云直上，尊

---

①⑥　《论衡·对作》。

②　《论衡·别通》。

③　《论衡·效力》。

④⑤　《论衡·须颂》。

贵于朝，闻名于世。而自己“高才洁行”，却“位卑在下”。直至“年渐七十，志力衰耗”，也没有得到当时统治者的垂青。原因是复杂的。他虽然在政治立场上与封建统治者保持基本一致的关系，而在思想路线上却有很大的差别和一定的矛盾。王充思想和当时统治思想的矛盾、斗争，是统治阶级内部的思想斗争。正是由于这种矛盾，他被“弃遗于衡门之下”，流落在“古荒流之地”，成了报国无门的草莽之士。但是，王充并不认识这种原因，却将这些都归结为“逢遇”、“幸偶”、“命禄”。于是产生了性命论、偶然论思想。

王充痛感自己的不遇，开始转信儒家的命运思想。“孔子称命，孟子言天。吉凶安危，不在于人。昔人见之，故归之于命，委之于时，浩然恬忽，无所怨尤。福至不谓己所得，祸到不谓己所为。故时进意不为丰，时退志不为亏。不嫌亏以求盈，不违险以趋平，不鬻智以干禄，不辞爵以吊名，不贪进以自明，不恶退以怨人。同安危而齐死生，钧吉凶而一败成，遭十羊胜，谓之无伤。动归于天，故不自明。”①这就从儒家的命定论转到道家的自然无为上。

这样是不是说，王充晚年思想属于道家了呢？不是的。他仍然认为孔子是自己最好的学习榜样。“可效放者，莫过孔子。”②年老了，当官已经不行了。王充想通过自己的文章，“名传于千载”。他说：“高士所贵，不与俗均，故其名称，不与世同。身与草木俱朽，声与日月并彰，行与孔子比穷，文与扬雄为双，吾荣之。”

到了暮年，发白齿落，贫无供养，王充注意养身之道，“庶

①② 《论衡 · 自纪》。

冀性命可延，斯须不老”，将研究成果写成《养性》一书，共十六篇。人生死是自然规律，无法挽回。王充充分认识到这一点，所以，他以能够“垂书示后”为莫大的宽慰。对于“命以不延”，无可奈何，只能“吁叹悲哉”。

总之，王充一生的思想是随着年龄的增长、个人的处境变化而变化、发展的。而他疾虚妄、务实诚的著述宗旨始终没变。

三、“一代英伟”

政治家的思想反映现实，哲学家的思想代表未来。

哲学家眼光敏锐，思想深刻，能见人所未见，在繁华中能见到腐败的萌芽、衰亡的征兆。即使在盛世，他也有无穷的忧患。忧患意识是中国古代哲学家的一大特点。哲学家看到现实的弊端，产生忧患，提出批评，形成理论。多数人对弊端视而不见，沉醉于歌舞升平之中，以为哲学家的忧患是杞人忧天，将哲学家的批评视为诽谤朝政，把哲学家的理论当作异端思想，加以限制、压抑。所以，中国古代哲学家生前多数不得志。哲学家逝世以后，他的理论以不可抗拒的力量向外传播，对后代社会产生不可估量的影响。所以说，哲学家的思想代表未来，代表社会前进的方向。

王充写成《论衡》以后，批评者甚多，主要因为他的地位卑贱，思想超前，只有少数有远见卓识的人，像谢夷吾认识王充的高明，他说：“充之天才，非学所加，虽前世孟轲、孙卿，近汉扬雄、刘向、司马迁，不能过也。”①王充死后一百多年，虞翻称

① 范晔《后汉书·王充传》李贤注引谢承《后汉书》。

王充“洪才渊懿，学究道源，著书垂藻，骆驿百篇，释经传之宿疑，解当世之槃结，或上穷阴阳之奥秘，下摅人情之归极”[①]。

王充《论衡》开始只在吴地流传。蔡邕到吴地得到《论衡》，“叹其文高，度越诸子”[②]，“恒秘玩以为谈助”[③]。回到中原地区以后，“诸儒觉其谈论更远”，谈论水平有很大提高。大家怀疑他可能得到什么“异书”，果然从他家隐蔽处搜出《论衡》来。后来，王朗到会稽任太守，也得到《论衡》，当他返回北方时，“时人称其才进”。其原因：“不见异人，当得异书”。问他，果然是由于读了异书《论衡》。

同样一部《论衡》，刚写成时，受到多方面的责难，有的说：“形露易观”，通俗易懂，说明水平低。有的说“违诡于俗”，不合众人的口味。有的说“不能纯美”，又跟古人的不一致，乃至连篇幅大，文字多，也是不精练的缺点，甚至批评超出书本本身，有人认为王充当不了官才去写书，或者说不是出于书香门第，写这么大部头著作，是一种变异妖怪，真所谓“文粪自贱室出”[④]！王充社会地位卑贱，他写的文章再好，别人懂不懂也都可以随便指责一番。秦相吕不韦主编的《吕氏春秋》、淮南王刘安主编的《淮南鸿烈》，就没有人敢说三道四，指手画脚。再加上汉人“尊古卑今”的习俗，对没有地位的今人王充的著作，自然更加鄙视。也像张伯松不肯看扬雄的著作那样，由于他们是同事。

---

① 《三国志·吴书·虞翻传》注引《会稽典录》。

② 《太平御览》卷六〇二引《抱朴子》。

③ 范晔《后汉书·王充传》李贤注引《袁山松书》。

④ 《论衡·自纪》。

王充死后，又过了百多年，情况就不同了。《论衡》成了“异书”，读了它，理论水平就会有明显的提高。这样的书，长一点怕什么呢？

晋代葛洪虽然在天文学方面对王充有所异议，但他认为王充是“冠伦大才”[①]，又引谢夷吾的话说：王充是“一代英伟，汉兴以来，未有充比”[②]。唐代大文学家韩愈写了《后汉三贤赞》，王充是其中一贤。据说，韩愈的性有三品的说法也是继承了王充《论衡·本性》篇的思想[③]。北宋进士杨文昌在整理《论衡》一书后所作的序言中说：“释物类同异，正时俗嫌疑，订百氏之增虚，诘九流之拘诞。天人之际，悉所会通，性命之理，靡不穷尽，析理折衷，此书为多。”“其文取譬连类，雄辩宏博，岂止为‘谈助’、‘才进’而已哉！信乃士君子之先觉者也。”认为《论衡》有极丰富的思想，并且形成系统的理论，哪里是王朗、蔡邕那样只当作闲聊的资料或增加一点知识呢？他认为这是知识分子先觉悟者的声音。杨文昌的这种认识，在宋明时代也是“先觉者”的思想，是相当高明的见解。

元朝韩性为《论衡》作序说：“盖其为学博，其用功勤，其著述诚，有出于众人之表者也。”“自汉以来，操觚之士焦心劳思，求一言之传而不可得，《论衡》之书独传至今，譬之三代鼎彝之器，宜乎为世之所宝也。”觚是木简，操谓作文。操觚之士指著述的知识分子。汉以来，那么多知识分子千方百计想将自己

① 葛洪《抱朴子·喻蔽》。

② 《北堂书钞》卷一百注引《抱朴子》。《太平御览》卷五百九十九所引略同。

③ 刘熙载《艺概》卷一：“即韩退之性有三品之说，亦承藉于其《本性》篇也。”董仲舒、王充、荀悦都讲三品，未必承藉仲任。

的哪怕是一句话流传下去，却做不到，而王充《论衡》却能流传至今，成为难得的国宝，像三代鼎彝那样珍贵。

明清之际的沈云楫和熊伯龙都引王充为“千载知音”①。沈云楫认为，如能深刻理解《论衡》的精神实质，就不会被“伪书伪儒”②所欺骗。熊伯龙说：“余博览古书，取释疑解惑之说，以《论衡》为最。特摘其尤者，参以他论，附以管见，名曰《无何集》。欲以醒世之惑于神怪祸福者。”③熊伯龙摘录《论衡》语句，编成《无何集》，这是一大奇事。熊伯龙是“顺治己丑榜眼，任国子监祭酒、内秘书院侍读学士”，并且“精字母反切之学，知西洋天文算法，又能通佛经，解翻译”，“楷法、篆隶、弓马、琴棋，无一不工”。④ 这么一个博学多才的学者对千年之前的王充如此推崇，实在难得！

清代李慈铭说：《论衡》一书，“理浅词复……惟言多警俗，不嫌俚直，以晓愚蒙，间亦有理解，故世争传之。其《雷虚》、《论死》、《纪妖》三篇最有名理，乃一书之警策”。他认为《论衡》一书内容针对现实，语言通俗易懂，有启蒙作用，所以得到广泛流传。这个见解是可取的。莫伯骥案：“后来如金李纯甫、明李卓吾，著书每与孔孟为难，当导源于此。言论解放，不为古今人束缚，表现怀疑派哲学精神，王氏实开其端。盖吾国人奉前言为偶像……诘难既多，劣者败退，优者长存，而哲理因之演

---

① 明万历沈云楫为《论衡》作序云：“仲任有神，必咤为千载知音也已。”清顺治熊伯龙《无何集·自述二》：“仲任有知，必以先生为千载知音矣。”

② 沈云楫序云：“当世博雅诸士，能《论衡》之精，而始不为伪书伪儒之所溷。”

③ 《无何集·自述一》第6页。

④ “衡衡子书”，见《无何集·自述一》后。

进。""此予往读清帝卧碑而悁悁然悲，后则读王氏书而跃然以起也。"①莫氏把王充看作中国怀疑哲学的始祖，后来的解放言论都受他影响。最后引进西方社会进化论，认为各种思想在互相辩难中，优存劣汰，促进哲学理论的发展。莫氏读到《论衡》以后，"跃然以起"，受到感奋、激励。

孙人和在《论衡举正》自序中说：王充"远知卓识，精深博雅，自汉以来，未之有也。""余雅好是书，不能释手。"章太炎对王充也很推崇，他在《检论·学变》篇中说："汉得一人焉，足以振耻，至于今亦鲜有能逮者也。"历代许多学者喜好、赞誉，可以说明《论衡》的社会价值。从而可见，谢夷吾所说、葛洪所录的王充是"一代英伟"的说法还是有根据的。

对于《论衡》，"好之者终不绝"，欣赏、赞誉，代不绝人。但不是都说好的，也有提出批评、指责、甚至进行口诛笔伐的。不过，从现代观点来看，这些责难、诋毁并非毫无意义的。对它们进行一番深入研究，还会有所启迪。

四、慢天非圣

历代学者，包括个别皇帝，也有"攻"《论衡》的。归纳起来，主要有以下六个方面。略作介绍，并加评论。

（一）"罪至慢天"

王充反对天人精神感应的说法，认为天是自然无为的，没

① 莫伯骥《五十万卷楼群书跋文》子部一《论衡》。

有意志，不会与人产生精神感应。这就引起一些笃信天命论者的强烈反对。例如，南宋黄震就说：王充“谓龙无灵，谓雷无威，谓天地无生育之恩，而譬之人身之生虮虱，欲以尽废天地百神之祀”①。而《调燮类编》②作者认为，拘泥王充“雷虚”的说法，“非敬天之道”③。清朝学者黄式三反对王充更为激烈。他认为，王充所讲的“天道自然之说”，“遗误后人”④。并对《雷虚》篇作专论批评。他说：“汉王仲任专辄发论，以明雷之非天怒。此说也，固非儒者所敢道；顾其言善诘辩，多端发难，不有以破之，疑于其义，而求敬天之诚，弗可得也。……仲任以雷为虚，而《福虚》、《祸虚》之说；误亦类此，而其罪至于慢天。”⑤

王充《雷虚》篇以为打雷不是天发怒，也不是龙升天，而是阴阳两种气相撞击而产生的光和声音。被雷殛死的不是由于触怒上天，也不是有什么罪过，而是偶然碰上雷火而被烧死的。王充对这些观点列举大量例子进行反复论证。不同的人对同一篇文章会有完全相反的评价，李慈铭认为此文是“最有

① 《黄氏日抄》卷五十七《读诸子·论衡》。

② 《调燮类编》，作者未详。王云五主编《丛书集成》初编第 0211 册，赵希鹄著《调燮类编》，扉页上注明“本馆据海山仙馆丛书本排印，初编各丛书仅有此本”。查《海山仙馆丛书》第八函第四六册，道光丁未镌。公元 1847 年。文与《丛书集成》相同，但无著者姓名。同册前半为《洞天清禄集》，署“开封赵希鹄”。可能因此误以为《调燮类编》亦为赵氏所著。赵希鹄，宋宗室，其著《洞天清禄集》所提“近世画手”萧照、李唐等也都是宋代人。赵为宋人无疑。《调燮类编》中引元代马端临编的《通考》，明代王逵编的《蠡海集》以及明清时代传入中国的西方近代天文学，说明它是清代著作，著者不详，绝非宋代赵希鹄所著。

③ 《调燮类编》卷一《乾栋》。

④ 《儆居集》卷四《读子集·读王仲任〈论衡〉》。

⑤ 《儆居集》《杂著·对王仲任〈雷虚〉问》。

名理”的好文章，是《论衡》一书的“警策”。而黄式三认为，这篇文章“言善诘辩，多端发难”，不敬上天，犯了“慢天”大罪。有神论者所谓的“莫大罪名”，在我们看来，恰恰是伟大的贡献。

（二）“非圣无法”

《论衡》中有《问孔》、《刺孟》两篇文章，在儒家思想占统治地位的社会里，就成为诋毁圣贤的主要依据。白纸黑字，铁证如山。宋朝刘章就撰写了《刺〈刺孟〉》的文章[1]，讥刺《刺孟》篇。但此文失传，无法共欣赏。清朝钦定的《四库全书总目提要》中说：王充的“《刺孟》、《问孔》二篇，至于奋其笔端，以与圣贤相轧，可谓悖矣”[2]。清朝乾隆皇帝好学勤政，读书很多，感触不多，唯独读《论衡》，触及了灵魂，写下一大段批语。说：“孔孟为千古圣贤。孟或可问而不可刺，充则‘刺孟’而且‘问孔’矣。”说王充“时命坎坷，当悔其所以自致坎坷耳，不宜怨天尤人，诬及圣贤。为激语自表，则已有犯非圣无法之诛”。皇帝说“诛”，就要杀头。王充早已肉烂骨朽，乾隆皇帝也只好口诛笔伐，“辟而诃之”，还号召读《论衡》的人千万不要把它当作“正人笃论”看待，虽然在“博辩”、“轶才”方面有可取之处，但在德方面则是“非圣灭道”[3]的，所以，只有“乱世惑民之流”，才会“韪其言”，肯定王充的说法。皇帝写了这么一段读后感，《论衡》算是被枪毙了，应该列入禁书之列。但是，思想的流传

① 郎瑛《七修续稿》卷四辩证类《书名沿作》。

② 《四库全书总目》卷一二〇《子部杂家类·论衡》。

③ 《四库全书》《读王充〈论衡〉》。

靠的是真理性、合理性，不能靠权力。皇帝在封建社会虽有至高无上的权力，对思想的传播却无能为力。乾隆皇帝对《论衡》的贬斥虽然可以对当代某些学者起一些影响作用。他一旦去世，后来的学者仍然对《论衡》大感兴趣。有的学者在悲伤的时候，读了《论衡》，“跃然以起”；有的学者在“科学时代”的今天，读了它也还能激起“无限的感悟”①。这说明，包含真理火花的书，好之者终不绝，皇帝也无可奈何。

（三）“名教罪人”

儒家倡导孝，这是重要的名教。不孝就是名教罪人。唐朝刘知几认为王充《自纪》篇“盛矜于己，而厚辱其先”，“必责以名教，实三千之罪人也”。② 以后许多学者相继指责王充“不孝”。张宗祥概括道：“充之书，自《史通》后，非之者多矣。”③关于王充是否“不孝”，我们在第一章《王充生平考辨》已作详细辩驳，此处不赘。

（四）“持论过激”

有些学者认为王充“持论过激”。《后汉书》作者范晔在《王充传》后说王充“好申一隅之说”，“管视好偏”。视野的局限性造成理论的片面性。清代学者刘熙载也说：“《论衡》奇

---

① 陈丽桂《王充》。
② 《史通·序传》。
③ 《论衡校订》。

创……范史讥三家好申一隅之说，然无害各自成家。”王充“独抒己见，思力绝人，虽有时激而近僻者，然不掩其卓诣，故不独蔡中郎、刘子元深重其书，即韩退之性有三品之说，亦承藉于其《本性》篇也。”[①]“三家”指王充、王符、仲长统。范晔《后汉书》将此三家合传，并加评论。刘熙载认为王充有偏激的说法，但不能掩盖他独创性的见解，所以后人“深重其书”。

南宋黄震对王充的“过激”问题有过比较详细的论述。先罗列“过激”的种种表现，然后挖掘产生“过激”的根源。他说：王充《论衡》“持论至于过激，失理之平，正与自名‘论衡’之意相背耳”[②]。“过激”的表现：“如谓穷达皆出于命，达者未必贤，穷者未必不肖，可矣；乃推而衍之，至以治和非尧舜之功，败亡非桀纣之罪，亦归之时命，焉可乎？甚至讥孔、孟而尊老子，抑殷、周而夸大汉……虽人生之父母骨肉，亦以人死无知，不能为鬼，而忽蔑之。”王充认为，历史兴衰是有必然的“时命”，不是由最高统治者个人的贤愚决定的，反对圣人史观；他批评儒家，著《问孔》、《刺孟》之篇，认为道家自然无为思想是对的；又认为社会是发展的，汉代在各方面都超过古代盛世殷、周。他又认为人死无知，不能为鬼，父母死后厚葬，不但是不必要的，而且是一种浪费。王充这一系列观点，在黄震看来都是“过激”的，而这些恰恰是王充思想中的精华部分，是他的唯物论、无神论、历史发展论的主要论点。

黄震认为王充“持论过激”的根源是“怨愤”。他认为：王充写《论衡》，“其初心发于怨愤”，“皆发于一念之怨愤……皆

① 《艺概·论衡》。
② 《黄氏日抄》分类卷五十七《读诸子·论衡》。

以不平之念，尽欲更时俗之说”[1]。王充有“怨愤”，有“不平之念”，要改变时俗的观念，这有什么不可以呢？“不平则鸣”，人之常情。出身于“细族孤门”的王充，在“仕数不耦”的情况下，事有不平，心怀怨愤，奋笔疾书，痛疾虚妄。这是历代杰出文人的一般情况。正如谭宗浚所说：“文士发愤著书，立词过激，大抵然矣。”[2]

王充对阶级社会有“不平之念”，无可厚非。但这并不是著《论衡》的主要动机。他在《对作》篇中有明确的表白：“是故《论衡》之造也，起众书并失实，虚妄之言胜真美也。”对于“虚妄显于真，实诚乱于伪”的学术空气，王充忍耐不住，“安能不论”！“吾不得已也”！“《论衡》就世俗之书，订其真伪，辩其实虚”，“解释世俗之疑，辩照是非之理，使后进晓见然否之分”。其宗旨，一言以蔽之，曰“疾虚妄”。所以，刘知几说：“儒者之书，博而寡要，得其糟粕，失其菁华，而流俗鄙夫，贵远贱近，传兹牴牾，自相欺惑，故王充《论衡》生焉。”[3]王充在《讲瑞》篇中说“此论草于永平之初”，在《自纪》篇中称自己“年渐七十”，说明《论衡》写作至少经历了三十多年。岂是出于一时怨愤或感情冲动？王充“乃闭门潜思，绝庆吊之礼，户牖墙壁，各置刀笔，著《论衡》八十五篇”[4]。可见，《论衡》是深思熟虑的学术成果，不是“发于一念之怨愤”。

诚然，《论衡》不是完美至善的。由于时代和经验的局限，

---

① 《黄氏日抄》卷五十七《读诸子·论衡》。

② 《〈论衡〉跋》，金锡龄《学海堂四集》卷十七。

③ 《史通·自叙》。

④ 范晔《后汉书·王充传》。

王充也有一些片面的见解。但从总体上看，还是“中理者多”。“时有小疵，犹邓林之枯枝，若沧海之流芥，未易贬者也”[①]。“至宝必有瑕秽”，“良工必有不巧”[②]。我们不应苛求古人，更不能“求备于一人”。因此，“憎枯枝而伐树”的做法，以个别错误和偏见，而全盘否定《论衡》[③]是不可取的。

（五）“文重芜杂”

历代学者对王充《论衡》在写作体例方面批评较多的就是文重芜杂。《论衡》刚写成的时候，就有人认为这本书“出万言，繁不省，则读者不能尽；篇非一，则传者不能领。被躁人之名，以多为不善。语约易言，文重难得。玉少石多，多者不为珍；龙少鱼众，少者固为神”[④]。对于这种批评，王充进行了答辩，他说：“盖寡言无多，而华文无寡。为世用者，百篇无害；不为用者，一章无补。如皆为用，则多者为上，少者为下。”“文多胜寡”。“世无一卷，吾有百篇；人无一字，吾有万言，孰者为贤？今不曰所言非而云泰多，不曰世不好善而云不能领，斯盖吾书所以不得省也。……今失实之事多，华虚之语众，指实定宜，辩争之言，安得约径？”华虚的言论多，争论的问题广，辩论的文章怎么能不长呢？别人的文章更长，如太公望、韩非、董仲舒等人的文章都很长，为什么没人嫌长呢？“吾书亦才出百，而云泰

① 《太平御览》卷五九九引《抱朴子》。

②④ 《论衡·自纪》。

③ 明谢肇淛《文海披沙·〈论衡〉相背》仅以《验符》一篇，“前后之言，自相悖舛，此岂足为帐中秘哉？”

多。盖谓所以出者微,观读之者不能不谴呵也。"《吕氏春秋》和《淮南子》都是鸿篇巨著,有谁敢说它们太多了呢?就因为它们都出于高门贵族。

东汉末,由于蔡邕、王朗的赏识、传播,《论衡》成为时髦的"异书",社会上争相传阅,很快流行起来。到了晋代,葛洪曾以设问的方式讲到:"夫琼瑶以寡为奇,碛砾以多为贱。故庖牺卦不盈十,而弥纶二仪;老氏言不满万,而道德备举。王充著书,兼箱累帙,而乍出乍入,或儒或墨,属词比义,又不尽美。所谓陂原之蒿莠,未若步武之黍稷也。"①总之有一种人认为王充《论衡》文多而杂。葛洪则认为"言少则至理不备,辞寡即庶事不畅",王充学博才大,所以"必须篇累卷积而纲领举"。如果多了就不好,那么,庖牺作八卦,"周公既由大易而加之以礼乐,仲尼作《春秋》而重之以十篇,过于庖牺,多于老氏,皆当贬也"。周公把八卦演为六十四卦,还制礼作乐。孔子作《春秋》,还写了"十翼"即"易大传",著作那么多,是否也该贬呢?至于"芜杂"的问题,葛洪也作了解释:写书就跟说话一样,写书不许杂,难道说话也应当一样吗?学生问仁,"仲尼答之,人人异辞"。譬如,病不同,药方也千差万别,针灸也有许多穴位。怎么能只走一条路呢?"故《淮南鸿烈》始于《原道》、《俶真》,而亦有《兵略》、《主术》。庄周之书,以死生为一,亦有畏牺慕龟、请粟救饥。若以所言不纯而弃其文"②,那么,《庄子》、《淮南鸿烈》都应该抛弃。岂不成了"治珠翳而剜眼"?

"格言高文,岂患莫赏而减之哉!"好文章不能为了迎合读者的口味而随便加以删减。葛洪在这里表达的观点,与王充

①② 《抱朴子·喻蔽》。

"从道不随事"的实事求是的精神是相一致的。在理论的坚定性方面,他们的思想是相通的。"音为知者珍,书为识者传",《论衡》能够广泛长久地流传下来,说明知音者确实也不少。

王充、葛洪虽然对"文重芜杂"都作了明确的说明,后代一些学者仍然持这种看法。例如:宋代高似孙说《论衡》"其文详,详则理义莫能核而精,辞莫能肃而括,几于芜且杂矣"。结论是"乏精核而少肃括"[①]。明代胡应麟认为,"其文猥冗荼沓,世所共轻……近世以冗庸而剧诋之。"[②]直至清代,"儒者颇病其芜杂"[③]。这大概是因为这些学者拘泥于儒家传统的独断论。"执儒家之言以绳之"[④],王充严密的逻辑证明都被看作芜杂的东西。中国在秦汉以后逻辑发展缓慢,跟中央集权的封建专制和独尊圣贤、轻视逻辑证明的儒家思想部有一定关系。

(六)"有破无立"

王充自称《论衡》的写作宗旨是"疾虚妄"。"疾虚妄"就是批评不切实际(虚)和不合道理(妄)的说法。他的《论衡》正是这样一部战斗性很强的巨著。近现代一些学者对《论衡》的"破"的方面都给予了肯定,同时都感到在"立"的方面稍嫌不足。例如:黄侃说王充"善破敌而无自立之能,陈列众言,加以评骘而已"[⑤]。章炳麟也说他"善为蜂芒摧陷而无枢要足以

① 《子略》卷四《王充〈论衡〉》。
② 《少室山房笔丛》卷二十八《九流绪论》。
③ 《四库全书总目提要》卷一二〇《杂家类·论衡》。
④ 张宗祥《论衡校订》三卷附记。
⑤ 《汉唐学论》,见《中大季刊》一卷四号。

持守”[1]。德国汉学家福尔克说王充“什么也没创造,相反地,他只想用他的批评摧毁现有的建设”[2]。《隋书·经籍志》和《四库全书总目》都把《论衡》列入“无所指归”的“杂家类”,说明他们部认为王充《论衡》没有“立”。章士钊把这些看法概括为“有破无立”,但他不同意这种看法。他认为王充“开东方逻辑之宗”[3]。王充《论衡》“破”的成绩是公认的,“立”的成果也很突出,只是前贤不善于从“破”中见“立”,故有“有破无立”之说。章士钊发现王充“立”了逻辑,是一大贡献。除此之外,还有所“立”。

首先,王充在“疾虚妄”中,建立了自己的哲学体系。例如,王充在批判天人感应说时,建立了天道自然论的自然观;在破除世俗迷信中,形成了气论思想体系;在反对圣人能“前知千岁,后知万世”的说法时,提出了唯物论的反映论;在破“称治泰盛”、颂古非今的同时,论证了“周不如汉”的历史发展观;《非韩》否定法家任刑主张,强调了为政须任德的政见;在讨论历代学者关于人性问题的各种观点时,他同意了世硕、公孙尼子的看法;在批判儒家“厚葬论”和墨家“有鬼论”时,提倡无鬼薄葬论。有些观点虽然是继承了前人的思想,但是,经过消化、改造,组织到自己的思想体系中来,便成了新的东西。应该说,这就是一种“立”。我们从《论衡》中可以看到比较完整的天论体系,相当庞大的气论结构,深刻的鬼神理论,系统的知论思想,

---

① 《检论·学变》篇。

② 杨兴顺为彼得洛夫《王充——中国古代的唯物主义者和启蒙思想家》一书所作的《序言》中引。李时译,科学出版社,1956 年版。

③ 《答张九如书》,《甲寅周刊》1914 年第一卷第四十一号。

还有幸偶论、性命论、贤佞论等独到见解。怎么能说他没有“立”呢？

其次，王充一方面“疾虚妄”，一方面反复强调立实诚。如他说：“《论衡》‘九虚’‘三增’，所以使俗务实诚也。”“冀悟迷惑之心，使知虚实之分。实虚之分定，而华伪之文灭。华伪之文灭，则纯诚之化日以孳矣。”①《论衡》的宗旨是“疾虚妄”。“疾虚妄”的目的在于“驱民使之归实诚也”。可见，他是破“虚妄”而立“实诚”的。也就是说，他反对胡说八道，主张实事求是。这怎么能说他只有破而没有立呢？

明代沈云楫在《论衡》序中说：“其旨务祛谬悠夸毗以近理实，而不惮与昔贤聚讼。……譬一闹之市，一提衡者至，而货直锱铢率画一无殊喙。”②黄侃在《汉唐学论》中说：“东汉作者，断推王充。《论衡》之作，取鬼神阴阳及一切虚言谰言，摧毁无余，自西京而降，讫乎此时，乃有此作。正如久行荆棘，忽得康衢，诚欢忭已。”一个把王充《论衡》在学术界的作用比作在混乱的闹市中，一个人拿着秤来，衡量了各家货物的分量，使闹市没人再争吵了。一个读汉代诸子之书，如同“久行荆棘”，艰难跋涉，而读到王充《论衡》，感觉到另一番境界，恰似“忽得康衢”，豁然开朗。这种“欢忭”的愉快心情，是可以理解的。在汉代，经学僵化，谶纬盛行，学术界沉闷空气日久，偶然冒出一部《论衡》，冲破沉寂，活跃气氛，使人耳目一新。难怪蔡邕视为珍宝，葛洪为之折服。闹市立平衡，荆棘辟康衢，这不就是“立”吗？

① 《论衡·对作》。
② 程荣本《汉魏丛书》。

第三，王充“疾虚妄”不是简单地给一种说法扣上“虚妄”的帽子定了性就完事。他对任何一种说法的批判都是采取摆事实说道理的方法。讲道理就要使用逻辑。他既无政治势力可以依仗，也不凭借圣人经典的权威，靠的就是公认的事实和逻辑的力量。因此，他在讨论中形成了一套逻辑思想。章士钊在《答张九如书》中称王充为“开东方逻辑之宗”。是否可以称为“宗”，尚待讨论。不过，他对中国古代逻辑学的发展所作出的贡献则是公认的。近几年出版的《中国逻辑思想史》等书都论述到王充的逻辑思想。王充在“疾虚妄”中，还是“立”了一些逻辑思想。

前苏联学者彼得洛夫说：

> 王充是汉代名副其实的包罗万象博综古今的天才，简直可以说他的批评的锋刃——不仅是破坏性的而且有建设性的——就没有放过汉代任何一个哲学问题和自然科学问题。①

我们认为这种说法是公正的。王充《论衡》不仅有“破”，而且有“立”。至于“立”得对不对，对到什么程度，有多少合理性和进步意义，那是需要详细研究、具体分析的。但是，他毕竟“立”了。从总体上说，他立了自己的唯物论哲学体系——天道自然论。从另一个角度说，他立了中国封建社会的“异端”思想体系。清代钱大昕说：“后世误国之臣，是今而非古，动谓天变不足畏，《诗》、《书》不足信，先王之政不足法，其端盖自充启

① 《王充——中国古代的唯物主义者和启蒙思想家·结论》。

之，小人哉！”[①]王安石推行改革，曾经提出过“三不足”：“天变不足畏，祖宗不足法，人言不足恤。”[②]清末，一些参与变法、参加革命的学者也提过类似口号。钱大昕认为都是王充开的端。莫伯骥认为王充是中国怀疑派哲学的开端者。钱、莫说法不同，都承认王充是封建社公“异端”思想的开端者。

五、褒贬探因

德国汉学家福尔克认为王充在中国哲学史上，似乎根本没留下任何痕迹。[③] 这种说法显然站不住脚。

王充《论衡》被称为“异书”、“奇书”，自有其奇异之处。《四库全书总目提要》总结了《论衡》在一千多年中流传的情况后说：这本书“攻之者众，而好之者终不绝欤”。无论是“攻之者众”，还是“好之者终不绝”，都充分地说明了它在中国哲学史上留下了不可磨灭的波浪式的光辉痕迹。我们从这些深刻的痕迹中还可以探索出社会原因。

同一本书，有的爱不释手，引为千古知音，有的恨之入骨，指为非圣无法。这哪里是可以用“谈助之言”来“了此书”[④]的。如果仅仅可以作为饭后茶余的谈资，乾隆皇帝读后怎么会写下那么一段感想？《论衡》可以作为“谈助”，但绝不仅仅

---

① 《跋〈论衡〉》，《潜研堂文集》卷二十七。

② 《宋史·王安石传》。

③ 杨兴顺为《王充——中国古代的唯物主义者和启蒙思想家》一书所作“序言”引。

④ 高似孙《子略》：“谈助之言，可以了此书矣。”马端临《文献通考》、纪昀《四库全书总目提要》均引此言。

是“谈助”，它常常会触及某些人的灵魂。

东汉前期，社会正处于动乱之后的稳定、恢复、发展的时期，呈现出太平盛世的景象，反映在《论衡》中则有《齐世》、《宣汉》、《恢国》之篇。当时统治者还能利用政权来统一思想，白虎观会议对思想界的统驭作用则是比较明显的。王充在这盛世时代见人所未见，对社会上下所共同信仰的观念提出批评，具有反潮流的精神。因此，《论衡》理所当然地被作为异端思想体系而受到排斥。同时，当时世俗“好褒远称古”，轻视当世学者。王充这位出身于“细族孤门”的当世学者，即使有尧舜圣才，也不会受到社会的称誉。《论衡》也因而几乎湮灭。

时过一百年左右，蔡邕、王朗在东吴发现了《论衡》，读后才学有了明显的提高。《论衡》成了珍贵的异书，盛行一时。此书流传，蔡、王之功不可磨灭。但是，一种思想能够广泛流传，绝不是一两个学者所能提倡起来的，必定有深刻的社会原因。蔡、王读《论衡》以后，接受了异端思想，与其他学者谈论时，并没有受到“离经叛道”的谴责，却得到了人称“才进”的赞誉。这说明，东汉末年，封建统治处于动乱衰亡时期，作为统治思想的汉代儒学已经失去先前的至上权威。统治者已经无力统治思想界，各种异端思想就可以抬头，活跃于社会上。王充思想有较强的逻辑性，在自由讨论的学术界很快成了社会的宠儿，受到偏爱。东汉以后，三国两晋南北朝，政治混乱，统治者无法统御思想界。隋朝统一中国，还没有来得及统治思想就被农民起义推翻了。在这一混乱、分裂的历史时期，封建统治思想没有形成对思想界的强有力的控制，各种异端思想都比较活跃。这也就是王充《论衡》在"东汉晋唐之间，特为贵重"[①]的根本原因。

唐代史学家刘知几对《论衡》有褒有贬，从总体上说，评价还是高的。所以胡应麟才说："刘子玄槌提班、马，不遗余力，而独尊信是书。"[②]"是书"指《论衡》。又说："子玄高其辩才。"刘知几"尊信"《论衡》，又欣赏王充的"辩才"。同时也有批评，主要是《自纪》篇中的一段话，刘知几认为王充是"厚辱其先"的"名教罪人"。以后的学者相随指责王充"不孝"。张宗祥说：王充《论衡》，从刘知几《史通》发表以后，"非之者多矣"[③]。这样看来，唐代以后，王充之书受到贬抑，似乎是由于刘知几的批评。我们以为，这也许是一个原因，但不是根本原因。贬抑和褒扬一样，其根本原因都存在于社会之中。

唐朝继四百年动乱之后，建立了统一安定的政治局面和繁荣发达的经济形势。统治者的权威和统治思想的控制力都相应地加强了。唐初思想界虽然三教争宠，儒家还占有一定的优势。唐武宗灭佛以后，儒学又成了独尊思想。到了宋朝，儒学更盛，发展到了新的阶段——理学阶段。理学家都以继承孔、孟儒学自居。理学大师朱熹作《四书集注》，阐扬孔孟之道，被后代封建统治者奉为宗师。朱熹思想为儒学正统，对于竟敢《问孔》、《刺孟》，呵斥圣贤的王充，当然要加以谴责的。在他们看来，王充有"横议之罪"[④]，"诋訾孔子"[⑤]，"讥孔、孟而尊老子"，

① 明胡应麟《少室山房笔丛》卷二十八《九流绪论》。
② 《少室山房笔丛》卷二十八《九流绪论》。
③ 《论衡校订》三卷附记。
④ 胡应麟《少室山房笔丛》卷二十八《九流绪论》。
⑤ 王应麟引葛胜仲言，见《困学纪闻·诸子》。葛胜仲宋丹阳人，卒谥文康。

"语多有得罪名教者"[①]。所以当时学者"剧诋之"。

明代中叶以后，社会一直动荡不安。统治集团内部矛盾激烈，宦官魏忠贤把持朝政，拉帮结派，各地为这个宦官建生祠。这就激起中小地主和下层官吏的不满，许多知识分子更是强烈反对。当政府腐败的时候，任何人的劝告、进谏，都无济于事。于是，这些知识分子就在社会上议论朝政，抨击宦官，后遭宦官们的残酷镇压。同时，农民起义和市民运动也逐渐兴起。明朝统治者企图用屠刀砍断谴责他们罪行的声浪，却引起无法扑灭的农民起义的烈火。在这种内外交困的形势下，统治者根本无法用屠刀控制思想界。于是，王阳明提倡心学，以与统治者崇奉的朱熹理学分庭抗礼；杨慎、焦竑、李贽提出一些新见解，打破宋明理学的一统天下局面。在这异端蜂起的时代，王充的《论衡》又吃香了。李贽提出"不以孔子是非为是非"，似受《问孔》篇的影响。沈云楫、熊伯龙等人则引王充为"千古知音"。

明亡以后，满族建立了清朝政权。清初的康熙、乾隆时代出现了安定繁荣的局面。为了加强对汉族的思想统治，清朝统治者一方面招集和笼络一大批知识分子编辑《四库全书》，崇奉孔子，宣扬儒学。又编《古今图书集成》、《康熙字典》、《骈字类编》等书。组织全国知识分子，对中华文化进行一次大整理。这是有意义的。另一方面，清朝政府大兴文字狱，实行文化恐怖政策，迫害异己分子，排斥异端思想。这么一拉一打，成功地控制了整个思想界。在这种情势下，异端思想又受到压抑。王充《论衡》再次受到严厉贬斥。《四库全书总目提要》和乾隆

① 臧琳《经艺杂记》卷十六。

皇帝的《读王充〈论衡〉》都是这方面的代表作。皇帝说它“背经离道”、“诬及圣贤”，无异宣布它为禁书。后来学者响应皇帝的旨意，围攻《论衡》。赵坦说：“王充，汉儒之愎戾者也……周秦而下，诸子百家杂出，以淆圣人之道，背仁义者莫若申、韩，至充之《论衡》则又甚焉。呜呼！敢于‘问孔’、‘刺孟’，则无所不用其悍戾矣。”[①]他认为王充的思想如果流行起来，“则生人之理灭，而人将与禽兽无别”，“其害可胜言哉”！又说：“王充《论衡》，立说乖戾，不足道。”[②]章学诚研究史学颇有创见，但对于王充以儒者身份来批评儒学感到不可理解。“王充以儒者而拒儒者乎？”[③]实际上，儒是不同的，可以分许多类、若干等。以鸿儒批评俗儒，以文儒批评世儒，这不是很正常的现象吗？辕固是儒者，公孙弘也是儒者。辕固批评公孙弘：“公孙子，务正学以言，无曲学以阿世！”[④]董仲舒也是儒者。也批评公孙弘阿谀奉承的毛病，这有何不可呢？王充斥儒，斥的正是宣传虚妄的俗儒。谭宗浚把《论衡》的“阙谬”归纳为“四失”：一曰论人之失，二曰论事之失，三曰论理之失，四曰论物之失。总之，一无是处，无有不失。《论衡》只“颇资证据”，“足考古事”[⑤]而已。

清朝末年，洪秀全领导的太平天国农民起义，对儒学有一次大冲击，把孔子当作妖魔而加以破除。五四运动提出“打倒孔家店”。这时，王充《论衡》又一次受到重视。孙人和、张宗祥、莫伯骥、梁启超、章炳麟、章士钊、胡适、黄晖、谢无量、刘盼遂等一

---

① 《保甓斋文录》卷上《书〈论衡〉后》。
② 《保甓斋札记》。
③ 《文史通义·匡谬》。他猜想：“王充与儒何仇乎？”
④ 《史记·儒林列传》。
⑤ 金锡龄《学海堂四集》《〈论衡〉跋》。

大批学者都研究《论衡》,有的校释,有的集解,有的评论,有的考订。此后出版的中国哲学史教材,没有不提王充的。王充是东汉时代杰出哲学家,成为当时学术界公认的说法。除了哲学以外,现在学者还深入研究王充的文学、教育学、美学、天文学、逻辑学、气象学、医学等方面的思想。《论衡》简直是东汉时代的一部百科全书。

王充及其《论衡》在不同时代所受到的赞誉和诋毁,在历史的长卷中留下了波浪式的痕迹。我们从它的起落的痕迹中可以增加对中国封建社会的认识。历代封建统治者都容不得异端思想存在,因此,王充及其《论衡》的社会地位只能随封建社会的治乱而起落。每当封建社会比较安定统一的时候,封建统治者的思想统治就加强了,各种异端思想就受到压抑,王充及其《论衡》也就遭受贬斥。每当封建社会处于长期动乱状况,统治者失去对思想界的严密控制,各种异端思想就活跃起来。这时,王充及其《论衡》也就被视为珍宝,称赞有加。当然,在太平盛世也有一些冷静的思想家,几经打击,经历坎坷,也会从王充那里吸取愤世嫉俗的思想,或者由于同病相怜而产生某种共鸣。他们也会夸奖《论衡》的。封建统治者及其御用文人一般不会称赞王充的异端思想,至多在辩论技巧方面说一些不得不加以肯定的话。

第四章　天　论

王充在《论衡》中经常谈到天。天是当时科学家研究的重要课题，又是哲学家探讨的重要对象。一方面，由于天人感应说的发展和谶纬迷信的盛行，天被极度神化了。另一方面，由于社会稳定和科学发展，天文学有了长足的进步，天的神秘性开始淡化。神学的天和科学的天如此严重对立，哲学家应该持什么态度，这是严峻的问题。王充吸取了天文学的一些科学成果和思想资料，坚持唯物主义的天道自然论，坚决批判天人感应的神学目的论，对中国哲学思想的发展作了重大贡献。

一、方天非神

（一）天文学"百家争鸣"中的一家

天是什么？天究竟是什么样的？这是汉代天文学家热烈

争论的一个重要问题。在天文学的“百家争鸣”中影响比较大的有三家，即盖天说、浑天说、宣夜说。它们对天有很不相同的看法。盖天说认为天是一个旋转着的圆盖子。同样认为天是圆盖子，还有三种不同的说法。一种认为天是圆平面的，像车盖，地是四方的平面，像棋盘。这就是古老的“天圆地方说”。另一种认为天是拱形的圆盖子，像斗笠，地也是拱形的，像倒扣着的盘子。天地都是中间高四周低的。这是“天象盖笠，地法覆盘”说。还有一种认为天是倾斜的圆盖子，“天之居若倚盖”。浑天说认为天是浑圆的，像鸡蛋壳。大地在中间像蛋黄。地浮在水上，天从地的东边水里出来，经过上空，转到西边，又进入水中，然后从地底下穿过去，再从东边转出来，如此循环往复地运转着。宣夜说认为天没有东西，没有盖天说的天盖和浑天说的浑天，只是无边的气，推动着日月星辰在虚空中自由飘浮，“无所根系”。

王充很关心这场争论。他的观点比较倾向于认为天有形体，不太同意宣夜说天是气的观点。他说：“天，体，非气也。”[①]理由是什么？“秘传或言天之离天下六万余里。数家计之，三百六十五度一周天。下有周度，高有里数。如天审气，气如云烟，安得里、度？又以二十八宿效之，二十八宿为日月舍，犹地有邮亭为长吏廨矣。邮亭著地，亦如星舍著天也。案传（原为‘附’，据黄晖校改）书者，天有形体，所据不虚。犹此考之，则无恍惚，明矣。”[②]天有高度，又有度数，二十八宿在天上还有固定的位置。王充根据天文学的这些成果，认为天是固体，不是气。王充用“蚁行于硙上”来比喻天体带着日月旋转，批驳

①② 《论衡·谈天》。

了“日月之行,不系于天,各自旋转”[1]的说法,明确否定宣夜说。

关于天的高度问题,《周髀算经》有具体的测量和计算的方法。古人在周朝都城观测夏至那一天中午直立的八尺标竿在水平地面的影子,长度为一尺六寸。往南一千里,影长为一尺五寸,往北一千里,影长为一尺七寸。从此推出,南北地隔千里,影长差一寸。又从此推出,从周都往南一万六千里的地方,夏至日中午的标竿不见影子,说明那个时刻那地方正在太阳的正下方。太阳是附着在天上的。测出太阳的高度也就是天的高度。按照这种认识,古人曾经立一八尺标竿,测得影长为六尺。说明此地往南六万里的地方正在太阳的正下方,上距太阳为八万里。从此产生了天高八万里的流行说法。王充说的“六万里”可能是传写之误。《周髀算经》这种测算天高的方法不是严密的,有许多漏洞,结论自然是靠不住的。王充以此为据,当然不是充足的理由。但是,在当时的认识水平上,王充对天是体的这种论证似乎还很雄辩,后代没有人对此提出异议。

至于周天度数和二十八宿问题,那是天文学家为了观测天象的需要所作的种种规定。例如《周髀算经》中说:“庖牺立周天历度”。周天历度是否庖牺氏所创立,今已无从考证。但是,它是人为地确立的,则毫无疑问。二十八宿也是这样。天文学家为了观测的需要,根据日的视运动[2]一周天需要三百

---

① 《论衡·说日》。

② 日的视运动有两种:一是人们经常看到的太阳东升西落的运动,即周日视运动。它反映了地球的自转运动。另一是天文学家把以恒星为背景的天当作一个天球面,观察日在这个天球面上的运动,也叫视运动。在一年中,日的运动轨迹在恒星天上恰好画了一个大圆圈,所以又叫周年视运动。它反映了地球的公转运动。在本文中,指的是后者,即日周年视运动。

六十五天多，以此作为天的周度，即三百六十五度多，与西方的三百六十度是不同的。日一天走一度。以日视运动所经过的轨道为黄道。黄道又以恰好在度上的恒星作为标记，而这种“当度”的恒星有二十八颗。为了易于辨认，把各个当度恒星分别与附近的一些恒星联成一个图形，又根据图形的特点，赋予一个名称。总称“二十八宿”。北宋科学家沈括（1031—1095）的《梦溪笔谈》卷七对二十八宿的产生有很好的说明。他说：“天事本无度，推历者无以寓其数，乃以日所行分天为三百六十五度有奇。既分之，必有物记之，然后可窥而数，于是以当度之星记之。循黄道，日之所行一期，当者止二十八宿而已。”所谓二十八宿的名称，他认为都不过是“强名而已，非实有也”。我们了解了天的周度和二十八宿的产生过程，就可以看出王充以此证明天是体，理由是不充分的。但是，天体的假设还是有意义的。恒星在宇宙空间中不断运动变化，由于它们（除太阳之外）距离地球都非常遥远，距离最近的巴纳德星也离地球六光年多，即光以每秒三十万公里的速度从巴纳德星到地球也要走六年多的时间。所以它们在空间的位移从地球观察都是很微小的。古代简陋的天文观测仪器很难发现这种变化，因此中外古代天文学家都把它们看作不动不变的星，叫做恒星。以恒星不动来假设天为固体，这对于古代天文观测和制订历法是很有意义的。现代的球面天文学也是以假设天是固体为基础的。宣夜说否认天是固体是有它的合理性，但它既不能用实验证明，又不能解释日月星辰的有规律的运动和昼夜、寒暑的周期变化，在制订历法方面也没有指导作用。宣夜说不会产生历法，而历法却是古代天文学的最重要的实际用处。因此，在当时历史条件下，与其接受比较正确而无实用价值的猜想，不如采纳有助于制订历法而又是错误的天体假说。正是这种原因，宣夜说就很快“绝无师法”，没有流传下来。王充虽然否定天是气的说法，但他仍然把它作为一种假说、一种意见，予以保留。因此，常将“天是气”和“天是体”两种意见并提。如《祀义》篇称：“夫天者体也，与地同。……如无口，则无体，无体则气也，若云雾耳，亦无能食。”

王充认为天是体，但他认为天体不是浑天说那种浑圆如鸡蛋壳的天体。浑天说可能肇端于汉武帝时期的落下闳。[①] 扬雄（公元前 53—公元 18 年）在《法言·重黎》中说：“或问浑天，曰：落下闳营之，鲜于妄人度之，耿中丞象之。”晋代天文学家虞喜（公元四世纪）曾说：“落下闳为汉孝武帝于地中转浑天定时节，作《泰初历》。”[②]浑天仪可能也是落下闳创制的。到王充时代，浑天说似乎还没有形成完整的体系，对于天球面的旋转是如何从地底下通过的，还缺乏恰当的解释，以为“天北际下地中，日随天而入地”[③]。王充提出：“天运行于地中乎？不则北方之地低下而不平也？如审运行地中，凿地一丈，转见水源，天行地中，出入水中乎？如北方低下不平，是则九川北注，不得盈满也？”[④]就是说，天体怎么能从地下和水中穿过去呢？如果地是不平的，北方低下，那么，水不都流到那边去了吗？在王充之后，天文学家张衡（78—139）提出“天如鸡子，地如鸡中黄，

① 参阅拙著《天地奥秘的探索历程》第七章第二节，中国社会科学出版社，1988 年 5 月版。

② 《隋书·天文志》第 516 页，中华书局，1973 年 8 月版。

③④ 《论衡·说日》。

孤居于天内”，天“半覆地上，半绕地下”[①]。这才解决了王充提出的问题。可以说王充的责难促进了浑天说体系的完善。至于浑天说可以用实验来验证，对制订历法有指导作用，对日食发生可以作出预报等方面，王充是不太了解的。这也是有客观原因的。研究工具和研究方法的根本改进，是天文学研究活动发生革命变化的重要特征。自从西汉出现了新的研究工具——浑天仪以后，天文学产生了崭新的体系——浑天说。由于浑天仪之类的先进仪器都藏在皇宫里，“绵代相传，史官禁密，学者不见，故宣、盖沸腾”[②]。天文仪器秘藏在皇宫里，王充官卑职小，没有机会接触这些先进仪器，因此不能领会浑天说的妙理，只根据自己的经验提出责难，是可以理解的。

在王充看来，传统的盖天说是比较容易理解的。但他也不完全接受。这表明他一切通过思考，决不盲从的性格。最古老的“天圆地方说”由于曾子提出“四角之不揜”[③]以后，似乎在天文学界没有了市场，所以，王充没有提到它。对于倚盖说，王充提出：“夫取盖倚于地不能运，立而树之然后能转。今天运转，其北际不著地。著地（原无此二字，据文意加）者，触碍何以能行？由此言之，天不若倚盖之状。”[④]王充认为，天盖如果倚于地，就不能旋转，只有树立起来，才能旋转。现在天能够旋转，说明天盖并不倚于地。另一种盖天说认为天地都是拱形的。王充也不同意这种说法。他认为天地都是平的，“天平正

---

① 晋葛洪(283—363)引《浑天仪注》语，见《晋书·天文志》。葛洪未言《浑天仪注》是张衡著，学术界多数认为是张衡著。

② 《晋书·天文志上》。

③ 《大戴礼记·曾子天圆》。

④ 《论衡·说日》。

与地无异”,“平正,四方中央高下皆同,今望天之四边若下者,非也,远也。非徒下,若合矣。”[1]天是平的,看起来好像有高低的差别,那是远望所造成的错觉。由于这种错觉,各地方的人“皆以近者为高,远者为下”。王充这种说法是有一定道理的。我们知道,地球是圆的,“地法覆盘”(把地看作拱形的)应该比“地方如棋局”(把地看作平面的)更接近实际,因而有较多的合理性。王充却用平面的地来取代拱形的地,显然是一种倒退。

不过,我们从《周髀算经》中可以看到,它虽然提出天地拱形的命题,而实质上仍然把天地看作平面的。他们在实际测量计算中从来没有考虑到地面的曲率问题,总是按平地来计算的。所以,尽管计算方法是有根据的,还是得出了一系列错误的数据。正如蔡邕(132—192)所说:“周髀术数具存,考验天状,多所违失。”[2]唐代天文学家僧一行(683—727)和南宫说等人在实测子午线后,认识到“多所违失”的原因,是由于“古人所以恃勾股之术,谓其有征于近事。顾未知目视不能远,浸成微分之差,其差不已,遂与术错”[3]。就是说,勾股方法在小范围内可以得出正确的结论,但在大范围的场合,由于一点点的误差,也会导致大错误。另外,在计算七衡图的各圈直径和周长时,也没有考虑过天体的曲率,实际上也把天体看作一个平面。《周髀算经》中这种理论与方法的不一致,唐代天文学家李淳风(602—670)早已指出。他在注《周髀算经》中说:“天无

① 《论衡·说日》。
② 《晋书·天文志》。
③ 《旧唐书·天文志》。

别体，用日以为高下，术既随平而迁，高下从何而出？语术相违，是为大失。”又说：“谨按：此术……是为天体平正，无高卑之异，而日但南北均行，又无升降之殊，即无内衡高于外衡六万里。自相矛盾。”可见，王充的见解实质上与盖天说还是基本一致的。《晋书·天文志》在介绍《周髀》家的盖天之说时，说：“日丽天而平转”，又说：“天旁转如推磨而左行，日月右行，随天左转，故日月实东行，而天牵之以西没。譬之于蚁行磨石之上，磨左旋而蚁右去，磨疾而蚁迟，故不得不随磨以左回焉。”这些观点完全是王充的观点。王充曾说：“其喻若蚁行于硙上，日月行迟天行疾，天持日月转，故日月实东行，而反西旋也。”①“硙”就是“磨石”。据我所知，王充是最早使用这个比喻的。可见，王充已经被后人当作盖天说的重要代表人物之一了。因此，《晋书·天文志》称“汉王仲任据盖天之说，以驳浑仪”。南朝宋元嘉时代(公元五世纪)的贺道养在《浑天记》中将王充列为近世方天说的创始人。《浑天记》云：“昔记天体者有三……近世复有四术：一曰方天，兴于王充；二曰轩天，起于姚信；三曰穹天，由于虞喜。皆以抑断浮说，不足观也。唯浑天之事征验不疑。”②

从以上分析来看，在天是体还是气的问题上，王充比较倾向于认为天是体，而又不完全否定天是气的说法。王充的这种选择显然是根据当时天文学的研究成果和自己研究天文学的结果得出的。他不是为了堵塞“神学世界观由气而神的遁

---

① 《论衡·说日》。

② 《太平御览》卷二。

词”，[①]反对天人感应说，而把天说成是体不是气；也不是由于他“喜欢把一切问题，从具体方面去把握，而不喜欢从抽象方面去把握”[②]，才把天说成是体的。我们以为，王充是通过认真地研究天文学，吸取其成果，并据以反对神秘的天人感应说的。如果反过来说，只是由于他的特殊性格，或者只是为了达到某种其他目的以及政治斗争的需要，而把天“说”成是体，那就把王充在这方面的思想曲解为唯心论或实用主义。这是我们不敢苟同的。

王充在天文学方面的见解不是最先进的，当时最先进的是浑天说，浑天说与浑天仪这一类先进仪器有密切关系。西汉末期的扬雄开始也信盖天说，因为他当了“黄门郎”，有机会到皇宫里接触制造浑天仪的老工人，又有桓谭这样能够深刻理解浑天说的学者与他讨论，讲解浑天说理论，扬雄从信盖天说转信浑天说，并作《难盖天八事》。王充缺乏天文学家的研究条件，也没有深谙浑天说的学者与他商榷，只凭个人直观观察到的一些现象作简单的推论，这就决定了他不可能完全正确地理解和吸取靠保密的研究工具和研究方法所获得的新成果。

（二）天不是神

王充毕竟是一位哲学家，对于天文学的某些具体问题（这是应该由天文学家去探讨、解决的问题），虽然存在一些误解，

---

① 侯外庐主编《中国思想通史》第二册第279页，人民出版社，1957年版。

② 徐复观《两汉思想史》卷二《王充论考》611页，台湾学生书局，1979年版。

但是，他在参加天文学的“百家争鸣”中，能够摆脱当时盛行的天人感应说这一官方哲学的束缚和神秘的占星术的影响，跟其他天文学家一样，把天作为客观存在的自然物来研究。他没有把天当作上帝来崇拜，也没有把自然现象视为天意而加以揣度。而是完全从科学的角度去探讨有关天文的各种问题。也可以说，他在论天中，从总体上看，把握了科学精神。这对于一千九百多年前的古代哲学家来说，确实是难能可贵的。

更可贵的是，王充能够把天文学最新研究成果的精神实质吸收到自己的哲学体系中来，充实、丰富了唯物主义。他保留了宣夜说天是气的思想，又吸取了盖天说和浑天说天是体的见解，从而肯定了天是物质性的东西。他用天是气、天是体并提的方法来讨论天的问题。如说：“天者，气邪？体也？如气乎，云烟无异……是体也，……天乃玉石之类也。”①王充从天文学中领会到，天不管是烟那样的气，还是玉石之类的体，都是物质性的自然物，而不是超物质的人格神。王充把天文学的研究成果所汇合起来的总精神吸收到自己的哲学体系中来，产生了两个比较明显的结果。

首先，破除天神论。天人感应说从董仲舒（公元前179—公元前104年）的对策（公元前134年）到白虎观会议（公元79年），愈演愈烈，成了汉代的统治思想。董仲舒说：“天者，百神之大君也。”②又说“莫神于天”③。天成了神权的最高代表，也是统治者的精神支柱。与此相反，王充则极力论证天是

---

① 《论衡·谈天》。

② 董仲舒《春秋繁露·郊语》。

③ 董仲舒《春秋繁露·人副天数》。

自然物，不是神，打破人们对天这个绝对权威的迷信。天尚且不是神，那么，其他各种各样的神不就一概不灵了吗？王充破除迷信，可谓能抓住要害，真是“擒贼先擒王”。他将天文学的科学成果与唯物论哲学相结合，使科学成果成为他坚持唯物论、反对唯心论的有力武器。

其次，继承天道自然论。战国到汉初，黄老学派提出了“天道自然无为”的思想。王充对这种无神论表示赞同。他说：“夫天道，自然也，无为。”“黄老之家，论说天道，得其实矣。”[①]但是，他认为自然之说缺乏例证。“道家论自然，不知引物事以验其言行，故自然之说未见信也。”[②]自然之说是对的，由于没有列举实际例子来论证，所以人们不相信。自然科学的发展，特别是天文学的巨大进步，使王充有可能广泛地引用大量的实际事例，反复论证“自然之说”，使天道自然的理论获得了较多的事实根据，并使他的唯物主义哲学建立在比较坚实的基础上，也有了较为丰富的内容。

王充唯物主义哲学吸收了天文学成果以后，对唯心主义的批判，较诸前人，显得更加深刻有力。

王充在《变虚》篇中对子韦的“天之处高而听卑”说法的驳斥，就是很好的例子。他说：“夫天体也，与地无异……天之去人，高数万里，使耳附天，听数万里之语，弗能闻也。”天高高在上，离人间几万里，怎么能听见人们的说话声呢？又说：“四夷入诸夏，因译而通。同形均气，语不相晓。”天即使听见人的说话声又怎么样呢？边疆的人到中原地区，要通过翻译，才能交流思想。同样是人，尚且如此，天跟人的形体大不相同，声音

①② 《论衡·谴告》、《论衡·自然》。

也有很大差别，怎么能没有翻译就可以了解对方的意思呢？所以他认为“人不晓天所为，天安能知人所行”。天是体的话，肯定不能听到、听懂人的话，如果天是气，又是什么情况呢？王充说：“使天气乎，气若云烟，安能听人辞？”天如果像云烟那样的气，又怎么会听人说话呢？有的人提出：“人在天地之间，犹鱼在水中矣。其能以行动天地，犹鱼鼓而振水也。鱼动而水荡气变。”王充首先肯定“此非实事也”。接着，他作这样的分析，假使人的行动会像鱼游水那样使周围的气产生变化，但也绝不会传到天那里去。为什么呢？“鱼长一尺，动于水中，振旁侧之水，不过数尺，大若不过与人同，所振荡者不过百步，而一里之外淡然澄静，离之远也。”即使有人体那么大的鱼，在水中拼命振动，所荡的水也不过一百步远，一里以外的水面却是平静的，因为距离远了。如果气像水那样，人像鱼那样，人的动作也会振荡气，那么也不能在地面鼓动而振荡到几万里的天上去。天那么高，人碰不到它。即使能碰到又能怎么样呢？天有几万里那么大，人只有几尺长，人“安能动天”[①]？就像用小竹片击大鼓，用箸敲钟一样，是不会响的，原因是“微小之感不能动大巨也”[②]。总之，“人不能以行感天，天亦不随行而应人”[③]。天人是不会产生精神感应的。

王充在批判“祭祀者必有福”时也用了天文学的知识。他说：“天地之广大，以万里数。圜丘之上，一茧栗牛，粢饴大羹，不过数斛。以此食天地，天地安能饱？”如果天地不是体，而是气，那么，像云雾那样，没有口，怎么能吃呢？因此，他说：“祸福

①② 《论衡·感虚》。

③ 《论衡·明雩》。

之起，由于喜怒。喜怒之发，由于腹肠。有腹肠者辄能饮食，不能饮食则无腹肠。无腹肠则无用喜怒，无用喜怒则无用为祸福矣。”[①]在这里，王充把饮食、腹肠、喜怒、祸福联系在一起，证明天没有腹肠，不会饮食，没有喜怒，因此也不会给人以祸福。所以他认为祭祀只是“主人自尽恩勤而已”，被祭祀的对象根本就不会享用。在《论衡》中，利用天文学的知识，对神学目的论展开批判，论述很多。由于学术界一向对此较为重视，各种类型、版本的中国哲学史的专著、教材、甚至通俗读物都已有介绍，因而简述如上。

（三）对迷信根源的探讨

王充不但对神学目的论作了比较深刻的批判，而且对迷信的根源也作了一些探讨。天明明是客观存在的物质实体，为什么人们却要把它当作至高无上的神来崇拜呢？我们从王充的许多论述中概括出三条，即迷信的三个主要根源：

1. 认识论根源：由于无知

古代由于科学不发达，人们对自身和周围的自然界缺乏正确的认识，就产生了一些虚幻的念头。这就是迷信的萌芽。王充说：“衰世好信鬼，愚人好求福。”[②]又说：“祭祀无鬼神，故通人不务焉。”[③]就是说，关于鬼神，都是愚人的迷信，聪明博学的“通人”是不干这种蠢事的。

王充对于无知产生迷信的各种情况作过比较详细的分

① 《论衡·祀义》。
②③ 《论衡·解除》。

析。一种情况是由于无知而产生盲目恐惧，进而形成迷信。古人不了解一些自然现象的奥秘，对于像打雷、下雨之类的自然现象，都以为是天的意志的表现，于是产生了诸如“雷为天怒”、“雨为天喜”①的迷信说法。另一方面古人对社会现象也没有正确认识，以为人世间的一切都是由世界之外的神秘力量支配着，或者以为一切自然现象都是有神灵的，都预兆着人事的吉凶祸福。对于这种看不见、摸不着的神力和猜不透的吉凶祸福的由来，“世人无愚智贤不肖，人君布衣，皆畏惧信向，不敢抵犯”，“人君惜其官，人民爱其身，相随信之，不复狐疑。故人君兴事，工伎满阁；人民有为，触伤问时。奸书伪文，由此滋生。巧惠生意，作知求利，惊惑愚暗，渔富偷贫。”②这里的“人君”不是专指皇帝，而是指各级官员。所谓“工伎”是指专门从事迷信活动的人。阁，是官府接待宾客的东向侧门。这段话的大意是，官府要兴办什么事，都要请许多人来参与迷信活动，老百姓想办什么事，也怕祸祟降临，也都要去向迷信者请教如何避忌和何时吉利等问题。而这类迷信的书籍也就应运而生，流传开来。另外一些狡猾的人不断创出新花样，千方百计地赚钱谋利。这就使迷信更流行，更普及了。于是，“起功、移徙、祭祀、丧葬、行作、入官、嫁娶”③等等，都要选择吉日良辰，以免“犯触忌讳”，招致祸祟。

另一种情况是人们把偶然巧合的现象误认为有什么必然的因果联系，再把这种误解抽象上升，形成迷信说法。例如在王充之前的桓谭曾讲过杀鸛鸟的事。他说：“天下有鸛鸟，郡国

① 《论衡·雷虚》。

②③ 《论衡·辨祟》。

皆食之,而三辅俗独不敢取之,取或雷霹雳起。原夫天不独左彼而右此,其杀取时,适与雷遇耳。”[1]三辅地方不敢抓鹳鸟,说是一抓鹳鸟就会碰上打雷。实际上大概是有一次杀鹳鸟的时候,正好遇到打雷。人们就把这种偶遇的现象联系起来,以为鹳鸟是一种什么神秘的东西,受到上天的保护,再也不敢抓它了。这种偶适巧遇的说法对王充有很大影响。王充也用这种说法解释过许多现象。例如,春秋齐大夫杞梁的妻子哭其夫,正好有一处城墙倒塌了。这完全是偶然的巧合,“时城适自崩,杞梁妻适哭”[2],二者没有必然的因果联系。但是,“下世好虚,不原其实”,错误地认为杞梁妻“向城而哭,至诚悲痛,精气动城,故城为之崩也”。这样,哭倒城墙的迷信说法也就流传下来。这个故事到唐代演变成孟姜女哭倒长城,成了控诉秦始皇暴政的脍炙人口的传说。王充认为古书所载武王操钺麾之,风霁波罢,鲁阳公援戈麾之,日反三舍,荆轲为燕太子谋刺秦王,白虹贯日,卫先生为秦画长平之事,太白蚀昴,邹衍仰天而叹,天为陨霜,师旷奏《白雪》之曲,而神物下降,风雨暴至以及卓茂为缑氏令,蝗不入界的传说,全是虚言,都是将不相关的现象联系起来,附会出各种各样的迷信说法来。

还有一种这样的情况:人们在生活中积累了一些经验教训,却不能作出科学的说明,或者不能用科学道理说服一般群众,就托之神怪,也就成为忌讳迷信。古代叫“神道设教”。例如,要使人赶快做豆酱,不要拖延到春天,就造出一种忌讳迷

① 《新论》佚文。《太平御览》卷一三和卷九二五均引,有小异,严可均《全后汉文》对两引文取长补短,整理成文,系于《新论·离事》。今取严可均所辑文。

② 《论衡·感虚》。

信，说做豆酱怕听到雷声。为了避免刀落到井中去，就说井和刀合成一个"刑"字，说在井上磨刀会受刑罚之祸。不让在屋檐下坐，原来是怕瓦片掉下来打伤人，却也造出忌讳来。关于这一类忌讳，王充认为是"教人重慎，勉人为善"[①]的。形式上是迷信，内容却是生活教训的总结。

2. 阶级根源：出于欺骗

统治阶级为了维护自己的统治，经常故意编造一些迷信来欺骗人民，麻痹人民。统治者的欺骗是产生迷信的重要根源。

汉代经常宣传刘邦斩蛇起义，五星聚于东井、刘邦头顶上有"光气"等迷信，都是为了论证汉朝的"君权"是天授的。那时还有一些人也制造或鼓励制造符瑞图谶来为自己上台造舆论。王莽是这样，刘秀也是这样。对于统治者这一套统治术，王充有很深刻的认识。他说："圣人举事，先定于义。义已定立，决以卜筮，示不专己，明与鬼神同意共指，欲令众下信用不疑。"[②]就是说，统治者要办什么事，先作出决定，然后再采取卜筮迷信的形式来装饰一下，表示鬼神也有相同的意愿。这样做的目的就是要用迷信形式使被奴役者"信用不疑"。所以说："卜筮不可纯用，略以助政，示有鬼神，明己不得专。"[③]统治者不能单纯依靠迷信，还得有一套统治术。神权是为政权服务的，起着麻醉人民的作用。当人民迷信鬼神的时候，统治者就打着鬼神的旗号，表明自己也是服从鬼神的，并没有专断。

---

① 《论衡·四讳》。

② 《论衡·辨祟》。

③ 《论衡·卜筮》。

这种统治术一直流传下去，只是后代统治者变出更多更高明的花样。万变不离其宗，都是要劳动人民服服帖帖地接受剥削阶级的奴役和统治。

另外一些宗教性的仪式也起着骗人的作用。例如董仲舒所谓土龙致雨，就是用泥土堆成龙的样子来求雨抗旱。王充认为土龙是不能致雨的。但他认为用“雩祭”方法来表达一种诚意却未尝不可。一旦发生自然灾害，造成经济困难，就可能加剧阶级矛盾，甚至会动摇封建统治。统治者为“慰民之望，故亦必雩”①。统治者用“雩”来向人民表示一种诚意，来缓和阶级矛盾。但多数情况下，统治者并没有真正的诚意，只是做给别人看的，骗人的。一些愚昧无知的人却信以为真，形成了迷信。

为了维护封建社会的秩序，以利于统治，还需要有封建伦理道德。儒家提出的“三纲五常”是极其重要的。统治者也用迷信来附会这些伦理，使之带上浓厚的神秘色彩。例如先秦儒家明明知道“死人无知，不能为鬼”，但他们却不肯明说，原因是“惧开不孝之源”②。就是说，为了宣传“孝”的道德，以“益于化”，“补于政”，默认有鬼说。鬼的迷信就随着孝的道德流传下来，传播开来。

还有一些人利用对一些客观规律的认识来附会人事。这样宣传迷信就更富于欺骗性，因为它似乎得到了事实的“验证”。王充对于这种迷信进行了深刻的揭露和批判。关于楚惠王吞蛭，子韦论星徙，太卜称动地等，王充都进行了详细分析。后面还要详细介绍这些生动的例子。

---

① 《论衡·明雩》。
② 《论衡·薄葬》。

由于生产力落后，古代社会只能有极少数人从事某些科学研究。这些人在科学研究中掌握到某些客观规律，绝大多数人却一无所知。他们就可以垄断科学，任意解释自然现象，故弄玄虚，以欺骗别人。例如各种天文仪器都密藏于皇宫中，不但老百姓看不到，许多大小官员也难得一见。为什么要保密呢？一方面怕别人利用这些仪器探测天地的奥秘，泄露天机。一方面保密可以增加神秘性，提高欺骗性。

《老子》六十五章云："古之善为道者，非以明民，将以愚之。民之难治，以其智多。"人民智慧多了，不好管理。使人民愚昧无知，那就比较容易治理了。如何使人民愚昧呢？保密是一种重要措施。"不见可欲，使民心不乱"[①]。人民看不见自己想要的东西，就不会胡思乱想。历代封建统治者不仅天文仪器保密，一切皇家的东西都保密。这些都是为了愚民，愚弄人民，欺骗愚昧之民。

3. 思想根源：脱离实际

王充认为，世俗喜欢言过其实，"辞出溢其真，称美过其善，进恶没其罪"，似乎只有这样才能"快意"、"惬心"。不过，这样也就"离其实也"[②]。汉代对圣人和盛世的迷信最为突出。王充引述当时的儒书的话说："儒书称'尧、舜之德，至优至大，天下太平，一人不刑'；又言'文、武之隆，遗在成康，刑错不用四十余年'。是欲称尧、舜，褒文、武也。"[③]还有这样说法："上世之人侗长佼好，坚强老寿，百岁左右；下世之人短小陋丑，夭折早

① 《老子》第三章。

② 《论衡·艺增》。

③ 《论衡·儒增》。

死。何则？上世和气纯渥，婚姻以时，人民禀善气而生，生又不伤，骨节坚定，故长大老寿，状貌美好。下世反此，故短小夭折，形面丑恶。”[①]王充认为这些说法都是没根据的、没道理的。他分析这种对古代社会的称颂，主要有两方面原因：一是世俗以为“为言不益，则美不足称；为文不渥，则事不足褒”[②]。说话写文章，如果不夸张，就不足以称颂，为了称颂，就必须言过其实。这是古已有之的老办法，好的，越说越好，增光添彩，加以美化、神化。坏的，越说越坏，加油添醋，予以丑化、鬼化。殷纣王形象就是丑化、鬼化的结果。所以，孔子的学生子贡才会说：“纣之不善，不如是之甚也。是以君子恶居下流，天下之恶皆归焉。”[③]殷纣王不像人们所传说的那么坏。所以君子就怕倒大霉，一旦倒大霉，全天下的坏事都会加到他的头上去。颂圣人，贬桀、纣，思想片面性，走极端，则是一致的。二是世俗“尊古卑今”，“贵远贱近”、“贵所闻而贱所见”。对于古代传说，对于远方传来的消息都很重视，对于自己身边的事物都感到很平常。这与上面所讲的有联系。因为古代的或远方的事情在传闻的过程中不断加工润色，逐渐典型化，脱离实际而更加完美。今人所谓“远来的和尚会念经”，所谓“墙内开花墙外香”，大概也都是这个道理。

孔子当过官，但时间很短，绝大部分时间都是平民百姓，所以司马迁称他“布衣”。实际上，他是一位穷教师，既无权势，也无财富，只是有丰富的知识和高尚的道德。他受到学生

① 《论衡·齐世》。
② 《论衡·儒增》。
③ 《论衡·子张》。

们的崇拜。有财有势的人根本没把他放在眼里。到了汉代，由于董仲舒倡议独尊儒术，又受到汉武帝的肯定，孔子的地位随着儒学的弘扬而逐渐上升。经过一二百年以后，孔子就在群儒的歌颂声中被不断美化，以至神化了。孔子作为大圣人，似乎一切都与常人不同，连出生、形状，甚至饮酒也都有独到之处。尤其是他能"前知千岁，后知万世，有独见之明，独听之聪，事来则名，不学自知，不问自晓"①。汉儒还认为，圣人所言皆无非，句句是真理。如果敢说圣人某一句话不妥当，那就是非圣无法，大逆不道，有杀头罪。当时社会形成这样一种风气：对圣人只许说好，不准说坏，对圣人的话只能表示赞同，不准说半个不字。凡是圣人说了的，大家才敢说，"必须圣人教告，乃敢言也"②。圣人没说过的，谁也不敢说。老师是传授圣人思想的，所以也是必须死记硬背，相承传诵的，也是不许怀疑、不准反对的。学生都要严守师法家学，照搬照抄，照讲照传。王充看到当时思想界的死气沉沉的主要原因在于"难于距师"③。距师指向老师提出问题，或者反驳。

在这种僵化的学术气氛下，圣人和古代盛世被美化到无以复加程度，完全脱离了现实。王充说："儒者称圣泰隆，使圣卓而无迹；称治亦泰盛，使太平绝而无续也。"④儒生们把圣人吹得神乎其神，脱离实际，使后人无法仿效。把古代盛世也捧得过高，使后代怎么也不能达到。赞颂过头，脱离实际，别人信以为真，也就成了迷信。

① 《论衡·实知》。
②③ 《论衡·问孔》。
④ 《论衡·宣汉》。

以上王充对迷信根源的探讨，对我们还是有启示的。破除迷信，一方面要普及科学，提高人民的文化水平；另一方面要宣传唯物论和辩证法，反对脱离实际，防止思想僵化。

二、日月新探

“悬象著明，莫大乎日月。”①天上可观察到的最明显的目标要算是日月了。王充在《说日》篇中用很大的篇幅讨论了有关日月的各种问题，其中有正确的见解，也有错误的看法。正确的见解中有不足之处，错误的看法里又包含着合理的因素。评述这样复杂的思想体系，不能简单化，应该进行具体的深入细致的分析，发现其成功的经验和不足的原因，然后进行概括综合，认识其哲学意义。

（一）关于日月出入问题

昼夜变化大，周期短，给人们留下深刻的印象。古人以直观感觉认为日出为昼、日入为夜。日东升西落，东出西没，这是人们的常识，毋庸置疑的。但是，科学总是对司空见惯的现象作出不同于常识的解释。盖天说否定日的东升西落。王充持盖天说，认为日根本没有出入地下的问题。他设想平面天体在六万余里的高空旋转，日月附着在天体上，随天旋转。但是，人们为什么每天都看到日月出入地下呢？王充解释说：“天平正与地无异。然而日出上、日入下者，随天转运，视天若覆盆之

---

① 《周易·系辞上》。

状,故视日上下然,似若出入地中矣。然则日之出,近也;其入,远,不复见,故谓之入。……实者不入,远矣。"[①]王充认为,天是平正的,因为大,所以看天像覆盆的形状。日附着在天上,随天运转,所以看起来好像日有上下升降。实际上日没有上下升降,只有远近变化,运行到远处,就看不见,看不见就认为进入地下。实际上没有入地下,只是离远了。王充又举一些切近的例子来说明这种错觉。例如人到大湖旁边,远望大湖,好像水和天相连接。实际上水和天并不连接,只是由于远的缘故,好像相连接。同样道理:"日以远为入,泽以远为属,其实一也。"大湖的对岸有陆地,人们远远望去好像没有,日也在天上,看着似乎进入地下,二者情况是一样的,"皆远之故也"。又如:一个人晚上举着火把在平坦的道路上走,"去人不十里,火光灭矣,非灭也,远也。"[②]同样道理,"日西转不复见者,非入也"。总之,王充认为所谓日月出入地下只是眼睛远望所产生的错觉。

遗憾的是,王充没有看到扬雄的《难盖天八事》。扬雄在第六事中提出:"天至高也,地至卑也,日托天而旋,可谓至高矣。纵人目可夺,水与影不可夺也。今从高山上,以水望日,日出水下,影上行,何也?"[③]天最高,地最低,日附在天上,不管在什么时候,也不管远近,日光总是自上向下照射的。但是,扬雄观察到一种与此说不一致的现象。从高山上可以看到太阳从地平线以下升起来。为了避免眼睛的错觉,他用水的平面来

① 《论衡·说日》。
② "十里"原作"一里"。据孙人和《论衡举正》改。
③ 《隋书·天文志》。

观察，可以看到日从水平面下升起来，日的影子在水平面以上。这可以证明浑天说的观点，而盖天说是无法解释这一现象的。王充如果看到扬雄的这一说法，不知会有什么新的说法。

二百多年以后，葛洪也对王充的观点提出反驳。其中有以日没之际的情况来责难王充。他说："若日转远之故，不复可见，其北入之间，应当稍小；而日方入之时乃更大，此非转远之征也。"①火光越远越小，逐渐消失。如果日也是因为转到远方去而看不见，那么在它转入北方消失之前，应当逐渐变小。可是，现在观察到的情况正与此相反，日在正要消失之前，却显得更大些。这就说明，日消失并非由于转到远处去。葛洪对王充的责难是很有力的，但他自己对这些问题的回答，却更为荒谬。他说："若天果如浑者，则天之出入行于水中，为的然矣。故黄帝书曰：'天在地外，水在天外，水浮天而载地者也。'又《易》曰：'时乘六龙。'夫阳爻称龙，龙者居水之物，以喻天。天，阳物也，又出入水中，与龙相似，故以龙比也。圣人仰观俯察，审其如此。故《晋卦》坤下离上，以证日出于地也。又《明夷》之卦，离下坤上，以证日入于地也。《需卦》乾下坎上，此亦天入水中之象也。"②葛洪根据《周易》中阳卦在阴卦下面的一些重卦卦象，来论证天出入水中，是必然之理，实在不足称道。

从现代科学观点来看，当时盖天说和浑天说关于日是否

① 《晋书·天文志》。此处"北入"，《隋书·天文志》作"比入"，新版标点本校作"比入"。"北入"与"南下"、"东进"、"西游"的用法相同，就是入到北方去。该文前有"北行"，后有"日入北方"，此处"北入"均为引述盖天说的观点，语意可通，"北入"不误。校为"比入"不妥。《文苑英华》卷十八录唐杨炯《浑天赋》序有"三光北转"，"北转"即"北入"，又一旁证。

② 《晋书·天文志》。

出入地下的争论，各有其合理的因素，同时又都有不足之处。起初，大概都认为日出入地下。盖天说提出日不出入地下，并且进行一番论证，说明科学水平提高了，认识发展了。后来，浑天说提出天如鸡子，地如鸡蛋黄，就比盖天说又前进了一步。可见，天文学也在科学研究和正常争论中发展。

古代有一种说法，说日从东方扶桑那个地方出来，到西方细柳那个地方进入地中。王充不同意这种说法，他认为夏季日出东北，冬季日出东南，扶桑究竟在何处呢？同样，细柳也难有确切的地方。因此他猜想，日在扶桑、细柳那些地方时，那里的人们正是中午的时刻。当我们处于中午的时候，扶桑人正是傍晚的时刻，而细柳人正在早晨朝日东升的时刻。天下人都是以日在自己头顶上空的时候作为中午时刻，在东西两旁的时候作为早晨和傍晚。这一种见解与现代地球上的不同时区的划分有一致之处，说明它有一定的合理性。王充这一见解与《周髀算经》的说法一致。《周髀算经》卷下载："日运行处极北，北方日中，南方夜半；日在极东，东方日中，西方夜半；日在极南，南方日中，北方夜半；日在极西，西方日中，东方夜半。凡此四方者，天地四极四和。昼夜易处，加四时相及；然其阴阳所终，冬夏所极，皆若一也。"这里"极"指天体上的北极，在古人认为是天的中央处。极的周围是二十八宿，分四个区，各七宿，为东西南北。以上所谓东西南北，都是指以北极为中心而说的。这段话主要提出"昼夜易处"的问题。传统的说法，日出为昼，天下相同，日入为夜，天下统一。盖天说认为同一时刻，有的昼，有的夜，各不相同。赵君卿在《七衡图注》中说："天地合际，人目所远者也。天至高，地至卑，非合也，人目极观而天地合也。……北辰之下，六月见日，六月不见日。从春分至秋分六月常见日,从秋分至春分六月不见日。”北辰即北极,“北辰之下”指地球北极。在地球北极地区从春分到秋分的六个月中都可以看到日,没有日落的时候,这就有力地证明了日没有进入地下。

有些学者认为,周髀家和王充在这里自觉不自觉地表达了地球是圆形的思想。日本学者渡边秀芳《中国哲学史概论》认为:“周髀说日运行在极北,则北方日中,南方夜半”,“这是把地球作圆形,太阳包着转的见解”。中国学者徐敏《王充哲学思想探索》说:“王充这个远则合的观点,却不自觉地道中了宇宙是无限大,地球是圆形的。”这些见解,我以为还有商榷的余地。周髀家和王充虽然都认为不同地区在同一时刻的不同的日照情况,也都认为存在天地“远则合”的错觉现象,但都无法直接得出地球是圆形的结论。这主要要看他们是如何解释这些现象的。周髀家设想用太阳光的有限射程的假说来解释。他们认为太阳光只能照射十六万七千里,所以人的眼睛也只能看到十六万七千里以内的太阳,太阳运行到这个距离以外去,人就看不见太阳,就进入黑夜。王充用火把作比喻,认为在“平易无险”的道路上,大火把离人十里以后,火光就看不见了。这说明火光只是由于视角变小而消失。他们共同的是没有用地球表面的曲率来解释,也就说明他们都没有地球是圆形的思想。特别是王充,他讲“平易无险”,承认地是平的。还说过“天平正与地无异”的话,都说明在王充的心目中,地是平的,不是圆的。现代科学说明地球是圆形的观念。地球不断自转,地面不同地区向背太阳形成昼夜易处的现象。周髀家和王充的解释不尽科学,但他们认识到昼夜易处的现象,是有合理性的。在这一点上比“浑天说”要高明一些。“浑天说”认为看不见太阳是因为太阳钻入地下，认为日出全天下一样是白昼，日入地下，全天下一样是黑夜，不承认存在昼夜易处的现象。后来，浑天说提出天地像鸡蛋的模式，天绕着地转，但未能吸收盖天说的合理思想，始终未能解决昼夜易处的问题。总之，王充否定日出入地下有合理性，但他并未认识到地球是圆形的。

（二）关于日远近问题

王充认为天地像磨石那样，是两块平行的平面体，日附着在天体上随天运转，这就很容易得出“日中近而日出入远”的结论。但是，日出入时远，为什么看起来却显得大呢?《论衡·说日》曰:“日中时日小，其出入时大者，日中光明故小，其出入时光暗故大。犹昼日察火光小;夜察之，火光大也。既以火为效，又以星为验，昼日星不见者，光耀灭之也，夜无光耀，星乃见。夫日月，星之类也，平旦日入光销，故视大也。”这是说，因为日中时明亮，所以显得小，早晚出入的时候，暗一些，所以显得大。王充用“效”与“验”来加以论证。白天看火光显得小，夜晚看同样的火光显得大，这叫“效”。白天看不见星星，是被光耀掩盖了，夜晚没有光耀的时候，星才显现出来。这叫“验”。日月也跟星星一样，在早晚光耀将销的时候看起来大些。

这是一个相当复杂的问题，古今中外大约讨论了两千多年。① 至今还是尚未完全解决的难题。连现代著名的科技史专家、英国人李约瑟博士也认为，从现代科学的观点看来，这

① 汉代桓谭《新论》已载此事，后来《列子》、《博物志》、《金楼子》均有记载，大同小异。西方古代托勒密也论此事。

一问题并不像表面上那样简单，他感到棘手，因此只好请了两位专家(比尔博士和杜赫斯特先生)代为研究解决①。可见，这确实是一个很复杂的问题。对于如此复杂的问题，王充能够引用当时人们所能理解的常识和通俗的比喻，作出解释，已经相当不简单。王充的解释可能影响到后来的天文学家张衡(78—139)。张衡在他的科学著作《灵宪》中说："日之薄地，其明也。繇暗视明，明无所屈，是以望之若火。方于中天，天地同明，繇明瞻暗，暗还自夺，故望之若水。火当夜而扬光，在昼则不明也。"张衡把这一现象归结于"繇暗视明"。同样用火在昼夜中明暗不同作例证。现代一些天文工作者也仍然用王充的说法解释这一现象，只不过将"繇暗视明"改用现代科学的新名词"光渗作用"②。不管这种解释是否正确，总可以说明王充在这一点上与现代科学工作者所见略同。对于这一问题，我作了长期研究，所得体会，写入《天地奥秘的探索历程》一书，可供参阅③。

(三) 关于日月形状问题

王充明确提出"日月不圆"的命题，从常识来看，或从现代科学来看，都是错误的，应该予以否定。但是，简单肯定和简

① 李约瑟在《中国科学技术史》第二十章第四节(4)"其他学说"的"注"中说："感谢比尔博士和杜赫斯特先生代为解决这一实际上很复杂的问题，这一段是根据他们的意见写成的。"

② 参见《十万个为什么》第6册第118页，上海人民出版社1971年9月版。

③ 《天地奥秘的探索历程》第四章第五节《"两小儿辩日"今解》，中国社会科学出版社，1988年版。

单否定都不是科学研究，科学研究需要的是分析，是具体的、深入的、辩证的分析。

日月正圆，这是人所共见的现象，人所共知的常识。王充却提出违反常识的命题并进行论证，这首先说明他不局限于直观感觉，而是要进行科学的探讨。他是如何论证的？他说："夫日月不圆，视若圆者，去人远也。何以验之？夫日者，火之精也；月者，水之精也。在地水火不圆，在天水火何故独圆？日月在天犹五星，五星犹列星，列星不圆，光耀若圆，去人远也。何以明之？春秋之时，星陨宋都，就而视之，石也，不圆。以星不圆，知日月五星亦不圆也。"①

王充这段话中有三个问题需要加以分析：一是日月和水火的关系问题，二是陨石和日月的关系问题，三是远视而圆问题。

从汉代的认识水平来看，日月与水火相应关系则是比较普遍的认识。例如：日有光，在日光下感到热，都与火有相似之处。并且，"验日阳遂，火从天来。日者，大火也。"②阳遂，是一种类似凹面镜的金属制品，有聚光作用，朝着日光，就可以在聚光的焦点上引着可燃物。据此，古人认为日是火精。月和水也有关系。从阴阳学说来讲，日与火都属于阳，月与水都属于阴。《诗经·小雅·渐渐之石》："月离于毕，俾滂沱矣。"王充在《明雩》中引了这句话，理解为"月离于毕为雨占"。毕是二十八宿之一，共八颗星，属金牛座。离，通"丽"，附着的意思。这句话是说新月在毕宿时，雨水就比较多。也可以说就进入了春雨绵绵的季节。这就把月与水联系了起来。另

①② 《论衡·说日》。

外，当时人们认为月对水生动物还有一定感应关系。如说："月也者，群阴之本也。月望则蚌蛤实，群阴盈。月晦则蚌蛤虚，群阴亏。夫月形乎天，而群阴化乎渊。"①又如："月虚而鱼脑减，月死而蠃硥膲"②。月的变化对水里生物有明显的影响。月相变化跟海潮的变化也有相应关系。这些现象都使古人认为月和水是同属于阴一类的东西。王充据此认为日月是在天的水火，在当时是没有异议的。然而，日毕竟不同于火，月毕竟不同于水。显然有天与地之差别。水火不圆，推断出日月不圆，根据并不充分。晋代葛洪说："若水火是日月所生，则亦何得尽如日月之员（同"圆"）乎？今火出于阳燧，阳燧员而火不员也；水出于方诸，方诸方而水不方也。"③

其二，王充认为日月五星和列星都是一类的东西，从当时认识水平来看，似乎无可非议。但是他认为陨石就是列星掉下来，那是误解。陨石在宇宙空间可能也是圆的，当它因受地球引力而落入地球时，经过大气层，与空气摩擦，升温、爆炸，然后落到地面，这样就不圆了。陨石在陨落的过程中已经发生变化，由圆变到不圆。所以据陨石不圆推断列星、五星、日月都不圆，是错误的。当时人们对天体认识较少，许多人对陨石与列星的区别都不太清楚，所以没有人对王充此说提出过反驳。

其三，王充认为日月不圆，远视见圆。葛洪提出：月亏和

---

① 《吕氏春秋·精通》。

② 《淮南子·天文》篇。

③ 《晋书·天文志》。

日食，距离也是那么远，为什么看起来不圆呢？① 沈括对日月的形状作了论证。他说："日月之形如丸，何以知之？以月盈亏可验也。月本无光，犹银丸，日耀之乃光耳。光之初生，日在其傍，故光侧而所见才如钩。日渐远则斜照而光稍满。如一弹丸，以粉涂其半，侧视之，则粉处如钩，对视之，则正圆。此有以知其如丸也。"②日月都是球形的，月相的盈亏变化是日、地、月三者间的相对位置变化而产生的。这是正确的。清初王夫之(1619—1692)说："亏盈之故，晓然易知，沈存中之说备矣。"③沈括，字存中。王夫之认为月的盈亏现象，沈括有全面的论述。在沈括之前，已有日月是球形的说法，如《尔雅注疏》卷六《释天》注引京房(公元前77—前37)的话，其中有"日似弹丸"，"月亦似弹丸"的说法。南北朝时后秦姜岌(公元4世纪末)也说过"日月之体，形如圆丸"的话。梁代祖暅(公元5世纪至6世纪)也说过月亮"其形圆"④。从历史上看，有的人认为日月都是像云雾那样的气；有的认为日如弹丸，月如圆镜；有的认为日月都是像弹丸那样球形的。这些人都在互相辩论。当人类用望远镜对月球表面进行观察以后，月球是球形固体才得到最后确认。人类登月以后，对月球的认识就更切实了。王充在日月形状问题上提出了错误的命题，当然是

① 葛洪说："王生(即王充)云：月不圆，望之圆者。月初生及既亏之后，视之宜如三寸镜，稍稍转大，不当如破环渐渐满也。"见《太平御览》卷四。又说："而日食或上或下，从侧而起，或如钩至尽。若远视见员，不宜见其残缺左右所起也。"见《晋书·天文志》。

② 《梦溪笔谈》卷七。

③ 《张子正蒙注·参》。

④ 唐·瞿昙悉达《开元占经》卷一引录。

不对的，但他能够不囿于直观观察，摆脱常识的束缚，通过对一些事实进行逻辑推理，得出违反常识的结论。说明他已经不是一个只凭经验来讨论一切问题的经验主义者了。这对认识的发展显然有意义。

（四）关于日月之食问题

西汉时代，在浑天说的基础上，人们已经认识到日食是月掩的结果。如刘向《五经通义》载："日蚀者，月往蔽之。"[①]王充在《说日》中也引了这种观点："日食者，月掩之也。"但是，王充不同意这种观点。他从三个方面提出疑问。

首先，他据阴阳学说来分析，认为只有强者才能凌弱，月在晦朔的时候，"微弱甚矣，安得胜日？"[②]十五的时候月圆，最强。在月初（朔）和月末（晦）的时候，月最微弱，甚至看不见，它怎么能胜日呢？怎么能掩蔽住光芒万丈的日呢？弱阴不能胜强阳，这是一般道理。具体到日月关系问题上，月相变化不等于阴性的强弱。例如在十五时，月圆，潮水大。而在初一时，月朔，也是大潮。至于掩蔽的问题，也未必强大才能掩蔽弱小，所谓"一叶障目，不见泰山"，怎么大的叶子也不会比泰山强大，却照掩不误。可见王充用阴阳学说来否定月掩日的见解，显然是不妥当的。

其次，王充用自己对日食的观察来讨论这个问题。他说："日食，月掩日光，非也。何以验之？使日月合，月掩日光，其

① 《元元占经》卷九引。

② 《论衡·说日》。

初食崖当与且[①]复时易处。假令日在东,月在西,月之行疾,东及日,掩日崖,须臾过日而东,西崖初掩之处光当复,东崖未掩者当复食。今察日之食,西崖光缺,其复也,西崖光复。不[②]过掩东崖复西崖,谓之合袭相掩障,如何?”[③]这就是说,如果月掩日光,应该从西到东掩过去,先食西边缘,当西边缘恢复光亮时,东边缘应当食了。但是,王充观察到的情况却不是这样,而是:东边缘还没有食,西边缘却已经恢复亮光了。据此,他不同意月掩日光的说法。

王充稍后的东汉文学家王逸(公元2世纪前半叶)也有类似说法。他认为:“月若掩日,当蚀日西,月行既疾,须臾应过西崖既,复次食东崖,今察日蚀西崖缺,而光已复,过东崖而独不掩”[④]。萧子显(约489—537)认为:“逸之此意,实为巨疑。”[⑤]

王充那段话中有不太明白处。但是,王充观察结果与天文学家所说的月掩日光的情况不一致,则是可以肯定的。李约瑟说:“我们相信这段异议是根据日环食的观测提出的。由于无从获悉二天体之间的距离,环食现象可能使对透视概念还不十分清楚的王充及其同时代的人感到困惑。”[⑥]李约瑟的说法对王充那段话的解释是可以说通的,但对于王逸这段类似的话就不太容易解决了。“过东崖而独不掩”,是说月体过日中心以后,经过日东边缘,并没有掩蚀东边缘。这就不是环食所能解释的。王逸和王充的说法极为相似,甚至可以怀疑,

---

① 原作“旦”,据裘锡圭校改。

② 据裘锡圭校增。

③ 《论衡·说日》。

④⑤ 《南齐书·天文志》。

⑥ 《中国科学技术史》第四卷第576页注。

这段话就是王充的那段话,“王充”被误为“王逸”。公元6世纪就把这段话视为“巨疑”,现在看来,虽然又过了14世纪,似乎也没有揭开这个“巨疑”之迷。暂且用王充观测的是日环食、日偏食来解释。

当时人们只知道日食是月掩的结果,至于月食是怎么回事,是谁掩的,还弄不清楚。这本应是继续研究的课题。但是,王充利用尚未认识的问题来否定已经取得的成果。他说:“日蚀谓月蚀之,月,谁蚀之者?无蚀月也,月自损也。以月论日,亦知(原作‘如’,据文意改)日蚀,光自损也。”[①]科学研究中总是需要推论的。研究从事实和已有的知识出发,向各个方向推论。这是研究思维所需要的。当一个方向推论走向死胡同时,可以改变方向,改变思维方式和角度再探讨,这就有成功的希望。王充从月食没有蚀之者推出日食也没有遮蔽者,而后不久的张衡从日食是月掩的推出月食必有掩月者。经过研究,他认为掩月的是地影子。他在《灵宪》中说:“当日之冲,光常不合者,蔽于地也。是谓暗虚,在星星微,月过则食。”[②]正对着太阳的天体,常常得不到太阳光的照耀,是被地掩蔽了。这就叫暗虚。暗虚就是所谓地球影锥。暗虚转到星上,就出现掩星,也叫星食。这个星是指行星,即五星。月从暗虚中经过,就发生月食。张衡是中国历史上第一次使用“暗虚”这个词,正确解释了月食的原因。这种说法对于浑天说来讲是比较容易理解的,但对于主张盖天说的人来说,那就很难接受。天高地卑,地怎么会掩了天上的月亮呢?地是几万里大的平面体,月是直径

① 《论衡·说日》。
② 《后汉书·天文志》注引。

一千里的东西，为什么地的影子有时遮了月亮有时又不遮呢？当时有这么一系列的观念没有改变，对新见解就难以接受。这些观念也妨碍王充的思想改变。当然用气自然的观念来理解日月之食，对于王充来说，则是轻车熟路。月食，是“月自损也”。日食，是“光自损也”。当时人们已经知道日月之食是周期性发生的现象，王充就把它看作与月相盈亏那种现象是一样的，更增强了他的气自然论的观念。气自然论对于神学目的论的批驳是起了进步的作用，但在科学研究中，把一切现象都归结为气自然，似乎有点简单化，有时会妨碍科学研究的深入发展，只停留在笼统的气自然的水平上。而这种水平跟天意主宰、上帝创造的说法在不能揭示事物本质上则是一致的。

（五）日月运行，天道自然

王充讨论日月问题有两点值得注意。首先，他摆脱了当时盛行的占星术的影响。古代天文学往往和占星术纠缠在一起，像《甘石星经》、《史记·天官书》、《汉书·天文志》以及马王堆出土的汉代著作《五星占》都是如此，甚至连张衡那样杰出的天文学家在其重要的科学著作《灵宪》中也还留有占星术的明显痕迹，如说“日月运行，历示吉凶”。近代科学巨人牛顿研究宇宙间天体运行发现了万有引力定律，他却将天体运行的动力归结为上帝的第一次推动。而王充在专门探讨日月问题的《说日》篇中，完全从科学的角度进行探索，没有任何占星术的痕迹。他在《调时》、《讥日》、《难岁》等篇中批驳占星术的某些观点。这说明科学家虽然在某一研究领域可能发现客观规律，对人类征服自然界起过重要作用，但他在这一领域之外，在世界的总体上却可能持唯心论的观点，甚至对其他谬误的迷信。而哲学家在具体科学上并不精通，但从总体上把握宇宙问题却有相当深刻的理论。王充对日月问题的具体观点不太正确，受到后人的批评，而他在总的自然观方面，则远远超过当代的和后来的许多自然科学家。哲学就是在这种情况下显示了它的功能和威力。

其次，王充利用当时研究日月问题的成果驳斥神学目的论。如说："夏时日在东井，冬时日在牵牛，牵牛去极远，故日道短，东井近极，故日道长。""日行一度，月行十三度"[①]。他从这些具体认识中概括出"日月行有常度"[②]的结论。"日朝出而暮入，非求之也，天道自然。"[③]"寒暑有节，不为人变改也。[④]""天道自然，人事不能却也。"[⑤]这就是说，日月运行的客观规律是不以人们的意志为转移的，不管是平民百姓，还是圣贤天子，也不管是匹夫含冤，还是万人俱叹，都改变不了这些规律。日食月食长期以来被神学论者看作是上天的严重谴告。王充根据天文学研究的最新成果，日月食的周期性，对灾异谴告说进行批判。他说："在天之变，日月薄蚀，四十二月日食，五至六月月亦一食。[⑥] 食有常数，不在政治。百变千灾，皆同一状，

① 《论衡·说日》。

② 《论衡·感虚》。

③ 《论衡·命禄》。

④ 《论衡·变动》。

⑤ 《论衡·变虚》。

⑥ "五至六月"原作"五十六月"，据《说日》篇"百八十日月蚀"文意改。"十"可能是"至"的残字，余中间部分，后遂误为"十"。

未必人君政教所致。”[①]日月之食既然是周期性发生的自然现象，那就说明与政治无关。推而广之，“百变千灾”，也都不是什么上天的谴告，根本不存在什么天人感应！王充所说的日月之食的周期是粗疏的[②]，而他以此否定神学目的论则是高明的。先秦唯物主义哲学家荀况没有达到这种理论高度，是与天文学发展水平有紧密关系的。

三、天道自然

（一）天道自然论是天人关系学说的一个阶段

天人关系是中国哲学一开始就接触到的最重要的研究课题。

在远古时代，中国出现的第一个哲学体系就是天命论。天命论将世界看作在天的主宰之下。上天主宰成了世界的统一性。春秋战国时代，道家将道凌驾于天之上，又说道是法自然的，没有意志。这种思想启发了战国时代的哲学家荀况。荀况结合自然科学的研究成果和人世间的生活体验，提出“天行有常，不为尧存，不为桀亡”[③]的天人相分的理论。认为天没有主宰人世，人也不能改变上天的客观规律。人只能利用天的客观规律，积极活动，去争取成功，创造幸福。这种理论

---

① 《论衡·治期》。

② 中国古代从西汉《三统历》开始确认 135 个朔望月的交食周期。古巴比伦加尔底亚人沙罗斯发现约以 223 个朔望月，即 18 年零 11 天的交食周期，后称沙罗周期。这个周期比较精确。《中国天文学史》第 758 页。

③ 《荀子·天论》。

强调人事,摆脱了天命论迷信,具有进步意义。在这种不求知天的理论指导下,法家思想得到发展。秦始皇统一中国,从思想上说,既是法家思想的胜利,也是天人相分理论的胜利。法家理论强调法治、事功、赏罚,不重视道德教育,产生了严重的片面性。这种片面性在实践中的后果是人民受到残酷压迫,秦朝迅速灭亡。代秦而起的汉朝统治者总结秦亡的教训以为是缺乏仁义。怎样才能使至高无上的皇帝去实施仁义呢?人间的势力无法控制集政权于一身的皇帝,于是只好又搬出超人间的势力。这种超人间的势力就是天。天人感应理论就应运而生了。董仲舒将阴阳、五行、气等各种学说跟儒家的仁义思想结合起来,建构了新的比较精致的天人感应思想体系。这个体系的基本思想是:宇宙是天、地、人和阴阳五行十大因素构成的。天和人中间隔着阴阳五行的气。天和人通过气产生精神感应。具体地说,人干了好事,天就通过风调雨顺和祥瑞来表示嘉奖;人干了坏事,天就通过水旱之灾和各种怪异来表示谴告。董仲舒按照当时的思想水平进行了复杂的论证,在原来简单信仰的天命论中加了一些理性因素,把它提到新的理论高度。同时由于与当时科学成果相附会,也增加了神秘性。董仲舒的理论受到当时思想界重视,皇帝也不敢不信。这就给皇帝戴上了精神枷锁。皇帝被迫限制自己的欲望,注意人民的情绪,尊崇儒家的学说——仁义之道。董仲舒"屈君伸天"说起了一定的作用。

董仲舒的天人感应说流行以后,逐渐走向极端,产生谶纬迷信[①]。这时就有一些思想家出来反对,其中有桓谭(公元前

---

① 天人感应在董仲舒以前已经存在,如《吕氏春秋》。谶的迷信在秦始皇时就有。这里是指大量流行的谶纬迷信来说的。

23—公元56)等人。王充继承桓谭等人的思想,又进行深入研究,产生了夫道自然论思想体系。这个体系是天人关系在新时代的产物,也是天人关系发展的新阶段。它的主要观点是:天道是自然无为的,人事是有为的。天对人的影响和作用都是无意识的,人的精神要通过实践才能对客观事物产生作用,否则就无能为力。下面就来详细讨论王充这个新的思想体系。

首先,王充认为天是客观存在的自然物。他说:"夫天者,体也,与地同。"[①]他又认为,天体运行,天象变化,都是有规律的自然现象,例如"日朝出而暮入,非求之也,天道自然"[②]。天是"自然无为"[③]的,硬说它是有意志的,难以使人相信。"损皇天之德,使自然无为转为人事,故难听之也。"[④]天无意志,当然也不会随人的意志为转移,"天道自然,人事不能却也"[⑤]。天不能干预人事,人也不能改变上天。当时许多人认为人的精诚可以感动上天。王充认为那是不可能的,他举例说:"有果蓏之物,在人之前,去口一尺,心欲食之,口气吸之,不能取也。手掇送口,然后得之。"[⑥]一个水果,离口一尺远,用意念无法获取,动手才能送入口中。离人几万里远有几万里大的天,怎么会受人的意念所左右呢?冬天太冷,夏天太热,人们都希望冬天温暖夏天凉爽。这么多人的至诚欲望又能怎么样呢?"天终不为冬夏易气,寒暑有节,不为人变改也。"[⑦]水果,用

---

① 《论衡·祀义》。
② 《论衡·命禄》。
③ 《论衡·自然》。
④ 《论街·谴告》。
⑤ 《论衡·变虚》。
⑥⑦ 《论衡·变动》。

意念取不来，动手可以获得。但是，几万里大的天在几万里那么远，当然不是像水果那样可以随便拿来的。天至高大，人至卑小，像稻草不能敲响大钟，星火不能烧开大锅水那样，人们“以七尺之细形，感皇天之大气，其无分铢之验，必也”①。人小天大，人想改变上天，必定没有丝毫效果。王充的结论是：“人不能以行感天，天亦不随行而应人。”②

王充认为天与人不会产生精神感应，灾异跟政治无关。圣人为天子，政治是清明的，尧世有大水灾，汤世有大旱灾，都说明灾异不是谴告人君的，也不是政治不好引起的，而是自然现象。他说：“仁惠盛者，莫过尧、汤，尧遭洪水，汤遭大旱。水旱，灾害之甚者也，而二圣逢之，岂二圣政之所致哉？天地历数当然也。以尧、汤之水旱，准百王之灾害，非德所致。”③既然尧、汤时代的水旱之灾不是政治造成的，那么其他时代的所有自然灾害也都不是由政治引起的。总之，自然灾害与政治无关。

（二）天道自然论与荀子天人相分说的区别

王充思想似乎返回到荀子的天人相分说，实际上二者却有很大区别。王充认为人禀气于天，含天之气，所以，“天气变于上，人物应于下矣”④。天气变化会影响人的健康，只是这种影响是无意识的。另外，王充认为天气变化也会给人们带来灾难，“天气灾四国”⑤，与荀子“天不能祸”不一样。荀子认

①④⑤ 《论衡·变动》。
② 《论衡·明雩》。
③ 《论衡·治期》。

为只要自己努力争取，就会不断进步，国家只要有明主善政，就可以长治久安。但是，王充认为人的主观努力并不能保证都能达到的，“才高行洁，不可保以必尊贵；能薄操浊，不可保以必卑贱。或高才洁行，不遇，退在下流；薄能浊操，遇，在众上。”[①]遇不遇起了关键的作用。所谓“谋事在人，成事在天”。这个“天”如果理解为各种客观条件的总和，那么，这句话还是有道理的，是反对主观唯心主义和唯意志论的。对于国家政治也是这样。王充认为国家治乱由上天自然决定的，贤君也无能为力。“夫世乱民逆，国之危殆灾害，系于上天，贤君之德，不能消却。”[②]古代贤君和治世只是偶然巧合，没有必然联系。这就是所谓“国命”。

（三）天道自然论对董仲舒天人感应说的扬弃

王充讲国家治乱“系于上天”，这跟董仲舒的天人感应说又有什么区别呢？区别主要有两方面：一是董仲舒讲天人感应是天与人的相互感应，是双向的，天可以感应人，人也可以感应天。王充认为天大人小，过于悬殊，天气可以感应人，人却无法感应天，天人感应是单向的。二是董仲舒讲天人感应主要是二者之间的精神感应，是一种思想意识的交流，而王充讲的是天和人的自然感应，是无意识的。王充和董仲舒的相同之处是他们都认为天和人是有联系、会感应的。而感应不是直接的，是间接的，其中介物是气。从董王的异同，我们可以看出，王充

① 《论衡·逢遇》。
② 《论衡·治期》。

是批判继承了董仲舒的思想，经过改造、融会，形成天道自然论。因为天都通过气起作用，所以也可以称为气自然论。

（四）天道自然论是东汉时代精神的精华

天道自然原是黄老道家的哲学思想，在西汉初期曾经盛行过半个世纪。在汉武帝“独尊儒术”以后，道家思想受到压抑，成为一股暗流。天人感应说借独尊儒术的机会不断发展，登上高峰、顶峰、升空，形成了不着边际的谶纬迷信。独尊的儒学被神化了，同时也被神秘化、绝对化了。不守章句的有清醒头脑的思想家逐渐发现天人感应说的荒谬，提出质疑、责斥并公开反对。于是，天道自然的思想又在与天人感应说的斗争中重新崛起。

在王充之前，桓谭就有这种思想。他说：“余与刘子骏言养性无益。其兄子伯玉曰：‘天生杀人药，必有生人药也。’余曰：‘钩吻不与人相宜，故食则死，非为杀人生也。譬若巴豆毒鱼，礜石贼鼠，桂害獭，杏核杀狗，天非故为作也。’”[①]钩吻与人体不适应，所以吃了它就会中毒死亡。并不是上天为了杀人才生出钩吻来的。其他毒药也是这个道理。毒草杀人是自然现象，不是上天有意制造的。

在王充之后，孔季彦也有这种认识。有一天，“季彦见刘公，客适有献鱼者，公孰视鱼叹曰：‘厚哉！天之于人也，生五谷以为食，育鸟兽以为之肴。’众坐佥曰：‘诚如明公之教也。’季彦曰：‘贱子愚意窃与众君子不同，以为不如明公之教也，何

① 《太平御览》卷九九〇引桓谭《新论》。

者？万物之生，各禀天地，未必为人。人徒以知得而食焉。故《孝经》曰‘天地之性人为贵’，贵有知也。伏羲始尝草木可食者，一日而遇七十二毒，然后五谷乃形。非天本为人之生也。蚊蚋食人，蚓虫食土，非天故为蚊蚋生人，蚓虫生地也。知此不然，则五谷鸟兽之生本不为人，可以为无疑矣。’公良久曰：‘辨哉！’众坐默然。”①在《列子·说符》篇中也记有类似的故事，说的却是战国时代的事。“齐田氏祖于庭，食客千人。中坐有献鱼雁者，田氏视之，乃叹曰：‘天之于民厚矣！殖五谷，生鱼鸟，以为之用。’众客和之如响。鲍氏之子年十二，预于次，进曰：‘不如君言。天地万物，与我并生，类也。类无贵贱，徒以小大智力而相制，迭相食，非相为而生之。人取可食者而食之，岂天本为人生之？是蚊蚋噆肤，虎狼食肉，非天本为蚊蚋生人、虎狼生肉者哉？’”②从以上两书记载的故事来看，所反映的社会风气是类似的。天人感应说作为统治思想在多数人的头脑中还留有深刻的影响，而反对这种神学论的新见解正破土而出，在众寡悬殊的情况下，新思想显示了强大的生命力，正逐渐地被人们所接受，形成新的思潮。从桓谭、王充、孔季彦到《列子》书，都记载了反对神学目的论的思想这一史实，

① 见《孔丛子·连丛子下》第二十三。孔季彦，《后汉书》有传，以上所记之事不见于本传。据黄云眉考证，《孔丛子》是伪书。朱熹认为：“其文……多似东汉人语。”罗根泽认为“是汉末曹魏时的伪书”见《诸子考索》第535页。因此，《连丛子》所载孔季彦事，可以认为反映了东汉人的思想。

② 杨伯峻在《列子集释》前言中说：“此书虽属伪书，而作伪者不是张湛，……此书伪作于张湛以前，张湛或者也是上当受骗者之一。”他以为马叙伦《列子伪书考》中的观点：“盖《列子》晚出而早亡，魏晋以来好事之徒聚敛《管子》……《新论》之言，附益晚说，假为向序以见重。”是“比较符合客观事实的论断”。

我们可以体会到，一种思潮的兴起，一个理论的提出，似乎都是某些天才理论家的偶然发现，而实际上，它们又都是历史发展到一定时期的必然产物。天道自然论的思想体系就是这样产生的。当然，理论家顺应时代，总结思想，作出理论概括，是有贡献的，汉代许多人提出某些反对天人感应说的正确见解，但多属碎义断见，而王充能将这些思想综合起来，概括成天道自然论，形成系统的哲学体系，进行复杂的论证，并对各种神学目的论的观点展开批判，在社会思想史上发挥了战斗的和启蒙的作用，给人类思想宝库增加了一份珍贵的遗产。这是王充的历史贡献，也是王充哲学之所以能成为东汉时代精神的精华的原因所在。一种进步思潮的形成，一种理论的建立，绝不是一个人所能完成，一般都像接力赛那样，经过几代人的努力，才逐步完成的。一般的情况，首先提出新见解的思想家遭遇不佳，因为他是绝对的少数，思想也不完备，而保守势力又最为强大，理论又比较成熟系统，双方力量极为悬殊，所以这些先知先觉的思想家都是孤身作战、寡不敌众，暂告失败。桓谭就是这样一个人物。但是，进步的思想有较多的合理性，顺应时代的潮流，星星之火，可以形成燎原之势，这是任何力量也阻挡不住的，因为它代表着未来，代表着前进的方向，犹如黄河之水，虽九曲，毕竟东注大海。王充是一个后继者，境遇比桓谭好一些，但也是默默无闻度过一生。而他的思想在身后却发生了深远的影响，以致人们称它为“汉代思想界最奇玮的宝藏”。①

① 侯外庐主编《中国思想通史》第二卷第312页，人民出版社，1957年4月版。

（五）王充思想中是否有天人感应说的成分

王充批判继承了董仲舒的天人感应说，他的天道自然论中是否也夹杂着天人感应说的某些因素、成分呢？这又是一个极为复杂的问题。

首先，王充说过："天，百神主也。"[①]"神莫过于天地"，[②]又说："上天之心，在圣人之胸；及其谴告，在圣人之口。"[③]这是否可以说王充也认为天是有意志的至上神呢？我们对这些话要作具体分析，把它放在上下文中加以研究，才能作出恰当的评价。

我们知道，《辨祟》、《难岁》、《谴告》这三篇文章都是批判天人感应说迷信的，怎么会冒出天是神的思想呢？这很值得怀疑。我们只好逐句加以研究。

《辨祟》云：

> 圣人举事，先定于义。义已定立，决以卜筮，示不专己，明与鬼神同意共指，欲令众下信用不疑。故《书》列七卜，《易》载八卦，从之未必有福，违之未必有祸。然而祸福之至，时也；死生之到，命也。人命悬于天，吉凶存于时。命穷，操行善，天不能续；命长，操行恶，天不能夺。天，百神主也。道德仁义，天之道

① 《论衡·辨祟》。
② 同上《难岁》。
③ 同上《谴告》。

也;战栗恐惧,天之心也。废道灭德,贱天之道;险隘恣睢,悖天之意。世间不行道德,莫过桀、纣;妄行不轨,莫过幽、厉。桀、纣不早死,幽、厉不夭折。由此言之,逢福获喜,不在择日避时;涉患丽祸,不在触岁犯月,明矣。

这段话中,从开头到:“违之未必有祸”,说圣人用卜卦骗人,不可信。接着一句是说,祸福死生是命时决定的。从“人命悬于天”到“天不能夺”,是说寿命是由命决定的,人的善恶行为不能感天,天不会根据人的善恶来损益他的寿命。这当然也是对天人感应说的否定。从“天百神主”到“悖天之意”都是复述天人感应说的观点。接着列举桀、纣、幽、厉这些严重违背天意的最坏的人并没有早死夭折,明确否定了天人感应说的基本论点。最后的结论是否定办事选吉日的迷信说法。在这段话中,王充说:“从之未必有福,违之未必有祸”,“操行善,天不能续”,“操行恶,天不能夺”,“桀、纣不早死,幽、厉不夭折”,全都是否定天能奖善罚恶的天人感应说的观点。我们怎么能仅从中抽出一句“天,百神主也”来证明他是肯定天人感应说呢?王充复述这些观点是为了反驳,为了否定,不是宣扬、提倡。联系上下文,王充这点用意还是比较明确的。

《难岁》云:

十二月为一岁,四时节竟,阴阳气终,竟复为一岁,日、月积聚之名耳,何故有神而谓之立于子位乎?积分为日,累日为月,连月为时,结时为岁。岁则日、月、时之类也。岁而有神,日、月、时亦复有神乎?……论之以为无。假令有之，何故害人？神莫过于天地，天地不害人。人谓百神，百神不害人。太岁之气，天地之气也，何憎于人，触而为害？

如以太岁神其冲独凶，神莫过于天地，天地相与为冲，则天地之间无生人也。

王充在《难岁》篇中就是向"徙抵太岁凶"的迷信说法提出责难。以上所引两段话中都有"神莫过于天地"的话。王充引用迷神家的这一说法是为了否定太岁神凶的说法。他先肯定地说"论之以为无"，没有太岁神。接着据"天为百神大君"的说法，提出：天地不害人，百神也不害人，太岁为什么要害人呢？这是一种以毒攻毒的责难，不能据此认为王充相信天神、百神的迷信说法。如果说太岁独凶，天地是百神大君，当然比太岁神更厉害，那么天地之间的人就无法生存了。现在天地之间有生人，说明比太岁更厉害的天地不害人，太岁会害人的说法自然就不能成立了。这里王充所谓"神莫过于天地"，是为了批判迷信而引述迷信家的说法，不是王充所要论证的观点。

王充在《自然》篇中说："夫寒温、谴告、变动、招致，四疑皆已论矣。谴告于天道尤诡，故重论之。"这五篇都是批判迷信的。"尤诡"的谴告，基本思想是："论灾异，谓古之人君为政失道，天用灾异谴告之也。"即灾异谴告说，这是天人感应说的重要内容。王充明确提出："夫天道，自然也，无为。如谴告人，是有为，非自然也。黄、老之家，论说天道，得其实矣。"[①]赞成黄、老道家的天道自然无为的思想。他反对把天说成是有意识的，

① 《论衡·谴告》。

反对“使自然无为转为人事”。后来还讲到圣人讲天是为了劝化统治者和吓唬愚昧的人民。当他讲到“上天之心，在圣人之胸；及其谴告，在圣人之口”以后，紧接着又说：“不信圣人之言，反然灾异之气，求索上天之意，何其远哉？”不从圣人的话中去体会上天的想法，却从灾异之气中求索上天的意思，那就差太多了。圣人是根据人心来讲天，“非谓上天苍苍之体”。他动不动就讲天，是神道设教。总之，这些话都不能说明王充思想中有天人感应说的成分。以此论王充，有断章取义之嫌。

其次，王充在歌颂汉朝统治者时也有一些说法值得探讨。例如讲“高祖之起，有天命焉”①。讲光武帝出生时，“时夜无火，室内自明”②。以此证明：“禀天光气，验不足言。创业龙兴，由微贱起于颠沛，若高祖、光武者，曷尝无天人神怪光显之验乎！”③这些当然可以说是王充的性命论和气自然论的表现。在与古代盛世作比较时，王充在比较物质和精神方面，都是可取的。但为彻底压倒论敌，王充采取这样的办法：古代盛世有什么，汉代也有什么，而且有过之而无不及，例如说古代有芝、龙、甘露等祥瑞，王充说汉代也都有，而且比古代多。他说：“唐、虞之时，百兽率舞，今亦八龙遨戏良久。芝草延年，仙者所食，往世生出不过一二，今并前后凡十一本，……甘露之降，往世一所，今流五县，……皇瑞比见，其出不空，必有象为，随德是应。”④过去，兽舞，今龙戏。过去芝草生出不过一二本，现在前后十一本，过去甘露只降一个地方，现在降五个县。

① 《论衡·谴告》。
②③ 《论衡·吉验》。
④ 《论衡·验符》。

在这么比较之后，王充认为这些最高级的瑞物连续出现，不是凭空出来的，一定有所象征，反映了德治。这里说“德”可以感应瑞物。只差一步就跨入天人感应说。只要讲这些瑞物是据天意而降生的，就完成了最后一步。但王充在这悬崖处勒马停住了。说道：“天道自然，厥应偶合。”天道还是自然的，尽管有那么些感应，也不过是自然的、偶合的。没有上帝主宰的。

在歌颂汉朝的时候，王充把统治者编的神话、瑞物当作事实，把有人在湖边拾到十余斤黄金也当作“汉瑞”，是有牵强附会的毛病。又讲瑞物出现是“随德是应”，又说：“黄为土色，位在中央，故轩辕德优，以黄为号。皇帝宽惠，德侔黄帝，故龙色黄，示德不异。”[①]说汉代皇帝的德跟黄帝的德一样，所以会出现黄龙。这当然是相当荒谬的说法，已经非常接近天人感应说了。但他始终没有陷入天人感应的泥坑。最典型的有这么一段话：“《论衡·初禀》以为王者生禀天命，性命难审，且两论之。酒食之赐，一则为薄，再则为厚。如儒者之言，五代皆一受命，唯汉独再，此则天命于汉厚也。如审《论衡》之言，生禀自然，此亦汉家所禀厚也。”[②]刘邦创建的西汉被王莽篡夺以后，刘秀重新复辟，建立了东汉。这叫两次受命。以前所有朝代，包括最受称道的五代盛世也都是一次受命。两次比一次优越，所以汉比五代优越。按儒家的说法，天命对汉统治者特别优厚，按《论衡》的说法，汉统治者出生时所禀受的自然之气特别优厚。这里同样讲优厚，王充把自己的气自然论与儒者的天人感应说作了明确的区别。

---

① 《论衡·验符》。

② 《论衡·恢国》。

我们可以说,王充确实有系统的哲学体系,他反对天人感应说,确认天道自然论。当然,他是实事求是的唯物论者,只要有新的科学发现,只要有确凿的实际事实,他愿意修正自己的理论,从不固执自己的成见,而使自己的理论僵化。例如他曾经发现一种自然现象跟他思想中自然相应的内容不一致,因此也产生怀疑。在《寒温》篇中,王充认为,寒温变化是自然的,“四时非政所为”,四季变化不是政治决定的。这当然是天道自然的观点。但是,他发现这样的现象:“民间占寒温,今日寒而明日温。朝有繁霜,夕有列光。且雨气温,且旸气寒。夫雨者阴,旸者阳也。寒者阴而温者阳也。雨且旸反寒,旸且雨反温,不以类相应。三疑也。三疑不定,自然之说亦未立也。”[①]民间预测气温变化有这么一种说法,今日寒冷,明日就暖和。早晨要是结很厚的霜,夜间的星必定多且亮。将要下雨,气温闷热;将要放晴,气温寒凉。雨是阴,晴是阳,寒是阴,温是阳。雨天将晴的时候,反而寒冷;晴天将要下雨的时候,反而变暖。阴阳不能相应,值得怀疑。按同类相应的理论,晴天应先转冷,然后下雨,雨天应先变暖,然后放晴。现在实际情况与此相反,因此王充对阴阳之气同类相应的说法产生了怀疑。这种疑问如果解决不了,那么,天道自然论(主要指气同相应的说法)也就不可能完全确立起来。我们可以认为,王充发现阴阳不相应的事实以后,对自己的天道自然论提出了疑问。这是

① 孙人和案:“雨旦旸反寒,当作旦旸反寒;旸旦雨反温,当作旦雨反温。二句首雨旸二字并涉上文而衍。”刘盼遂案:“旦字皆且之误。且,将也。天将雨其气温,天将畅,其气寒也。”周桂钿案:且作旦,形近而误。《说日》:“其初食崖当与且复时易处”,且也误作旦。因取刘氏说。

可贵的探索精神。在鬼神问题上，他也采取这种值得称道的态度。关于这一点，后面还要详细谈到。必须指出，王充虽然由于科学水平的限制，提出一些疑问。他还是建立了系统的天道自然论。王充对神学目的论的批判是很有力的，建立自己的思想体系则相当困难。虽然费尽心力，也难尽如人意。体系虽然系统，却不是天衣无缝。

王充天道自然论认为天施放气产生了人和万物，而气的浓淡渥薄决定了人的形体、气质，乃至命运。这种观点绝对化以后，就自然推出，社会现象都是由气决定的，气是由上天施放的，于是与“富贵在天”的天命论走到一起了。《命义》篇中有一段这样的话：“子夏曰‘死生有命，富贵在天’……富贵所禀，犹性所禀之气，得众星之精。众星在天，天有其象。得富贵象则富贵，得贫贱象则贫贱，故曰‘在天’。‘在天’如何？天有百官，有众星。天施气而众星布精。天所施气，众星之气在其中矣。人禀气而生，含气而长，得贵则贵，得贱则贱；贵或秩有高下，富或资有多少，皆星位尊卑小大之所授也。故天有百官，天有众星，地有万民。五帝、三王之精。天有王梁、造父，人亦有之，禀受其气，故巧于御。”① 这就是说，人的富贵贫贱是由天上的星宿所布下来的精气（星气）所决定的。一个人禀一颗星的气，这颗星在天上尊卑大小的地位，决定禀气之人在

① 这段话大意是明白的，人间是由上天的星气决定的。这里“天有百官”，说法不妥。历来无此说。上文有“列宿吉凶，国有祸福；众星推移，人有盛衰”，列宿与众星相对。《盐铁论·论灾》中有“星列于天，而人象其行。常星犹公卿也，众星犹万民也”。常星与众星相对。常星即列宿。公卿即百官。“天有百官，有众星”百官应为列宿之误。“故天有百官……”一句遗漏更多，全句似应为“故天有列宿，地有百官；天有众星，地有万民；天有五宫三垣，地有五帝、三王之精。”

地上的社会地位和财富多少。连善于驾车的人也是禀了天上王梁、造父星所施的气而生的。这么一来,只要知道一个人与天上的某一颗星相应,那么就可以从该星在天上的地位预见这个人的一生命运。这就陷入了占星术迷信。

王充在讨论日月问题时,完全用当时的科学知识和逻辑推理,没有一点占星术的痕迹。当讨论社会问题时,他从自己经历中体验出人的命运不掌握在自己的手里,而是由偶然的机遇决定的。他又企图探讨这种偶然机遇的内在依据,即必然性。他就从社会之外,从天上寻找社会现象的根本原因,按气自然论的理论,找到了星气说。这就从外因论走向宿命论。宿命论是唯心主义的,但它不承认天是有意志的,仍然不同意天人之间有精神感应的说法,因此,王充仍然是反对神学目的论的。他对后代影响最大的也是对神学目的论的批判。

四、天文学成果

王充是哲学家,对天文学没有专门研究,只是读一些天文典籍,结合自己的生活经验,利用聪明的大脑进行推论和猜测。他的一些观点受到后人的指责。另外,由于后来浑天说占据了天文界的统治地位,而王充据盖天以驳浑天,就成了反面教员经常受到攻击。指责者有晋代葛洪等人。葛洪很赞赏王充的才学,说他"学博才大"[①]。而对他所谓"日月不圆"提出过批评。攻击者有唐代卢肇等人。卢肇没有讲什么道理,只是笼统地说:"王仲任徒肆谈天,失之极远。"并将《论衡》一

---

① 《抱朴子·喻蔽》。

书列入“言不及浑天而乖诞者”[①]。现代有些学者没有深入研究，轻信古人偏颇之见，以为王充在天文学上毫无成绩。为了澄清事实，我们除了上述一些内容外，再列举一些事例来说明王充在天文学上的贡献。

（一）对北极星的观察

北极星，早已为中国古人所注意。孔子讲：“北辰居其所而众星共之。”[②]这个“北辰”就是指北极星。北极星不动，其他星都围绕着它旋转。王充对北极星的观察有两个发现：第一个，他发现在东西方向上观察北极星，都在北方，没有方位上的变化。他说：“从洛阳北顾，极在正北。东海之上，去洛阳三千里，视极亦在北。推此以度，从流沙之地，视极亦必复在北焉。”[③]从东海之上到西方流沙之地，东西相距万里，观察北极星，都在正北。说明在东西方向上改变位置，观察北极星的方位，都在正北，没有什么变化。在南北方向上，观察北极星，情况就不同了。从洛阳看，北极星在地平线上 36 度处，即仰视角 36°。“从北塞下近仰视斗极，且在人上。”[④]在北部边疆观察北极星和北斗七星，差不多都快到人的头顶上了。这就是说，在南北方向的不同位置上观察北极星，北极星的位置有很大变化。地处北方，北极星的位置较高，地处南方，北极

① 《浑天法》，见《唐文粹》卷五。

② 《论语·为政》。

③ 《论衡·谈天》。

④ 《论衡·说日》。

星的位置较低。这本来是天文学上很有意义的重大发现，如果继续深入研究下去，就会发现北极星的视高度与地球的经度无关，只与纬度有关。纬度越高，即越往北方，北极星的视高度也越高。这种现象是当时的浑天说所解释不了的。浑天说认为北极出地三十六度，是到处不变的，全天下一致的。大约又过了六百年，到了唐代，天文学家南宫说和僧一行才进行实地测量，并且计算出北极星的视高度与地面南北距离的关系，即南北地距 351.27 里，北极星高度相差一度。

科学总是发展的，不断积累的。王充观察北极星的发现是为科学进步作出了一点贡献。南宫说等人在王充发现的基础上又前进了一步，实测了子午线的长度。这是世界上第一次对子午线的实测，虽然还不精确，仍然是有重大意义的。可是，与南宫说同时代的卢肇讥笑王充"徒肆谈天，失之极远"，他自己却提出了这样见解："日付于天，天左旋，入海，而日随之"；"日之入海，其必然之理"[①]。在王充之后几百年，还在侃侃而谈天日入海是"必然之理"。卢肇虽然自以为"谈天"并非"徒肆"，而实际上却比王充"失之"更远！王充谈天还有价值，而卢肇"高见"纯属空谈，时过六百多年，没有丝毫长进，反而后退了。有卢肇这种自视甚高又无实学的人作反衬，王充更显得是科学史上了不起的人物了。

（二）对"尧射十日"的解释

神话故事说尧派羿去射十日。对这个"十日"有各种不同

① 《海潮赋》序，见《唐文粹》卷五。

的理解。神话中说天上出现了十个太阳，即金乌。万物被晒得焦枯。羿神通广大，箭术高强，竟射掉九个太阳，仅留一个太阳。有人以天人感应说附会神话，说是尧的精诚感天灭日。有人却说“十日”就是一旬十天。后来又有人猜想“十日”代表十个部落的酋长，尧派羿去消灭别的酋长，只留下尧这个唯一的“日”。

王充不同意这些见解，认为羿射日是不可能的，精诚感天灭日更是荒诞无稽。他认为所谓十日，“似日非实日也”①。多出来的九个日，只是像日，实际上不是日。李约瑟博士认为王充这种解释，“更合乎情理”②，因为它与现代所谓日晕和幻日的现象正相符合。李约瑟博士本人见过日晕现象，又看到过我国明代绘制的日晕图，联系起来考察，肯定了王充“似日非实日”的说法。对于神话故事，王充不是从迷信而是从科学的角度去理解，这正是这位古代唯物论哲学家的可贵之处。

（三）对大气层与星际空间的区别

大气层与星际空间在现代似乎不难区别，但在古代却不易区分。所以，李约瑟博士在引用王充《论衡·说日》篇中关于雨不从天降的一段话时说：“在一世纪时，人们还不能把大气中的循环和星际空间的辽远距离区别清楚”，而王充不仅对“水的循环了解很清楚”，而且“对山在降水过程中所起作用的

① 《论衡·说日》。

② 《中国科学技术史》第四卷第738页，科学出版社，1975年版。

范围作了评价”①。在《说日》篇中，王充还有这么一段话：“月行与日同，亦皆附天。何以验之？验之以云。云不附天，常止于所处，使不附天，亦当自止其处。由此言之，日行附天明矣。”他认为日月都附着在天体上，随天旋转，不能停止，而云不附着在天体上，因此会随时停止在某一地方。这一段话更能说明王充对在天和不在天的区别，即大气层和星际空间的区别，确实是比较清楚的。

（四）对潮汐成因的认识

人们接触大海以后，就会发现潮汐现象。但是，对于潮汐是怎么产生的？有什么规律？人们经过了探索的历程。开始，古人猜想有一只巨大的海鰌进入海底的大洞穴，洞穴中的水被排挤出来，海水就急剧上涨了。当海鰌出来时，海水又都流入大洞穴，这时海水就退潮了。②

春秋时代，吴国大将伍子胥受屈而死。据说吴王夫差不听子胥的忠谏，还把子胥的尸体煮烂以后，装在皮制的口袋“鸱夷”里，然后扔到江里去。后来，人们就把潮汐现象与伍子胥之死联系起来，说是伍子胥的冤魂“驱水为涛”，产生了海潮。

西汉时代，文学家枚乘（生年不详，卒于公元前 140 年）在

---

① 《中国科学技术史》第四卷第 718 页。

② 晋代周处《风土记》和南宋赵彦卫《云麓漫抄》都曾引用过《山海经》的这一说法，明代瞿景淳《潮汐》也说：“吾求之《山海经》，以为海鰌之出入……盖以鰌出而水潮，鰌入而海汐也。”见《广古今议论参》卷四第 13 页，明崇祯壬午（公元 1642 年）刻本。但今本《山海经》已无此文。

《七发》赋中对广陵曲江[1]的潮水作了形象的描述，但对于潮水究竟是怎么一回事，他不了解，也不见于记载。他把“江水逆流，海水上潮”，列为“似神而非者”。就是说，海潮尽管神奇，但绝不是神所推动的。

王充提出：“涛之起也，随月盛衰，小大、满损不齐同。”就是说，海潮随月亮升降，大潮、小潮也随月相的圆缺而变化。枚乘说潮汐不是神的推动，而王充则从逻辑上反复驳难伍子胥“驱水为涛”的说法，比枚乘有了进一步的发展。枚乘没有作正面解释，王充认为潮汐是由月亮决定的。另外，《吕氏春秋》、《淮南子》等书都根据阴阳学说，指出月亮对海潮的作用。据现有资料来看，王充是中国历史上第一次提出月亮对海潮的影响作用。王充生活在浙江近海的上虞县，对古代的吴国、越国的地界比较熟悉，对当时的河流、海潮情况也比较了解，所以才能作出具体切实的分析，得出正确的结论。

值得注意的是，王充把潮汐现象比作人体中的血脉流动，他说：“夫地之有百川也，犹人之有血脉也。血脉流行，泛扬动静，自有节度。百川亦然，其朝夕往来，犹人之呼吸气出入也。”[2]血脉和潮汐一样，都在“自有节度”即有规律的往来流动着。这里有一个巧合。公元1世纪中国的哲学家王充用血流动来比喻潮汐现象，而公元2世纪古罗马的医生盖伦（公元129—200年）用潮汐现象来比喻血循环。远隔万里，所见略同！

---

① 枚乘是淮阴（今属江苏省）人。广陵曲江，据清代汪中、梁章钜等人考证，即在今江苏扬州城外。今已不存。

② 《论衡·书虚》。

王充的科学见解还得到英国人、著名的科技史专家李约瑟博士的称道。李约瑟博士把王充驳斥关于伍子胥冤魂驱水为涛的传说的那段话，完整地引录在他的巨著《中国科学技术史》一书中，并分十八节，各加按语。同时，李约瑟博士还说："到了公元一世纪，王充就已在他的《论衡》一书中清楚地指明了潮汐对月亮的依赖关系了。他的整段话提供了一个极其值得注意的例子，说明这位伟大的怀疑论者是怎样把一种民间迷信批驳得体无完肤，所以，我希望读者原谅我把它全部引用在这里。"①

为了说明王充的思路，我们把这段文字的梗概介绍一下。王充认为伍子胥冤魂驱水为涛是虚妄的，因为在伍子胥死之前，潮汐现象就已经存在了，怎么会是他的冤魂推动的呢？冤屈他的是吴王夫差，那他为什么也到吴国之外去为涛呢？现在吴国和越国的江水都有潮汐现象。而且，吴王夫差早已死去，吴国也已灭亡，那他为什么还"为涛不止"呢？仇不是已经报了吗？另外，屈原投江，申徒狄蹈河，子路受菹，彭越获烹，他们都不会驱水为涛，为什么独独伍子胥与众不同呢？伍子胥生前不能自保，抛入锅中烧煮的时候也不会发作，为什么要等到扔到江里才为涛呢？像伍子胥这样的猛将有千百人，驾着舟船，也无法掀起大海的波涛，已经煮烂了的伍子胥一副骨头怎么能有那么大的力量呢？王充的反驳，确实能使"驱水为涛"说"体无完肤"！

王充认为三江②高潮与地形有关。他说："溪谷之深，流者

① 《中国科学技术史》第762页。
② 三江指钱塘江、山阴江和上虞江。

安洋。浅多沙石,激扬为濑。”溪谷深的地方,水流就平静。浅而且石头多的地方,水流就急促翻腾。同样道理,海潮“其发海中之时,漾驰而已;入三江之中,殆小浅狭,水激沸起,故腾为涛”。潮水进入狭隘又浅的三江,水就翻腾起来成为巨大的波涛。但是,即使进入三江,也是“岸沸踊,中央无声”,岸边翻腾,三江中间水深处并不像岸边那样汹涌澎湃。这一见解也是正确的。江涛大小与地形有关。

在唐会昌年间(841—846)中过状元的卢肇曾经讥笑王充的谈天。他对潮汐的原因也有“高见”,说是“日激水而潮生”,太阳随天体出入大海时激起来的波涛,形成潮水。因此他认为潮水是依赖太阳而发生的,“潮之生因乎日也”,“海潮之生兮自日”[①]。太阳早出东方,暮入西方,时间比较稳定,而潮水涨落的时间却是不断变化的。阴历初八早晨涨潮,十五是中午涨潮,十五至二十二下午涨潮。太阳当然没有下午出于东海的,也没有于中午入于西海的。关于这一点,北宋科学家沈括有中肯的批评:“卢肇论海潮,以谓‘日出没所激而成’,此极无理。若因日出没,当每日有常,安得复有早晚?”[②]

卢肇中过状元,少年得志,不可一世,自谓“向道是龙人不信,果然夺得锦标归”。对许多问题没有进行扎实的研究,随便议论,妄下断语,目空一切,轻议古今。中了状元的多没有真才实学,高贵者最愚蠢,都在卢肇身上有所体现。而像王充这样布衣之士,无任何凭借,只能靠自己的扎实研究,靠自己的理论力量。这里体现出卑贱者最聪明的道理。高贵者若能

---

① 《海潮赋并序》。

② 《梦溪笔谈·补笔谈》卷二第 931 页,古典文学出版社,1957 年。

深入研究，绝不会愚蠢。而卑贱者甘于寂寞，无所作为，也不会聪明。

（五）持右旋说的观点

关于日月五星的运行方向问题，古人有两种截然相反的见解，即左旋说和右旋说。天是从东向西左旋的，认为日月五星也顺着天的旋转方向运行，即从东向西左旋。这就是左旋说。另一种认为天是左旋的，日月五星迎着天，从西向东右旋。这是右旋说。左旋说认为天运行最快，每天旋转一周，日运行较慢，每天慢一度，一年慢了三百六十五度多，又回到自己原来的位置。月亮运行更慢，一天慢了十三度多，二十九天左右就落后了一圈，回到原来的位置。右旋说认为天每昼夜左旋一周，而日月五星附着在天体上，被天体带着左旋，而它们却是从西向东右旋的，太阳一昼夜行一度，月亮一昼夜行十三度多，五星运行距离不等。这两种说法，对于周日视运动来说，都可以说得通。但是对于周年视运动来说，左旋说不能说明日在恒星天上的南北移动引起寒暑的变化，而右旋说则能说明。所以说，右旋说比左旋说有较多的合理性，它不仅反映了地球的自转运动，而且也反映了地球的公转运动。

从现有的资料来看，这两说的斗争从西汉就开始了。那时出现一本书叫《夏历》。《夏历》认为日月和列宿都是从东向西左旋的，列宿最快，日稍慢，月更慢。这是左旋说观点。当时的学者刘向（公元前 77—前 6 年）根据《鸿范传》的说法提出反驳，认为《夏历》中的左旋说是不能成立的。《夏历》的说法违背了《鸿范传》的思想，看来，《夏历》是喜欢怪异的人编造出来的[①]。

天文学家经过长期观测研究以后才提出右旋说的。提到"日日行一度，月日行十三度余"的，都是从右旋说中接受来的观点。但是，现存资料中，最早用最明确的语言、最通俗的比喻来正面阐明右旋说观点的是王充《论衡》。《论衡·说日》云："天左旋，日月之行……系于天，随天四时转行也。其喻若蚁行于硙上，日月行迟天行疾，天持日月转，故日月实东行而反西旋也。"天左旋，即西旋。日月东行，即右旋。为什么人们见到日月东升西落，即西旋呢？他说："日行一度，月行十三度"，而天行三百六十五度，"日月行迟天行疾"。日月附着在天体上，"天持日月转"，"日月随天四时转行"。所以日月虽然右旋，却被天体持着左旋。就像蚂蚁在磨石上爬，蚂蚁爬得慢，磨转得快，蚂蚁也随着磨转。硙即磨石。《晋书·天文志》引用"周髀家"的右旋说观点时，也是用蚂蚁在磨石上爬来作比喻的。书载："周髀家云：'……天旁转如推磨而左行，日月右行，随天左转，故日月实东行，而天牵之以西没。譬之于蚁行磨石之上，磨左旋而蚁右去，磨疾而蚁迟，故不得不随磨以左回焉。……'"他们把

① 《宋书·天文志》载："刘向《五纪》说，《夏历》以为列宿日月皆西移，列宿疾而日次之，月最迟。故日与列宿昏俱入西方；后九十一日，是宿在北方；又九十一日，是宿在东方；九十一日，在南方。此明日行迟于列宿也。月生三日，日入而月见西方；至十五日，日入而月见东方；将晦，日未出，乃见东方。以此明月行之迟于日，而皆西行也。向难之以《鸿范传》曰：'晦而月见西方，谓之朓。朓，疾也。朔而月见东方，谓之侧匿。侧匿，迟不敢进也。星辰西行，史官谓之逆行。此三说，《夏历》皆违之，迹其意，好异者之所作也。'"郑文光以为刘向依据《夏历》提出左旋说，这实在是弄颠倒了。见《中国天文学源流》第 117 页，科学出版社，1979 年。

王充的右旋说比喻当作周髀家的观点。在作者心目中，王充可能就是周髀家的代表人物。

王充天论是复杂丰富的。既有反迷信的自然论，又有机械的宿命论。还有许多科学创见。英国人李约瑟博士在《中国科学技术史》中反复大量地引用《论衡》中的话，并给予高度的评价。中国现代天文学家陈遵妫先生也在《中国天文学史》中称《论衡》为“哲学思想和天文知识相结合的著作”①。王充许多论述包含深刻的哲理，这是“好之者终不绝”②的根本原因。甚至到了“科学时代”的今天，也还能引起一些学者的“无限的感悟”③。王充天论的学术价值以及对后世的深远影响，于此可见一斑。

① 陈遵妫《中国天文学史》第一册，222页。

② 《四库全书总目》卷一二〇《子部杂家类·论衡》。

③ 陈丽桂《王充》。

第五章　气　论

在王充哲学中，气是重要的概念。研究王充气的理论，是探讨他的哲学思想的重要内容。

一、无形实在

气是很复杂的概念，各个哲学家赋予它的含义也不尽相同。要了解王充赋予气的含义，自然要从王充的许许多多对气的论述中去探讨、寻觅，而不应该用别人对气的界定来解说王充的气论。这是对中国哲学概念进行具体分析的起码要求。

首先，王充经常把气和有形体的物相对为言。例如，他说：

> 非物则气。①

① 《论衡·纪妖》。

不为物，则为气矣。①

非形体则气。②

无体则气。③ 气不圆。④

食气者不食物，食物者不食气。⑤

薏苡，草也；燕卵，鸟也；大人迹，土也。三者皆形，非气也，安能生人？⑥

天主施气，地主产物……今谷非气所生，须土以成。⑦

从以上这些论述来看，在王充的心目中，气是无形体的，与有形体的物相区别。气与物共同构成客观世界。

其次，关于无形体的气和有形体的物的关系问题。王充认为，气和物是可分可合的，分开时，气若云烟，物体乃玉石之类。合起来时就形成含气之类的物体。生物体就是含气的体。人体就是含气的生物体，王充有较多的论述。他说："夫生人之精在于身中，死则在于身外。"⑧这个精就是指精气，是气的一种。生人的精气在于身中，就像"火之在炉，水之在沟"，"人之精神藏于形体之内，犹粟米在囊橐之中也"。⑨气与形体又是相互结合相互依赖的，"形须气而成，气须形而知"。

---

①⑧⑨ 《论衡·论死》。

② 《论衡·卜筮》。

③ 《论衡·祀义》。

④ 《论衡·说日》。

⑤ 《论衡·道虚》。

⑥ 《论衡·奇怪》。

⑦ 《论衡·感虚》。

人死以后，气与形体就分离开，“人死精亡而形存”。精气消散于空间，而形体还存在一段时间，以后也就朽败，而成为土灰。“形体坏烂，精神散亡”。另外，王充认为，生物体跟玉石之类的物体还不同。他认为生物体是地的阴气组成的。他有时称为“形”、“体”，有时又称为“阴气”或气。如说：

> 夫人所以生者，阴阳气也。阴气主为骨肉，阳气主为精神。人之生也，阴阳气具，故骨肉坚、精气盛。精气为知，骨肉为强。①

这里的阳气就是精气，起着“精神”和“知”的作用。而“骨肉”就是形体，是阴气组成的。因此，他又说：

> 阴阳之气，凝而为人。
> 气之生人，犹水之为冰也。水凝为冰，气凝为人。
> 气为形体。②

联系上述的观点，王充认为，形成形体的那种气是阴气。这些形体仅限于生物体，不包括玉石之类的无生命的固体。不是所有的气都可以组合成一切形体。

第三，王充认为，气是自然的、没有意识的。王充说：气像云雾那样，不能饮食，“不能饮食则无腹肠，无腹肠则无用喜

① 《论衡·订鬼》。
② 《论衡·论死》。

怒，无用喜怒则无用为祸福矣。”[①]气没有腹肠，不会饮食，所以也就没有喜怒这种感情和为祸福的意识。他常说：“气自然”，都是肯定气是无意识的。但精神又是气产生的，在人体中，“阳气主为精神”[②]。精气必须在人体中才产生精神的作用，当精气在虚空时则是无知的本来状态。人死以后，精气就脱离形体，“归无知之本”。因此说，“气须形而知”。气没有形，气就没有精神作用。结论是“精神依倚形体”。这在以后还要详细讨论，此处不赘。

第四，王充认为，天地通过气产生万物，影响万物。

古代天命论以为天能够直接遥控着人世间，主宰着社会的变迁和人类的命运。战国时代的荀子批判了这种天命论，提出“天人相分说”，认为世间的吉凶祸福与上天无关。西汉董仲舒利用自然灾害给人类造成的不幸，提出“灾异谴告说”，进一步编造出“天人感应论”，认为天通过气与人进行精神感应。王充认为，天地和气都是无意识的，天地通过气对万物和人产生影响也都是自然的。他说：“天之动行也，施气也，体动气乃出，物乃生矣。”[③]又说：“天气变于上，人物应于下矣。”天感人是自然的，人的精神不能感天，这就使他的感应论建立在了唯物主义的基础上，并将气作为感应的中介物（或称媒介）。

现代科学证明，任何间接作用，都需要有中介物。牛顿所谓的“超距作用”是不存在的。万有引力也是通过引力场这种客观存在的中介物来传递的。光、声、电、磁以及弱相互作用、

① 《论衡·祀义》。
② 《论衡·订鬼》。
③ 《论衡·自然》。

强相互作用，也都毫无例外地通过各种不同的中介物来传递。太阳也是通过辐射、引力场、太阳风等一系列中介物来影响地球的。两千年前的汉代自然科学已经发现了许多自然现象之间的必然联系，但是，科学家们似乎还没有对中介问题作出过概括。这种概括是由哲学家首先作出的。董仲舒作了唯心的概括，而王充作了唯物的概括。由于当时科学水平的限制，他们还不可能认识磁场、引力场、中间玻色子和胶子这些物质，所以，他们只能把这些中介物笼统地称之为"气"。王充当然不可能科学地阐述这些科学的问题，但他毕竟猜着了自然界中存在着各种作用、影响和联系。它们又是通过无形体的、感觉不到的"气"这种中介物来传递的。"在哲学中几百年前就已经提出了的，早已在哲学上被废弃了的命题，常常在研究理论的自然科学家那里作为全新的智慧出现，而且在一个时候甚至成为时髦的东西。"①这里不是也存在类似情况吗？不过，应该指出，哲学家所提出的命题往往是思辨性的、猜测性的，尽管有的是天才的猜测，毕竟都缺乏坚实的科学依据。而科学家则不然。他们立论的前提却是科学实践，因此他们的命题是有坚实的基础的。

最后，王充认为，气的本质是不变的。他说："天不变易，气不改更。"②又说：气是"古今不异"，"万世若一"的。他认为气是运动的，"气有升降"③，"下气蒸上，上气降下"④。气在

① 恩格斯《自然辩证法》，《马克思恩格斯选集》第 3 卷第 466 页，人民出版社，1972 年版。

② 《论衡 · 齐世》。

③ 《论衡 · 寒温》。

④ 《论衡 · 自然》。

空间流行,“毒气流行”[1],“精气之行与云烟等”,“天地之气尤疾速者,飘风也”[2]。

总之,王充认为,气是一种没有形体的物质性的东西。它没有意识,是天地派生万物、影响万物的中介物。气渗透于生物体中,起着各种各样的作用,因而可以用气来解释生物体的性质和变化。气还是自然现象的原因和动力,是社会现象背后的决定因素。所以,可以用气来说明自然现象和社会现象。这就使他的气成为万能的说明工具,而他的气论也因而具有独特的、相当丰富的哲学内容。

二、等类级差

王充认为,天地通过气派生万物,而万物的不同,从根本上说都是由于它们所禀的气的质量和数量上的差异。天下万物千差万别,气也相应地有了万别千差。我们将王充所讲的在不同层次上有代表性的几种特殊的气作一次分析,就可以了解他是在什么样的意义上使用这些概念,同时可以认识到他的气论是与别人不一样的。

---

① 《论衡·言毒》。

② 《论衡·纪妖》。

(一)元　　气

元是开始的意思①。战国后期,元与气产生一定关系,如《吕氏春秋·应同》称“与元同气”。大约在西汉时代出现“元气”这个词。开始可能还是在医学意义上使用的,如董仲舒把国君“布恩施惠”给百姓比作“若元气之流皮毛腠理”②,后来,一些思想家认为天地是由气演化成的,而把演化天地的那种原始的气称作“元气”。这种思想先出现于西汉后期的纬书中,如《春秋元命苞》讲:“元者,气之始也。”《河图括地象》说:“元气无形,汹汹隆隆,偃者为地,伏者为天。”后来,由东汉中期的王符把这些思想整理成系统的元气一元论。王充虽然也引“说《易》者”的话说:“元气未分,浑沌为一。”又引儒书之言:“溟涬濛澒,气未分之类也。及其分离,清者为天,浊者为地。”③他只承认这些说法可备一说,“殆有所见”,但他没有接受这种观点。他的元气论是从医学意义扩大到生物学意义,形成了他的系统观点。

首先,王充所说的元气不是宇宙的本原。他说:“人禀元气

---

① 《汉书·律历志》引《书序》曰:“成汤既没,太甲元年,使伊尹作《伊训》。”《伊训》有“惟太甲元年”。周朝《舀鼎铭》有“佳(惟)王元年”。《春秋经》云“隐公元年”。《公羊传》:“‘元年’者何?君之始年也。”西汉董仲舒《春秋繁露·王道》:“元者,始也。”孔颖达《周易正义》引《子夏传》云:“元,始也。”《说文解字》:“元,始也。”

② 《春秋繁露·天地之行》。

③ 《论衡·谈天》。

于天”[1]。人是从天那里禀受到元气的,说明天比元气更根本。他又说:“元气,天地之精微也。”[2]元气是天地之气中比较精微的一种气。

其次,王充认为,天地通过元气来生万物。他说:“天覆于上,地偃于下,下气蒸上,上气降下,万物自生其中间矣。”[3]上气就是天气,下气就是地气。这两种气上下交互结合,就自然生出万物来。也就是说:“天地合气,万物自生。”[4]他又说:“万物之生,皆禀元气。”[5]元气是天地精微之气。这说明元气包含在天地之气中,是化生万物的重要元素。

第三,王充所说元气化生的“万物”只是生物,不包括非生物。他说:“俱禀元气,或独为人,或为禽兽”[6],“草生,地气自出之也”[7]。“禀元气”而生的“万物”包括人和动物、植物。他又说:“草木之生者湿,湿者重,死者枯。枯而轻者易举,湿而重者难移也。然元气所在,在生不在枯。”[8]元气只存在于生长着的草木里,不在枯木干草之中。人和动物禀元气而生,“既死,复归元气”[9]。人死后,人身中的元气就恢复本来状态,回到天地之间去。动物当然也应如此。枯木干草没有元气,人和动物的遗体也没有元气,没有生命的那些物体如石头,当然也就没有元气。

关于元气和天地的关系问题。冯友兰说:“王充说:‘天禀元气,人受元精’。照这个说法,元气在天之先;天禀受元气。

① 《论衡·无形》。
② 《论衡·四讳》。
③④ 《论衡·自然》。
⑤ 《论衡·言毒》。
⑥⑦⑧⑨ 《论衡·幸偶》、《讲瑞》、《状留》、《论死》。

但他又说:'元气,天地之精微也',这又是认为天地比气更根本。"天地和元气究竟是个什么样的关系,在王充的体系中还是不很明确。[①] 冯先生把王充的"天禀元气"理解为"天禀受元气"。于是,元气就在天之先,天地与元气的关系就"不很明确"了。

"禀"字在古代有两解,可以作"承受"解,也可以作"给予"[②]解。作"承受"解,就出现了似乎矛盾的说法,使理论不很明确;如果改作"给予"解,那将产生什么情况呢? 一要看能否解决矛盾的说法,二要看此解与上下文是否协调通顺。

"天禀元气",禀作"给予"解,那相当于天施元气。天施元气和人禀受元气于天,完全统一起来。王充的说法就不相抵触了,他的理论也就很明确了。

禀作"给予"解,在《论衡》中是否协调通顺呢? 我们可以考察一下。王充在《论衡》中,用"禀"以"给予"的意义,使用过三次:

(1) 能致太平者,圣人也。世儒何以谓世未有圣人? 天之禀气,岂为前世者渥,后世者泊哉![③]

---

① 《中国哲学史新编》第2册第255页,人民出版社,1964年6月。

② 《仪礼·聘礼》:"饩之以其礼"。郑玄注:"饩,犹禀也,给也。"《汉书·文帝纪》:"今闻吏禀当受鬻者,或以陈粟,岂称养老之意哉?"颜师古注:"禀,给也,"《后汉书·张禹传》:"禹上疏求入三岁租税,以助郡国禀假。"李贤注:"禀,给也。"《说文解字·亩部》:"稟,赐谷也。"赐谷也是一种"给予"。《世说新语·排调》刘孝标注引《张敏集·头责子羽》文:"大块禀我以精,造我以形。"此"禀"亦为"赋予"义。

③ 《论衡·宣汉》。

在这里,“禀”就是“施”、“给”的意思。如果作为“承受”的意义,那么,这一段话就讲不通了。

> (2) 俱禀元气,或独为人,或为禽兽;并为人,或贵或贱,或贫或富;富或累金,贫或乞食;贵至封侯,贱至奴仆。非天禀施有左右也,人物受性在厚薄也。[①]

“禀施”在这里是同义词叠用,或称“同义并列关系”。王充认为:人和动物之所以不同,不在施气的一方,而在受气的一方,不是天所施的气有什么差别,而是人和动物所受的气厚薄的不同。这么理解,这段话就明白易晓。如果释“禀”为“受”,那就说不清楚了。

> (3) 俗好高古而称所闻。前人之业,菜果甘甜;后人新造,蜜酪辛苦。长生家在会稽,生在今世,文章虽奇,论者犹谓稚于前人。天禀元气,人受元精,岂为古今者差杀哉![②]

这一段话的大意是:天施放元气,人禀受元气中的精微部分,即精气,产生了精神。同样禀受了上天施放的元气中的精气,人的精神也应该是一样的,怎么会有古今的差别呢?只是世俗喜欢推崇古代称颂传闻,所以古人的普通文章也被夸

---

① 《论衡·幸偶》。

② 《论衡·超奇》。

为佳作，而今人的好文章却被贬为劣品。即使像周长生的那些出类拔萃的佳作，就由于是今人所作，议论的人就认为它还比不上古人作品。这里说的都是人间的古今事，讲天承受元气就没有任何意义。因此，这个"禀"也只能作"施"、"给"解。

《参同契·阴阳精气章第十五》："阳禀阴受，雄雌相须。"《男女相胥章第二十六》："男动外施，女静内藏。"在这里，禀与受，施与藏，都是相对为言的。王充讲"天禀元气，人受元精"，禀与受也正是这种相对为言的。

以上三段话有一个共同的思想，就是天施放元气，人和动物承受元气。这种思想跟他的宇宙观体系是完全一致的。如果孤立地看"天禀元气"这句话，显然可以作两种理解。只要将它放在上下文中去，就只能有一种理解。再联系他的整个思想体系，就会得到进一步证实。"天禀元气"的"禀"作"给予"解，才符合王充的本意。王充的"天禀""人受"与《参同契》上的"阳禀阴受"是一致的用法。在这里，"禀"作为"给予"解，是不容置疑的。

张岱年先生讲到扬雄哲学时说："玄是'发气'的，是气的来源"，玄"不是指气"。[①] 同样道理，王充讲"天施气"，天不是气，而是气的来源。很显然，在王充的哲学体系中天比气更根本，天是气的来源，即本原。元气只是气中比较精微的部分。它与生命联系在一起，是一切生物的物质基础。

可见，王充没有把元气作为宇宙的本原，也不认为一切自然物都是由元气所构成的。因此，我们没有理由用"元气"这个概念来概括王充的宇宙观或自然观。所谓元气一元论，元气

---

① 《中国古代著名哲学家评传》续编一《扬雄》。

自然论，对于王充哲学来说，都是不确切的。王充元气论，实际上是一种元气生命观，而不是宇宙观或自然观。

（二）精 气

中国古人很注意对万物的分类。阴阳论把自然物分为两大类，一类属阴性，一类属阳性。五行论将一切自然物分属于金、木、水、火、土五大类。还有三才、八卦、十端等各种分法。荀子按物质的发展程度分为四等："水火有气而无生，草木有生而无知，禽兽有知而无义，人有气、有生、有知，亦且有义，故最为天下贵也。"[①]但他没有说明四个不同层次的内在原因。王充根据气论企图对其内在原因作出说明。他认为，玉石之类是体，不是气，所以是沉重坚硬的固体；水火云烟之类是气，容易流动，善于变化，飘浮不定，由于不像元气那么精微，所以没有生命。生长着的草木含有元气，所以有生命，能够生长，有荣枯的变化。但是，草木是含地气而生，由于地气中的元气和天气中的元气毕竟不同，所以草木虽有生命，却不像禀了天气中的元气而生的禽兽和人那样有知。他说："天主施气，地主产物。有叶、实可啄食者，皆地所生，非天所为也。今谷非气所生，须土以成。"[②]这里说的气专指天气，就是说草木不是天气生的，而是地气生的。"草生，地气自出之也。"[③]人和动物都是禀了天气中的元气而生的，所以比草木又高出一等。人和动物虽

① 《荀子·王制》。
② 《论衡·感虚》。
③ 《论衡·讲瑞》。

然都禀天的元气而生，由于“受性有厚薄”，因而也有很大差别。人比动物高贵主要表现在“识知”，有“智慧”[①]上，因为人所禀的天的元气比较渥厚。王充把这种比较渥厚的元气叫做“人气”或者“神气”，又称为“精气”。他说：

> 人未生，在元气之中，既死，复归元气。元气荒忽，人气在其中。
>
> 人用神气生，其死复归神气。
>
> 人之所以生者，精气也，死而精气灭。[②]

精气存在于元气之中，比一般元气要渥厚一些。它是人区别于其他动物的内在原因，是人之所以有识知、智慧的物质基础。所以，他又说：

> 夫人之所以生者，阴阳气也。阴气主为骨肉，阳气主为精神。人之生也，阴阳气具，故骨肉坚，精气盛。精气为知，骨肉为强，故精神言谈，形体固守。骨肉精神，合错相持，故能常见而不灭亡也。[③]

人气、神气、精气，都是阳气。精气为知，是说精气是人的知识、智慧的物质基础。精气和形体结合，才成为一个活人。这些内容在后面《形神论》中还要详细论述。此处不赘。

---

① 《论衡·辨祟》。
② 《论衡·论死》。
③ 《论衡·订鬼》。

（三）和 气

从战国到西汉，许多思想家都讲气之“和”的问题。《老子》四十二章有“冲气以为和”的说法，荀子在《天论》中说：“阴阳大化，风雨博施，万物各得其和以生，各得其养以成。”医书《黄帝内经》也多次讲到和，如说：“圣人陈阴阳，筋脉和同，骨髓坚固，气血皆从。如是则内外调和，邪不能害。”又说：“凡阴阳之要，阳密乃固……因而和之，是谓圣度。”①董仲舒认为“天有两和”，春分是“东方之和”，秋分是“西方之和”。“和者，天之正也，阴阳之平也，其气最良，物之所生也。”②和气指春分和秋分时节的温暖气候，不阴不阳，不冷不热，这是最适宜万物生长的环境。所以说：“德莫大于和。”《淮南子》关于“和”有比较系统的论述：

> 天地之气，莫大于和。和者，阴阳调，日夜分，而生物。春分而生，秋分而成。生之与成，必得和之精。故圣人之道，宽而栗，严而温，柔而直，猛而仁。太刚则折，太柔则卷。圣人正在刚柔之间，乃得道之本。积阴则沉，积阳则飞。阴阳相接，乃得成和。③
>
> 阴阳和而万物生矣。④

---

① 《素问·生气通天论》。

② 《春秋繁露·循天之道》。

③ 《淮南子·氾论》。

④ 《淮南子·泰族》。

《淮南子》认为和气是不偏阴也不偏阳的一种阴阳调和的气，这是天地之气中最高级也最适宜万物生长的气。医家认为人体中阴阳之气调和好了，邪气不能侵入，就不容易生病。总之，许多思想家都在赞颂和气，并把“和”称为“圣度”、“圣人之道”。

王充继承这些思想，把“和气”综合到他的体系中去，并给予适当的位置。

首先，王充把“和气”看作比精气更高级的一种气。他认为社会上最高级的人——圣人和自然界最高级的物——瑞物都是和气所生的。他说：

> 和气生圣人。①
>
> 天地气和，即生圣人。②
>
> 圣人禀和气。③
>
> 醴泉、朱草，和气所生。然则，凤凰、麒麟，亦和气所生也。④
>
> 瑞物皆起和气而生。⑤

也就是说，有幸遇到“和气”，“物生为瑞，人生为圣”⑥。

其次，能够生圣人和瑞物的和气究竟是什么呢？它是怎么产生的呢？王充有时采取《淮南子》等书中的说法，把和气

① 《论衡·指瑞》。
② 《论衡·齐世》。
③ 《论衡·气寿》。
④⑥ 《论衡·指瑞》。
⑤ 《论衡·讲瑞》。

当作阴阳之气调和得很适中的一种中和之气，如他说："瑞应之出……气和而生"。"气和而雨自集"[①]，"气和者养生，不和者伤害"[②]。有时，他也将气的变化和政治联系起来。他说：

> 夫瑞应犹灾变也。瑞以应善，灾以应恶，善恶虽反，其应一也。灾变无种，瑞应亦无类也。阴阳之气，天地之气也，遭善而为和，遇恶而为变，岂天地为善恶之政，更生和变之气乎？然则，瑞应之出，殆无种类，因善而起，气和而生。亦或时政平气和，众物变化，犹春则鹰变为鸠，秋则鸠化为鹰，蛇鼠之类辄为鱼鳖，虾蟆为鹑，雀为蜄蛤。物随气变，不可谓无。黄石为老父授张良书，去复为石也。儒知之。或时太平气和，獐为麒麟，鹄为凤皇。是故气性随时变化，岂必有常类哉？

这一段话可以归纳出三点意思：

一、政治良好，社会太平，世风属善，阴阳之气就因而变成和气。政劣世乱，阴阳之气遇恶就成为变气。政治善恶导致和气和变气的不同。这叫"气性随时变化"。

二、瑞应没有种类遗传，"因善而起，气和而生"。灾变也是这样，没有种类，应恶而生。这叫"物随气变"。

三、不管气随善恶变化，还是物随气性变化，都是自然感应的，没有意志主宰的。

---

① 《论衡·自然》。

② 《论衡·订鬼》。

王充这些思想跟董仲舒天人感应论很接近。董仲舒说："王正则元气和顺，风雨时，景星见，黄龙下。王不正则上变天，贼气并见。"①元气和顺，就是王充所谓和气。景星、黄龙，就是瑞物。贼气就是变气。所不同的是，董仲舒认为天是有意志的，对皇帝的权力有"予"、"夺"的威力。而王充认为这一切变化都是无意志的，自然而然的。所以他对秦汉时代的差异没有用天意来解释。如说：

> 秦始皇升封太山，遭雷雨之变，治未平，气未和。光武皇帝升封，天晏然无云，太平之应也，治平气应。光武之时，气和人安，物瑞等至。②

政治影响气候，气候影响万物。政治好，气就和，就容易产生圣人。但是，历史上的圣人往往生于衰世，这是为什么？王充解释说："衰世亦有和气，和气时生圣人。"③衰世也有和气，何世没有和气？衰世能出圣人，何世不出圣人？世世都可以出圣人，那么，圣人不就接踵而至、比比皆是了吗？而实际上圣人也不是那么多。就是他说的，在光武帝时，"气和人安"，又生了哪一个圣人呢？光武帝时代诞生的著名人物有史学家班固、文学家崔骃、外交家班超、天文历法家贾逵、才女班昭，还有哲学家王充自己。这些人都没有被时人或后人称为圣人。而在礼崩乐坏的东周时代产生了孔子，在战国乱世产生了亚圣孟子及

① 《春秋繁露·王道》。
② 《论衡·宣汉》。
③ 《论衡·指瑞》。

汉高祖刘邦。当西汉即将为新莽所篡的衰世末期却诞生了中兴英主刘秀。商汤生于夏桀之世，武王、周公生于商纣之时。“乱世英雄起四方”，圣人也多生于乱世。可见，王充的“和气生圣人”的说法缺乏事实根据，只是根据哲学体系的需要而虚构出来的。他的哲学体系如下。

王充认为一切气都是天地施放出来的，所以都叫天地之气。天地之气有一类比较精微的气，叫做元气。元气是生命的物质基础，因而是一切生物的组成要素。元气中又有一种比较渥厚的气，叫做精气。精气是人的精神的物质基础，因而也是人区别于其他生物的内在原因和重要成分。还有一种最高级的气，称为和气。和气是圣人和瑞物的物质基础。在王充的气论中，气分四等，即气——元气——精气——和气。它们分别是非生物、生物、人和圣人的内在原因和物质基础。王充就是用气的等级差别来说明物质发展程度的差别。

（四）光　气

王充讲到一种特殊的神秘的气——光气。光气是一种瑞应，是一部分特殊的人才能看见或者认识的气。例如，传说刘邦起义的时候，他所在地方的上空总有一种特殊的光气，吕雉就凭这种气，可以很容易地找到他。据说秦始皇也看到了这股光气，说是“天子气”，恐怕它将动摇秦朝统治，所以，亲自巡视东南，企图厌胜（制服）这股光气。项羽的军师范增也发现了这光气，于是向项羽提出：“吾令人望其气，气皆为龙，成五采，此皆天子之气也。急击之!”[1]秦始皇出巡,没有厌胜住光气,自己却中途丧命。项羽进击,没能扫荡天子气,自己却惨败自刎。后来,刘邦当了皇帝,说明“高祖之起,有天命焉”[2]。东汉光武帝刘秀出生时,据说也出现过“夜半无烛,空中光明”的奇景。这大概也是“天子之气”。苏伯阿望见刘秀的故里春陵“气郁郁葱葱”,还可以看到“气憧憧上属于天”[3]。这种特殊的气是一种瑞应,象征着未来的“真命天子”已经诞生。

现代科学发现,人体确实能够放射出一些光波,由于很微弱,也可能是因为波长在可见光之外,所以一般人是看不见这种生物光波的。但是,像上面那种“天子之气”却未必有。王充所讲的那种光气,他自己并没有见过,只是从各种书籍记载中看到的。书籍上虽然也记载过禹母吞薏苡而生禹,契母吞燕卵生了契,后稷母踩了大人的足迹才生了后稷,对于这些传说,王充是不相信的,但他对于“光气”似乎还比较相信,大概是由于这种说法与他的气论思想不相违背,而且可以作为有力的证据,因此信而不疑。他还把这种说法作为证明“命”确实存在的一种根据,他说:“凡人禀贵命于天,必有吉验见于地。见于地,故有天命也。验见非一,或以人物,或以祯祥,或以光气。”[4]这里说明“光气”是禀贵命的一种吉验。因此,他得出结论:

①④ 《论衡·吉验》。

② 《论衡·命义》。

③ 同上《恢国》。《后汉书·光武帝纪》:“后望气者苏伯阿为王莽使至南阳,遥见春陵郭,唶曰:‘气佳哉!郁郁葱葱然。’及始起兵,还春陵,远望舍南,火光赫然属天,有顷不见。”

> 盖天命当兴，圣王当出，……禀天光气，验不足言。创业龙兴，由微贱起于颠沛，若高祖、光武者，曷尝无天人神怪光显之验乎！①

王充认为，除了天子有“天子气”之外，其他人也有不同的“光气”。他说：“邑县吉安，长吏无患，虎匿不见；长吏且危，则虎入邑，行于民间。何则？长吏光气已消，都邑之地与野均也。”②地方官“长吏”快要倒霉的时候，他的“光气已消”。这样，老虎就把他管辖的都邑看作跟野地一样，到那里去随便走走。如果“长吏无患”，那么，老虎就会躲起来，不敢到有“光气”的地方去。老虎怎么看到哪儿有“光气”呢？王充怎么知道老虎不敢去有“光气”的地方呢？显然十分荒谬。王充还从这个荒谬推出其他荒谬来。他说：“推此以论，虎所食人，亦命时也。命讫时衰，光气去身，视肉犹尸也，故虎食之。”虎食人，也是因为这个人该倒霉了，身上没有那种“光气”，身体就像尸体一样，老虎才吃了他。再往前推一步，“古今凶验，非唯虎也，野物皆然。”王充把“鹿走上阶”、“鸜鹆来巢”、“鵩鸟集合”、“狐鸣屋上”、“羊伏厅下”、“野鸟入宅”、“草虫入邑”等都看作是“凶验”。并且说这些都不过是明显的例子，“等类众多，行事比肩，略举较著，以定实验也。”③结论是：为变应上天。王充把那些偶然现象的发生说成是由于“光气”的有无，而“光气”的有无又是应上天而发生的变化。这样，他就把偶然现象

---

① 《论衡·吉验》。
② 《论衡·遭虎》。
③ 《论衡·遭虎》。

纳入必然的天命论中去了。

与瑞应的“光气”相对应的是象征着灾异的“祆气”。王充说:“国且亡,……祆见于天”[①]。“祆气”是什么呢? 王充也没有见过,他只是根据古书记载,说是“绋然之气见,宋、卫、陈、郑灾”[②]。“绋然之气”出现于上空,那四个诸侯国都要发生灾害。可见,“绋然之气”就是“祆气”的一种形态。这种形态的“祆气”是可以看见的,但是,历史上关于“祆气”的记载不多,所以王充对“祆气”也没有过多的阐述。即使如此,我们也可以看到王充在讲“光气”、“祆气”时,带有浓厚的迷信色彩。

总之,王充要用“气”来说明一切事物的性质和命运,解释一切事物发展变化的原因和结果,也就是说,一切现象的原因都归结到气上去。因此,无比复杂的事物及其运动,使气也就相应地有着复杂的类别。除了以上几种气外,还有许多气。按阴阳分,有阴气、阳气、太阳之气;按天地分,有天气、地气;天气中有日气、月气、星气、风气,各种星又各自有气,如岁星有“太岁之气”[③]。打雷也是天气。地气则有五行之气,如土气、水气、火气等。“云气出于丘山,降散则为雨”,“冬日寒则雨凝而为雪”[④]。可见,云气虽在空中,却属于地气,是地气上去的。此外,还有境内之气,陵上之气等。在季节气候方面还有岁气、时气、节气、春气、夏气、秋气、冬气、温气、湿气、温烈气、热气、旱气、寒气等。各种生物又有各自的气,如凤凰之气、蜚鸾之气、

① 《论衡·变虚》。

② 《论衡·变动》。

③ 《论衡·难岁》。

④ 《论衡·感虚》。

百药之气、肴食之气、黍谷之气、物气。人有人气，因人而异，又有天子之气、贵人之气、善人之气，还有父气、母气、女气。人的心情方面则有喜怒之气、善恶之气、勇气、仁气、欢气。有害的气可以列为一大类，如说过的袄气、腥气、火气、妖祥之气，后面还要讲到的厉气、毒气、邪气，此外，还有害气、祸气、刑气、激气、相杀之气、死囚之气、灾异之气、得病之气。从以上所列的这些种类繁多的气来看，王充气论确实具有丰富的内容和相当庞大的体系。在他的气论体系中，一切气不归于阴，则归于阳，再就是阴阳结合的气。但是说到底，全都属于天地之气。

三、气属自然

气是无形体，看不见，易流动的。在科学还很不发达的时候，用气来解释一切事物的性质、运动和变化，解释各种现象之间的联系，有一定的合理性和很大的适应性。王充就是用气的作用来代替现实的，尚未认识的事物的本质联系，来说明自然现象，人体活动，人生祸福、天下治乱等一系列问题的。

王充把自然现象看作是气自然作用的结果。例如：陨星，他说是“气为之也”[1]。他认为晴天雨天都是“天之运气”，“天之运气，时当自然”[2]，旱涝都是“自然之气也”[3]。阴阳不和，发生灾异，是“气自然”。日食月食也是“气自然也”[4]。灾变时至，“气自为之”[5]。“隆冬之月，寒气用事，水凝为冰，逾春气

①④ 《论衡·说日》。
② 《论衡·明雩》。
③ 《论衡·感类》。
⑤ 《论衡·自然》。

温，冰释为水。"[①]冰水的转化就是寒温之气作用的结果。人受了凉气，肚子痛，怎么回事呢？"气自为之"。人患了病，脸色变了，为什么呢？"气变之见，殆自然也"[②]。王充认为胚胎的发育过程也是自然的，他说："夫妇合气，子自生矣"，"子在母怀中，父不能知也"，"母怀子气，十月而生，鼻、口、耳、目、发肤、毛理、血脉、脂腴、骨节、爪齿，自然成腹中"[③]。婴儿是"子气"在母腹中自然发育形成的，父亲是不知道的，也是无能为力的。这个"子气"实际上就是夫妇合气产生的"受精卵"，即胚胎。这种自然形成仍然是种类相产的。按生物的种类遗传繁衍生息。

王充有时也主张一种无种类的"自然发生说"。例如他说："山顶之溪，不通江湖，然而有鱼，水精自为之也；废庭坏殿，基上草生，地气自出之也。按溪水之鱼，殿基上之草，无类而出。"[④]这就是说，山顶小溪里的鱼是水中精微之气自然产生的，因为小溪不通别的江河湖泊；破旧殿堂里长出草来，是地气自然长出来的，因为没人到那里撒种。这很像 19 世纪欧洲一些学者主张的"自然发生说"。那时欧洲不少学者认为：雨水或是有机物的溶液，只要露在空气中，过几天它就会自然地生出无数微生物来。后来，被称为近代医学之父的法国医学家、微生物学家巴斯德用实验证明微生物不是自然发生的，是空气里飘浮的尘埃含有微生物的种子。因为这些种子极其微细，人们不易觉察，就以为是自然发生的。王充在这里讲的"溪水之鱼、殿基之草"，也是由于对这些生物传播繁殖的

① 《论衡·论死》。
②③ 《论衡·自然》。
④ 《论衡·讲瑞》。

方式不了解而产生的误解。从地球的生命起源来说可能是自然发生的。[①] 但是产生一个最低级的细菌也需要经过几千万年的演化过程，要产生鱼和草就要有更长的时间。因此，王充所讲的鱼和草只能是种类相产的，而不可能是自然发生的。

王充在《感虚》篇中说：

> 雨谷之变，不足怪也。……夫谷之雨，犹复云雨之亦从地起，因与疾风俱飘，参于天，集于地。人见其从天落也，则谓之天雨谷。建武三十一年中，陈留雨谷，谷下蔽地。案视谷形，若茨而黑，有似于稗实也。此或时夷狄之地，生出此谷。夷狄不粒食，此谷生于草野之中，成熟垂委于地，遭疾风暴起吹扬与之俱飞，风衰谷集，坠于中国。中国见之，谓之雨谷。

王充对天雨谷作了认真的调查研究，并联系"野火燔山泽"的现象，进行了分析推论，得出了接近科学的解释。但是，对于殿基之草，王充却没有联系天雨谷进行正确的分析，显然是一个缺陷。殿基之草的种子不是也可从别处"遭疾风暴起吹扬与之俱飞，风衰种集，坠殿基"吗？实际上植物传播种子的方式是多种多样的，王充缺乏这方面的知识，所以作出了错误的论断。

同样道理，溪水之鱼的细卵也是可以由风雨送上山顶的。

---

① 关于地球上生命起源问题，外国有的学者认为可能是地球外的天体送来的，但认为是地球上由无机物、有机物、蛋白体逐渐演化出生物来的说法为较多的人所接受。

天雨鱼，古今中外都发生过。据《汉书》记载，成帝鸿嘉四年（公元前 17 年）“秋，雨鱼于信都，长五寸以下”[①]。京房《易妖》中说：“鱼去水，飞入道路，兵且作。”[②]王充也知道鱼被刮到空中去的现象，如他说：“且鱼在水中，亦随云雨蜚，而乘云雨非升天也。……鱼随云雨不谓之神”[③]。鱼可以随云雨飞落山顶之溪，鱼卵不是也可以随云雨飞落于山顶之溪吗？

王充对于自己已经认识的自然现象都能作出具体的，接近科学的解释，对自己尚未认识的自然现象，例如对于生物传播繁殖的多种形式缺乏认识，就用“气自然”来说明溪水之鱼和殿基之草的现象，填补认识上的空白，不给神学迷信留下地盘。其结果，从哲学上讲，在反对神学论方面有积极意义，但从科学上说，这就有可能阻碍科学的发展。与此相反，当科学尚未解决的时候，只是提出问题，启发人们思考，促进研究和争论，将更有利于科学的发展和进步。不过，历代哲学家都是要建立完整的体系，要解释一切现象，解决所有问题，总想包罗万象，概括无遗，结果总是要留下一些弊端，王充的气论思想体系也不例外。

王充认为，气是自然的，又是天地间一切事物的发展变化的原因和动力，又是各种事物相互联系的纽带，事物之间的联系都是气在起作用。气的作用又是各种各样的，其一般性的，即普遍的作用有两方面：同气相应，异气相革。

---

① 《汉书·五行志》。

② 《宋书·五行志》四。

③ 《论衡·龙虚》。

“善言气者，必彰于物。”[①]讲气的作用，必须用事物的例子来证明。这实际上是对自然现象作理论概括，概括为气的作用。例如，磁石为什么会吸铁呢？那是气相同。玳瑁摩擦后会吸附细小的芥末是什么缘故呢？也是气相同。战国时期，人们已经知道共振共鸣现象和自然界中一些相关现象，一些思想家就把这些现象概括为同气相应。我们首先可以从《周易》中看到这种思想，《周易·乾·文言》曰：“子曰：同声相应，同气相求，水流湿，火就燥，云从龙，风从虎。”还有如《吕氏春秋·精通》：“月望则蚌蛤实，群阴盈，月晦则蚌蛤虚，群阴亏。夫月形乎天，而群阴化乎渊。”《召类》篇又说：“类同相召，气同相合，声比相应。”《鹖冠子·天则》称：“月毁于天，珠蛤蠃蚌虚于深渚，上下同离也。”《淮南子·说山》云：“月盛衰于上，则蠃蚌应于下：同气相动。”在这里，《淮南子》把月与蚌蛤的相关现象归结为“同气相动”。董仲舒正是从这些思想中附会出天人感应说来，王充也是从这些思想中总结出“同气相应”的理论来。可见对同样的事实，不同的世界观会得出极不相同的结论。

王充对“同气相应”问题作过反复的分析，可分三种情况：

第一种是形体相同，气性也一样的事物，王充称它们为“同形均气”[②]，“体同气均”[③]，“类同气钧”[④]，这是能够相互感应的。例如，“牝牡之会，皆见同类之物。”[⑤]雌雄相交配，都是同一类动物。如果公马碰见母牛，雄雀遇到母鸡，那就不会相

① 《黄帝内经·素问·气交变大论》。
② 《论衡·变虚》。
③ 《论衡·道虚》。
④ 《论衡·骨相》。
⑤ 《论衡·奇怪》。

交配，为什么呢？“异类故也。”龙和人不是一类，龙同样也不能“感于人而施气”①，因为只有同类同气的事物才能相感应。

第二种是形异气同。王充认为有些事物尽管形体不相同，但它们内部所含的气是一样的，也有共同的性质。例如：“毒螫之生，皆同一气，发动虽异，内为一类。……同类共本，所禀一气也。”②有毒的生物虽然各不相同，它们有毒性则是一样的，因为它们所禀受的是同一种气，大概就是毒气，或叫太阳之气。当然王充对毒物的分类和毒性的大小还缺乏认识。

第三种是形同气异。王充认为有些事物从外表形态看非常相象，但性质很不相同，这是因为它们所含的气不一样。“顿牟掇芥，磁石引针，……他类肖似，不能掇取者，何也？气性异殊，不能相感动也。”③“顿牟”就是玳瑁，玳瑁吸附细小东西和磁石吸引铁针，是因为玳瑁、磁石中含有特殊的气，而其他东西尽管也像玳瑁、磁石，却不会吸引，是因为它们没有这种气。王充认为气是自然的，所以各种事物的性质也都是事物本身所固有的，不是人为加上去的。这表明当时社会生产力，科学技术水平，一般都还处在利用自然物上，改造自然物来为人类服务的事还比较少。尽管这样，当时人们在不同程度上对某些自然物也进行了改造。这在王充的著作中也有反映。例如他说：“铸阳燧取飞火于日，作方诸取水于月，非自然也，而天然之也。”④阳燧是人工铸成的，方诸是人工作出的，能够向日月取水火，说明人工可以代替自然。他又说：“今妄以刀剑之钩

① 《论衡·奇怪》。
② 《论衡·言毒》。
③④ 《论衡·乱龙》。

月，摩拭朗白，仰以向日，亦得火焉。夫钩月非阳燧也，所以耐取火者，摩拭之所致也。”[①]把“钩月”摩拭得发亮，向着太阳也可以像阳燧那样取火。说明人工摩拭能够改变自然之性。另外，土地肥沃和贫瘠是不一样的，贫瘠的土地，经过人们“深耕细锄，厚加粪壤，勉致人功，以助地力”[②]，种的庄稼也会像肥沃土地上的庄稼一样茂盛。这说明人们认识了事物的性质以后，事物的气性经过人们的加工改造，是可以改变的。由于时代的限制，《论衡》中有关这方面的论述很少，但这种气性可以改变的观点，却是先进思想的萌芽。

总之，不管外部形状怎样，事物的性质都是由其内部所含的气决定的。只要所含的气相同，就有相同的性质，就会互相感应。如说：“月毁于天，螺消于渊。……同类通气，性相感动。”[③]同样，能够互相感应的事物一定是同气同类的，“日月毁于天，螺蚌汨于渊，同气审矣。”[④]“能相奉成者，必同气者也。”[⑤]同时还可以引出这样的推论：一种气来了，含有这种气的生物必然产生感应。“夏末，蜻蛪鸣，寒螿啼，感阴气也。雷动而雉惊，蛰发而蛇出，起阳气也。”[⑥]“阴物以冬见，阳虫以夏出，出应其气，气动其类。”[⑦]夏末的时候，蟋蟀和寒蝉鸣叫，就是被阴气感动了。雷声使野鸡受惊，惊蛰以后，冬眠的蛇开始出洞，是它们受到阳气的激发。也就是说，蟋蟀寒蝉这类阴

①② 《论衡·率性》。
③ 《论衡·偶会》。
④ 《论衡·说日》。
⑤ 《论衡·谴告》。
⑥ 《论衡·变动》。
⑦ 《论衡·遭虎》。

物随着夏末的阴气而产生出来，春天阳气刚发生就激出阳虫从冬眠中清醒过来。

王充从同气相感推导出天气感人说。天施气于地面而生万物，同时也生了人，所以，“人物系于天，天为人物主也”[①]。“天气变于上，人物应于下矣。”[②]天气发生变化，禀天气而生的人和万物都会有所感应，例如：一到冬天，人和万物都感到冷，到了夏天，又都感到热。天将要下雨，藏在洞穴里的昆虫就开始活动起来，人的一些老病也会发作。王充把这些现象看作是“天气动物，物应天气之验也”。人“生于天，含天之气”。同气相感。天能感人，人却不能感天，因为“天至高大，人至卑小……以七尺之细形，感皇天之大气，其无分铢之验，必也”[③]。因此，在王充看来，天人感应只是单向的，只有天气感动人，人却不能感动天。就像用麦秸杆敲不响钟，用小火星烧不开一大锅水那样。

王充认为不同的气有相革的作用，也就是互相斗争、互相制服的作用。他说：“火金殊气，故能相革。”[④]就是说，火和金所含的气不一样，火才能烧化金。这种思想显然是来源于五行相克的学说。五行相克的说法在汉代是很盛行的。在天文学和医学中也渗透着这种思想。王充是唯物主义哲学家，他从“实”的意义上理解五行相克，并用自己的实际经验丰富了这种思想，使这种机械性的朴素唯物论多少带上一点辩证法思想。例如：王充认为，“水胜火，火贼金”[⑤]是一般情况。当

①②③ 《论衡·变动》。

④ 《论衡·谴告》。

⑤ 《论衡·诘术》。

水在锅里，下面烧火的时候，情况就不一样了，那是"火猛则汤热，火微则汤冷"[1]。"火炽而釜沸，沸止而气歇，以火为主也。"隔着锅的时候，就以火为主，水不能胜火，火却能胜水。"火猛灶中，釜涌气蒸。"[2]水都被火蒸发干了。但并不是火隔着金就都能胜水，这里还有双方的量的比例。"萤火不爨鼎者，何也？……鼎大而萤小也。"[3]用一萤火虫那么大的一点火星是不能把一大鼎的水烧开的，"夫熯一炬火爨一镬水，终日不能热也"[4]。别说烧开，就是烧热也不能够。可见，王充对五行相克没有作教条主义的理解，而是从实际出发，用实际经验来论述水与火的辩证关系，从而丰富了五行学说。

当时有些人滥用五行相克的说法，把动物相互制约也附会到五行相克上去，认为是由于这些动物所禀的五行之气不一样所导致的，如说：

> 寅，木也，其禽，虎也。戌，土也，其禽，犬也。丑、未亦土也，丑禽牛，未禽羊也。木胜土，故犬与牛羊为虎所服也。亥，水也，其禽，豕也。……午，亦火也，其禽，马也。水胜火故豕食蛇。火为水所害，故马食鼠屎而腹胀。[5]

王充不同意用"五行之气相贼害"来解释"含血之虫相胜服"的现象。他说：

---

① 《论衡·遣告》。
② 《论衡·论死》。
③ 《论衡·变动》。
④ 《论衡·感虚》。
⑤ 《论衡·物势》。

审如论者之言，含血之虫，亦有不相胜之效。午，马也，子，鼠也，酉，鸡也，卯，兔也。水胜火，鼠何不逐马？金胜木，鸡何不啄兔？亥，豕也，未，羊也，丑，牛也。土胜水，牛羊何不杀豕？巳，蛇也，申，猴也。火胜金，蛇何不食猕猴？猕猴者，畏鼠也。啮猕猴者，犬也。鼠，水。猕猴，金也。水不胜金，猕猴何故畏鼠也？戌，土也，申，猴也。土不胜金，猴何故畏犬？东方，木也，其星，仓龙也。西方，金也，其星，白虎也。南方，火也，其星，朱鸟也。北方，水也，其星，玄武也。天有四星之精，降生四兽之体。含血之虫，以四兽为长，四兽含五行之气最较著。案龙虎交不相贼，鸟龟会不相害。以四兽验之，以十二辰之禽效之，五行之虫以气性相刻。则尤不相应。凡万物相刻贼，含血之虫则相服，至于相啖食者，自以齿牙顿利，筋力优劣，动作巧便，气势勇桀。

……

夫物之相胜，或以筋力，或以气势，或以巧便。小有气势，口足有便，则能以小而制大；大无骨力，角翼不劲，则以大而服小。鹊食猬皮，博劳食蛇，猬、蛇不便也。蚊虻之力不如牛马，牛马困于蚊虻，蚊虻乃有势也。鹿之角，足以触犬；猕猴之手，足以搏鼠。然而鹿制于犬，猕猴服于鼠，角爪不利也。故十围之牛，为牧竖所驱，长仞之象，为越僮所钩，无便故也。故夫得其便也，则以小能胜大；无其便也，则以强服于羸也。①

① 《论衡·物势》。

王充在这里为什么不用“气性”来解释动物之间的生存斗争呢？很显然，这是由于王充在这方面有很丰富的知识，他具体地了解到各种动物是怎样靠自己的生理上的优势来相互制服的，所以就不用笼统的“异气相革”来解释。

王充对于五行之气是这样，对于阴阳之气也是这样。对于闪电打雷现象，他不甚了解，就说是阴气和阳气相革，分争激射，产生了亮光和巨响。从雷霹的结果来看，他又认为雷是火。又如当时一些儒者认为，冬日短，夏日长，是由于阴阳的关系，夏季阳气多，日出没有遮蔽的，所以显得长，冬季阴气多，遮掩了太阳光，这样，太阳虽然出来了，却暂时看不见，所以显得日短。对此，王充明确表态：“如实论之，日之长短，不以阴阳。”①接着就利用天文知识来驳斥这论调。他说：北方的阴，与冬天的阴是一样的，北方的阴为什么不会遮掩小星星的亮光，冬天的阴为什么能掩盖日光呢？“由此言之，以阴阳说者，失其实矣。”②真正的原因是什么呢？他说：“实者，夏时日在东井，冬时日在牵牛，牵牛去极远，故日道短，东井近极，故日道长。夏北至东井，冬南至牵牛，故冬夏节极，皆谓之至，春秋未至，故谓之分。”就是说，王充以日道去极的远近来解释冬日短，夏日长的问题。在这里，王充以自己的实际观察和天文学知识、作出说明，也抛开了阴阳之类的笼统说法。我们从而可以知道，王充对知其然又知其所以然的自然现象，就直接作出具体的真实说明，对于知其然而不知其所以然的自然现象，就只好用“气”的作用来填补认识上的空白。他一旦认识

①② 《论衡·说日》。

了这个现象，就把气作用的假说去掉，代之以科学的具体解释。从科学发展史来看，不断提出假说，又不断地推翻假说，这是经常发生的正常现象。王充的"气自然"说就是这么一种假说，当他对某些事物有了真正了解之后，就在那些问题上抛弃"气自然"说。由于科学水平的限制，"气自然"说还被广泛地运用于解释自然现象和社会现象，因此，气自然论就成了王充哲学的主要内容和基本特点。

王充的气自然论也就是天道自然论，天道自然论的理论形式来自黄老天道自然无为的思想，科学内容来自天文学的研究成果。天通过气而起作用的思想可能是从董仲舒思想体系中吸收来的。因此可以说，王充吸收科学研究的成果，结合黄老理论，改造董仲舒思想，提出气自然论。这是唯物主义哲学的新形式，也是其发展的新阶段。

四、自然释疑

王充所讲的天道自然、气自然，实际上是肯定除了人的思想之外，一切都是自然的，无意志、无目的、无主宰的。对于这种观点，有些学者认为没有科学性。例如，徐复观说："我们可以承认王充的结论是正确的；但这是没有方法作基础的结论，是由事实直感而来的结论。他所运用的方法，反而没有他的论敌的健全。论敌的感应说的不可信，乃是大前提中的实质问题，而不是大前提下的推演问题。"因此，王充的哲学是"不能称之为出于科学"[①]的。而罗光却说徐复观在恭维王充，说

① 《两汉思想史》卷二《王充论考》。

王充结论正确，只是方法不对。罗光认为王充的结论也是不正确的。理由是“他所用的证据不正确”。罗光又说：王充“反对天人感应，以一切都属于自然”，“只因他并没有科学的知识和科学的方法，所举的证据，全凭自己的感觉，和自己的推想，证据都不能自立”。[①]

王充的自然论能不能自立呢？我们先举几个例子来看一看。

例一：汉代传说，邹衍在燕地无罪被拘留，仰天叹息，五月的夏天降了霜。迷信家认为，这是邹衍蒙冤，感动上天，上天因此降了寒霜。王充认为这种说法是“虚妄”的。他说，一万人一齐仰天叹息，天也不会就降霜。邹衍一个人叹一口气，怎么能使天陨霜呢？曾子被人怀疑也叹过气，伯奇被放逐还唱过歌。他们都一样蒙冤，上天为什么都不下霜呢？申生、子胥蒙冤被杀，也没能叫天下霜，邹衍叹息怎么能感动上天呢？一点小火星不能烧开一大锅水，邹衍叹息，怎么能使几万里大的天体感动呢？王充认为天陨霜与邹衍叹息无关，而是气候变化的正常现象。气候变化是有规律的，“寒温自有时”。寒温变化要有时间过程，“寒不累时则霜不降，温不兼日则冰不释”[②]。那么，五月怎么还会下霜呢？王充不是简单地否定这种记载，否定五月降霜这种事实，而是对这种记载作出力所能及的解释。王充的解释是：

燕在北边，邹衍时，周之五月，正岁三月也。中州

① 《中国哲学思想史》两汉、南北朝篇《王充的哲学思想》，台湾学生书局。
② 《论衡·感虚》。

> 内正月二月霜雪时降北边至寒，三月下霜，未为变也。此殆北边三月尚寒，霜适自降，而衍适呼，与霜逢会。①

这就是说：邹衍在燕国，当时燕国实行周历。周历五月相当于汉历三月。中州地区，正月二月时常降霜雪，燕国在北方的边地，比中州寒冷，因此三月降霜是正常现象。降霜的时候，邹衍恰好呼冤，这是一种巧遇，并无因果联系。

周历五月相当于汉历三月，是否有根据呢？是有根据的。《晋书·律历志》载："《传》曰：'火出，于夏为三月，于商为四月，于周为五月。'……秦并天下……用十月为正……爰及武帝……乃行夏正。"汉代用夏历，夏历三月正是周历五月。

王充把历法知识和地理知识运用于哲学论证，虽然有"自己的推想"，却不是"全凭自己的感觉"。这些论据应该是可以"自立"的，有什么不正确呢？

例二：汉代迷信家认为"久雨为湛"是应人君的"沉溺"，"久旸为旱"是应人君的"亢阳"。皇帝意志衰退，天就下雨成灾，皇帝感情激烈，天就会久旱不雨。皇帝心平气和，施行良政，那么，好雨知时节，下得及时，雨不破块，下得适量。对于这种天人感应说，王充从多方面进行反驳。

首先，王充搬出"经书"和圣人来反驳感应说。例如，《诗》

---

① 《论衡·变动》。

云："月离于毕，比滂沲矣。"[①]月运行到毕宿的时候，就要下大雨了。又如，《书》曰："月之从星，则以风雨。"[②]月接近某星就刮风，月接近某星就下雨。王充据此认为："然则，风雨随月所离从也。"[③]按《诗》、《书》这些经书的说法，下雨是随着月的运行"离"什么星，"从"什么星而产生的。这跟政治好坏又有什么关系呢？现代科学认为："这是说新月在毕宿时，雨季就来临了。在西周时代，此时正是春分后十天左右春雨连绵的季节。"[④]说明"月离于毕"的说法有一定的科学性。王充用这种资料来反对感应说，还是有说服力的，有科学性的。接着，王充又引述当时流行的孔子故事：孔子出门，要子路带上雨具。天果然下大雨。子路问老师怎么知道今天会下雨，孔子说："昨暮，月离于毕。"以后，月又离于毕。孔子又要外出，子路想带雨具，孔子不同意，果然没雨。子路又问，孔子说："昔日，月离其阴，故雨；昨暮，月离其阳，故不雨。"据此，王充说："夫如是，鲁雨自以月离，岂以政哉？"[⑤]鲁国下雨本来是由于月离毕阴，哪里是由于政治的缘故呢？月离于毕阴，天下是一样的，那么，天下也应该都下雨。但是，六国时，各国政治不同，赏罚的时间也不一样。如果一定要使下雨适应政令的变化，那么月就要六七次离于毕星，才能满足这种情况。鲁缪公时曾经大旱，有人提出"徙市"可以"得雨"。王充提出疑问："案《诗》《书》之文，

---

① 《诗经·小雅·渐渐之石》。离，同"丽"，接近，附着的意思。一说"月行曰离"，见《新唐书·历志三上》第591页，中华书局新标点本。毕即毕宿，二十八宿之一。今本《诗经》，比，作"俾"，沲，作"沱"。

② 《尚书·洪范》。《孔氏传》："月经于箕则多风，离于毕则多雨。"

③⑤ 《论衡·明雩》。

④ 《中国天文学简史》第18页，天津科学技术出版社，1979年10月版。

月离星得雨。日月之行,有常节度,肯为徙市故,离毕之阴乎?”[①]月运行有规律,三十日一周天,一次经过毕星,怎么会因为徙市,就改道呢?就“离毕之阴”呢?

其次,王充用圣王的事来反驳感应说。圣人为王,政治无失。圣王以尧、舜、禹、汤为典型代表。但是,“尧遭洪水,汤遭大旱”。王充就此提出:“如谓政治所致,尧、汤恶君也;如非政治,是运气也。运气有时,安可请求?……天之运气,非政所致。夫天之运气,时当自然,虽雩祭请求,终无补益。”这是用逻辑方法处理圣王治世与水旱之灾的矛盾,必然得出水旱之灾是气自然的结论。这种逻辑的方法也无可非议。

例三:汉代传说鲁阳公与韩国打仗,战正酣,日已暮。这时,鲁阳公举长戈一挥,“日为之反三舍”。当时迷信家认为鲁阳公的精诚感动了上天,天为之变动。王充对此作了详细分析。先从逻辑上探究。圣人是最高级的人,圣人挥戈不能使日走回头路,鲁阳公是何许人?他怎么能使日返回呢?再从天文学上探讨。“日月行有常度”[②],日一天行一度,不会以任何人的意志为转移,怎么会由于阳公的挥戈而返回去呢?二十八宿也叫二十八舍,各舍度数不一样,一舍大约十度左右,“反三舍”那就是说返回到一个月以前的位置。这可能吗?王充力图伪中求真,对于神妙传说,也想探索其背后的真实性。他说,可能那时战斗正酣,迷失方向,日在卯位,即东方,九点左右,以为日在酉位,即西方,将近昏暮。这时阳公一挥戈,队伍调转过来,发现日还在午前,以为日从西方返东方。王充的

① 《论衡·明雩》。

② 《论衡·感虚》。

论证方法，哪一点表现出“反而没有他的论敌的健全”呢？

天人感应说的前提是“天是人格神”，王充的自然论，其大前提是“天是体或气”。王充认为天不是体就是气，罗光认为这不过是“俗人常识”①。徐复观说：“因为王充的性格，喜欢把一切问题，从具体方面去把握，而不喜欢从抽象方面去把握，所以他对天的自身，提出了到底是气还是体的问题，而偏向于天是体。”②王充不认为天是人格神，而认为天是体或气，这是为什么呢？汉代天文学有了长足的发展，各派学说相互争论，主要有盖天说、浑天说和宣夜说三家。东汉初期，盖天说已成体系，浑天说和宣夜说正在崛起，未成完整体系，而宣夜说才处于萌芽状态，刚有日月不系于天的思想和天只是气的思想。胡适说：王充“很留心当时的天文学上的问题，故不能不受当时天文学方法的影响”③。王充依据当时天文学成果，主要是盖天说的理论，认为天是体较为可信。他在《谈天》篇的结尾说：“如实论之，天，体，非气也。……秘传或言天之离天下六万余里。数家计之，三百六十五度一周天。下有周度，高有里数。如天审气，气如云烟，安得里、度？又以二十八宿效之，二十八宿为日月舍，犹地有邮亭为长吏廨矣。邮亭著地，亦如星舍著天也。”由此可见，他认为天是体，是从当时天文学成果中推导出来的，并不是因为他喜欢从具体方面去把握问题，才把天说成是体的。王充虽然认为天是体，但他并没有完全否定天是气的思想，而是把它作为科学假说加以保留。因此他经

---

① 《中国哲学思想史》两汉、南北朝篇《王充的哲学思想》。

② 《两汉思想史》卷二《王充论考》。

③ 《王充的论衡》，原载《现代学生》第一卷，见黄晖《论衡校释》附编四引。

常体气并提:“夫天者,体也,与地同。”[1]“天地有体,故能动摇。”[2]“使天地有口,能食祭食,宜食尽;如无口则无体,无体则气也,若云雾耳,亦无能食。”[3]“欲问天,天高,耳与人相远。如天无耳,非形体也。非形体则气也,气若云雾,何能告人? ……夫言问天,则天为气,不能为兆。”[4]王充提到天是气时,常用“如”、“使”,表示不确定。所引最后一段话,先是“天高,耳与人相远”,表明天是体的说法是明确的,后面用“如”开头,表示以下全属假设,如果天没有耳朵,那就没有形体,没有形体就是气,气像云雾那样不能为兆告人。因此,他说:“天有形体,所据不虚,由此考之,则无恍惚,明矣。”[5]在这里,思想明确,王充自觉并不“恍惚”。罗光却说王充对于天是体是气的问题,“既没有分别清楚,更没有解释明白”,“很恍惚不明”。[6] 依我看,实际正相反,不是王充关于天的观念不清楚,而是罗光对于王充的天的观念不清楚。

王充为了使其“《论衡》诸篇,实俗间之凡人所能见”[7],常用一些比喻来说明深刻的道理,而有些学者对王充的自然论却不甚了解,便在某些比喻上进行挑剔。例如,当时儒者认为天地故意生人。王充为了反驳这种观点,提出自然气化产生人的观点,然后用夫妇结合,虽然不想生子,却生了孩子,说明生孩子也是自然的,不是有意的。但是罗光却说:“由所举的比喻说,所证适得其反,夫妇相合以生子,许多是愿意生子而

①③ 《论衡·祀义》。
②④ 《论衡·卜筮》。
⑤ 《论衡·谈天》。
⑥ 《中国哲学思想史》两汉、南北朝篇《王充的哲学思想》。
⑦ 《论衡·对作》。

相结合，许多是结合时希望生子。就是相结合时不想生子，夫妇相结合虽动于情，然仍是彼此愿意相结合而结合。因此，不能说夫妇生子，出于偶然，完全不出于夫妇的意志。”[①]罗光忘了另一事实，许多夫妇不是为了生孩子而结合，结合时不希望生子却生了子，许多夫妇希望生子却生不了。王充讲“偶自生”，并不是说“生”是没有任何因果关系的偶然性，因为他承认只有夫妇结合才能生子。如果把他的“偶自生”概括为“没论有原因，也没有理由”[②]，就是明显的曲解。因为王充只是认为“生物”，“生人”都不是上天有意的安排的。离开这一实质性问题，在比喻上吹毛求疵，不是严肃的治学态度。而且，比喻总是在某一共同点上来比的，如果离开这一点，加以追究，那么任何比喻都将是荒谬的。另一些学者也指责王充的比喻在今人看来“不伦不类”，但这些基于将天人格化的比喻，在天人感应说盛行的汉代人看来却是十分恰当、非常有力的。这说明他们对王充的时代缺乏了解，对那时的特殊思维方式也缺乏应有的认识。

关于王充的理论水平问题，罗光说：“王充反对天人感应，却反而高举东汉皇帝瑞应，在五帝三王以上。既然皇帝的太平能招致祥瑞，那么天人感应说不是有理由可以存在吗？这一点却表示王充的意志薄弱，人格不高，所有主张没有明白的高深理论。”[③]反对天人感应，又歌颂东汉皇帝，就“意志薄弱，人格不高”吗？相信祥瑞，又反对天人感应，就没有明白的高深理论吗？这两个问题都需要进行一番分析。

王充反对天人感应说的正确性，是中外学术界所公认的。

---

①②③ 《中国哲学思想史》两汉、南北朝篇《王充的哲学思想》。

这里有两个问题要说明：一是歌颂东汉皇帝的问题。王充从疆域扩大、改造自然、治理社会、创造文明等各方面来进行比较，得出“实商优劣，周不如汉”[①]的结论来。从人民的衣食住行的变化来说明生活的提高，从“转谷振赡”，救灾防乱，说明东汉政治比五帝三王为高。王充从大量事实引出结论，说明东汉初期社会处于上升的趋势，这有什么不对呢？因此而歌颂汉朝功德，为什么就“人品不高”呢？对于王充歌颂汉德，历代自命清高的学者都不以为意，现代学者徐复观、陈拱等也都认为是很“无聊”的。只有黄云生对他们的偏见痛加驳斥，认为他们“才下知浅，不能知仲任”[②]；二是关于瑞应的问题。天人感应说认为天是百神之大君，是人格神，有意志，能与人产生精神感应，并且认为灾异和瑞应是表达了天的意志。但另一方面，有的学者认为瑞应只是一种自然感应，并非有意志的上天在主宰着。王充是自然论者，他在《初禀》篇中指出，瑞物的出现好像有主宰者的指使，实际上是自然产生的。他又说：“夫太平以治为效，百姓以安乐为符。……百姓安，太平之验也。夫治人以人为主，百姓安而阴阳和，阴阳和则万物育，万物育则奇瑞出。……圣王治世，期于平安，不须符瑞。”[③]治理天下以人为主，百姓安乐是天下太平的主要瑞应，百姓安乐自然会产生出各种瑞应来，因此，圣王治世，争取平安，根本不需要有什么符瑞。这就是王充的瑞应思想，它与天人感应说是不同的，不可混为一谈！当然，他的自然论在瑞应说上表现出明显的机械性偏向。但这与神学目的论是有根本区别的。

---

①③ 《论衡·宣汉》。

② 《王充评传》，台湾三信出版社。

总之，王充的自然论观点是基本正确的。但他的主张并不像罗光所说的那样："一切都是自然。"这里应指出三点：第一，王充认为，自然现象是自然的，而人类社会则不是完全自然的。例如，他说："春温夏暑，秋凉冬寒，人君无事，四时自然。夫四时非政所为"。又说："夫天道自然，自然无为……使应政事，是有为，非自然也。"[①]可见，王充认为政事是有为的，寒暑的气候变化则是自然的。天道自然和人事有为，二者不容混淆，他反对"使自然无为转为人事"[②]。第二，有一些自然现象却与人事有关，例如农作物生长是自然的，"然虽自然，亦须有为辅助"，需要人们"深耕细锄，厚加粪壤，勉致人功，以助地力"[③]，才能使农作物生长更好。第三，自然论中有同气相感的思想，但是，王充从实际经验中发现有些现象是自然论解释不了的。例如他说："朝有繁霜，夕有列光，旦雨气温，旦旸气寒。夫雨者阴，旸者阳也，寒者阴而温者阳也。雨旦旸反寒，旸旦雨反温，不以类相应……自然之说亦未立也。"[④]早晨下雨，雨是阴，这一天天气就比较温暖，暖是阳，这是不相应的。早晨晴，晴是阳，这一天却比较寒冷，寒冷属阴，这里阴阳也不相应。王充据此认为自然论尚不完备，不是能解释一切现象的。他能用实际经验结合自己的自然论提出存疑，这是十分可贵的，但这却很少被人注意到。

① 《论衡·寒温》。
② 《论衡·谴告》。
③ 《论衡·率性》。
④ 《论衡·寒温》。

五、说明工具

王充气论在他的哲学体系中有两个作用，一是说明事物差别的内在原因，二是填补认识上的空白。

王充用气的差别来说明一切事物差别，解释事物的性质、运动和变化，讨论自然界、人类社会以及人的精神等各方面的问题，用气作为事物的联系、运动和变化的原因和动力。同时，他认为，气是无意识的、客观存在的物质性的东西，又是无意志的天地两块物质实体自然而然地施放出来的。这里没有任何神意的干预，所以说它是属于唯物论系统的。由于气的内涵很少，特性不多，又是没有形体的，因而有广泛的适应性。尽管如此，要用它来解释极端复杂的自然现象和社会现象，还难免有许多牵强附会之处，使复杂的事物简单化。王充认为，天不变，气也不变，气决定的人和事物的性命也不变。这样一来，王充的思想体系就具有很大的机械性，构成了僵化的体系。尽管他在许多具体问题的论述上，往往闪烁着辩证法思想的火花，也改变不了这一体系的性质。

王充对自然界和人类社会作过广泛的观察和深入的研究。他的气论不是观察、研究所得出的结果，而是对研究成果的说明。他所谓的气不是研究对象，只是在研究过程中所作的理论概括，例如他所讲的元气、精气、和气、害气、厉气，都不是像现代科学所发现的细菌、细胞、原子、微粒子那样，可以用显微镜观察，或者可以通过实验来证实的。因此王充所谓的气是哲学概念，而不是科学概念。

王充对于一切事物及其现象的认识有三种情况。一种是不认识，没有掌握其必然联系；王充用气来说明，笼统地称之为“气自然也”。这种方法排除了迷信神学的干扰，对于坚持唯物主义，是有一定意义的。在科学上，由于这种笼统的提法，掩盖了各种事物的特殊的内在矛盾，限制了人们对客观事物特殊本质的深入探讨和认识，只停留在笼统的“气自然”说法上，这就在一定程度上妨碍了科学的探讨和认识的发展。

另一种是不完全认识，即掌握了某些事物的必然联系，但不了解原因，也就是知其然而不知其所以然。王充对这种情况，大量地使用气这个概念。他认为那些必然联系都是事物内部所含的气在起作用。由于事物极为复杂，他除了用天地之气、阴阳之气这些概念之外，还把气分为厚薄、多少、精粗等，并且新创了一些特种气的概念，但仍不足以说明复杂的事物。这对于他自己来说，是无所谓的事，因为他只是想用气来概括和说明自己的研究成果，表达自己的认识水平。但对于他人来说，则可能产生一种错觉，以为王充是通过研究气来认识各种事物的。这样就有可能把人们对事物的认识仅仅局限在笼统的气的表面属性上，而不能引导人们去研究一切具体事物的特殊本质。这也是不利于科学发展的。但是，在人们对自然现象和社会现象处于茫然无知的科学落后的古代，唯心主义者把一切都说成是上天有意安排的。而王充用气的作用来解释一切还认识不清的现象，反对唯心主义的神学目的论，便于人们把极为复杂的、杂乱无章的现象联系起来加以理解和把握，这对于建立唯物主义世界观是有帮助的。

第三种情况是王充对某些事物有比较深入的具体的认识，既知其然又知其所以然。在这种情况下，王充就用具体事物的本身特点来作解释，就不用“气”这个笼统的概念了。例如，对于动物之间的生存斗争，他清楚地认识到各种动物互相制服的原因是“自以齿牙顿利，筋力优劣，动作巧便，气势勇桀”①，所以就不同意“五行之虫以气性相刻”的说法。这说明他的气论只是用气来填补认识上的空白，一旦发现了客观事物的“现实联系”，他就“清除这种臆造的人为的联系”②。

六、气非本原

王充用气来说明自然现象和社会现象，形成庞大的气论思想体系，他是气(元气)一元论者吗？

最早提出这种看法的是大满文库出版的《东洋哲学根本思想》一书。该书为日本人宫濑睦夫所著，姜来所译，昭和十七年，即公元 1942 年出版。书中说：“王充之说，宇宙的本体一元气也，天地万物皆由一元气而生。这即是王充的根本思想。”也称作“一元的宇宙论”。苏联学者彼得洛夫所著《王充——中国古代的唯物主义者和启蒙思想家》一书中，虽然承认“要确定气的实质是有困难的”，但他还是猜想，在王充思想中，“气这一范畴类似世界的某种作为万物之基础的本初实体。”六十年代，我国学者任继愈主编《中国哲学史》(1963 年版)、冯友兰著的《中国哲学史新编》(1964 年版)都说：王充认为一切自然物都是由气(或元气)构成的。这实际上是承认了王充是气(元气)一元论者。七十年代以来，王充是气(元气)一元论者的说法就更加流行了，几乎成了定论。他们认为：“王充认为宇宙

---

① 《论衡·物势》。

② 《马克思恩格斯选集》第 4 卷第 242 页。

的本原是元气”,“天地是元气的产物”,“一切自然物都是由气构成的”。关于这一个问题,讲得最充分、最彻底的是孙叔平。他在《中国哲学史稿》上册(1980 年版)中说:“王充认为宇宙的本原是元气”,“天地是元气的产物,天地形成之后,又充满着化生万物的元气。王充明确奠定了元气一元论的唯物主义宇宙观。”又说:“王充意识到只有构成宇宙的‘物质’——元气才不死。”综观王充的宇宙观:他肯定元气化生天地万物,否定了人格神的存在,也否定了生天生地的‘道’的存在。

我们认为,只有认为整个世界都是从气(元气)派生出来的,或者认为整个世界都是由气(元气)所构成的,即气(元气)是组成整个世界的唯一元素,才是气(元气)一元论。也只有持这种观点的哲学家,才可以说是气(元气)一元论者。东汉哲学家王符是元气一元论者,北宋哲学家张载是气一元论者①,明代哲学家王廷相也是气(元气)一元论者②。因为他们对气(或元气)是世界的本原,都有明确的论述。王充是不是气(元气)

① 张载认为:“凡可状,皆有也;凡有,皆象也;凡象,皆气也”。(《正蒙·乾称》篇),“太虚无形,气之本体,其聚其散,变化之客形尔。”“虚空即气。”(《正蒙·太和》篇)张载对气一元论有这些比较明确的表述,似可称为气一元论者,但学术界有一些学者(如丁伟志)认为张载还不是气一元论者,尚待进一步探讨。

② 王廷相在《慎言》中说:“天地未判,元气混涵,清虚无间,造化之元机也。”又说:“有形亦是气,无形亦是气,道寓其中矣。有形,生气也;无形,元气也。”还说:“有太虚之气而后有天地。”这里说的“无形”的气,“太虚之气”都是指宇宙的本原——元气,所以他是元气一元论者。同时也认为气是构成整个宇宙的元素,如他说:“两仪未判,太虚固气也,天地既生,中虚亦气也,是天地万物不越乎气机聚散而已。”又说:“天内外皆气,地中亦气,物虚实皆气,通极上下,造化之实体也。是故虚受乎气,非能生气也;理载于气,非能始气也。”批判了道生天地,理能生气的客观唯心主义,阐明了气一元论的唯物主义。

一元论者呢？我以为不是。

首先，王充认为构成客观世界的物质基础“非物则气”①。他认为有形体的物，如草、鸟、土都是物，不是气②，并且认为“谷非气所生，须土以成”③。既然他认为这么多东西不是气，也不是气生成的，那么，我们就不能说他是气一元论者。但他也不是体气并列的二元论者，他认为气是从属于体的。王充认为，天地都是体，而不是气，天地都包含着气，并且不断地施放出气来，由这些气产生了万物。侯外庐主编的《中国思想通史》认为：“在王充看来，‘气’从属于‘体’，‘气’是‘体’所含的‘气’，‘体’既是物质的‘体’，因此，这一物质的‘体’所含的‘气’也是物质的‘气’。”这种说法可能更符合王充的思想。

其次，关于人的问题，王充说过：“水凝而为冰，气积而为人”④。还说：“人所以生者，阴阳也。阴气主为骨肉，阳气主为精神。”⑤这就是说，人从形体到精神都是气构成的。但他又认为，气在人体中，就像火在炉子里、水在沟中，粟米装在口袋里那样。同时，他还用酒与曲的关系来比喻人与气的关系。这些都说明，在他看来，气是组成一个活人的重要因素，但不是唯一的因素。“生人之精在于身中，死则在于身外”⑥。气、元气或者精气可以离开形体而独立存在，形体一旦失去气，就丧失生命能力，成为尸体。可见王充对人体是否完全由气所

---

① 《论衡·纪妖》。

② 《论衡·奇怪》。

③ 《论衡·感虚》。

④ 《论衡·道虚》。

⑤ 《论衡·订鬼》。

⑥ 《论衡·论死》。

构成,尚无定见。对于禽兽、草木、土石、金玉等一切自然物是否都是由气所构成,他更不可能有那么高度的概括。因此,我们很难说他是一个气一元论者。

第三,说王充是气一元论,其根据大致从以下一些资料而来。这些资料能不能说明问题呢?我们来分析一下。

一、"万物之生,皆禀元气。"①

许多学者认为这是元气一元论有代表性的观点。我国1979年出版的《辞海》(第653页)"元气"条目认为在哲学上是"指产生和构成天地万物的原始物质",所举的例子,就是王充的这一句话。吴光也据此认为"元气是构成整个物质世界(王充称之为'天地')的基本物质元素"。所得出的结论是:王充的宇宙观是"唯物主义的元气自然论"②。冯憬远、吕鸿儒称王充为元气一元论者,这条资料也是很重要的根据,例如他们说:"王充如此强调'万物之生,皆禀元气',我们称之为'元气一元论者'能说是过誉了吗?"③我认为,这对王充来说并非是否"过誉"的问题。不可否认,一般来说,这句话是可以这样理解的。但是我们联系王充的其他论述,从整个思想体系来分析这句话,情况就不一样了。

王充在《言毒》篇中引用责难者的这句话,他在答难中没有对此表示异议,说明他默认了这一说法。不过,我以为,这一句话不足以证明王充的宇宙观就是元气一元论,理由如次:

---

① 《论衡·言毒》。

② 吴光《王充宇宙观是唯物主义的元气自然论》,发表于《人民日报》1981年2月19日。

③ 冯憬远、吕鸿儒《略论〈淮南子〉、王充及其他》,发表于《郑州大学学报》1982年第3期。

首先，古代“万物”这个词不一定都是指一切自然物。王充所谓“万物”有时专指植物，如说：“万物生于土，各似本种。”[①]有时专指动物，如说：“人，物也，万物之中有知慧者也……鸟有巢栖，兽有窟穴，虫鱼介鳞各有区处，犹人之有室宅楼台也。……人有死生，物亦有终始，人有起居，物亦有动作，血脉、首足、耳目、鼻口，与人不别，惟好恶与人不同。”[②]有时则指一切生物，如说：“非唯人鸟也，万物皆然，草木生于实核……”[③]王充在《言毒》篇中说：“万物之生，皆禀元气。元气之中，有毒螫乎？”后面又说：“天下万物，含太阳气而生者，皆有毒螫。毒螫渥者，在虫则为蝮蛇蜂虿，在草则为巴豆冶葛，在鱼则为鲑与鲹鯸。”可见，王充所谓“禀元气”而生的“万物”是指虫、草、鱼之类的生物。古代“万物”仅指一切生物的用法，不止于王充一人，《庄子》“种有几”章中就说：“万物皆出于机，皆入于机。”庄万寿注：万物，“实指生物”[④]。我们现在讲的“万物生长靠太阳”，这个“万物”也是指的一切生物。

其次，王充把元气看作是生命的物质基础，这就进一步证实，禀元气而生的只能是生物，例如，他在《状留》篇中说：

> 草木之生者湿，湿者重，死者枯。枯而轻者易举，湿而重者难移也。然元气所在，在生不在枯。

---

① 《论衡·奇怪》。

② 《论衡·辨祟》。

③ 《论衡·初禀》。

④ 《庄子、列子“种有几”章的新解》，见《大陆杂志》第五十九卷第二期第36页。

这就是说，元气是草木的生命基础，草木干枯以后，就没有元气了。元气只与草木的“生”相联系。同样，人和动物也是“俱禀元气”而生的，活着的时候，都含着元气，死后，又都“复归元气”①，尸体也就没有元气了。在王充看来，元气只是一切生物的生命活动的物质基础，失去生命的生物体都不包含元气，非生物的存在与元气当然也没有什么关系。可见，禀元气而生的万物不包括非生物。

另外，“万物之生，皆禀元气”，不能认为“万物”（指生物）都是由元气所构成的。“禀”不就是“构成”。俗话说：“万物生长靠太阳”，植物需要接受（“禀”）阳光（王充称为“日气”）的照射，但植物并非完全是由阳光所构成的，只能说明阳光是植物生长不可缺少的。因此，所谓“万物”禀元气而生，也不意味着，元气是构成“万物”（生物）的唯一元素。这与上述元气“在生不在枯”的思想是相一致的。枯木干草中没有元气，也说明元气不是构成植物的唯一元素。

王充所谓“元气”不是一切自然物的最基本的元素，也不是他的哲学体系中的最高的范畴，因此，不能使用“元气”这个概念来概括他的宇宙观。所谓“元气一元论”、“元气自然论”，对于王充哲学来说，都是不适宜的。

二、“天地合气，万物自生。”

有人把“天地合气”解释为“无形的‘元气’与有形的天体（列宿）和地体（土地宅舍）的结合。”因而这就成了“更高一级”的天，“实际上指的是运动着的、无限广远的宇宙”，于是得出元气自然论实质上是“元气一元论”的结论。这种说法是不能

① 《论衡·论死》。

成立的。

王充说:“天之行也,施气自然也,施气则物自生。”[1]“天施气于地以生物”[2]。在王充看来,“生物”是由于天施气,而不是天跟什么另外的气结合。“人禀元气于天”,“草生,地气自出之”,“生物”的气来源于天地,而不在于天地之外。他又说:“天覆于上,地偃于下,下气蒸上,上气降下,万物自生其中间矣。”[3]“上气降下”,就是天施气,“下气蒸上”就是地出气,天气和地气结合产生出万物来。因为“气皆统于天”,所以有时只是简单地说:“一天一地,并生万物。”[4]王充用“夫妇合气,子自生矣”[5]来作比喻,也说明“天地合气”理解为天气与地气结合较为恰切。对“天地合气”的解释不能成立,所谓“高级天”,“元气一元论”也都站不住脚了。

三、“天地,含气之自然也。”[6]

“自然”是非人为、无意志的意思。这句话意思是:天地都是包含有气的自然物。但吴光和冯憬远没有这么简单地看待它,而从这一句话中引出一系列的结论。

吴光认为:“王充所论的天地是有不同层次的,有局部与整体,有限与无限之区分。”而且认为,王充这句话中所谓“天地”是高一层次的,无形的物质之气的、无限广远的、整体的宇宙。而冯憬远认为,这句话可以译为“宇宙是包括(或充满)着气的客观实在”。这样又推出“‘天地’是由气构成的”,其结论

---

① 《论衡·说日》。

② 《论衡·奇怪》。

③⑤ 《论衡·自然》。

④ 《论衡·齐世》。

⑥ 《论衡·谈天》。

是：王充是“气一元论者”。另外，冯憬远认为，“王充是在两种意义上使用‘天地’概念的：其一是指无边无际、无始无终的宇宙；其二是指有形有体的具体天地。”猜其本意，“天地，含气之自然也”中的“天地”大概就是在“无边无际、无始无终的宇宙”这个意义上使用的。关于王充所说的“天地”，一个说“两个层次”，一个说“两种意义”，实际上是一回事。即认为王充所说的“天地”是指由气构成的无限的宇宙。分开来说，就是天地由气构成的和天地是无限的两个方面的问题。今就这两个问题，作简要分析。

先抄录《谈天》篇中的一段话：

> 如说《易》之家，儒书之言，天地始分，形体尚小，相去近也，近则或枕于不周之山，共工得折之，女娲得补之也。含气之类，无有不长。天地，含气之自然也。从始立以来，年岁甚多，则天地相去，广狭远近，不可复计。

在这里，王充讲“天地”开始时“形体”还很小，因为天地含有气，所以会长大，现在长大到过去无法比拟的那样大。这时讲的天地都是体，是“含气”的体。而且这个体是在长大过程中的，所以它们绝不是无限大的。因此，把“天地，含气之自然也”一句话抽出来，理解为“天地是由气构成的”，是“无限广远的宇宙”，似乎不甚符合原意。

汉代对天的看法大体上可以分为两大类，一种认为天是神，一种认为天是自然物。在认为天是自然物的人们中，对天的看法也有差别，这就是天文学家的争论。王充在参加当时天文学的"百家争鸣"中体会到天是自然物,反对神学唯心主义。在天文学中,王充倾向盖天说,认为天是体,不是气。"天,体,非气也"。虽然这是为反对"天人感应论"而发的议论,但他是以盖天说为依据的,例如天高六万余里(盖天说认为是八万里,数字有出入),三百六十五度一周天(盖天说为三百六十五度又四分度之一,王充取其整数),二十八宿在天上有一定的位置,像地面的邮亭。这些都说明天是有形体的。如果天是气,那就不会是这样的。所以王充说:"天有形体,所据不虚。"[①]他虽然不同意天是气的看法,但他仍然把它作为一种科学假说加以保留,所以他在驳斥神学唯心主义时,常用疑问、假设的语气提到天是气的看法。例如:

天者,气邪?体也?如气乎?云烟无异,安得柱而折之?[②]

天是气吗?天如果是气的话,又如何如何。王充是用这种口气提到天是气的。另外如说:

使天气乎?气若云烟。[③]

如天无耳,非形体也,非形体则气也。气若云雾,何能告人?[④]

使天地有口,能食祭食,宜食尽;如无口则无体,

①② 《论衡·谈天》。

③ 《论衡·自然》。

④ 《论衡·卜筮》。

无体则气也，若云雾耳，亦无能食。[①]

王充虽多次提到“天是气”的观点，但都是用“使”、“如”之类来表达假设的语气。明确肯定天是气的说法却一次也没有过。相反，断然否定天是气的说法虽然是“极为个别的”，但不是唯一的。而明确肯定天是体的说法，却不是个别的。诸如：

天之与地，皆体也。[②]

夫天者，体也，与地同。[③]

天平正与地无异。[④]

天地有体，故能摇动。[⑤]

王充赞同盖天说。盖天说认为天是一个大盖子。王充把天地两块比作磨石（硙）。这也说明王充把天看作体。

吴光认为，在王充的思想中，有形的天体与含气的天是两个不同层次的天。冯憬远等人认为，当王充“把天地当作宇宙时，就称它为‘含气之自然’；而当他把天地视为具体的天地时，则称它为‘体’。”[⑥]就是说，含气的天不是有形的天体。王充果然有两个不同层次的天吗？

王充在《自然》篇中说：

---

①③　《论衡·祀义》。

②　《论衡·道虚》。

④　《论衡·说日》。

⑤　《论衡·卜筮》。

⑥　冯憬远、吕鸿儒《略论〈淮南子〉、王充及其他》，《郑州大学学报》1982 年第 3 期。

> 天之动行也，施气也。体动气乃出，物乃生矣。由(犹)人动气也，体动气乃出，子亦生也。

在这里所说的"体"，就是指天体。西方将天空中的星球叫天体。中国古人所说的天体是指天的实体，即将恒星天设想为一整块实体。王充用人体比喻天体，说明天体在运动中施放出气来。"天覆于上"，"上气降下"，所以叫天施气。含气的天不就是这个施气的天体吗？含气的天和施气的天何曾是两个天？难道在王充的思想中有一个只含气而不施气的天，又有一个只施气而不含气的天？我以为，还是侯外庐"'气'是'体'所含的'气"的说法比较符合王充原意。王充的天地都是含气的体。

王充认为天地在空间上都是有限的，从来没有关于天地在空间上的无限性的论述。盖天说的经典《周髀算经》卷上所设想的七衡图，即在天体上画七个大小不等的同心圆。最大的一个圆叫外衡，直径为四十七万六千里，日在外衡运行时，可照及的天体平面直径为八十一万里，周长为二百四十三万里。这就是它所说的可见天体。可见天体以外是什么呢？"过此而往者，未之或知。或知者，或疑其可知，或疑其难知。"因此，《庄子·齐物论》称："六合之外，圣人存而不论。"不知道的就不加评论。王充持盖天说，认为天是一块在六万里高空中旋转着的平面体。这个天体尽管非常大，但不可能设想为无限大的。他说："天之所覆，地之所载，尽于三千之中矣。"①

① 《论衡·艺增》。

天地之间至多有三千个国家，而每一个国家疆域又是有限的，所以天地是有限的。根据当时天文地理知识，王充进行了大约的估算，大地“东西十万，南北十万，相承百万里”[①]。他又说：“且鳌足可以柱天，体必长大，不容于天地。”[②]如果天地无限大，何有不容之理？

另有两个问题需要说明。一是王充认为天地有限，并不是说宇宙有限。他从来没有对时间和空间的有限性作过论述。他以“无终始”[③]说明时间的无限性，以“其气莽苍无端末”[④]说明空间的无限性。二是有限的体是否可以作为宇宙的本原问题。西方哲学家认为本原必须是无限的。而中国古代哲学家没有这一条规矩。

总之，王充所说的“含气”的天不是别的，正是“施气”的“天体”。这个天体又是有限大的。吴光、冯憬远等人把“含气”的天理解为无限的宇宙，根据似乎不足。

四、“元气未分，浑沌为一。”

孙叔平据此认为，“可以说王充认为宇宙的本原是元气”，“王充明确奠定了元气一元论的唯物主义宇宙观”。[⑤]冯憬远等人认为：“王充的‘元气一元论’还是初创性的。”这些说法也值得商榷。

为了便于讨论，我们先抄录《谈天》篇中的一段话：

---

①② 《论衡·谈天》。
③ 《论衡·道虚》。
④ 《论衡·变动》。
⑤ 《中国哲学史稿》上册第 327 页，上海人民出版社，1980 年版。

> 说《易》者曰:"元气未分,混沌为一。"儒书又言:"溟涬濛澒,气未分之类也。及其分离,清者为天,浊者为地。"……儒书之言,殆有所见。

首先,在王充之前已经有元气化生天地的思想。例如在纬书《河图括地象》中就有"元气无形,汹汹隆隆,偃者为地,伏者为天"的说法。其他纬书也有类似说法。王充所谓"说《易》者",可能就是"易纬"的作者。王充在这一段话中,明确指出,"元气未分,混沌为一"和元气分化成天地的说法,都是前人说的,都是别人的见解。这就充分证明:元气一元论不是王充所"初创"的,也不是他所"奠定"的。

其次,王充虽然说这些观点"殆有所见"。但这只是肯定它可备一说,并不能说明他接受了这种见解。他在这一篇的最后明确否定天是气,认为天是体,而且是无终始、无生死的体。以后,王充也不再引用这些话,也没有用自己的话复述过这个观点。据此,我们认为儒书之言不能代表王充的观点。

第三,王充认为天体是无始无终的,不生不死的。他从来没有说过天地在什么时候,由什么东西,怎么形成的。而元气一元论认为天地都是元气分化而成的。怎么能说王充是元气一元论者呢?怎么能说"天地是元气的产物"是王充的观点呢?在这一点上,吴光也认为是"有曲解王充原意之嫌"。但是,冯憬远等人认为,说王充以天地为本原,"恐怕不那么合适吧!"王充反复讲"天含气"、"天施气",由天地之气产生出万物来。他确确实实认定天地是气和万物的本原,也就是宇宙的本原。我们虽然感到有什么"不合适",也无法改变已经成为历史的思想状况。因此,我认为可以把王充的宇宙观概括为天地本原论。

应该说明，我在和吴光、冯憬远、吕鸿儒等学者讨论王充宇宙观中，受益匪浅，加深了对王充思想的研究，又促进了相互的友谊。另外，以上见解是一己之见，并不因此结束讨论。真理是个过程，任何哲学命题、哲学观点，都是可以继续讨论的，都不是最后结论。

第六章 形 神 论

王充在解释人的形体和精神现象及其关系时贯彻气论思想，形成特殊的形神论。在形神论中，他吸收了当时的许多医学成果，也探讨了人死是否能够为鬼害人的问题。在这里，医学和哲学的结合则是十分明显的。

一、禀气而生

王充认为："人禀气而生，含气而长。"[①]这是从表面看很简单的问题，而实际上却十分复杂。人从哪儿禀得气呢？禀受的是什么气呢？当时儒者认为："圣人之生，不因人气，更禀精于天。"[②]普通人大概就是因袭父母的人气而生的，圣人与

---

① 《论衡·命义》。
② 《论衡·奇怪》。

众不同，是另外禀了上天特别精微的气，出生以后才具有特殊的智慧和才能。当时儒者编造了一批圣人之生，必有怪奇的神话故事。例如："禹母吞薏苡而生禹"，"契母吞燕卵而生契"，"后稷母履大人迹而生后稷"，"尧母庆都野出，赤龙感己，遂生尧"，"刘媪尝息大泽之陂，梦与神遇。是时，雷电晦冥，太公往视，见蛟龙于上。已而有身，遂生高祖。"[①]这些说法，王充一言以蔽之，曰："如实论之，虚妄言也。"

王充根据生物遗传学思想对以上说法进行辩驳。他说："物生自类本种"。尧和刘邦禀的是龙的气，应该也像龙，能够乘云驾雾。圣人应该"禀天精微之气"，而"天地之性，唯人为贵，则物贱矣"，那么，圣人应该禀人的气，而不应该禀"贱物之精"。因此，认为圣人禀"薏苡"、"燕卵"之类贱物之精的说法是没有道理的。如果禀了贱物之精的就是圣人，那为什么契和后稷却不是圣人。如果圣人都应该另禀什么其他精气，那为什么十二圣不都那样。王充认为"圣人自有种族"，五帝、三王皆是黄帝的后代。

王充认为："天地，夫妇也，天施气于地以生物。"同时也产生了人类。人类出现以后，"人转相生，精微为圣，皆因父气，不更禀取。"[②]有了人类以后，人类不断传宗接代，都是因袭父亲的气，不再需要禀受其他什么别的气。父亲的气是精微的，就可能生出圣人来。王充又认为天地生人和万物都是无意识的，不是故意的。他说："夫天地合气，人偶自生也。""因气而生，种类相产，万物生天地之间，皆一实也。"[③]"自然无为，天之

①② 《论衡·奇怪》。

③ 《论衡·物势》。

道也”,“王者禀气而生”也像“草木生于实核”,是先天自然的。[①]

由此可见,王充在早期有这样的思想:天地之气生万物和人,然后物种各自遗传,即使是圣人,也是禀了他父亲的人气而生的,没有什么奇怪,也不需要另禀什么别的气。这些说法在反对神化圣人方面是有积极作用的。但是,后来他发现圣人不能遗传,许多圣人的父亲、祖父都是很一般的普通人。“祖浊裔清”的现象十分普遍。于是,王充在反对血统论时,又承认了杰出人物“更禀于元”[②]。而且认为人的寿命长短、吉凶福祸、贫富贵贱也都是由“更禀”决定的。他反复讲:“禀气于天”,“人命禀于天”[③],光武帝“禀天光气”,“凡人禀贵命于天”[④],“人禀元气于天”[⑤],“俱禀元气”[⑥]。

天上有各种星,天施气包含了各种星气。人禀了不同的星气,就有了不同的命运。这就从气论思想引入神秘的星象术。

王充对于“人禀气而生”,前后有不同的看法。这可以说明他的思想是有变化过程的。原来将“更禀”作为“虚妄”批判,后来对于复杂的社会现象无法说明,只好又用“更禀”来解释。他把“更禀”归结为“星气”则是不妥的,而现代科学对于父子差别可以用环境、营养、情绪等因素来说明,但尚未有令人满意的科学理论。

---

① 《论衡·初禀》。
② 《论衡·自纪》。
③ 《论衡·骨相》。
④ 《论衡·吉验》。
⑤ 《论衡·无形》。
⑥ 《论衡·幸偶》。

二、含气而长

人是气组成的，所以，人的生命、生存、生长都离不开气。气是易动的。人体内部的气是处于有规律的不停地流动状态中。血是循环流动着的。血就是一种气。“血者，生时之精气也。”[①]这种说法有当时医学作为根据。医书《灵枢·营卫生会》篇载：“血者，神气也。故血之与气，异名同类焉。”王充又说：“血脉流行，泛扬动静，自有节度。”[②]血脉在人体内做有规律有节奏的运动。血脉有规律有节奏的运动受到阻碍，那么，人体机能就会失调，人就会生病，乃至死亡。他说：“血脉不调，人生疾病。”[③]“血脉不通，人以甚病。”“气不通者，强壮之人死。”[④]人体中有营气和卫气，它们都在运行。它们在周身运行中经过某个部位时受到堵截，那么那个部位就郁积生疮。他说：“营卫之行，遇不通也”，那么，“气结阏积，聚为痈，溃为疽创，流血山浓”[⑤]。血脉营卫不畅通流行，就会生病。如果流行过急，破坏正常节奏，也会生病。他说：“血脉之动，亦扰不安。不安，则犹人勤苦无聊也，安能得久生乎？”[⑥]。王充认为，道家用导引动摇的方法使体内血脉过分流动，也会像穷人劳累那样，不利于健康。

---

① 《论衡·论死》。
② 《论衡·书虚》。
③ 《论衡·谴告》。
④ 《论衡·别通》。
⑤ 《论衡·幸偶》。
⑥ 《论衡·道虚》。

生命在于运动。这是真理。运动过度会夺走生命。这也是事实,而且是痛苦的事实。

人体内的气不但要在体内流动,而且要有与体外进行交换流通的运动。《黄帝内经》认为人体“九窍、五脏、十二节,皆通乎天气”,“通天者,生之本”①。王充接受了这种思想,结合自己的直觉经验,认为人“鼻中口内不通于外,斯须之顷,气绝而死矣”。不但人是这样,其他动物也一样,“致生息之物密器之中,覆盖其口,漆涂其隙,中外气隔,息不得泄,有顷死也”②。人和动物与空气隔绝,停止呼吸,就要死亡。而呼吸这种中外交换的活动有赖于体内的血气流动,血气流动又依赖于骨肉这种形体。形体、血液、气息,三者组成人的生命系统。王充说:“呼吸之动,因血气之发。血气之发,附于骨肉。”③

王充认为,人含气而长是自然的过程,人没有办法知道是怎么回事,也不能干扰。首先他认为人施气不是一定有生子的愿望,“气施而子生”,这叫“自然”④。怀孕以后,“母怀子气,十月而生。鼻、口、耳、目、发肤、毛理、血脉、脂腴、骨节、爪齿,自然成腹中乎?母为之也?”胎儿的生长是自然的,还是母亲制造的?王充认为是“自然之化”。“子在母怀中,父不能知也”。胎儿的发展变化,父亲更无法知道。

人体中的气不是固定不变的,而是吐故纳新、新陈代谢的。旧气吐掉,新气从哪儿得到补充呢?王充说:“能为精气者,

---

① 《素问·生气通天论》。
②③ 《论衡·道虚》。
④ 《论衡·自然》。

血脉也。”[①]血脉就是精气，“异名同类”。人体中的气有两种，一是先天之气，即元气，禀之于父母；一是后天之气，即水谷之气，靠饮食来补充。王充在反对道家关于辟谷不食能长寿的说法时，说：“且人之生也，以食为气……闭人之口，使之不食，则饿而不寿矣。”[②]他又说，人体上有进食之口，下有排泄之孔，说明天生人性是需要饮食的。“顺此性者为得天正道，逆此性者为违所禀受。”饮食符合人的天性，即自然本性，不食就是违背人的天性。违背天性，怎么能长寿呢？

总之，人是含气而长的，气是有节奏活动的，所以人也需要有节奏活动，既不能不动，也不能乱动。气要新陈代谢，新气靠饮食来补充，所以，饮食是维持生命所必须的。

三、病生于气

王充认为人体是气组成的，因此，他就用气来解释人体的生理现象，同时也用气来解释病理现象。他认为任何病都可以归结为气的问题，即百病生于气。

人生病，从总根源上说不外两种情况，即先天和后天。

关于先天病因问题。有的人出生时就很虚弱，现代叫先天不足，王充用气来说明，就称“禀气薄”。他说：“人之禀气，或充实而坚强，或虚劣而软弱……禀气薄，则虽形体完，其虚劣气少，不能充也。”[③]“气薄则其体弱，体弱则命短。命短则多病，

① 《论衡·论死》。
② 《论衡·道虚》。
③ 《论衡·气寿》。

寿短。始生而死，未产而伤，禀之薄弱也。"刚生出来就死了，或者还没有生出来就发育不全，有的人虽然勉强活着，但一生体弱多病。这些现象，王充认为都是由于"禀气薄"所造成的。直到明代，著名医家张介宾对于先天禀赋的看法仍与王充的说法很接近。如他说："以人之禀赋言，则先天强厚者多寿，先天薄弱者多夭。"①

为什么有的人会"禀气薄"呢？王充在不同场合提出了三个主要原因：

一是"随父母之性"②。父母亲的身体不好，所生的孩子就是"禀气薄"的，就可能体弱多病。

二是"遭得恶物象之故也"③。这是说，母亲在受孕之时或怀孕期间，遭遇到恶劣的环境，在身体上和情绪上产生急剧的变化，也会严重影响新生儿的正常发育。例如，孕妇受到打雷的震惊，"气遭胎伤，故受性狂悖"。王充认为，羊舌似我、丹朱、商均④等人都是"气遭胎伤"，生来就是性恶之人。为了保证优生，古代有"胎教"之法：孕妇"席不正不坐，割不正不食。非正色，目不视，非正声，耳不听"⑤。受孕时，不要胡思乱想。如果"母不谨慎，心妄虑邪，则子长大，狂悖不善，形体丑恶"。受孕时有邪念，那么所生的子女性恶貌丑。王充还记载汉代的说法，孕妇吃了兔子肉，生出来的小孩就会缺唇。"妊妇食兔，

---

① 《类经·先天后天论》。

②③⑤ 《论衡·命义》。

④ 羊舌似我，又叫羊舌食我。《本性》篇："羊舌食我初生之时，叔姬视之，及堂，闻其啼声而还，曰：'其声，豺狼之声也。野心无亲，非是莫灭羊舌氏。'遂不肯见。及长，祁胜为乱，食我与焉。国人杀食我。羊舌氏由是灭矣。"丹朱，尧子；商均，舜子。生于盛世，"丹朱傲，商均虐"，说明恶性是先天的。

子生缺唇。”这种说法没有科学根据。但是，古代的胎教说法可能还有一定的道理。受孕时和怀孕期间，孕妇的生活环境、营养条件以及情绪对胎儿都可能产生重大的影响。有哪些影响，是怎么影响的，有许多问题值得研究。现在已经将这些问题的研究纳入新兴的围产医学的研究范围。

三是妇女生小孩太密太多，小孩所禀的气也就薄了。王充说：“妇人疏字者子活，数乳者子死。何则？疏而气渥，子坚强；数而气薄，子软弱也……所产子死，所怀子凶者，字乳亟数，气薄不能成也。虽成人形体，则易感伤，独先疾病，病独不治。”①字是生育。疏字指两次生育的时间间隔疏远。这样，产妇经分娩、哺乳以后还有体力恢复的时间，完全健壮以后再怀孕，小孩所禀的气就渥厚、充足，身体强壮，容易成活。相反，怀孕太密，每年生一个，或者一年生两胎。这样，每个小孩所禀的气就很薄，出生以后体弱多病。有的刚生的小孩因为“禀气不足”，很快就夭折了。接着又怀孕的小孩则“凶”，或者不能成形，或者虽然成活了，以后一定容易受损。别人没事，他却先病了。他的病也比较不容易治愈。从此可见，两千年前的人都已经知道，节育是优生的重要措施。

关于后天病因问题。《黄帝内经》是这样说的：“夫邪之生也，或生于阴，或生于阳。其生于阳者，得之风雨寒暑。其生于阴者，得之饮食居处，阴阳喜怒。”②“邪”即疾病的产生不外两种，一种生于阴，即产生于饮食、起居和情绪。一种生于阳，即产生于自然环境、气候条件。阳即外因，阴即内因。王充对

① 《论衡·气寿》。

② 《素问·调经论》。

后天病因的内因、外因都有详细论述。他说:“人之疾病,希有不由风湿与饮食者。”“当风卧湿”、“饱饭餍食”[①]没有不病的。风湿则是外因,饮食则属内因。下面分别加以述评。

在内因方面,王充认为,首先是饮食问题。他说:“气力之盛,以能饮食也。”[②]饥而不食,就要饿病,饿死。当然吃饭是人生一大事。不过,吃过多太饱也不行,也会引起疾病。“饮食自倍,肠胃乃伤。”[③]所谓“病从口入”,说明饮食是致病的重要原因。各种食品质量不同,营养不同,“饭黍梁者餍,食糟糠者饱,虽俱曰食,为腴不同。”[④]粗粮和细粮虽然都吃饱了,滋养身体的作用却不一样,谷物要经过加工、煮熟才能吃,也才有营养。他说:“谷之始熟曰粟。舂之于臼,簸其秕糠,蒸之于甑,爨之以火,成熟为饭,乃甘可食,可食而食之,味生肌腴成也。”如果,“粟未为米,米未成饭,气腥未熟,食之伤人。”[⑤]未去掉秕糠的粟,没有煮熟,吃了对身体不但无益,而且有害。没煮熟的谷物有“腥气”,霉烂的食物有“腐臭之气”,吃了都会生病。他说:“腐臭之气,伤败人心。”[⑥]有一些生物,例如植物中的巴豆、冶葛,动物中的鲑、鲹鲏,都是剧毒品,人吃了它们,就会中毒得病,甚至死亡。王充把这类生物叫做含“毒气”的物。另外,被蛇咬、蜂蜇就会中毒。因此,王充也将蛇、蜂列入含毒之物。他把毒气叫做“太阳之热气”,然后把各种有害的东西都说成是“阳物”,都含有“太阳之热气”,即毒气,会损害人体。

---

① 《论衡·辨祟》。

② 《论衡·论死》。

③ 《素问·痹论》。

④⑤ 《论衡·量知》。

⑥ 《论衡·四讳》。

总之，王充认为，含有腥气、腐臭之气和毒气的东西，不能吃。吃了就容易得病。

其次，劳累过度是致病的重要内因。体力劳累会病，脑力劳累更易病，甚至死亡。先秦时代的《庄子》书中说："形劳而不休则弊，精用而不已则劳，劳则竭。"[①]《黄帝内经》则称："久视伤血，久卧伤气，久坐伤肉，久立伤骨，久行伤筋，是谓五劳所伤"[②]。久则劳，劳则伤，则竭。伤指病，竭谓死。王充说："人之筋骨非木非石，不能不解。"[③]张而不弛，弛而不张，都不行。一弛一张，才是正常的，也才能长久。像文王这样的圣人都要张弛结合，董仲舒不及圣人，怎么能"坐思三年"，张而不弛呢？

王充把人体各器官的超负荷使用叫做"不任"，即负担不起和承受不了的意思。他认为"不任"就会产生疾病，甚至会引起死亡。在体力方面，他以秦武王举鼎为例。鼎重，秦武王力气不足，勉强举之，"举鼎不任，绝脉而死。举鼎用力，力由筋脉，筋脉不堪，绝伤而死，道理宜也。"[④]力是由筋脉产生的，用力过度，就会损伤筋脉，造成死亡。在脑力方面也有这种"不任"的情况。王充以王莽时一个博士弟子郭路为例。"郭路夜定旧说，死于烛下。精思不任，绝脉气减也"，"勉自什伯，鬲中呕血，失魂狂乱，遂至气绝。"[⑤]孔子和颜渊在路上竞走，颜渊曾经一度超过孔子，但因体力较差，"劣倦罢极，发白齿落"，说明"孔子力优，颜渊不任也"[⑥]。当时有人说是孔子和颜渊一起登

① 《论衡·刻意》。

② 《素问·宣明五气》。

③ 《论衡·儒增》。

④ 《论衡·书虚》。

⑤⑥ 《论衡·效力》。

太山，从太山上远望吴国昌门外的白马。下山后，“颜渊发白齿落，遂以病死”。原因是：颜渊“精神不能若孔子，强力自极，精华竭尽，故早夭死”[①]。王充不同意此说，认为：“今颜渊用目远望，望远目睛不任，宜盲眇，发白齿落，非其致也。”[②]眼睛“不任”，应该眼睛受伤害。“发白齿落”不是颜渊“用睛暂望仓卒”所导致的。他认为：颜渊“发白齿落”，是他“用精于学，勤力不休，气力竭尽，故至于死”，是读书思考，劳累过度而致死的。王充认为，“不任”是致病的重要内因。

第三，中医强调思想情绪对人体有很大影响。思想情绪，中医称“七情”，即喜、怒、忧、思、悲、恐、惊。《黄帝内经》说：“喜怒不节，则伤脏。脏伤则病起于阴也。”[③]又说：“忧恐忿怒伤气，气伤脏，乃病脏。”[④]《难经》也说：“忧愁思虑则伤心”，“喜怒气逆，上而不下则伤肝。”[⑤]七情导致“伤气”、“气逆”而生百病。也就是说，人的情绪会从体内影响气血的正常运行和脏腑的正常功能而引起疾病。这是中医的普遍看法。《黄帝内经·素问·举痛论》则系统论述七情对气的影响，然后产生疾病，从而得出结论：“百病生于气也。”王充吸收了这些思想，认为情绪与健康关系极大，“心愁忧苦，形体羸癯”，“心意调和，形体肥劲”[⑥]。情绪不好，身体消瘦；情绪调和，身体壮实。现在，整个医学界都开始重视情绪对健康的影响作用，因此有了“心身医学”，用“心理疗法”来治疗“心身疾病”。

---

①② 《论衡·书虚》。

③ 《灵枢·百病始生》。

④ 《灵枢·寿夭刚柔》。

⑤ 《难经》第四十九难。

⑥ 《论衡·道虚》。

另外，关于精神病，王充认为那是气性已经损坏，无法治疗。他说："有痴狂之疾，歌啼于路，不晓东西，不睹燥湿，不觉疾病，不知饥饱，性已毁伤，不可如何。前无所观，却无所畏也。"①

在致病的外因方面，王充认为主要是由各种有害的气侵入体内引起疾病的。

有害之气很多，首先是邪气。一年四季，气候发生周期性的变化，春温、夏暑、秋凉、冬寒，"四时自然"②。医家认为："阴阳四时者，万物之终始也，死生之本也。逆之则灾害生，从之则苛疾不起。"③顺从四季气候的变化而变化，就不会生大病。如果违背气候变化，那就会生病。王充认为，如果不随气候，"涉冬触夏，将有冻肠之患矣"④。如果一年不换衣服，那么，冬天就会冻病，夏天就可能中暑。古人把四季气候正常变化叫正气。变化不正常，入夏不热，入冬不寒，都叫邪气。医家认为"邪气伤人"⑤。气候变化不正常，容易使人生病。王充说："其病遇邪气也，其病不愈。"⑥

当然，同样遇到邪气，由于个体体质差异，有的生病，有的不生病。医家认为人体不虚，就不会得病，邪气是乘虚而入的。"风雨寒热，不得虚，邪不能独伤人。卒然逢疾风暴雨而

---

① 《论衡·率性》。
② 《论衡·寒温》。
③ 《黄帝内经·素问·四气调神大论》。
④ 《论衡·变动》。
⑤ 《黄帝内经·素问·生气通天论》。
⑥ 《论衡·治期》。

不病者，盖无虚，故邪不能独伤人。”[①]晋代著名医家葛洪也有类似见解。他说：“唯恐风冷与暑湿，不知风冷暑湿不能伤壮实之人也，徒患体虚气少者，不能堪之，故为所中耳……苟能令正气不衰，形神相卫，莫能伤也。”[②]王充认为禀气多的就“充实而坚强”，就不容易得病；禀气薄的人“虚劣而软弱”，气候稍有变化，就感伤得病，病了还不容易治愈。

其次是温气。王充说：“温气疫疠，千户灭门。”[③]“死者累属，葬棺至十”[④]。温气一旦流行，许多人都相继死去，病症都一样。王充认为这是“气相污”，气相互污染。当时医家也说：“五疫之至，皆相染易，无问在小，病状相似。”[⑤]王充所说“温气疫疠”，医书所谓“五疫”，就是现代所说的“瘟疫”之类的传染病。现代研究发现，这些传染病是病菌所致，而病菌则由苍蝇之类的媒介进行传播。当时人们不了解这些情况，以为就是一种毒气在空间流动相污染传播的。

第三是热气。上面讲到吃了含毒气的东西会生病。这毒气就是“太阳之热气”。“太阳之热气”不但存在于有毒之物身上，而且还有游离于空间的。人接触这种毒气就会得病。王充说：“天地之间，毒气流行。人当其冲，则面肿疾。世人谓之火流所刺也。”[⑥]人当面碰着这种毒，面部就会发生“肿疾”。所谓“火流”就是说这种毒气是像火那样的热气。他又说：“今

① 《黄帝内经·灵枢·百病始生》篇。
② 《抱朴子·极言》。
③ 《论衡·命义》。
④ 《论衡·辨祟》。
⑤ 《黄帝内经·素问·遗篇·刺法论》。
⑥ 《论衡·言毒》。

时人行，触繁雾蜮气，无从横负向，皆中伤焉。"[1]这里说的"繁雾蜮气"是说毒气有时像雾气那样，人在其中，不管你在什么方向上，都会中毒受伤害。他认为火烟也属这类气，所以，"火烟入鼻鼻疾，入目目痛，火气有烈也。"[2]在南方，气候较热，像江南楚越之地，春夏之时，就有温烈之气。人在行走时碰上这种毒气，就会无缘无故得了一种病。他说：

> 人行无所触犯，体无故痛。痛处若箠杖之迹。人腓，腓谓鬼殴之。鬼者，太阳之妖也。微者，疾谓之边，其治用蜜与丹。蜜、丹，阳物，以类治之也。夫治风用风，治热用热，治边用蜜、丹。则知边者阳气所为、流毒所加也。[3]

人在行走中没有接触什么东西，某部位会痛，就像被棍棒打伤似的。严重的叫腓，即半身不遂，偏瘫。因由风气所致，所以又叫风瘫。当时人说这种病是鬼打的。王充说这个"鬼"就是"太阳之妖"，就是"阳气"、"流毒"。"鬼为烈毒，犯人辄死"。历史上被鬼害死的人，王充认为都是碰上这种"太阳之热气"。较轻的病叫边。边这种病也是由于"阳气所为，流毒所加"。总之，王充把"太阳之热气"看作毒气，看作人体疾病的主要根源。他的《言毒》篇的主旨就是提出"热气为毒"的理论。一百多年后，南阳张仲景著《伤寒论》，认为疾病主要是"伤于寒"，

① 《论衡·难岁》。
②③ 《论衡·言毒》。

“伤寒十居其七”[①],“以伤寒为毒者,以其最成杀厉之气也”。春夏多温热病,“皆由冬时触寒所致”[②]。“伤寒论”统治中医达一千年之久。金元时代河间名医刘完素认为伤寒是热病,打破旧的伤寒论体系,提出“六气皆从火化”的命题,为明清温热学派的形成奠定了基础。而王充“热气为毒”说实开温热学说的先河。除了以上所列邪气、温气、热气以外,王充认为,致病的毒气还有“疫气”、“戾气”、“疠气”、“杂气”等。总之,百病生于气。

王充是哲学家,不是医生。他用哲学中的气论来解释生理、病理,并用当时医学知识充实哲学中的气论。从而反对天人之间精神感应说法,证明他的天道自然论。

王充认为,人体是气构成的,疾病是气引起的,治病就要用药物。气是无意识的,因此治病也不能靠“心意”。他说:

> 人有寒温之病,非操行之所及也。遭风逢气,身生寒温。变操易行,寒温不除。……人中于寒,饮药行解,所苦稍衰;转为温疾,吞发汗之丸而应愈。……变政易行,何能灭除?是故寒温之疾,非药不愈。[③]
>
> 医无方术,以心意治病也,百姓安肯信向,而人君任用使之乎![④]

---

① 《伤寒卒病论集》。

② 《伤寒论·伤寒例第三》。

③ 《论衡·寒温》。

④ 《论衡·量知》。

人身有了寒温疾病，改变操行是不能解除疾病的。只有对症下药，才能治病。医生如果不通医道，不知病理，不会开方用药，也不会针刺艾灸，只想用自己的热心、感情、愿望来治病，是治不了病的。这种不学无术的医生无论对哪一个阶级都没有好处。不管是百姓还是人君，对这种人都不感兴趣。这是王充对“精神万能”的唯意志论者的有力批判。当然，有一些病是由精神引起的，与情绪有密切关系，如果能用心理疗法，进行疏导，配合药物治疗，会有较好疗效的。但是，一般地说，单纯靠说服还不够，而且这种疏导也要“对症下药”，要有更高明的学问。这更不是不学无术的人所能办到的。

王充也用医学知识来反对祸福报应说。当时迷信家认为：“行善者福至，为恶者祸来。福祸之应，皆天也。人为之，天应之。”①这是天人精神感应的理论。他们还用楚惠王吞蛭的事来证明。事情是这样的：楚惠王腹有疾，他吃菜时发现有一只蛭虫。如果说出来不进行惩罚，那就“废法而威不立”，破坏了法律的权威；如果要惩罚，厨房监食者“法皆当死”，又于心不忍。考虑再三，还是不说，又怕左右侍从看见了，于是就把蛭虫吞到肚里去。那天晚上，楚惠王大便时，蛭虫随着出来，并且“久患心腹之积皆愈”。迷信家的解释是：天道无亲，唯德是辅。惠王吞蛭有仁德，会得到上天的保佑，不但无祸，反而治愈了“心腹之积”的老毛病。

王充认为这都是“虚言”。首先，他认为楚惠王是“不肖之主”，有“不肖之行”，“天不祐也”。其次，他用医学知识来解释，根本不是上天的保佑。他说：

---

① 《论衡·福虚》。

> 食生物者无有不死，腹中热也。初吞蛭时，未死，而腹中热，蛭动作，故腹中痛。须臾，蛭死，腹中痛亦止。蛭之性食血，惠王心腹之积，殆积血也。故食血之虫死，而积血之病愈。犹狸之性食鼠，人有鼠病，吞狸自愈。物类相胜，方药相使也。食蛭虫而病愈，安得怪乎？食生物无不死，死无不出，之后蛭出，安得祐乎？①

据《神农本草经》记载："水蛭，味咸平，主逐恶血、淤血、月闭、破血瘕积聚，无子，利水道，生池泽。"据现代医学研究结果认为，水蛭含水蛭素，有抗凝血和扩张血管、促进循环的作用。可见，王充的解释是符合医学理论的。他运用医学知识，说明楚惠王吞蛭和蛭出病愈这个过程是自然的，有其客观必然性的，并不是什么怪现象，也没有上天保佑的意思。楚惠王病愈并非由于行善，而是由于偶然吞下蛭这种正好对症的药。这样，王充利用迷信家用来宣传祸福报应的论据，来证明疾病"非药不愈"的唯物论观点。也是利用天人精神感应说的论据，证明天道自然论的观点。

总之，王充从哲学的角度吸收医学的成果，批判哲学唯心论，充实和丰富唯物论哲学。这是他对哲学发展的重要贡献，也是他创立天道自然论哲学的重要方面。

王充适偶论（本书在第八章有专论）思想在讲病理时也有所表现。例如他说：

---

① 《论衡·福虚》。

害气下降，囚命先中。①

厉气所中，必加命短之人。②

蜘蛛结网，蜚虫过之，或脱或获；猎者张罗，百兽群扰，或得或失……灾气加人，亦此类也。不幸遭触而死，幸者免脱而生。③

这就是说，禀有“囚命”、“短命”的人，就一定会碰上“害气”、“厉气”而得病。这是命定论思想的表现。但他又以蜘蛛结网为比喻，飞行的昆虫飞过去，有的逃脱，有的落网，这完全是偶然的。他认为“灾气”使人得病的情况也是这样，谁倒霉谁得病，谁幸运谁脱险。王充又说：“禀性软弱者，气少泊而性羸窳，羸窳则寿命短，短则蚤死。”④他所谓“命短之人”就是指“气少泊”的本质软弱者。当“厉气”传染病原流行的时候，这种人当然首当其冲，先发病。如果这样理解，那么，“厉气所中，必加命短之人”还有一定的合理性。

王充作为哲学家谈到医学问题，难免要在许多细节问题上有失误。但是，正如歌德在《论色学》中所说的，我们“不能要求哲学家成为物理学家……他并不需要细节，所需要的只是理解这些细节所汇合起来的那些结论”。王充正是东汉时代能够理解各门自然科学研究成果所汇合起来的总精神的杰出哲学家。这种总精神就是当时的思想精华。

①② 《论衡·偶会》
③ 《论衡·幸偶》。
④ 《论衡·命义》。

四、神依于形

精神和形体的关系问题，就是哲学上的形神观问题。比较早谈到形神问题的有春秋时代的子产。子产说：

> 人生始化曰魄，既生魄，阳曰魂。用物精多，则魂魄强。是以有精爽，至于神明。匹夫匹妇强死，其魂魄犹能冯依于人，以为淫厉。[①]

晋杜预正义曰："魄，形也。""阳，神气也。"[②]这就是说，人的产生，先有形体，即魄，然后才有精神，即魂。身体好，精力充沛，就"魂魄强"。普通人被害死，其魂魄还能依附于别人的形体，进行报复。这就明确说明，人死以后会变成鬼。不过，子产强调的是"强死能为鬼"。不是任何人死了都能成为鬼。有病死亡，正常老死，似乎就不会成鬼。虽然他没有这么明说。

《管子·内业》对形神问题也有明确论述，为许多著作所广泛引用。它说：

> 凡物之精，比[③]则为生。下生五谷，上为列星。流于天地之间，谓之鬼神。藏于胸中，谓之圣人。
>
> 凡人之生也，天出其精，地出其形，合此以为人。

---

① 《左传》昭公七年。

② 中华书局《十三经注疏》本。

③ 原作"此"，据郭沫若校改。

这个"精"是什么呢？"精也者，气之精者也。""精"指精细的气。那么"形"就是相对粗糙的气。形气组成形体，精气产生精神。健康的身体，"可以为精舍"。排除胡思杂念，"敬除其舍，精将自来"。"精之所舍，而知之所生。"精气留在身中，人就有了智慧。所以说精气藏在胸中，人就可以成为最聪明的圣人。所以，《内业》强调，精气一旦进入身中，"得之而勿舍"，就不要散失掉。欲望太多，思虑过度，就会失去精气。为了保存精气，就要节欲恬淡。据《内业》这套说法，精气和形气是形神的物质基础。所谓鬼神就是精气，它说："思之而不通，鬼神将通之。非鬼神之力也，精气之极也。""一物能化谓之神"。精气的变化使人有奇妙的智慧。

从战国到秦汉时代，关于形神关系逐渐形成比较一致的看法。他们将形神、阴阳、鬼神、天地联系起来，形成一套比较完整的形神观。他们说：

> 魂气归于天，形魄归于地。①
>
> 鬼神，阴阳也。②
>
> 众生必死，死必归土。此之谓鬼。骨肉毙于下，阴为野土；其气发扬于上为昭明，焄蒿凄怆。此百物之精也，神之著也。③
>
> 魂，阳气也。④
>
> 魄，阴气也。⑤

①② 《礼记·郊特性》。

③ 《礼记·祭义》。

④⑤ 许慎《说文解字》。

阳精为魂,阴精为魄。[①]

魄,人阴神也;魂,人阳神也。[②]

从以上的说法中可以看出,当时人所说的魂、魂气、神、阳神、阳、阳气、阳精、气、精气,都是一类东西,它出于天,也归于天,它是人的精神、智慧、知觉的物质基础。另一类东西则分别称作形魄、魄、鬼、阴、气、阴精、阴神、表,出于地,归于土,这是人的形体的组织材料。所以,形神关系,当时有时称为魂魄、鬼神、阴阳,有时又称为形气,也叫精或精气、魂,就是细微的阳气。地出阴气,也叫形或形魄、魄,就是比较浊重的阴气。两气结合,产生了人。天的精气产生人的精神,地的阴气组成人的形体。人死以后,尸体腐烂归于土地,叫做鬼。精气离开形体升上天空,叫做神。鬼是地的阴气,神是天的阳气,因此,鬼神是阴阳之气。总之,人是由形体和精神所组成的,它们分别来源于阴阳之气。因此可以说是形神二元论。但阴气和阳气都是气,因此又可以说形神气一元论。

形神既然是由两种不同的气产生的,气是可分可合的,那么,形神是否也可以分合呢?孟子提出"心之官则思",思虑即精神与心有密切联系,于是有心为神舍的说法。精神在心中,像人住在房屋里。人可以离开这间屋子走进另一间屋子。精神也可以离开这个形体,四处游荡,或者投入另一形体。就是后来所说的"魂不附体"、"金蝉脱壳"。这就可以引出灵魂不死、精神不灭的说法。战国时代的庄周有"薪火之喻",认为这

① 《吕氏春秋·禁塞》高诱注。

② 《淮南子·说山》高诱注。

个薪烧完了，火可以传到另一个薪上，“不知其尽”[①]。人的精神也可以从这个形体传到另一个形体上，形体可以一个个腐败掉，而精神却可以永远传下去，“不知其尽”。庄子后学认为，两种气聚合在一起，才会产生人的生命，一旦分开，人也就死亡了。《庄子·知北游》说：“人之生，气之聚也，聚则为生，散则为死。”[②]人的生死，就是气的聚散。《庄子·至乐》说：“气变而有形，形变而有生。”气聚合成形体，形体在发展变化中才产生人的生命。不是气一聚合就有生命。这说明，人先有形体，后才有精神。这与《荀子》的“形具而神生”的说法是基本一致的。这种形神观已经表明先有形体、后有精神的思想。

西汉末期，桓谭发展了“形具而神生”的思想，用烛火之喻来说明精神对形体的依赖关系。他说：“精神居形体，犹火之然烛矣。”“内外周遍，则气索而死。如火烛之俱尽矣。”[③]烛火依赖于烛，精神依赖形体，这种比喻是很恰当的。后来佛教利用“烛火之喻”来论证“形尽神不灭”的观点。于是，有人就说桓谭的比喻是“不恰当的”，有“漏洞”。实际上，佛教所谓“火之传异薪”，异薪之火与原来的火已不相同，那是“异火”。原来的火随原来的薪尽而灭。薪不同。火亦不同，哪有不灭之火？形不同，神亦不同，岂有不灭之神？

王充也用气来说明形神关系。他说：“阴气主为骨肉，阳

① 《庄子·养生主》。

② 据刘笑敢考证，《庄子》外杂篇“基本上是庄子后学三派的作品”，见《庄子哲学及其演变》，中国社会科学出版社，1988年2月。《知北游》和《至乐》都属《庄子》外篇，所以都是庄子后学的作品。

③ 严可均辑《全后汉文》卷十四。这段文字系于《新论·祛蔽》。

气主为精神”[①]。骨肉即形体是阴气组成的,精神是阳气产生的。人的形体与精神是相互依赖的,“形须气而成,气须形而知。”[②]人未生的时候,气在空间流行,无所知。人死以后,气又回到空间,仍然无所知。他说:“人未生,无所知,其死,归无知之本,何能有知乎?”[③]王充继承桓谭的烛火之喻,说:“天下无独燃之火,世间安得有无体独知之精?”“人死精神升天,骸骨归土”[④]。概括起来,王充的明确观点是:气是无知的,当精气和阴气结合成一个活人的时候,人才有知,这样,人死以后,精气可以消散于空间,归于无知的本然状态,因此不可能变成有知的鬼魂。

很显然,王充的形神观也是气一元论。他比较明确的独到见解是:人的精神是人体中的精气产生的,而精气一旦脱离人体就归于无知。用火作比喻的话,离开一切燃烧物而“独燃”的火是不存在的。他的明确结论是:“精神依倚形体。”[⑤]

五、鬼神暗昧

王充形神观已经否定了人死为鬼的说法。但是,古代圣贤书中经常谈到鬼,社会上许多人相信有鬼,而且时常传出某人见到鬼的各种传闻。这究竟怎么回事呢?王充写了《论死》、《死伪》、《纪妖》和《订鬼》等篇,对于鬼的问题进行一次全面而深入的探讨,复杂而雄辩的考订。

---

① 《论衡·订鬼》。

②③④ 《论衡·论死》。

⑤ 《论衡·论死》。

首先，王充从各种角度进行逻辑推理来驳“人死为鬼，有知，能害人”[①]的说法。略举几例如下：

天地开辟，有人类以来，死的人有亿万数。统计现在活着的人没有死的人多。如果死的人就成为鬼，那么，在道路上，应该是“一步一鬼”。人快死的时候看见鬼，应该看到成千上万，满屋子是鬼，满街巷是鬼，“不宜徒见一两人也”[②]。

人说死人的精神变成鬼。衣服是丝絮布帛做的，没有血气，没有精神，不会成鬼。那么，人们见到的鬼应该只见裸体的鬼，不应该看到鬼穿着任何服装。而实际上许多人见到的鬼都穿着衣服，说明那不是人死精神变成的。

人有聪明智慧。是五常之气藏于五脏之中，五脏不伤，人有智慧。五脏有病，人就会愚痴，失去聪明。“人死，五脏腐朽，腐朽则五常无所托矣。所用藏智者已败矣，所用为智者已去矣。”[③]还怎么能“有知”呢？

人死像睡着那样。昏迷比睡着厉害，死亡比昏迷严重。人睡着的时候不知道醒时的事，也不知道身旁别人正做什么事。睡着的人，“精气尚在，形体尚全，犹无所知，况死人精神消亡，形体朽败乎！”[④]当人睡着的时候，把食物放在他身旁，他不知道。醒来后才能知道，才能吃这些食物。人死，就是“长卧不觉”，长眠不醒，怎么知道吃呢？[⑤]

人有了病，智力就受到影响，病重，精神就扰乱了，没有理智。人死是病的极点。病比死轻微，都可以使人丧失理智，何

---

①②③④　《论衡·论死》。

⑤　《论衡·祀义》。

况死呢？病重精神扰乱，无所知觉，人死精神散掉，更无知觉了。①

人能说话，是由于有气力。有气力是由于能饮食，能饮食是由于有肚肠。人死以后，肚肠腐烂掉，不能饮食，不能说话，没有气力，还怎么能害人呢？害人用力，必须筋骨坚强。人死，骨朽筋力绝，手足举不起来，“手臂朽败”，“爪牙堕落”，靠什么害人呢？②

子产说，伯有强死能为鬼。王充不同意。他说：“伯有强死能为鬼，比干、子胥不为鬼。春秋之时，弑君三十六。君为所弑，可谓强死矣。……三十六君无为鬼者”③。

人被打伤，会到官府告状，诉说冤苦，说明他有知觉。人被杀，不知被谁杀了，家属也找不到尸体。如果死人有知觉，那他为什么不告诉官府凶手是谁，也不告诉亲人尸体在哪儿？这说明人死无知觉。特别是夫妇关系，夫死妻更嫁，妻死夫更娶，应当大忿怒。但是，“今夫妻死者寂寞无声，更嫁娶者平忽无祸，无知之验也”④。

祭祀鬼神。如果鬼神需要吃饭，那应该天天餐餐祭祀，否则它们就吃一餐饿几个月。它们又没有储存食品的地方。如果鬼神需要人提供食品才能有吃的，那说明它们也太没有本事了，还怎么能给人们带来祸福呢？⑤

祭祀时还要烧冥衣，说是给鬼送去衣服。鬼像人那么高

①④ 《论衡·论死》。

② 《论衡·论死》。

③ 《论衡·死伪》。

⑤ 《论衡·祀义》。

大,而所制的冥衣却只有一尺五六寸长,怎么能穿呢?如果冥衣确实是给鬼穿的,那么鬼只有木偶那么大。总之,鬼神的事,迷信家也都说不清楚。别人怎能“坚信”有鬼呢?

其次,王充对鬼的现象试图作出解释。他提出多种猜测,包括流行的一些说法。

一是“思念存想之所致”。他说:“凡天地之间有鬼,非人死精神为之也,皆人思念存想之所致也。”①人病了就产生畏惧,“畏惧则存想,存想则目虚见。”病人看见有鬼来打他,就是“病痛恐惧,妄见之也”。不同病和病情不同,所见之鬼也不一样。“初疾畏惊,见鬼之来;疾困恐死,见鬼之怒;身自疾痛,见鬼之击;皆存想虚致,未必有其实也。”②

二是“气倦精尽”致虚象。人病时间长了,“气倦精尽”,“病困精乱”,目光反照,“独见人物之象”。实际上并无人物,只是病重体衰所产生的幻觉。人们把这种虚幻的形象当作鬼。

三是“得病之气”为鬼。王充以为世间有各种“得病之气”,人接触这种气就会得病。病得厉害的人就好像见到鬼。“假令得病山林之中,其见鬼则见山林之精。人或病越地者,病见越人坐其侧。”③

四是“老物精”。“夫物之老者,其精为人;亦有未老,性能变化,象人之形。”④

王充根据气论思想,更倾向于用气解释鬼的现象。他说:

> 鬼之类人则妖祥之气也。⑤

---

①②③④ 《论衡·订鬼》。

⑤ 《论衡·纪妖》。

妖气象类人也。[1]

凡妖之发，或象人为鬼，或为人象鬼而使，其实一也。[2]

天地之气为妖者，太阳之气也。[3]

鬼，阳气也，时藏时见。阳气赤，故世人尽见。鬼，其色纯朱。[4]

故凡世间所谓妖祥，所谓鬼神者，皆太阳之气为之也。太阳之气，天气也。天能生人之体，故能象人之容。……太阳之气，盛而无阴，故徒能为象不能为形，无骨肉有精气，故一见恍惚，辄复灭亡也。[5]

鬼者，太阳之妖也。[6]

鬼为烈毒，犯人辄死。[7]

从以上一系列说法，可以看到，王充用气论来解释鬼的现象，认为鬼就是太阳之气，有毒，会伤害人，它是红色的，能象人的形象，却没有形体。谁碰上这种毒气，就“见鬼”，得病，乃至死亡。他认为历史上见鬼的人都是快要倒霉的预兆，或者由于倒霉才见鬼，所以，他说：“妖之见出也，或且凶而豫见，或凶至而因出。”[8]

王充尽管提出许多猜测，但他认为鬼神是很难解释的现象，过去没有人能说清楚，他也说不清楚，只是提一些思路、说法，供后人研究参考。所以，他说：

---

①② 《论衡·纪妖》。

③④⑤⑧ 《论衡·订鬼》。

⑥⑦ 《论衡·言毒》。

实者，死人暗昧，与人殊途，其实荒忽，难得深知。有知无知之情不可定，为鬼之实不可是。通人知士，虽博览古今，窥涉百家，条入叶贯，不能审知。[①]

天道难知，鬼神暗昧，故具载列，令世察之也。[②]

王充关于鬼的论述，在现代看来似乎还“夹杂着一些不彻底的机械的观点”[③]，但在东汉时代，王充的观点已经达到最高峰。而且他的实事求是的态度则是相当彻底的。不管过去有圣贤定论，也不管当时社会上有多少人共识，他还是冷静地作出理智的分析，没有彻底解决，就列出自己所达到的程度，供后人继续研究时参考。

① 《论衡·薄葬》。
② 《论衡·订鬼》。
③ 徐敏《王充哲学思想探索》第 111 页。

第七章 性 命 论

所谓性命，就是性和命的问题。关于性和命的问题，王充有时分开讲，有时联着讲，有时又对比着讲。由于这种复杂关系，我们有必要列许多题目，分别加以论述。于是就要从人性讲起。

一、性有善恶

王充在《本性》篇中集中讨论了人性的问题。他列举了历代思想家关于人性的看法，然后加以评论。首先是周人世硕的观点。世硕认为人性有善有恶，发展人的善性就变善，培养人的恶性就成恶。人性有善恶两种因素，关键在如何培养。宓子贱、漆雕开、公孙尼子都跟世硕差不多，主张性有善有恶论。

孟子以为人性皆善，不善是外物迷惑扰乱的结果。按这种说法，小孩"无有不善"，但是，历史上记载，许多大恶人从小就是性恶的，如商纣王、羊舌食我。另外，丹朱、商均生长在比屋可封的唐、虞圣世，又在尧、舜圣人身边，应该说是充满善的环境，怎么会出现“丹朱傲，商均虐”呢？因此，王充说：“性本自然，善恶有质。孟子之言情性，未为实也。”

与孟子同时的告子认为，“性无善恶之分”，像水那样，向东引就向东流，向西引就向西流。但是，丹朱、商均在善的环境中却变成恶。孔子说“上智下愚不移”，就可以知道告子的见解也“未得实”。

孙卿反对孟子，“作《性恶》之篇，以为人性恶，其善者伪也”。稷和孔子从小就表现出善性，怎么能说是性恶的呢？刘子政反驳性恶论，说：如果那样，那么人的善是怎么产生的呢？

还有陆贾、董仲舒、刘向，也都讨论过性的问题，都没有得出正确的结论。最后，王充总结说：“自孟子以下至刘子政，鸿儒博生，闻见多矣。然而论情性，竟无定是。唯世硕、公孙尼子之徒颇得其正。”

王充肯定世硕、公孙尼子关于人性有善有恶论，自己又加以发挥、论证。土地之性有黑、赤、黄之别，水有清浊之分，人才有高下，脸色有白黑不同，身体有高矮之差，人性也像这样，都有善恶之分。这是“天性然也”。由于人性中善恶成分不同，可以分为上中下三种类别。他说：

> 余固以孟轲言人性善者，中人以上者也；孙卿言人性恶者，中人以下者也；扬雄言人性善恶混者，中人也。

王充从性有善有恶论推出性三品说。对此，他并不满意。

他又说：

> 若反经合道，则可以为教；尽性之理，则未也。

如果为了使人们的行为符合经书、仁义之道，那么上述各种人性理论都可以用作教化的理论依据。如果从彻底了解人性的原理方面来讲，那么，它们就都没有达到。从王充时代到现在，人性问题又讨论了一千九百多年，仍然没有彻底解决。而每一时代都有人以为自己真正揭示了人性的奥秘，彻底发现了绝对真理，到头来都不过是一隅之见，受到后人的驳难和指责，补充和发展。像王充这样，承认没有达到最后真理的人是不多的。从这一点说，王充思想是比较有辩证性的。

人性都是善的，或者都是恶的，则属绝对化的无差别论。如果说人性无所谓善恶，那还是一种无差别论。差异是绝对的。所以人性也应该是有差异的，是千差万别的。不同人性在自然界当然无善恶之分。也像在自然界的草木那样。当在社会领域讨论人性时，就应当有所分别。如何分，要视时代、地位、环境而有所不同。也像草木有的可以做药入方治病，有的可以成毒药而杀人。同一种药，对不同的人有益有害也不一样。同一种药，可以通过加工制作，改变药性来治不同的病。人性也像草木的药性那样，接触人才有善恶之分，在各种不同的配方中，在不同的人群中，善恶也不尽相同。人性是极其复杂的。王充只讲人性有善恶之分，是对的，但失于笼统，故称“未尽性之理”。

二、命有吉凶

人是否有命运呢？王充的回答是肯定的。这位著名的唯物论者为什么会承认有命说呢？产生有命说的社会原因是什么呢？这是首先要加以剖析的问题。

人们对于社会现象并不是一开始就有正确的认识的。起初，以为个人的社会地位和遭遇都是天命注定了的，是由上帝或称为“天”的神秘力量所决定，“天命靡常”[①]。“祸福无门，唯人所招。”[②]“积善之家，必有余庆；积不善之家，必有余殃。”[③]人间的祸福取决于本人的行为善恶。但是，大量的历史事实否定了善有善报、恶有恶报。正如司马迁所说：

> 若伯夷、叔齐，可谓善人者非邪？积仁洁行，如此而饿死！且七十子之徒，仲尼独荐颜渊为好学。然回也屡空，糟糠不厌，而卒早夭。天之报施善人，其何如哉？盗跖日杀不辜，肝人之肉，暴戾恣睢，聚党数千人，横行天下，竟以寿终。是遵何德哉？……操行不轨，专犯忌讳，而终身逸乐富厚，累世不绝。或择地而蹈之，时然后出言，行不由径，非公正不发愤，而遇祸灾者，不可胜数也。……傥所谓天道，是邪非邪？[④]

① 《诗·大雅·文王》。
② 《春秋左传·襄公二十三年》引闵子马语。
③ 《易·坤文言》。
④ 《史记·伯夷列传》。

在这里，司马迁对封建社会发出控诉和谴责，也是对天命论的批判。司马迁站在统治者的立场，否定“盗跖”，而在统治集团内，他又是受害者，对于自己的遭遇，深有感触。郁郁不得志的王充也有同感，所以他说：

> 恶人之命不短，善人之年不长。天不命善人常享一百载之寿，恶人为殇子恶死，何哉?![①]

他们都认为人的善恶与寿夭祸福并没有必然的因果联系。王充认为，人的才能和社会地位也同样没有必然的联系。他说：“才高行洁，不可保以必尊贵；能薄操浊，不可保以必卑贱。或高才洁行，不遇，退在下流；薄能浊操，遇，在众上……所以遇不遇，非一也。”[②]“修身正行，不能来福；战栗戒慎，不能避祸。祸福之至，幸不幸也。”[③]“举事有是有非，及触赏罚，有偶有不偶。”[④]总之，人的贵贱、祸福、赏罚都在于遇不遇、幸不幸、偶不偶，与个人的道德、才能、行为都是没有必然联系的。所谓“遇”、“幸”、“偶”都是属于偶然性。但如果只讲偶然性，一切都不过巧合，都是相对的，那就什么问题也得不到说明。王充不满足于对社会现象作出偶然性的说明，力求探讨在极为复杂的社会现象背后的规律性，作出理论上的概括。他说：“凡人遇偶及遭累害，皆由命也。”[⑤]这样就引入“命”概

① 《论衡·福虚》。
② 《论衡·逢遇》。
③ 《论衡·累害》。
④ 《论衡·幸偶》。
⑤ 《论衡·命禄》。

念，并把一切偶然现象看作都是由“命”决定的。“自王公庶人，圣贤及下愚，凡有首目之类，含血之属，莫不有命。命当贫贱，虽富贵之，犹涉祸患矣。命当富贵，虽贫贱之，犹逢福善矣。故命贵，从贱地自达；命贱，从富位自危。故夫富贵若有神助，贫贱若有鬼祸。①　这就是说，必然的命支配着偶然的社会现象。命是人力所不能及的一种客观的力量，“命则不可勉，时则不可力，知者归之于天。”②可见，在这里王充把“命”、“时”和“天”都作为客观必然性的概念来使用。

孔子说：“道之将行也与，命也；道之将废也与，命也。”③《庄子·秋水》篇说：“牛马四足，是谓天。”《孟子·万章上》说：“天也，非人之所能为也。莫之为而为者，天也，莫之致而至者，命也。”荀子在《天论》中说：“皆知其所以成，莫知其无形，夫是之谓天。”可见，这些思想家都把非人为的客观必然性称为“天”或“命”，王充也承袭旧说称之为“命”。不过，庄子和荀子主要是针对自然现象说的，而王充却主要用来说明社会现象，与孔孟说法正相一致，他说：“孔子称命，孟子言天，吉凶安危，不在于人，昔人见之，故归之于命，委之于时。”④看来王充关于“命”的思想主要是继承了孔孟儒学，同时也受到其他思想家的影响。他说：

> 孔子曰：“死生有命，富贵在天。”鲁平公欲见孟子，嬖人臧仓毁孟子而止。孟子曰：“天也！”孔子圣

①②　《论衡·命禄》。
③　《论语·宪问》。
④　《论衡·自纪》。

人，孟子贤者，诲人安道，不失是非，称言命者，有命审也。淮南书曰："仁鄙在时不在行，利害在命不在智。"贾生曰："天不可与期，道不可与谋。迟速有命，焉识其时?"……高祖骂之曰："……命乃在天……"扬子云曰："遇不遇，命也。"……前世明是非归之于命也，命审然也。[①]

由于各种因素的影响，事与愿违是大量存在的，历史上有，而且王充自己也有切身体会，他说："故人之在世，有吉凶之性命，有盛衰之祸福，重以遭遇幸偶之逢，获从生死而卒其善恶之行，得其胸中之志，希矣。"[②]能够实现理想和抱负的人是很少的，这也是王充自己所发出的慨叹，反映了地主阶级在野派的心理。他们讲命信命大概多是不得志者的共同心声。王充的有命说与他"仕数不耦"[③]的坎坷遭遇也是分不开的。

三、骨相可察

王充生于东汉之时，又有自己的天道(气)自然论的哲学体系，他讲命也就有了自己的特色。王充认为，"命"存在于形体之中，不是掌握在神灵那里。他说："命在于身形定矣。""性命系于形体，明矣。""禀命定于身中，犹鸟之别雄雌于卵壳之

① 《论衡·命禄》。
② 《论衡·命义》。
③ 《论衡·自纪》。

中也。”[1]“命”在形体中，像鸟卵中包含着雌雄不同性别一样。他又说：“王者一受命，内以为性，外以为体。”[2]“夫命富之人，筋力自强，命贵之人，才智自高，若千里之马，头目蹄足自相副也。”[3]“命”决定人内在的聪明才智，又决定了人的外形美丑和筋力强弱。他认为人的寿命与形体也是相应的。他举例说牛的形体便有牛的寿命，马的形体则有马的寿命，人也是这样，形体不同，寿命也不同。他用不同类动物的形体不同与寿命不同来类比人的形体与寿命的相关联系，显然是不妥的。人的寿命与形体并没有机械的必然的联系。实际上，他也没有说究竟什么样形体的人寿命长些，什么样形体的人会夭折。他只作了这样的概括：性命存在于形体之中，性命决定了形体。反过来，人们就可以从形体的差异来辨别各自个体的性命，于是很自然地引导出骨相说。

他说：“人禀命于天，则有表候于体，察表侯以知命，犹察斗斛以知容矣。表候者，骨法之谓也。”[4]人的命运可以从体表上表现出来，只要观察一个人的体表特征，就可以知道他的命运，这种“骨相学”，古代叫“相术”，掌握“相术”的人叫做“相工”。“故知命之工，察骨体之证，睹富贵贫贱，犹人见盘盂之器，知所设用也。”[5]相工观察人的骨相特征，就能知道这个人的富贵贫贱，就像看见各种器皿的形状，就知道它们有什么用处。王充还说，这种通过观察形体来认识人的性命，是十分可靠准确的，“无不应者”，“莫不得其实也”。

---

①② 《论衡·初禀》。
③ 《论衡·命禄》。
④⑤ 《论衡·骨相》。

但是,实际上很多“相工”所相出的“命”与实际并不相符,“不得其实”,为什么?“相或在内,或在外,或在形体,或在声气,察外者遗其内,在形体者亡其声气”。① 就是说,象征“命”的“相”可能在内,也可能在外,可能表现于身体形象,也可能表现于声音气色,是很复杂的。但是,有的相工观察不仔细,不全面,“失之不审”,所以不准。这种辩护是由他的哲学体系导出的一种结论。

王充的思想反映了当时社会的认识水平。《汉书·艺文志》把“相人”列入数术略形法类。所谓“形法”、“骨相”是探讨形式和内容,形象和本质的关系,是研究“数自然”的,因此,其中有一些经验总结,也包含某些合理因素。但是,总的说来,骨相说是唯心主义的。王充相信骨相说是他的哲学的机械性所导致的结果。他比荀子的“非相”说倒退了一大步。

四、性命异同

王充认为“性”和“命”都有着不同含义。

> 死生者,无象在天,以性为主,禀得坚强之性,则气渥厚而体坚强,坚强则寿命长,寿命长则不夭死;禀性软弱者,气少泊而性羸窳,羸窳则寿命短,短则蚤死。故言有命,命则性也。②

---

① 《论衡·骨相》。

② 《论衡·命义》。

王充讲“命则性”，命和性是统一的。身体坚强之“性”和强弱寿夭之“命”相统一。身体健壮的人比软弱的人寿命长，这从生理学上看有一定的道理。

王充又说“性与命异”。这里讲的“性”和“命”都与上文有不同含义。

> 夫性与命异，或性善而命凶，或性恶而命吉。操行善恶者，性也，祸福吉凶者，命也。或行善而得祸，是性善而命凶；或行恶而得福，是性恶而命吉也。性自有善恶，命自有吉凶。使命吉之人，虽不行善，未必无福；凶命之人，虽勉操行，未必无祸。①

这里讲的“性”是善恶操行之“性”，“命”是吉凶祸福之“命”。王充认为，在这种意义上，“命”和“性”是不统一的，而且是有大量历史事实作根据的。他所谓善恶之性是以地主阶级道德为标准的。不过，在阶级社会中，任何阶级的善跟吉凶祸福都没有相应的必然联系。从当时情况看，在批判善恶报应说中，王充观点含有合理因素和进步意义。

由上述可见，王充在讲性命关系时，把人的自然属性和社会属性作了明确的区分。对于人的自然属性，强调性命是统一的，对于人的社会属性，则强调性命是不统一的。我们认为，这样分别讨论性命的关系问题是较妥当的。

王充在讨论性命和形体的关系时，没有注意到人的自然属性和社会属性的区别，不能说不是一种失误。认为吉凶祸

---

① 《论衡·命义》。

福都可以从形体骨相上看出来，那就没有什么根据了。实际上，王充也并不具体地了解什么样的骨相表明吉凶祸福，什么样的表候象征着贫富贵贱，他自己并没有明确认识。显然，这是一种神秘的机械论，反映了战国以来流行的骨相说对王充思想的影响。古今中外都有相术之说，大概这也是对人体探索过程的一个初级阶段，也是人类认识自身过程的一个环节，说明了人类认识发展的规律性、普遍性。古人在探索自身的过程中有一些幼稚的想法和错误见解，是不足为奇的。

五、性命在本

王充研究性命问题并非到此为止，还进一步探索性命的本质。在反对当时儒者的“善有善报，恶有恶报”的“随命说”时，他提出：“富贵贫贱皆在初禀之时，不在长大之后，随操行而至也。”[①]“凡人受命，在父母施气之时，已得吉凶矣。”这就叫“性命在本”。“本”是什么？就是气。“人禀元气于天，各受寿夭之命，以立长短之形。”“人以气为寿，形随气而动。”[②]就是说，人的寿夭之命和长短之形都是由气决定的。“俱禀元气，……并为人，或贵或贱，或贫或富，富或累金，贫或乞食，贵至封侯，贱至奴仆，非天禀施有左右也，人物受性有厚薄也。”就是说，贫富贵贱之命是由人所禀的元气的厚薄决定的。

天禀施既无“左右”，为什么元气会有厚薄不同呢？他认为天所施的元气中包含着众星之气，因为众星精气不一样，所

① 《论衡·命义》。
② 《论衡·无形》。

以，人所禀受的元气也就有厚薄不同（参见《命义》篇）。人所禀受的星气不一样，于是就有了富贵贫贱之分。而这些分别又是以众星在天上“尊卑小大”所决定的。如果知道一个人禀了天上某星的精气，那么只要知道这颗星在天上的地位，就可以预见与之相应的这个人的一生祸福贫富。这是占星术的迷信。王充所描绘的宇宙模式是：众星在天上组成一个不平等的社会，人间社会只是天上社会的投影，或者说，天上众星之精气物化成人间社会。但他所说的星和星气都是无意识的，不是理念性的东西，它们对社会的作用也不是故意的，而是自然的，因此，这种星气说与客观唯心主义仍然有着区别。认为由这种物质性的气决定了人的自然属性和社会属性，不失为一种唯物论的观点。但是这种观点过于机械，且具有相当浓厚的神秘性。这是谁也不可能说清楚的，只好听凭占星家去胡说。如果按这条道路去探讨人间社会的实际问题，必然陷入迷途。王充自己走的并不是这一条路。王充对自然现象和社会现象做过大量的观察研究，却用气的作用来说明这些研究成果，并把人体、人性、寿命和命运也都纳入他的气论思想体系，用气的作用来机械地解释这些复杂的社会现象。因此，我们认为王充的气论思想体系是属于机械唯物论的哲学体系。

六、命系星气

在王充的性命说思想中，不但人的贫富贵贱强弱寿夭都有性命，国家盛衰兴亡也有国命。“国命胜人命”[①]，就是说个

---

① 《论衡·命义》。

人的命再好，碰到国命不好也是要遭殃的。王充认为国命也是由星气决定的："国命系于众星。列宿吉凶，国有祸福，众星推移，人有盛衰。"[①]这种星气有时数。由时数决定国家命运。王充在《治期》篇中作了较具体的论述。社会为什么会有治乱（就是指人民造反）？他说："盗贼众多，兵革并起，民弃礼义，负畔其上。"他认为，人民造反由于"谷食乏绝，不能忍饥寒"，"饥寒并至而能无为非者寡"。在饥寒交迫情况下不起来造反的人是很少的。"为善恶行，不在人质性，在于岁之饥穰。""案谷成败，自有年岁。年岁水旱，五谷不成。"这就是说，水旱等自然灾害通过影响生产，造成歉收，加剧阶级矛盾，引起社会动乱。王充对自然灾害和社会动乱的联系的分析有一定的合理性，而且很通俗，破除了过去的神秘说法。

王充再进一步探讨水旱灾害是怎么产生的。"为水旱者，阴阳之气也"；"一湛一旱，时气也"。[②]"岁气调和，灾害不生"；"岁气有变，水旱不时"[③]。这里王充讲的"时"、"数"、"命"都是一个意思，指客观必然性，而这种客观必然性就是气自然形成的。这样一来，王充又把社会治乱的最后原因归结为"气自然"，纳入他的气论思想体系。

王充没有用神、上帝来解释社会的治乱现象。他对于自然灾害影响农业生产，农业生产直接关系到人民的生活，人民生活好坏又决定着社会的秩序等一系列问题的论述，包含着一些历史唯物主义的思想火花，有一定的合理性。同时，他肯定了社会治乱的客观必然性，就否定了圣人、贤君对社会历史

---

① 《论衡·命义》。

②③ 《论衡·明雩》。

的主宰作用，这对破除人们对圣贤的迷信，批判唯心史观，都有积极意义。但是，由于王充过分强调“气自然”，人在历史上的作用被掩盖了，尤其是作为生产力最活跃的要素——劳动人民在历史上的能动作用被抹杀了。在这一方面比荀子“制天命而用之”的思想有明显的退步。另外，用“气自然”来解释社会治乱，也就看不到地主阶级对农民的残酷剥削是造成“饥寒并至”的主要原因，认识不到地主阶级的罪恶和“官逼民反”的道理。王充的社会历史观正是受到历史的和阶级的局限。

七、人性可变？

王充在《论衡·本性》篇中提出人性和命与身高脸色一样，都是各不相同的，又是不会改变的。他说：“禀性受命，同一实也，命有贵贱，性有善恶。”“人禀天地之性，怀五常之气，或仁或义，性术乖也，动作趋翔，或重或轻，性识诡也，面色或白或黑，身形或长或短，至老极死不可变易，天性然也。”人性善恶同面色、身形都是天生不同的，老死也不会改变。

王充认为气决定性命，天不会改变，天所施的气也不会有什么变化，那么由气决定的性、命、形体也不会变化。也就是说，由不变的气决定的人性也是不会改变的。

但是，王充在《率性》篇却列举了一系列事实说明“性”是可以改变的。例如：“深耕细锄、厚加粪壤”，改变了“土地之本性”，铁矿石经过人们冶炼敲打也会改变原来的性质。自然物既可以改造，“人非木石”，人性为什么不能改造？王充举孔子教育学生为例，子路原是庸人，“恶至甚矣”，经过教育终于成为贤人。又如阖闾、勾践所训练的军士能够“视死如归”，“孟贲勇也，闻军令惧"，刘邦手下猛将"奉礼拜伏"，都说明"性必变易"。"人之性，善可变为恶，恶可变为善。"经济状况的变化也会引起人的思想变化："故饥岁之春，不食亲戚；穰岁之春，召及四邻。"①大灾年，许多良民都变成了"为非"、"为乱"的"盗贼"，说明人性是可以改变的。我们从这里可以看到，大量事实使王充这位唯物主义哲学家不得不承认人性是可变的，使他不自觉地在某些方面突破了自己的"气不变易"的机械性体系，阐述了自然界和人类社会的某些辩证法。

八、圣性遗传？

圣人的人性禀受父母的本性，还是另外禀受了别的什么精气。对此，王充有截然相反的两种观点。"天施气于地以生物。人转相生，精微为圣，皆因父气，不更禀取。"因为"物生自类本种"，后代都跟前代相类似。由此得出结论说："实者，圣人自有种族，如文、武各有类。"他认为"儒者称圣人之生，不因人气，更禀精于天"是"虚妄言也"。② 古书许多记载说，圣人不是禀父亲的精气，而是另外禀了别的什么特殊的气，所以生来具有超人的知能。王充指出，人既然是天地间最高贵的，为什么还要禀那些贱物之精才能成为圣人呢？他在批判神化圣人的谬论时，阐述了圣人"皆因父气，不更禀取"的道理，这是对的。但他向前再推出一步，认为"圣人自有种族"，这就陷入了血统论。而血统论正是他在别处所极力批判的。

① 《论衡·治期》。
② 《论衡·奇怪》。

王充认为“阴阳之气”“遭善而为和”，“瑞应之出，殆无种类，因善而起，气和而生……气性随时变化，岂必有常类哉。”①圣人和瑞应一样，也是禀和气而生，没有常类，因此“人无祖圣贤”，“五帝不一世而起，伊、望不同家而出……鲧恶禹圣，叟顽舜神。……孔墨祖愚，丘翟圣贤，扬家不通，卓有子云，桓氏稽古，遹出君山，更禀于元，故能著文。”②这里说的“更禀于元”就是更禀元气于天，与上述的“皆因父气，不更禀取”的说法是矛盾的。

王充反对神化圣人，认为圣人出生未必都要有怪异。他主张人“种类相产”，有遗传性，在生物学上是正确的。但他认为圣人也可以遗传，就陷入血统论。另一方面，王充在反对血统论时，提出“人无祖圣贤”也是对的，但他对于圣人的产生，认为是偶然禀了一种最高级的气——和气，先天生有圣性。这又陷入宿命论。这两个错误见解形成截然相反的对立观点，王充本人未必意识到，似乎论证起来都是理直气壮。王充反对圣人出生怪异说和圣人血统论都是正确的，但对自己的观点作理论概括时，却得出了两个自相矛盾的结论。

王充抽象地认为圣人是禀和气而生的，因而与其他人有本质上的区别，因为一般人包括贤者也都不过是“精气为之”。这就承认圣人的先天器质，也只才具备了一个认识事物的好条件，并不是可以“不学自能，无师自达”。③ 这不能说没有一定的合理性。我们根据辩证法的观点看，差异是绝对的，可以

---

① 《论衡·讲瑞》。

② 《论衡·自纪》。

③ 《论衡·实知》。

认为人的头脑在思维机制方面也会有差别，王充称这种比较优越的思维机制为“圣性”，“圣性”虽然未必是禀和气而生的，却是天赋的。王充所说的虽有“圣性”，不能有知，“知物由学，学之乃知，不问不识”①，也强调后天的学习。可见，王充虽然承认人性有先天的差别，但他并没有陷入唯心论的先验论，因为他明确否认有先天的知识。王充还用实际例子作了具体分析，继续论证唯物论的认识论。例如孔子也不是生来就有渊博学问，而是“学就知明，成圣之验”②。孔子从十五岁开始立志学习，说明圣人也不是“性知者”，也是“须学以圣”③的。一般人通过学习也可以争取成为圣人，“圣可学”，“圣可为”。圣人不是先天生成的，而是后天学会的。学习有多少，有快慢，圣人只是学得多些快些，与贤者相比也只有多少快慢的差别，“非绝殊之名也”④。王充还认为圣人的感官和普通人一样，圣人之所以能见人所不见，那是因为他能通过一些迹象征兆来推知尚未发生的事情，这一点也不神秘，甚至连一些妇女也能办到。他讲到实践作用时，还认为对于具体事物，有时有经验的小孩的见识也比圣人还高明。总之，圣人也是人，不是神，“圣者不神”⑤。王充对这些具体实例的分析所得出的结论，与他的“和气生圣人”的理论概括是相矛盾的。

九、国命能改？

王充在歌颂汉朝皇帝时特别提到对付灾荒的问题：“建初

---

①③④ 《论衡·实知》。

②⑤ 《论衡·知实》。

孟年(即公元 76 年)无妄气至,岁之疾疫也。比旱不雨,牛死民流,可谓剧矣。”[①]《后汉书》也有类似记载,在严重灾情下,由于皇帝及时采取措施,并没有出现混乱。“皇帝敦德,俊乂在官,第五司空,股肱国维,转谷振赡,民不乏饿,天下慕德,虽危不乱。民饥于谷,饱于道德,身流在道,心回乡内。以故道路无盗贼之迹,深幽迥绝无劫夺之奸,以危为宁,以困为通,五帝三王,孰能堪斯哉!”[②]他在《须颂》篇中提到:“建初孟年,无妄气至,圣世之期也。皇帝执德,救备其灾。”在《宣汉》篇说:“今亦天下修仁,岁遭运气,谷颇不登,迥路无绝道之忧,深幽无屯聚之奸。”王充对汉章帝的救灾措施十分称颂,认为这是五帝三王那样的圣君也办不到的。商汤时遇到连年大旱,只好自己跑到桑林里去祈祷、忏悔。而东汉章帝能够采取“转谷振赡”的措施,使“民不乏饿”。王充认为这种善政产生了“天下慕德”的政治影响,人民虽然生活有困难,也没有起来造反。王充在论述此事时,否定了“帝王治世,百代同道”,也否定了“世之治乱,在时不在政;国之安危,在数不在教。贤不贤之君,明不明之政,无能损益”[③],实际上他在这里也突破了机械的理论体系,承认“贤君明政”对社会历史的某种作用。这显然是跟国命论相矛盾的。

王充用“气”这样一些概念,来解释一切现象,使表面上极复杂的现象条理化、简单化,它当然不是客观事物的精确的反映,只能说是在一定程度上反映了客观事物的某些方面。王充性命论中的矛盾观点反映了当时人们还不能科学地把握极

①② 《论衡·恢国》。
③ 《论衡·治期》。

为复杂的自然现象和社会现象，不可能作出高度的科学理论概括。尽管如此，只要王充对典型事物作如实的分析，那么他所得出的具体结论总是有一定合理性，对人类认识的发展总有一些积极的意义。

综上所述，王充性命论观点是比较复杂的，对它应作具体的详细的分析，才能从中总结思维的一些经验教训。简单的否定不能给人们提供任何有益的教训。哲学史上许多公认荒谬的观点，都不是绝对荒谬的，只要对之作深入的剖析，也许都会像王充性命论那样提供一些有益的东西。

第八章　适　偶　论

自然界复杂的现象，王充用自然论加以解释。社会错综情况，王充归结为命。但是，还有许多现象难以解释，因此，他又提出了适偶论。《偶会》篇开宗明义就说："命，吉凶之主也。自然之道，适偶之数，非有他气旁物厌胜感动使之然也。"适偶之数，就是与"自然之道"并列的一套理论。在这一套理论中，有几个重要概念（或范畴）必须先加以明确。

一、遇、幸、偶、适

遇、幸、偶、适，都有偶然的意思，与命定论的必然正相反。但是，它们又是同中有异的，需要认真区分它们的差别。

(一) 遇

王充晚年写的《逢遇》篇，着重论“遇”。此篇在今本《论衡》的首篇，说明关于“遇”的思想在王充思想体系中的重要位置。

该篇说：“能不预设，说不宿具，邂逅逢喜，遭触上意，故谓之遇。”又说：“不求自至，不作自成，是名为遇。犹拾遗于涂，摭弃于野，若天授地生，鬼助神辅……若是者，乃遇耳。”这是对“遇”下了定义。不求自至，意外收获，像在路上拾到别人丢失的东西，就叫遇。经过春种夏耕，才有秋收，或者经过有目的有计划的活动，弄到一官半职。这种求物得物，做事事成，就不叫做遇。相反，有的人千方百计追求某种目标，却一直达不到，这叫不遇。例如周代有一个老人在路上哭，人问他为什么哭，他说：“我年轻时学文，学好正要去当官。国君喜欢用老人。这个国君死了，新上任的国君又用武的。我改行学武，刚学好武艺。好用武的国君又死了。年少的国君好用少年，我却年老了。结果一次也没有遇上。”这个老人就是“仕数不遇”，这种情况就是“不遇”。

关于遇不遇的情况是极其复杂的，王充列出许多情况，略举数端如下：

一、异操同主。同事吴王夫差，能投其所好的帛喜（伯嚭）尊重于朝，而敢讲实话真话的伍员被诛杀。帛喜遇，伍员不遇。

二、操同主异。伊尹、箕子都是德才兼备的贤人。伊尹事成汤，贤人事贤君，“趋舍偶合，其遇固宜”，当了相。箕子碰到商纣，贤人事恶君，“操志乖忤，不遇固宜”，当了奴隶。

三、才有大小。大才之臣在小才之君那里不会受到重用,因为国君“才下知浅,不能用大才”。像孔子、孟子都是因此而不遇。禹、稷、皋陶碰到尧、舜,大才之臣被大才之君所任用,这就是遇。

四、道有精粗。都是大才也有遇不遇的差别。同样在周武王当政时代,姜太公和伯夷都是贤人,姜太公受封,伯夷饿死。前者遇,后者不遇。商鞅三说秦孝公,先说帝王之论,由于精深不被接受,后说霸者之议,由于粗浅才被接受。

总之,“合则遇,不合则不遇”。符合当权者的心意,受到重用,就是遇。相反,就是不遇。除了以上所说德才以外,有的仅以技巧、长相,也会得到上级的欢心,受到宠幸。这也是遇。至于什么人会“遇”,实在难以预料,“遇难先图”,因为人主好恶无常,因此,只能是“偶合为是,适可为上”。用现代话说,只能靠撞大运,碰运气。

(二)幸

王充讲祸福时提到幸和不幸。正常的情况应该是善有善报,恶有恶报。“服圣贤之道,讲仁义之业,宜蒙福祐。”[①]颜回就是这样的好人,却没有得到福祐,早夭。这就是不幸。因此孔子说“不幸短命死矣”。孔子圣人也没有享过福,“生无尺土,周流应聘,削迹绝粮”,是不幸。虞舜也是圣人,“父顽母嚚,弟象敖狂,无过见憎,不恶而得罪,不幸甚矣”[②]。

《淮南子·人间》载:鲁人在齐国为父报仇,把仇人杀死,

①② 《论衡·幸偶》。

然后戴正帽子，换好衣服，慢步走出门外，上车走了。驾车的人想驱马逃奔，他制止了，说："现在报仇的事已经办成了，又何必逃跑呢?"追来的人认为他是"有节之人"，放他走了。王充说："鲁人幸。"

《吕氏春秋·必已》载：一个大儒牛缺到邯郸去，路遇强盗。强盗要什么，他就给什么，把衣服车马都顺顺当当地交给强盗，然后自己空手走了。强盗互相议论说："这是天下名人，我们侮辱了他，他一定会去告状，那时我们就没命了。不如追去杀了他，消灭行迹。"结果强盗追了三十里，赶上牛缺，把他杀了。王充说："牛缺不幸也。"①

王充说："获罪得脱，幸也；无罪见拘，不幸也。"②因此，他同意孔子的说法："君子有不幸而无有幸，小人有幸而无不幸。"③因此，"邪人反道而受恩宠"，是佞幸。"顺道而触者为不幸"④。

（三）偶

王充对"偶"和"不偶"有明确的论述："偶者，谓事君也。以道事君，君善其言，遂用其身，偶也；行与主乖，退而远，不偶也。"⑤

《韩非子·二柄》载："昔者韩昭侯醉而寝。典冠者见君之寒也，故加衣于君之上。觉寝而说，问左右曰：'谁加衣者?'左右对曰：'典冠。'君因兼罪典衣与典冠。其罪典衣，以为失其

①③④⑥ 《论衡·幸偶》。
②⑤ 《论衡·命义》。

事也，其罪典冠，以为越其职也。非不恶寒也，以为侵官之害甚于寒。”韩昭侯醉倒，负责帽子的那个人怕他受寒，把衣服盖在他身上。韩昭侯醒后知道是负责帽子的人给他盖的衣服，“以越职之故，加之以罪”①。王充认为负责帽子的人出于好心却得罪了韩昭侯，所以说“典冠不偶也”。

《说苑·善言》载一个故事。古代一个将军叫桓司马，他去朝见君主，乘车前往。驾车的喊口令，侍卫也喊。驾车的就指责侍卫越职。侍卫说：“应当喊的时候，我也要喊，这是我的事。你要驾好车。如果驾不好，使马惊跑，压了路上行人，就要遭到许多人的反对。到那时候，下车浴血奋战，本来是我的事，你能下车帮助我吗？驾不好车，我也会受祸，我深有忧虑，怎么能不喊车呢？”桓司马没有怪罪这个侍卫。王充说这个侍卫“骖乘偶”。②

王充有时讲“合则遇”，有时又将“合”与“偶”连用，叫“偶合”。他讲“趋舍偶合，其遇固宜”。可见，偶和遇是相通的。同样道理，不遇是由于与上级“不合”，“操志乖忤”，而不偶也是由于“行与主乖”，不符合上级意图。如果说有点差别，那也许是，遇不遇多对进退而言，如说“仕数不遇”，“进在遇，退在不遇”；偶不偶则多指赏罚，他说：“及触赏罚，有偶有不偶。……赏、信者偶，罚、疑，不偶也。”③

（四）适

王充在《论衡》中用“适”字相当多，仅《偶会》一篇就用了

①②③　《论衡·幸偶》。

三十四次之多。在《幸偶》、《初禀》、《奇怪》、《变虚》、《感虚》、《遭虎》、《商(适)虫》等篇也都出现过适字。

适常与偶连用,表示偶然的意思。如:

手指之调有偶适也。①

白鱼入于王舟,王阳曰:"偶适也。"光禄大夫刘琨前为弘农太守,虎渡河。光武皇帝曰:"偶适自然,非或使之也。"②

适与偶对应使用,也是偶然的意思。如:

天适雨粟,鬼偶夜哭。③

天道偶会,虎适食人。④

单用适或连用几个适,都表示几件事恰好同时发生,是偶然巧合的意思。如:

圣王适下赦,拘囚适当免死,犹人以夜卧昼起矣。⑤

夏、殷之朝适穷,桀、纣之恶适稔,商、周之数适起,汤、武之德适丰。⑥

---

① 《论衡·幸偶》。
② 《论衡·初禀》。
③ 《论衡·感虚》。
④ 《论衡·遭虎》。
⑤⑥ 《论衡·偶会》。

总之，适就是恰好、偶然的意思。适然、适自、偶适、适偶等词，基本上也是表示偶然的意义。

王充用遇、幸、偶、适等概念建构适偶论，阐述社会生活中的偶然现象，作为解释必然现象的命定论的补充。实际上，适偶论就是王充的偶然论。

二、偶适自然

古人将人事跟天象联系起来，认为这其中有一种必然的联系。这种必然联系就是天人感应。王充认为，迷信家用来证明天人感应的例子，有相当一部分是将偶然巧合的两件事硬当作必然的因果联系。王充运用当时的科学知识、生活经验和逻辑方法，反复证明那些现象是偶然巧合，而不是感应关系。

例如，《尚书·金縢》篇记载：西周初期有一年秋天，即将收获的庄稼都被暴风雨刮倒了。后来，天又刮起相反方向的风，把刮倒的庄稼又都吹起来了，当年获得大丰收。如何解释这一奇异现象呢？感应论者的说法是：开始周成王对于是否用天子礼葬周公发生狐疑，所以天刮大风来警告周成王。周成王受到雷雨的启示，打开金縢书，认识到周公的伟大功绩，深刻自责，执书以泣。这时，上天知道周成王有了悔过的表示，又刮起反向的风，把原来刮倒的庄稼又都吹立起来。说明天是最高的主宰者，有无穷的力量，又是亲德的。

王充认为："《书》之言未可信也。"他说："千秋万夏，不绝雷雨"，"秋夏之际，阳气尚盛，未尝无雷雨也。"因此，当周成王

“执书泣过”的时候，“天偶反风”[①]，这是正常的现象，只是“泣过”跟“反风”偶然巧合，并非上天故意行为。关于“反风”现象，有的带有必然性，如台风。有的则是偶然的。王充当时还无法认识这些问题，但是，他否定反风是上天意志体现的说法，则是完全正确的。

又如，公元2年发生蝗灾，河南二十余县都受了灾。但是，蝗虫唯独没有进入密县。当时，卓茂任密县令。因此，当时迷信家就说由于卓茂贤明，教化大行，“蝗不为灾”。王充不同意这种说法。他认为蝗虫根本不知道卓茂是个贤人，即使知道，也不会因此不入密县。他认为，蝗虫只是“适不入界”[②]。蝗虫来时，铺天盖地。但不是均匀分布，必然是有的地方多些，有的地方少些。蝗虫多的地方，不是盗跖的居处，少的地方也未必是伯夷的住所。根据蝗虫的多少，不能验证善恶，根据蝗虫的去留，当然也不能证明贤不肖。蝗虫不入密县是“适”，是偶然的，没有什么更深的意义，与卓茂政绩也毫无关系。

另如，汉代盛传一个故事。杞梁从军没回来，他的妻子非常痛心，对着城墙痛哭。她的至诚悲痛，精气动城，城墙崩了一块。简单地说，就是杞梁妻对城痛哭，城墙被感动得崩了。王充认为，杞梁妻哭，城崩，都是事实。但是，城因为杞梁妻哭而崩，那是虚假的。人的哭最著名者是雍门子，他的哭感动了孟尝君，使孟尝君也抽泣起来。但雍门子的哭并不能感动孟尝君的衣服。言外之意，孟尝君的衣服如果也像城墙那样被哭声感动而崩溃，那么，孟尝君就会赤身裸体，暴露无遗。

① 《论衡·感类》。

② 《论衡·感虚》。

衣服不知道同情，不通人心，所以不会感动。城墙是土，也像衣服那样，没有五脏六腑，“安能为悲哭感恸而崩？”[①]如果人悲哭会感动城墙的土，那么，对森林痛哭，能毁坏树木吗？对水火痛哭，能涌水灭火吗？草木水火与土都属于五行，能受感动，应该都能受感动。从多方考察，说明由土堆成的城墙不通人情，不会受悲哭而感动。那么，杞梁妻向城而哭，城崩，究竟是怎么回事呢？王充的解释是：“或时城适自崩，杞梁妻适哭。”[②]两个“适”字，说明两种现象恰巧在同一时间发生，是偶然巧合，无必然联系。同样，邹衍无罪见拘，仰天而叹，而天为陨霜，也是邹衍适叹，“霜适自下”。刘琨任弘农太守，虎渡河，也是“偶适自然”[③]的。总之，当时流传的天人感应的故事，有相当一部分是两种现象的偶然巧合，是适偶的现象。由于时间上的巧合，就被人们误解为，或者被有意歪曲为有什么内在的必然联系或因果关系。王充在一些现象上用适偶论反对感应论，显然是正确的。但是在另一些现象上，他用适偶论说明命定论，则是不妥当的。

三、适偶命定

王充认为，命是人与生俱来的内在决定因素，既是“自然之道”，又是“适偶之数”，与其他事物没有因果联系。最典型的例子是伍员、屈原之死的问题。

伍员，字子胥，楚国大夫伍奢之子。鲁昭公二十年（公元

①② 《论衡·感虚》。
③ 《论衡·初禀》。

前 522 年)，伍奢在楚国被诛杀。伍员逃往吴国。帮助吴王阖闾打败楚国，鞭尸复仇，后又帮助吴王夫差打败越国。越王勾践用大夫文种的计谋，厚币贿赂吴太宰伯嚭。伯嚭向夫差进谗言，替越说话，攻击伍员。最后，伍员被逼自杀。临死，伍员说："把我的眼睛挖出来悬挂在城东门上，以便观看越国的兵马进城灭吴。"吴王夫差听说大怒，说："我不让他能看见什么!"命令将伍员的尸体装在鸱夷革(皮囊)里扔到江里去。

屈原，楚怀王时任三闾大夫。楚怀王不听屈原劝阻，听信上官大夫和子兰的话，受张仪欺骗，死于秦国。楚顷襄王立，以子兰为令尹，屈原被流放。屈原终于沉汨罗而死。

王充在《效力》篇中认为，吴、楚不能用子胥、屈原，是国君水平低，不能用大才，又加以摧残。他说："吴不能用子胥，楚不能用屈原，二子力重，两主不能举也。举物不胜，委地而去，可也;时或恚怒，斧斫破败，此则子胥、屈原所取害也。"这里讲子胥、屈原受害是由于两国君无力举任。王充在《死伪》篇讲伯有是"强死"，"强死"有两种含义：一是"命未当死而人杀之"，二是"无罪，人冤之"。他认为子胥是"强死"者，那就是说，伍子胥是含冤而死的，是命未当死而被害死的。《刺孟》篇以子胥行顺而被害而死的事实来驳孟子的"顺操行者得正命"的说法，认为办好事未必得到善报。因为有偶然性的"触值之命"。触值之命又叫遭命。什么叫遭命?"遭命者，行善得恶，非所冀望，逢遭于外，而得凶祸，故曰遭命。"①"遭命者，行善于内，遭凶于外也。"行善得凶，不是必然的因果关系，应该是偶然的遭遇。但是，王充把当时流行的遭命之说跟适偶论结

① 《论衡·命义》。

合起来，把许多偶然现象也说成是命定的、必然的。例如对于子胥和屈原之死，他作了如下分析：

> 世谓子胥伏剑，屈原自沉，子兰、宰嚭诬谗，吴、楚之君冤杀之也。偶二子命当绝，子兰、宰嚭适为谗，而怀王、夫差适信奸也。君适不明，臣适为谗，二子之命偶自不长。二偶三合似若有之，其实自然，非他为也。①

王充以前认为伍子胥、屈原都是受冤枉，被迫害而死的。到了晚年，他有了命定论思想。就把这些现象也纳入命定论。认为伍子胥、屈原之死，“非他为也”，不是别人加害的结果，而是他们命里注定的。当他们该死的时候，“君适不明，臣适为谗”，恰巧碰上君臣要害他们。这就是说，社会上每个人都有自己的先天的命，这个命主宰自己的一生，吉凶祸福都与别人无关。

王充用遭命说解释许多偶然现象。例如，旧房屋倒塌压死了人，他说是那人命凶正好住在那间屋里。山崖滑坡压死了人，他认为恰好经过那里的人是“命凶之人”②。男女结婚，一方早死，世俗以为一方贼害了另一方，“夫贼妻，妻害夫”。王充认为：“非相贼害，命自然也”。他说：“丈夫有短寿之相，娶必得早寡之妻；早寡之妻，嫁亦遇夭折之夫也。”③王充认为，男女相贼害，必须相接触。水泼火上，可以说水灭火。如果火正要灭的时候，水在远处倒掉，就不能说远处倒水，灭了

---

①②③ 《论衡·偶会》。

这里的火。人也像这样，王莽姑正君许嫁两个人，那两人都死了，要嫁给赵王的时候，赵王也死了。“气未相加，遥贼三家。”王充认为这不是相“贼害”的结果，而是命里注定的。西汉时黄霸娶一个女人，算命的说这个女人命贵，所以后来黄霸当了丞相。王充说，黄霸当丞相不是因为娶了命贵的女人为妻。而是黄霸本身命贵，所以会碰上命贵的女人。同样道理，刘邦命里注定要当皇帝，韩信、张良等人也是命里注定要兴旺，两者正好相遇。再进一步，“军功之侯必斩兵死之头，富家之商必夺贫室之财。削土免侯，罢退令相，罪法明白，禄秩适极。厉气所中，必加短命之人；凶岁所著，必饥虚耗之家矣。”[①]命定要立军功的人必定斩了命定该死的士兵的头。有的人要罢官免职，就是他的禄命已经到头。有毒的厉气流行的时候，“短命之人”就会遭遇污染而病死。灾荒时代，命定受灾的家庭必定先饥饿。凡事均已命定，一切不必怨天尤人。王充用孔子、孟子的说法来证实自己的观点。《论语·宪问》记载：公伯寮向季孙告发子路，子服景伯向孔子告密，并说有把握消灭公伯寮。孔子说：“道之将行也与，命也；道之将废也与，命也。公伯寮其如命何？”就是说，孔子的主张能不能实行，是由命决定的，与公伯寮没有关系，他无法改变命。《孟子·梁惠王下》载：鲁平公想去见孟子，嬖人臧仓进行阻挠。孟子知道后说：“吾之不遇鲁侯，天也。臧氏之子，焉能使予不遇哉！”我见不到鲁平公，是天命决定的，臧仓怎能使我不遇呢！据此，王充说：

公伯寮诉子路于季孙，孔子称命。鲁人臧仓谗孟

① 《论衡·偶会》。

子于平公，孟子言天。道未当行，与谗相遇；天未与己，恶人用口。故孔子称命，不怨公伯寮；孟子言天，不尤臧仓。诚知时命当自然也。①

从这段话来看，王充明确肯定并接受了孔子、孟子的天命论思想。这种思想在孔、孟那里都是采用前人的成说，而在王充这里却是从适偶论发展而来的。

后来，王充将适偶论跟命定论、气自然论、天地本原论都融会到一起，使适偶论成为他的哲学体系中不可缺少的一个组成部分。天在运行中施放出天气来，星的气也夹在中间，一起落到地上，与地气相结合，产生了人。哪一颗星的气偶然落到哪一家，哪一家正好禀受了这星气，所生的婴儿将来的命运就由这个星气决定的。星在天上的地位，就使禀星气而生的人在人间有什么样的地位。这么一来，偶然禀气就决定了一生命运，也就是偶然性决定了宿命论，决定了必然性。这种必然性又通过一系列表面上的偶然现象来实现。当一个人命该倒霉的时候，国君正好要听信谗言，当一个人命该走运的时候，正好有贤人出来推荐。表面看都是偶然巧合，而实质上都是命定的。从这一角度看，又是必然性决定偶然性。

四、是非混杂

王充适偶论与命定论的关系，是比较重要的，上节作了重点论述。适偶论还跟其他理论有一定的关系，也需要加以简

① 《论衡·偶会》。

要阐述。

首先，王充讲适偶论，是否承认事物发展是有规律性的呢？实际上，他讲适偶论，只是认为一些现象是适偶的，没有把一切现象都归结为适偶论。例如，他在讨论日月运行时，肯定“日月行有常度”，[①]绝不会由于人们的主观愿望而改变运行规律。四时变换、昼夜长短，都是由日的运行轨道所决定的，因此，也都是有规律的、必然的。他说：“夏时日在东井，冬时日在牵牛。牵牛去极远，故日道短；东井近极，故日道长。夏北至东井，冬南至牵牛，故冬夏节极，皆谓之‘至’；春秋未至，故谓之‘分’。”[②]气温的变化是规律的、逐渐的过程，是人无法改变的。如说：“寒不累时则霜不降，温不兼日则冰不释”，“寒温自有时”。[③]“寒暑有节，不为人变改也。”[④]这个“节”，就是有规律的意思。例如，盛夏季节，天气暑热，人们有的站在风口上纳凉，有的扇扇子取风；隆冬季节，天寒地冻，人们有的坐在阳光下晒，有的生炉子取暖。尽管“万人俱叹”，“天终不为冬夏易气”。天不会因为人们怕冷怕热，而取消冬夏季节。王充认为日月运行、寒暑变化是有客观规律性的，不是偶然而变的。又如，关于日月之食问题。日月之食周期较长，过去人们以为是不经常发生的偶然现象，天命论者认为是上天的警告。汉代天文学家经过长期观察研究，发现了日月之食的周期性。王充对此深信不疑，认为“蚀之皆有时”[⑤]。自然也不是偶然发生的。总之，王充不是认为一切现象都是偶然发生的。适偶论有它

①③ 《论衡·感虚》。
②⑤ 《论衡·说日》。
④ 《论衡·变动》。

的适用范围，没有占领一切领域。

其次，王充讲适偶论，也没有否定事物之间的因果联系。例如，农民“深耕细锄，厚加粪壤”，可以改善土壤，增加地力，提高农作物的产量。山中的铁矿石，经过冶炼锻造，能够制成利器。将钩月摩拭朗白，也能像阳燧那样，仰以向日，取得天火。医生治病，药到病除。道人作珠，精耀如真。这些都说明人的行为可以有目的地改造客观事物。目的的实现，就是行为的结果。在这里因果关系是明显的。王充认为，人性善恶也是可以改变的。子路原来是一个庸人，经过孔子引导、教育，变得有出息了，“卒能政事，序在四科”。这是“变性使恶为善之明效也”[1]。孔子教育，子路变善，就是一种明显的因果关系。

王充反对虚假的因果关系，像杞梁妻向城而哭，城为之崩呀，邹衍无罪而拘，抑天一叹，天为陨霜呀等。他反对这种虚假的因果关系，是完全正确的。佞臣用奸，昏君信谗，导致伍子胥和屈原被迫害致死。这里也有复杂的因果关系。王充有时说他们蒙冤受害，愤愤不平，有时却说他们命该如此，偶然碰上“君适不明，臣适为谗”。王充否定这种现实的因果关系是错误的。这种错误与孔、孟的天命论有一定关系。上面已论，此处不赘。

总之，王充讲适偶论，反对天人感应的因果论是对的，承认现实中的因果关系也是正确的。在个别地方，不论实际上的因果关系，用命定论将因果关系硬说成是适偶的，则是不妥当的。

第三，王充讲适偶论，是不是完全否定同气相感的现象

---

① 《论衡·率性》。

呢？王充在《偶会》篇中认为“自然之道”、“适偶之数”都是命定的，“非有他气旁物厌胜感动使之然也”。这里不但否定了同气相感动，也否定了异气相厌胜。这种说法跟后来魏晋时代郭象的独化论有点相似。各个事物都是独自发展变化的，跟其他事物都没有任何联系，如果看起来有联系也都是表面上的，实质上都是由自身的性命决定的。王充又说：“若夫物事相遭，吉凶同时，偶适相遇，非气感也。”[①]这是说有些事物偶然相遇，不是气感的结果。大概就是根据这些言论。罗光认为：王充主张“天地间一切现象都自然而生，偶然而变，没有所有同类之气相互感应”[②]。王充只是讲一些现象是偶然而变的。他没有否定同气相感，而且是更多地讲到同气相感。诸如：

《易》又曰“风从虎”，谓虎啸而谷风至也。风之与虎，亦同气类。……顿牟掇芥，磁石引针，皆以其真是，不假他类。他类肖似，不能掇取者，何也？气性异殊，不能相感动也。[③]

夫龙与云雨同气，故能感动以类相从。[④]

阴物以冬见，阳虫以夏出。出应其气，气动其类。[⑤]

是故夏末，蜻蛪鸣，寒螿啼，感阴气也；雷动而雉惊，蛰发而蛇出，起阳气也。[⑥]

---

① 《论衡·偶会》。

② 《中国哲学思想史》两汉、南北朝篇《王充的哲学思想》。

③④ 《论衡·乱龙》。

⑤ 《论衡·遭虎》。

⑥ 《论衡·变动》。

> 月毁于天，螺消于渊，风从虎，云从龙。同类通气，性相感动。[1]

王充讲同气相感，既有丰富的例证，又有明确的论述。怎么能说王充主张一切现象都是偶然而变的，都没有同气相感的呢？应该说，王充更多地讲到同气相感的现象，因为这是他气自然论的重要内容。

从以上简单论述中可以看出，王充的适偶论并不是笼盖一切现象的普遍规律，而是用来说明他认为是偶适现象的那些事物。从理论上说，适偶论可以用来联结命定论链条上的脱节，可以作为自然论的补充，也可以在天地本原论和气自然论之间充当桥梁的作用。因此，可以说，适偶论在王充哲学体系中是一个不可缺少的环节。

五、思想根源

儒家一方面提倡道德修养，认为行善得福，作恶遭祸，说什么“积善之家，必有余庆；积不善之家，必有余殃。”[2]另一方面提倡学习知识，认为学好就可以当官取俸禄，所谓“学而优则仕”[3]，“学也，禄在其中矣。”[4]所谓“尚贤使能”，就是尊崇有道德的贤者，任用能办事的能人。佛教讲“善有善报，恶有恶

---

① 《论衡·偶会》。
② 《周易·坤卦·文言》。
③ 《论语·子张》。
④ 《论语·卫灵公》。

报”，后人又将善报归纳为四个字：“福禄寿喜。”王充虽然不了解以后说法，但对先秦儒家行善得福的思想还是有所接受。道德高尚，才能出众，这种德才兼备的贤能者应该受到尊崇、任用。这是汉人的共识。王充深受这种思想的影响，努力读书，认真思考，希望通过自己的主观能动性获取荣华富贵。年轻时，他只当个“掾功曹”。但他把希望寄托在未来，“大器晚成，宝货难售”①。不久，他发现比自己水平低品行差的人却受到提拔、任用，而那些贤儒却落在俗吏手下，任人驱使，或者躲进山林，隐居起来。王充认为责任就在当权者“长吏”不能认识贤才，举荐贤才。更糟糕的是，有的“长吏”还妒忌贤才，妄加迫害。所以，王充说：

> 长吏妒贤，不能容善，不被钳赭之刑，幸矣！焉敢望官位升举，道理之早成也？②

有的人说，行善，天会赐福，行恶，天会降祸。王充对此也有怀疑。他说：

> 天下善人寡，恶人众。善人顺道，恶人违天。然夫恶人之命不短，善人之年不长。天不命善人常享一百载之寿，恶人为殇子恶死，何哉？③

为什么善人不得福利？绝不是上天的偏颇。为什么贤者

①② 《论衡·状留》。

③ 《论衡·福虚》。

不得尊贵，而无德无能的人却步步高升，青云直上？王充反复思考，认为这些现象都不是必然的因果关系，而是偶然的逢遇。他在《逢遇》篇开门见山就亮出这套理论：

> 操行有常贤，仕宦无常遇。贤不贤，才也；遇不遇，时也。才高行洁，不可保以必尊贵；能薄操浊，不可保以必卑贱。或高才洁行，不遇，退在下流；薄能浊操，遇，在众上。世各自有以取士，士亦各自得以进。进在遇，退在不遇。处尊居显，未必贤，遇也；位卑在下，未必愚，不遇也。

这就是说，能不能当上官，不在操行和才能如何，而在于是否碰上机遇，是否碰到赏识你的上司。推而广之，许多社会现象都可以用“遇”、“幸”、“适”、“偶”等来解释，形成一套适偶论。适偶论讲的就是偶然性。如果只停留在偶然性上，那么，什么问题也不能说明，也无法指导人们的行为。要再深入一步，进行研究，就会发现这些偶然现象背后有一种必然性主宰着。这个必然性，王充称之为性命。而性命又是气决定的。因此，性命论在王充那里变成了气定论。

第九章 知 论

王充对"知"有过许多论述，专论有《量知》、《实知》、《知实》等篇，在《非韩》、《答佞》、《程材》、《谢短》、《效力》、《别通》、《超奇》、《状留》、《定贤》、《书解》等各篇中也有一些论述。

王充所论的"知"有很广泛的内容，包括我们现在所说的知识论、认识论以及逻辑学的一些内容。王充知论是王充哲学体系中一个重要组成部分。

一、道重于事

王充所说的知，就是知"天下之事，世间之物"。[①] 天下之事是社会现象。世间之物指人世间存在的客观自然物。以社会现象为内容的知识是社会知识、社会科学。以自然物为认

---

① 《论衡·实知》。

识对象的知识就是自然知识、自然科学。中国占统治地位的儒家重视社会方面,其哲学被称为伦理型的。王充受儒家思想影响,也有较多的社会知识。而他的特点则在于有比较多的自然知识。按现代科学门类来分,则有天文学、气象学、物理、医学、生物等等。分别简单介绍如下:

一、天文学。见《天论》章。

二、气象学。王充对于雨雪的形成有明确的论述。他在《感虚》篇中说:

> 夫云气出于丘山,降散则为雨矣。人见其从上而坠,则谓之天雨水也。夏日则雨水,冬日天寒则雨凝而为雪,皆由云气发于丘山,不从天上降集于地,明矣。

他在《说日》篇中又说:

> 夫云则雨,雨则云矣。初出为云,云繁为雨。……云雾,雨之征也。夏则为露,冬则为霜,温则为雨,寒则为雪。雨露冻凝者,皆由地发,不从天降也。

在《顺鼓》篇中说:

> 案天将雨,山先出云,云积为雨,雨流为水。

从山上蒸发云气,然后降散下来就是雨。冬天冷,雨就变成雪落下。雨雪都不是从天上降下来的,而是从丘山升到空中降下来的。不是天下雨，而是丘山的云气升上去降下来。这是对水的自然循环作了很好的解释。水在地面到处都可以蒸发，为什么要说云起丘山呢？古人对泰山是比较熟悉的。饱含水蒸气的海风吹来，遇到泰山群峰，风气沿山坡上行，到达一定高度，水蒸气就凝结成小水珠，形成云雾。海风是透明清净的。所以人们就以为云起丘山。靠海边有高山，雨水就多一些。王充对大气层与天有明确的区别，他认为云雨虽然从上空降下，不能叫天下雨。鱼有时也随云雨飞，但“乘云雨非升天”①。在云中并非在天上。

对于气温变化，王充认为：“寒温自有时”，“寒不累时则霜不降，温不兼日则冰不释。”②气温变化有一定时节，而且是逐渐变化的。气温变化过程又常有反复。民间预测气温变化有一种说法：“今日寒而明日温。朝有繁霜，夕有列光，且雨气温，且旸气寒。”③早晨结着很厚的霜，白天就晴，晚上自然就可以看到满天列星（即恒星）的光亮。将要下雨，天气就暖和一些。如果将要放晴，那么气温就低些。

关于晴雨的变化，有许多迷信说法。晴久旱灾，雨多涝灾。迷信家认为晴雨适时适量，是皇帝圣明，否则就是犯了错误。皇帝改正错误可以改变灾情。王充认为这些都是虚妄的说法。他认为晴雨是天气的自然现象，“旸久自雨，雨久自旸”，④即使人君没有改正错误，晴久了也会下雨，下雨久了也会自动停

① 《论衡·雷虚》。
② 《论衡·感虚》。
③ 《论衡·寒温》。
④ 《论衡·明雩》。

止。晴雨的变化是自然的，跟人的情绪没有关系，跟社会政治也没有关系。

气候与政治没有关系，却与风俗有一定关系。他在《变动》篇中说："南方至热，煎沙烂石，父子同水而浴。北方至寒，凝冰坼土，父子同穴而处。"气候冷热，对社会风俗起了决定性的影响作用。气候变化还会引起许多事物的变化，"故天且雨，蝼蚁徙，丘蚓出，琴弦缓，固疾发"，"天且风，巢居之虫动，且雨，穴处之物扰：风雨之气感虫物也"。

三、物理学。王充在《是应》篇中说道：

> 司南之杓，投之于地，其柢指南。

司南之杓，是古代指南的仪器，是指南针一类的东西。一个杓放在一个盘上，这盘就叫做"地"。杓把（柢）就指向南方。王充认为这个是天性自然的，并非神秘的作用。这里讲的是磁性的作用。

另外，王充在《变虚》篇讲到声音传播和波的振荡问题。当时有人说人在天地间，就像鱼在水中，鱼动振水，人的行动也会振动气，气就将人的意识传递给上天。王充认为这不是真事。如果人的言行可以振动周围的气，那也不会传到天上面去。他说：

> 鱼长一尺，动于水中，振旁侧之水，不过数尺，大若不过与人同，所振荡者不过百步，而一里之外淡然澄静，离之远也。

振荡传播的距离跟振荡体的大小有关系。另外将声音的传播用水的波纹作比喻是相当的高明。现在也还有人用水波来比喻声波。

王充在解释潮汐现象时，对钱塘江高潮的解释也有丰富的物理知识。详见《天论》章第四节。

四、医学和药物学。详见《形神论》章第三节。

五、生物学。王充认为能够呼吸的生物就要通气，一旦隔绝与外界相通的气，就会死亡。他在《道虚》篇中说：

> 诸生息之物，气绝则死。……致生息之物密器之中，覆盖其口，漆涂其隙，中外气隔，息不得泄，有顷死也。

生物的生长有一些规律。王充概括为几条：一是物有生必有死。王充说："有血脉之类，无有不生，生无不死。""物无不死"①。生物都一定要死。二是生物生长是渐变的缓慢过程。如说："物之生长，无卒成暴起，皆有浸渐。"②没有突然长成的。生长特别快往往不是好东西，"肉暴长者曰肿"。③ 长得越慢越是好东西，"龟生三百岁，大如钱，游于莲叶之上"，"神灵之物也，故生迟留，历岁长久，故能明审"。④三是万物生长都是演进的，没有返回的。"万物变化，无复还者。复育化为蝉，羽翼既成，不能复化为复育。"复育指蝉的幼虫。由幼虫变成蝉，就不能再由蝉变回到幼虫。植物原来颜色是青绿的，

①②⑤ 《论衡·道虚》。

③④ 《论衡·状留》。

成熟时就变黄了。但无论加多少肥料水分，也不能使黄叶复青。也像鱼肉，新鲜的可以煮熟，煮熟以后不能再使它新鲜。

六、昆虫学。王充在《商虫》篇中对昆虫有一些论述。虽然不是为昆虫学写讲义，却有系统、丰富的昆虫学思想。

“变复之家”即当时迷信家说：“虫食谷者，部吏所致也。贪则侵渔，故虫食谷。身黑头赤，则谓武官；头黑身赤，则谓文官。使加罚于虫所象类之吏，则虫灭息不复见矣。”虫吃庄稼，是地方官吏所造成的。贪官侵占了人民的东西，所以虫吃庄稼。虫身黑头赤，就象征身穿黑衣头戴红帽的武官。虫头黑身赤，就象征身穿红袍头戴乌纱帽的文官。只要惩罚虫所象征的官吏，那些虫就会自然消失，再也看不见了。王充在批驳“变复之家”的这种观点时，表达了丰富的昆虫学知识。

首先，虫的种类繁多。“变复之家”说身黑头赤的虫象征武官，头黑身赤的虫象征文官。王充说：“时或头赤身白，头黑身黄，或头身皆黄，或头身皆青，或皆白，若鱼肉之虫，应何官吏？”各种不同颜色的虫，对应的是什么官吏呢？“蝗时至蔽天如雨，集地食物，不择谷草。察其头身，象类何吏？”满地蝗虫，吃庄稼也吃野草，它们象征哪一种官吏呢？另外，“桂有蠹，桑有蝎”，“谷虫曰蛊，蛊若蛾矣”。它们又象征什么官吏呢？王充又说：

> 虫之种类，众多非一。鱼肉腐臭有虫，醢酱不闭有虫，饭温湿有虫，书卷不舒有虫，衣襞不悬有虫，蜗、疽、蚙、蝼、蠘、虾有虫。或白或黑，或长或短，大小鸿杀，不相似类……人腹中有三虫，下地之泽其虫曰蛭。蛭食人足，三虫食肠。顺说之家，将谓三虫何

似类乎?

这么多虫,各种各样,都象征什么官吏呢?吃庄稼的虫象征贪官污吏,直接吃人身体的那些虫又象征什么官吏呢?"虫之种类,众多非一"。王充所列虫类约有几十种。

其次,**虫的生灭有时**。王充认为虫生灭有一定时间的,需要适当条件的。虫生的主要条件是温湿。春夏季节,气候温湿,容易生虫。秋冬季节,寒冷干燥,虫就不容易生。如果生虫就是官吏贪污,那就是说,所有的官吏都在春夏时节贪污,到了秋冬,他们全都变得廉洁了。即使像盗跖那样的官吏,在秋冬当官,也会像伯夷那样廉洁,受到赞誉,怎么知道温湿会生虫呢?同样是麦种,如果是湿的,就藏在容器中,以后就会生出许多虫来。如果在烈日暴晒后,藏在干燥的容器中,就不会生虫。从此可见,许多虫都是在温湿条件下生出来的。有些虫产生"自与时气相应"。

虫生灭有自己的规律和过程。例如蝗虫,来时一大片,有的飞走,有的枯死。并没有什么官吏受到惩治。虫和蚕一样,是变化的。王充说:

> 夫虫食谷,自有止期。犹蚕食桑自有足时也。生出有日,死极有月,期尽变化,不常为虫。使人君不罪其吏,虫犹自亡。

王充从蚕的变化推出虫的变化。不常为虫。虫变蛹,蛹变蛾,蛾产卵,卵又变虫。昆虫是不断变化的。虫的阶段,会吃东西,到了一定时候,"自有止期","自有足时",就会变成别的形态，虫也就“自亡”了。虫的变化过程也是自然的，与人事无关。

第三，虫是含气而生。王充说：“凡天地之间，阴阳所生……含气而生，开口而食。”人和虫都是含气而生的，开口都会吃东西，人吃粮食，虫也能吃，这是正常现象。味好的东西，人喜欢吃，虫也爱吃。所以，“甘香渥味之物，虫生常多”。如果一定认为虫生与贪官相应，那么，生产容易长虫的粢的地方，官吏多贪污，而生产不易长虫的豆麦的地方，官吏总是廉洁的。这显然没有道理。

如果说虫食五谷的叶子是“灾”，那么，蠹吃药材桂，蝎吃养蚕的桑树，为什么不是灾呢？蛊直接吃收藏在家里的粮食，为什么也不是灾呢？“蛭食人足，三虫食肠”，“蚊虻食人”，为什么不算灾呢？王充认为，这种说法是“不通物类之实，暗于灾变之情也”。既不了解物类的实际情况，也不知道灾变产生的原因。

第四，“令禾不虫”方。王充在这里保存了一条古代防治虫害的重要经验，就是用煮马粪的汁浸种，有杀死虫卵的作用，使稻苗不会长虫。王充也以此驳斥虫生应官吏的说法。他说：

> 神农、后稷藏种之方，煮马屎以汁渍种者，令禾不虫。如或以马屎渍种，其乡部吏鲍焦、陈仲子也。是故后稷、神农之术用，则其乡吏可免为奸。何则？虫无从生，上无以察也。

神农、后稷是传说中的农业创始人。后人将农业方面的知识都伪托在他们名下。藏种之方是后代农民的经验总结，并非神农遗方。鲍焦、陈仲子是古代著名的廉洁官吏。所以，王充说，如果都用马粪汁浸种，那么，那里的官吏都变得像鲍焦、陈仲子那样廉洁了。因为庄稼都不长虫。王充认为，把长虫与政事对应的说法，“失道理之实，不达物气之性也。”

从以上我们可以看到，王充汇集了关于昆虫方面的许多知识、经验，再用严密的逻辑推理的方法，有力地批驳了当时流行的“虫食谷者，部吏所致”的迷信说法。这些论述，从现在看来，也是很雄辩的。他利用所掌握的昆虫知识丰富了唯物论思想，驳斥了迷信的说法。

王充不但有丰富的自然科学知识和社会知识，而且还善于概括。他对知识的不同层次也作了如下划分：

> 尽知万物之性，毕睹千道之要也。[①]

万物指具体的各种事物。知万物之性，就是认识具体事物的性质，即具体知识。道指规律。千道即各种规律。睹千道之要，意即认识到各种规律中重要的根本的规律。相对于具体知识，千道之要就是指抽象理论。当时抽象理论在儒家为仁义之道，礼义之道，在道家为自然无为的天道。王充认为，儒家的仁义之道就在“五经”中，儒生是读“五经”，掌握仁义之道的。而文吏是善于办事的。道比事更根本、更重要，所以，儒生对于治国理政也比文吏更重要。掌握道的儒生对政治的作用不明显，而文吏处理具体政务的效果容易看见，所以有些地方长官没有远见卓识，只重视文吏，而忽视儒生。王充对儒生和文吏的优劣分析以及对长官的评论。详见《儒论》，此处从略。

---

① 《论衡·实知》

总之，王充所讲的知，包括自然知识和社会知识，既有具体知识，又有抽象理论。

二、获知途径

知是对客观事物的认识。王充对获知的途径有三个方面的说法。一是通过自己的感觉获得知识，即感知；二是通过对许多相关现象的联系思考而产生某种认识，即思知；三是向别人学习而获得某种知识，即学知。从这三条途径都达不到对某事物的认识，此事物则为不可知。

（一）感　知

王充认为，人首先必须通过感官的感觉，才能认识客观事物，从而获得知识。离开感觉，就不可能有知，“如无闻见，则无所状”①。如果没有听过或看到过某一事物，那就无法描述它。这是普遍规律，任何人也不例外。“圣贤不能性知，须任耳目以定情实。”②连圣人贤者也要通过自己的闻见，才能确定事物的真实情况。他否定了圣贤在感官上有什么超人的特异性、神秘性，批判了所谓圣人“有独见之明，独听之聪”，“神而先知”③的荒谬说法。在认识论上坚持反映论，反对先验论。

当然，问题并不那么简单。认识论的问题远不是几句话就能说清楚的。许多似乎很清楚的命题却存在着数不清的分歧和争议。就说反映论吧。既然人的感官都相同，其功能即

①②③ 《论衡·实知》。

感觉又一样，但不同的人对同一事物的认识却大不相同。这是为什么？许多人参加同一项社会实践，有的人能从中总结出深刻的理论，对其他人有启发或指导作用；有的人只能获得一些实际经验，可供别人参考或借鉴；另一些人没有理论，也没有经验，只在头脑中留下一些支离破碎的印象和感觉。这又是为什么？王充认为，这是因为有些人能够仔细观察，"见窍睹微"，会联系历史加以思考，"缘前因古，有所据状"，"揆端推类，原始见终"。① 这种人"思虑洞达，材智兼倍，强力不倦，超逾伦等，耳目非有达视之明，知人所不知之状也"②。善于观察，善于思考，处处留心，所以可以获得比别人多得多的知识，而他的耳目感官并不特殊，没有什么特异功能。另有一种人，掌握某种"术数"，似乎有某种先见之明。有的人阴见默识，观色窥心。而其他人无所用心，视而不见，听而不闻，自然就无所知。

王充对于观察的技巧，举了几个典型的例子。其中有一个例子是淳于髡见梁惠王。事情的经过是这样的：

梁惠王的门客引荐淳于髡去见梁惠王，见了两次，始终没有说一句话。梁惠王觉得奇怪，就问门客："你称赞淳于生，说管仲、晏婴都比不上。见了我，我却没得什么益处，我不配与他谈话吗？"门客就去问淳于髡。髡说："本来就是这样。我前一次见梁惠王的心思在'远'，后一次见他心思在音乐。所以，我只好沉默无言。"门客向梁惠王汇报，梁惠王大吃一惊，说："真了不起！淳于生确实是圣人。前次，淳于生来，有人献龙马，我还没看到龙马，正好他来。后次，有歌手来献艺，来不及

① 《论衡·实知》。

② 《论衡·知实》。

听，又碰到淳于生来。我虽然叫他们退下，但是，我的心里还总惦记着那边。”人的愿望在心中，是看不见的，淳于髡却能够知道，为什么？王充认为：“观色以窥心，皆有因缘以准的之。”[①]从对脸色表情的观察，可窥探人的心里思考的是什么。这都是有根据的。王充在这里没有说到淳于髡从梁惠王的什么表情上看出“远”和“音”来。而在另一例子中就有了这方面的具体论述。那就是管仲谋伐莒的故事。

春秋时齐桓公和管仲谋划讨伐莒国。这事还没公开，却在国内传开了。齐桓公感到奇怪，就问管仲：“跟您商量伐莒的事，没宣布，国民都传开了。这是怎么回事？”管仲说：“国内必定有圣人。”不久，东郭牙到。管仲说：“这一定就是那个圣人。”管仲就问：“我没说伐莒，你是怎么猜到的？”东郭牙说：“我听说君子有三种表情：欢欢喜喜，是喜庆的表情；愁眉莫展，是倒霉丧气的表情；手舞足蹈，表示愤慨，是想发动战争的表情。你开口闭口，都说是莒国，你举手所指，又是对着莒国。我想小诸侯国不服从的只有莒国。所以，我说你想伐莒国。”东郭牙从管仲的表情、言谈举止，推测到他想讨伐莒国的动机。这叫“据象兆，原物类，意而得之”[②]。根据现象，进行推理，从而得出一种推测。

从以上可以看出，感官相同，由于社会经验不同、知识结构不同等原因，所得到的感觉却不尽相同。为什么“仁者见仁，智者见智”呢？为什么“天下智谋之士所见略同”呢？都不是感官的差别，都是知识储备不同所造成。

另外，人的社会地位不同也会产生感觉上的某种差异。

---

①② 《论衡·知实》。

例如为了升官发财，有些佞人就要“求合于上”，投人所好，“上奢，己丽服；上俭，己不饬”，千方百计地讨上级的欢心。因此，佞人总要“损下益上”，从老百姓那里搜刮财物来贿赂上级，为自己谋得升迁。上级觉得佞人处处顺自己的心，就觉得他是忠诚的、忠实于自己的。而老百姓受到残酷剥削，对佞人就特别痛恨。同一个佞人，百姓看得一清二楚，而上级却误以为贤。不是他们在智力上有什么大差别，而是他们的社会地位不同。高贵的上级容易被佞人所蒙蔽，受欺骗。从这个意义上说，“高贵者最愚蠢”也有一定的合理性。

感觉是认识的基础和前提，但是，通过自己的感觉来获得知识也还有不足之处，原因有两方面。一是假象问题。一般人认为耳听为虚，眼见为实，似乎凡是自己亲眼见到的东西都是真实可靠的。实际上见的可能只是特殊现象，或者只是假象，只是歪曲地反映某种正好相反的现象。如果不加思考分辨，就容易以假乱真。例如，有一次，孔子的学生颜渊负责煮饭。好不容易弄到一点米放在锅里熬粥。有灰尘落入锅里，不管吧，怕孔夫子吃到不干净的粥。颜渊就把沾了灰尘的饭抓起来，想扔掉，又觉得可惜，于是就送进了自己的口中。“孔子望见以为窃食”①。像孔子这样的大圣人亲眼所见还可能弄错，更不用说其他人了。这种简单的事情也可能弄错，复杂的事情就更不能不用脑筋好好地去分析一番了。只相信自己的闻见，容易失实。为了避免被假象所迷惑，就必须动脑筋，对闻见所得的印象，作去伪存真的工作。二是个人感觉有限性问题。王

① 《论衡·知实》。

充说:"万物广多,难以验事"[①],天下万物那么多,讨论问题不能一事一事地都加以检验,所以就应该在感觉的基础上进行综合概括,掌握其共性,才具有普遍的意义。一个人生活范围有限,所能直接感觉到的东西不多,因此,倘若一个人的知识只局限于自己的感觉经验,那就必然孤陋寡闻,所知甚少。王充认为圣人贤者之所以"智如渊海",是由于他们努力学习,认真思考,勤学好问。世界上有许多事物是"不学不问不能知"[②]的。

在谈到感知的局限性时,王充特别批评了墨家"不以心而原物"的错误,指出不能只相信自己的耳目的闻见,还必须"开心意",思考一番。这表明王充与墨家的经验主义划清了界线。虽然由于时代的局限,王充在讨论一些问题时还不能完全摆脱经验主义的影响,但他毕竟已经不是一个经验主义者了。

(二)思　知

感官相同,感觉一样,为什么圣人比一般人知得多呢?王充认为,圣人能够根据一些现象进行联想,类比推论,得到某些知识。也就是说,思考能得到某种知识。这就是思知。

思知的基础是感觉经验。思考是一种能力。能力只能起加工作用,像碾米机那样,要有谷子放进去,才能碾出米来。再好的碾米机也不能不用谷子就会碾出米来。正如巧媳妇难为无米之炊。思考要有加工的原料,原料就是感觉经验。感觉经验就是思考的依据。他说:

---

① 《论衡·四讳》。

② 《论衡·实知》。

> 性敏才茂，独思无所据，不睹兆象，不见类验，却念百世之后，有马生牛，牛生驴，桃生李，李生梅，圣人能知之乎？[①]

聪明又多才的人，没有依据现象，也没见可以类比的事实，没有根据地随便推测，猜想几千年以后，马会生牛，牛会生驴，桃会生李，李会生梅。圣人能够知道这些事几千年以后是否会出现呢？王充的本意是说圣人不能没有根据地预测未来。圣人善于思想，也不能凭空瞎想，胡思乱想。思考的基础是“据”，“兆象”和“类验”是“据”的主要内容。

思知的方式主要有两种：推论和类比。

推论，以一定的历史知识、自然科学和社会经验为基础，根据一些现象来推知一些尚未感知的事物的一种获知方式。王充的说法叫“缘前因古，有所据状”，“揆端推类，原始见终，从闾巷论朝堂，由昭昭察冥冥”[②]。例如战国时的鲁国，次室的一个女人靠着柱子长叹，人家问她怎么回事，她说鲁侯年老，太子年幼，鲁国将要出现动乱局面。王充说：“鲁侯老，太子弱，次室之女倚柱而啸，由老弱之征，见败乱之兆也。”[③]由当权派的老弱，推测到国家将要出现动乱的苗头。另外，“纣作象箸而箕子讥，鲁以偶人葬而孔子叹”[④]，这也都是根据社会经验对一些现象的观察，发现某种事态发展的苗头。根据社会经验，进行察言观色，推知各种不同心态，进而分析政局的现状和预测政局的发展变化，成了春秋时代各诸侯国之间外交活动的一种技巧。

---

①②③④ 《论衡·实知》。

王充说：

> 春秋之时，卿大夫相与会遇，见动作之变，听言谈之诡，善则明吉祥之福，恶则处凶妖之祸。明福处祸，远图未然，无神怪之知，皆由兆类。①

见动作言谈的变化，就可以推测到祸福的苗头，根据这种苗头，采取措施，应付将要发生的事变。王充认为这里并没有什么神秘的先知，都是依据"兆类"即现象推知的。

这种推论相当于西方逻辑的三段论，社会经验是大前提，观察到的现象相当于小前提，然后得出推论。只不过这种推论比三段式更复杂一些。

另一些推论，大前提不是社会经验，而是某一种技术，古称"术数"。少数人认识到某种自然现象之间的必然联系，知道了前因，便可以预知后果，而别人不知道这种因果联系，以为他们有什么神怪作用、先知之明。例如，古代有一个人叫詹何，坐在屋里，听见外面牛叫，知道是黑牛而白其蹄。王充认为，这是"听声有术"。少数人"推用术数，若先闻见，众人不知，则谓神圣"②。有些人掌握某种"术数"，就可以在无知的人群中故弄玄虚，使本来很自然的现象带上了神秘性。天文学在古代是特别神秘的。因此掌握某些天文知识的人更可以给自己增添神秘的色彩。"子韦之言星徙，太卜之言地动"③，就是生动的例子。

---

①② 《论衡·实知》。

③ 《论衡·福虚》。

宋景公时，“荧惑守心”。荧惑即火星。心即二十八宿之一的心宿。荧惑运行有进、退、留的变化。荧惑守心，就是荧惑停留在心宿内。宋景公感到害怕，就问子韦。子韦说：“荧惑，表示上天的惩罚。心宿对应的是宋国。荧惑守心，是上天要惩罚宋国国君的征兆。不过，可以转移宰相。”宋景公不同意。宋景公也不同意嫁祸于人民和岁时，说了三句“善言”。子韦又说：“因为您说三句善言，上天会赏您，荧惑会马上移开，您会延寿二十一年。”当晚，“火星果徙三舍”①。王充根据当时天文学知识，认为“天道当然，人事不能却也”②。子韦说景公善言能改变荧惑星的运行规律，纯属骗人的假话。其实是“星必偶自当去，景公自不死”。可能子韦已经知道荧惑星即将离开心宿，他利用这个“术数”来附会人事，宣扬宋景公的美德。世人不了解情况，以为子韦说的对，宋景公的诚心确实感动了上天，而得到了延寿的报应。

另一例子是齐景公问太卜：“你有什么本事？”太卜答：“能使地动起来。”晏婴知道这个事以后，就去找太卜，说：“前些日子，我观察到钩星在房宿和心宿之间，地就要动吧？”太卜说：“是的。”晏婴走后，太卜赶紧去见景公，说出真实情况：“我不能使地动起来，是地本来将要自己动起来。”假如没有晏婴揭穿太卜的谎言，后来果然地动，人们还以为太卜真的能叫地动呢。不过，现代科学尚未发现地震与钩星（即水星）的运行有什么必然的联系。

以上两事有相类似之处，可以互相推论。于是，他作如下推论：

①② 《论衡·变虚》。

> 夫子韦言星徙，犹太卜言地动也。地固且自动，太卜言已能动之。星固将自徙，子韦言君能徙之。使晏子不言钩星在房、心，则太卜之奸对不觉。宋无晏子之知臣，故子韦之一言，遂为其是。①

子韦言星徙，太卜言地动，中间用"犹"相联系，说明这两件事是同一类的，"无以异"的，因此可以推类而论。一个看到地要自动，却说自己能使地动。一个知道星要徙走，却说君主能徙它。这也是类似的。假使晏子不挑明，那么谁也发现不了太卜的谎言。宋国没有晏子一类的高明的臣僚，所以子韦说的话就成了真的了。反过来，如果宋国有晏子一类高明的人揭穿子韦的假话，那也就没人相信子韦的说法。谎言不被揭穿，就会继续骗人。一旦被揭穿，就必然成为笑柄。王充利用已经被揭穿的谎言来启发人们识破尚未揭穿的谎言，实在高明！

以上两件事，对我们还有一些新的启发。科学知识如果只掌握在少数人的手里，甚至由个别人所垄断，他们就可以利用这些知识，弄神作鬼，欺骗别人，宣传迷信。当多数人都掌握了科学知识以后，情况就完全变了，谁也不能借科学骗人了。迷信的基础是无知。破除迷信的最好办法就是在人民大众中普及科学知识。政治迷信也是这样，少数人长期垄断政治权力，多数群众缺乏民主意识，就会产生政治迷信。知识和权力都不由少数人所垄断，什么迷信也流行不起来。

王充还认为，事物的联系是极为复杂的，利用"术数"只能

① 《论衡·变虚》。

推知事物的某些方面的情况。例如,詹何听见门外牛叫,就知道这是“黑牛也而白其蹄”。但他只能“听声而知其色”,并不知道这头牛是谁的?为什么蹄子是白的?可见,“术数直见一端,不能尽其实”[1]。要了解全面的真实情况,还是要“目见口问”,实际观察。这里实际上已经说明了推论的局限性,并不是什么问题都可以通过推论来了解的。

类比,有些事物在自己的经验之外,无法通过自己的感官去认识,也没有迹象征兆可以用于推论,只好用类比的方法来探讨。王充认为,凡事“无与钧等,独有一物,不见比类,乃可疑也”[2]。与其他事物都没有共同性的事物是不存在的。万物都有某些共同性,这就是采取类比方法的理论依据和基本条件。他对古代的事情、“天”、鬼神等一类暗昧难知的问题,常采用类比的方法,进行讨论、论证和反驳。

首先是以今度古。王充认为:“上世之民,下世之民也”,所以,“以今之人民,知古之人民也”。[3] 根据“古今不异”的认识,王充经常用以今度古的方法来讨论古代各种传说的真实性问题。

古书云:“武王伐纣,兵不血刃。”王充用两汉征伐的事实来作比较。商纣王跟秦二世和王莽差不多,但是,诛灭秦二世和王莽时,几经苦战,杀死许多人才能取胜,而诛纣王怎么能“兵不血刃”呢?所以,王充在《语增》篇中说:

---

① 《论衡·实知》。
② 《论衡·四讳》。
③ 《论衡·齐世》。

> 二世之恶，隆盛于纣。天下畔秦，宜多于殷。案高祖伐秦，还破项羽，战场流血，暴尸万数，失军亡众，几死一再，然后得天下。用兵苦，诛乱剧。独云周兵不血刃，非其实也。……
>
> 纣之恶不若王莽。纣杀比干，莽鸩平帝；纣以嗣立，莽盗汉位。杀主隆于诛臣，嗣立顺于盗位。士众所畔，宜甚于纣。汉诛王莽，兵顿昆阳，死者万数，军至渐台，血流没趾。而独谓周取天下，兵不血刃，非其实也。

同样是诛暴除乱，刘邦和刘秀都经过激烈苦战，大量流血牺牲，才取得胜利。武王伐纣与此相类似，为什么“兵不血刃”呢？经过这么同类比较一下，就知道武王伐纣所谓“兵不血刃”的记载是不真实的。孔子说商纣王不像人们说的那么坏[①]，孟子又看到《武成》中“血流漂杵”的记载。[②] 商纣王不那么坏，怎么会“血流漂杵”？既然“血流漂杵”，为什么又说“兵不血刃”呢？孔子圣人，孟子贤者，“一圣一贤，共论一纣，轻重殊称，多少异实。”[③]圣贤讨论纣的问题，说法也不一样。王充经过多方分析，认为“浮杵过其实，不血刃亦失其正”。两种说法都是夸张，只是夸张的方向不同。

历史是发展的，社会是变化的，因此对古今事作类比时不考虑这种变化的情况，则容易出错。王充使用类比方法，也出

① 《论语·子张》。
② 《孟子·尽心下》。
③ 《论衡·语增》。

现过不妥当的情况。例如“《殷本纪》言契母简狄浴于川，遇玄鸟坠卵，吞之，遂生契焉”，“《周本纪》言后稷之母姜嫄野出，见大人迹，履之则妊身，生后稷焉”[①]，这是《史记》上记载的事。大意是简狄在河里洗澡，落下一只鸟卵，她吞下了，以后生了契。契是殷商的祖先。姜嫄到野外去，看见地上有大人的足迹，她的脚也踩在足迹上，这样就怀孕了，以后生了后稷，这便是周的祖先。

王充对这两个记载表示怀疑。他说：

> 案帝王之妃，不宜野出，浴于川水。今言浴于川，吞玄鸟之卵；出于野，履大人之迹：违尊贵之节，误是非之言也。[②]

在那远古时代，帝王之妃并不像汉朝时那样“尊贵”，“出于野”、“浴于川”则是常事。王充“以今度古”，用汉代的现实去衡量远古时代的传说，显然不妥。从这一点上说，他的类比缺乏历史主义的观点。不过，他曾经在《宣汉》篇中对历史的发展有过很好的论述。如说：“古之裸人，今被朝服；古之露首，今冠章甫；古之跣跗，今履高舄。”远古时代的人们赤身裸体，到了汉代，人们都戴上帽子，穿上衣服和鞋子。说明社会发展了。在还没有发明衣服的古代，所谓“帝王之妃”实际上不过是原始氏族部落的头目，赤身露体尚不足为怪，野出、浴川，当然更不能说是“违尊贵之节”了。王充从理论上也知道：“时同作殊，

① 《论衡·案书》。
② 《论衡·案书》。

事乃可难；异世易俗，相非如何！”[1]但他在论《史记》商、周本纪时却忘了这些观点，犯了“异世易俗而相非”的错误。从现代科学来看，“吞玄鸟卵”和“履大人迹”，都是不可能受孕生圣人的。在远古时代，社会可能还处于群婚制，男女不别，野合所生的情况很多。后人却造出各种传说来掩盖这些情况。以上两个神奇传说可能就是这么编造出来的。

其次是以人比天。在“天人合一”说盛行的时代，王充也经常把天和人作类比。例如他说：“天地用心，犹人用意也。”[2]又说：“天与人同道，欲知天，以人事。”[3]他还多次引用《周易》上的话说：“大人与天地合其德”(《初禀》、《感虚》、《谴告》、《寒温》、《自然》、《感类》等篇)。

世俗以为“祭祀者必有福，不祭祀者必有祸”[4]。王充认为是否祭祀不能产生祸福，只是“主人自尽恩勤而已”[5]，他将天地与人作一番类比。他说：

> 如天地之精神，若人之有精神矣。以人之精神，何宜饮食？中人之体七八尺，身大四五围，食斗食，歠斗羹，乃能饱足，多者三四斗。天地之广大，以万里数。圜丘之上，一茧栗牛，粢饴大羹，不过数斛。以此食天地，天地安能饱？天地用心，犹人用意也。人食不饱足，则怨主人，不报以德矣。[6]

---

① 《论衡·顺鼓》。
② 《论衡·祀义》。
③ 《论衡·卜筮》。
④⑤⑥ 《论衡·祀义》。

普通一个人吃一碗饭，喝一碗汤，才能饱。多的吃三四碗。天地几万里那么大，一头小牛犊，加上其他祭品，就那么一点，天地能吃饱吗？人食不饱，就埋怨主人，就不会“报以德”。天吃不饱，怎么会给你“福”呢？

有人说天地结合生出人和万物来。天地像一对夫妇，又像万物和人的父母。因此，就可以“推夫妇之道以论天地之性”①。父亲发怒打死了儿子，做母亲的应该伤心痛哭。人是天地的儿子，天怒以雷打死了人，地也应该哭。但是，雷打死了人，谁见过地“哭”呢？“缘人以知天，宜尽人之性”②。人有喜怒，天也应有喜怒。但是，人们只听见天怒的“隆隆之声”（雷鸣），为什么从来没听到天喜的“哈哈之笑”呢？天为什么只怒不喜呢？有人说下雨就是天喜。但是，打雷经常与下雨同时发生，难道天与人乖异，“怒喜不殊时”吗？迷信家把天人格化，王充就以人格论天，提出许多疑问，揭示许多矛盾，破除天有人格的种种说法。

第三是以己况鬼。鬼神，王充从来没有见过。他怎么讨论鬼神的问题呢？用的正是类比的方法。“推己意以况鬼神”③，也就是以己况鬼。

按迷信家说法，人死了变成鬼，鬼仍然需要衣食，所以，人们要祭祀。王充就根据人的生活对鬼神说法提出一系列问题。鬼神如果需要人们祭祀才有吃的，那么鬼神就应该有储存食品的地方，否则，鬼神就会经常断顿挨饿的。因为人们不

---

① 《论衡·自然》。

② 《论衡·雷虚》。

③ 《论衡·祀义》。

是吃每一顿饭都祭祀鬼神的。另外，病人或做梦的人所见到的鬼神都跟生人一样高大，但是给鬼神做的衣服(冥衣)长宽只不过一尺多。那么长大的鬼神怎么只穿这么狭小的衣服呢？穿这么窄小的衣服能高兴吗？能赐福给人们吗？因此，王充认为："祭祀之意，主人自尽恩勤而已，鬼神未必欲享之也。"①实际上没有鬼神，人们祭祀鬼神只是要表示自己的一种愿望、一种报恩的心情就是了。"世信鬼神，故好祭祀。祭祀无鬼神，故通人不务焉。""衰世好信鬼，愚人好求福。"②聪明的人不相信鬼神，也不搞祭祀活动。当社会衰败的时候，那些无知的人才热衷于祭鬼求福。王充用以己况鬼的方法，破除鬼神论，在当时是有强大战斗力的。

王充用类比的方法讨论了自己经验以外的广泛问题，对于破除迷信有很强大的战斗力，从理论上看，也有一定的合理性和进步性。类比的基础是事物的共性。事物除了共性之外，还有个性、特殊性，而且一切事物都是发展变化的。因此，在使用类比时总要作具体分析，不能不加分析地乱用。类比方法是有局限性的。凡事都不加分别地进行类比，那就必然要发生错误。

(三)学　知

有些事物既无法直接感知，又不能思知，只有通过问别人，向别人学习，才能获得"知"。王充认为"学问"也是获知的

① 《论衡·祀义》。
② 《论衡·解除》。

一条途径。“故智能之士，不学不成，不问不知。”“人才有高下，知物由学，学之乃知，不问不识。”[①]问谁呢？向什么人学习呢？

王充认为，首先要向广见博识的人学习。孔子见到一只野兽，知道它叫狌狌，其他人都不知道，因为孔子听过《昭人之歌》，歌词中描绘了狌狌的形象。司马迁知道张良的长相像个妇女，是因为他从宣室的壁画上看到过前人画的张良像。孔子、司马迁都不是什么先知，他们之所以能够“知人所不知之状”，是由于他们“巧商而善意，广见而多记，由微见较”。所以才能“智如渊海”[②]。向这些博学多识的人学习，可以获得很多知识。这些人把自己的知识写在著作里，他们死了，人们只能从他们的著作中学习。孔子的治国之道都在经他删定的“五经”中，王充认为要从“五经”中学习“道”。他说：“不入师门，无经传之教，以郁朴之实，不晓礼义，立之朝庭，植笮树表之类也，其何益哉？”“未学不见大道。”[③]他还认为，道只有从“五经”中学，如果不到儒生那里学经传，就不知“道”，在朝廷中做官就不起作用，只能充当一些摆设而已。

其次，王充也讲向有实际经验的人学习。由于事物广泛复杂，每个人的实践又各不相同，任何博学者也不能完全掌握别人的实际经验，因此，每一个实践者都有局部的个别的具体经验可供别人学习。这些也是博学者所需要学习的。“足未尝行，尧禹问曲折；目未尝见，孔墨问形象。”[④]尧禹这样的圣王

---

① 《论衡·实知》。

② 《论衡·知实》。

③ 《论衡·量知》。

④ 《论衡·程材》。

去他们没有到过的地方，也要向别人打听道路；孔子墨子这样大学问家对于自己没有见过的事物，也要向见过的人问一问形状。“从农论田，田夫胜、从商讲贾，贾人贤。……犹家人子弟生长宅中，其知曲折愈于宾客也。宾客暂至，虽孔、墨之材，不能分别。”[①]讨论个别的具体事物，有这方面实际经验的人就有较多的知识，博学者也要向他们请教。“齐部世刺绣，恒女无不能；襄邑俗织锦，钝妇无不巧。日见之，日为之，手狎也。使材士未尝见，巧女未尝为，异事诡手，暂为卒睹，显露易为者，犹愦愦焉。”[②]

这段话意义是很深刻的，这里的“齐部”和“襄邑”说明“社会性”，“无不”说明“群众性”，“世”和“俗”说明“长期性”、“历史性”，“日”说明“经常性”、“反复性”。就是说，王充在这个问题上已经认识到，人的“才能”、“技巧”是和人们长期的社会实践相联系的。没有实践经验的人，即使是有才能的男子和手很巧的妇女，第一次来操作一种工具进行生产时，即使是很容易的事，干起来也会显得笨手笨脚。有些人不会干某一件事，“不曰未尝为，而曰知不达，失其实也”[③]。不是说由于没有干过，而说是头脑笨。这是不符合实际情况的。从这个角度讲，有实践经验的人就比较聪明一些。由此可见，王充已经猜测到了认识来源于实践的道理，只是尚未作出理论上的概括。应当说，在科学有了重大发展的今天，情况有了变化，只有某些实际经验而没有丰富的现代科学知识，不会进行科学的理论思维的人已经不能算是聪明人了。

王充虽然认为在某些个别问题上，尧、禹、孔、墨还要向有

---

①②③ 《论衡·程材》。

实际经验的人学习，但他从来不认为那些有某些实际经验的人比尧、禹、孔、墨更聪明，因为从总体上看，尧、禹、孔、墨还是比那些人更有知识，更聪明一些。只有狭隘的经验主义者才会认为只有某些有实际经验的人才是最聪明的人。

总之，王充认为许多知识是学而知之的，学包括两个方面，一是向“五经”之类著作中学理论，即仁义，礼义之类的“道”；一是向实践者学习实际经验，应该说他在一定程度上避免了“唯理论”和“经验论”的片面性。

（四）事有不可知

王充认为，世界上还有一些事物，既不能自己去感知，“独思无所据”，也无法思而知，问别人也都不懂，也就是说，在当时还有不可知之事。

王充说：“以今论之，故夫可知之事者，思虑所能见也；不可知之事，不学不问不能知也。……可知之事，惟精思之，虽大无难；不可知之事，厉心学问，虽小无易。”[①]又说：“事有不可知，圣人不能知，……故夫难知之事，学问所能及也，……不可知之事，问之学之，不能晓也。”

在王充看来，从现在来讲，天下之事可以分为“不可知之事”和“可知之事”，而“不可知之事”又分为两种，一种是“学问所能及”的“难知之事”，这是“不学不问不能知”的；另一种是学问也不能晓的“不可知之事”，即当时世界上任何人也不认识的事物。这类事物在当时的条件下是无从知道的，也是无

① 《论衡·实知》。

法认识的，像解不开的结一样。有的人据此断定王充是不可知论者。

西方不可知论者认为世界的本质是不可认识的，而王充没有这种看法，他只是认为世界万物有可知的，有不可知的，而且是“以今论之”，是在当时条件下来论可知不可知的。从王充的整个思想体系来讲，他努力探讨了生万物的“气”和施气的“天”，说明他并不认为世界的本质是不可认识的。可见，他与西方的不可知论者是不一样的。当然王充也没有说，那些不可知的事物，将来一定会被人类所认识。他没有提出任何事物都是可以认识的。不过，一部《论衡》对许多事物进行了本质的探讨，有些问题在当时情况下未能解决，他还把一些现象和各种见解保留在自己的著作里，让后人继续研究和探讨。如《订鬼》中说：“天道难知，鬼神暗昧，故具载列，令世察之也。”这表明他相信事物是可以认识的，即使现在由于种种原因还不能认识，但将来总还会有人认识它。

三、道实证验

王充讲知的验证，没有讲如何验证自己通过感觉和思考而获得的知，大概他以为这是比较可靠的，用不着再验证，或者说也无法验证。需要验证的是间接知识，包括各种传说和书籍记载。他写的“九虚”、“三增”全部是这些验证的成果，当然，验证的成果远不止于此。所谓“疾虚妄”，从认识论上说，也可以说是验证知的过程。

他的验证方法，大体上可以归结为两大类：一是以实验之，用“耳目之实”去验证各种说法的是非真假；二是以道论之,就是用他认为是正确的前人理论和他自己从实际经验中概括出来的道理去验证一切记载的虚实增减。这两种方法也可以说是直接验证的实验法和间接验证的逻辑证明法。

(一) 以实验之

王充"疾虚妄",常用"实"来检验各种传说,批驳一切"虚妄之言"。例如:他用日月星辰运行有规律的事实揭露了子韦徙星的谎言、阳公麾日使反的非实;用寒温自有时的事实驳斥了邹衍一叹,天为陨霜的误传;用海潮兴起的时间和大小是与月相变化相应的事实,批驳了海潮是伍子胥冤魂推动的妄说,用没有心腹之藏就不会有感情的事实,认为杞梁氏之妻向城而哭,城为之崩的流传是虚言。在《论衡》中还可以看到很多这一类话:"如实考之","殆非实也","如实论之","非其实也","实者","实也","其实自然","皆得其实","实则不然","实事则不然","非其实而又增之","非徒增之,又失其实矣","未必得其实","失事之实","此言失实","非实然之道","此非实事也","增其实也","盖其实也",等等。由此可见,他用"实"作为衡量、验证各种说法的最高标准,他用"实"批评儒家经典,又用"实"追难圣人孔子。在他的心目中,违背"实"的说法都不是真理,尽管出于种种不得已的原因。难怪有的同志说王充的哲学可以叫做"唯实论"。讲"实"是唯物主义者的本色,而这样不遗余力地大讲特讲"实",则是"疾虚妄"者王充的特色。王充用"雷是火"的"实"来"疾""雷为天怒"的"虚妄",是一个很精彩的例子。

王充在《雷虚》篇中提出:"雷者,火也。"根据何在呢?他列举了以下五个方面的事实：

一、人被雷打死，去看那尸体，如果打着头部，就可以看到头发和胡子都被烧焦了，如果打着身体，那就看到被烧坏了的皮肤，走近尸体，还可以闻到一种烧焦的气味。

二、被雷烧过的石头"色赤"，投到井中，石热井寒，"激声大鸣"，像打雷的声音。

三、人受凉，寒气进入肚子，与肚内热气接触，发生了雷鸣一样的声音。

四、打雷时，电光一闪一闪的，像火光。

五、雷击发生时，有时烧了人家房屋和地上长着的草木。

总之，"夫论雷之为火有五验，言雷为天怒无一效。然则，雷为天怒，虚妄之言"。

以上，王充所讲的五验，只有第三验颇似类比法，讲实验有点勉强，其他四验都是直接用打雷时的闪电现象和打雷所造成的起火烧伤的后果，用这些确凿的事实证明"雷是火"。很显然，王充的论证是从实际出发的，这种论证方法是合乎科学道理的，其结论也有一定的科学性。当然，由于观察力的发展，人类对打雷这种自然现象也不断有新的认识，后代人观察到的新事实与"雷为火"的结论不尽符合，从而对打雷现象作了进一步的研究。

北宋科学家沈括在《梦溪笔谈·神奇》中记载着新发现的事实：内侍李舜举家曾为暴雷所震，看见"雷火自窗间出，赫然出檐"，过后去看，房屋没有被烧，只是墙壁窗纸熏黑了。奇怪的是，有一个木格子，中间放些乱七八糟的东西，有一个带银扣的漆器，银扣都熔化流在地上，漆器却没有烧焦。有一柄宝刀极其坚硬，熔化在刀鞘中，而刀鞘却完好无损。"人必谓，火当先焚草木，然后流金石，今乃金石皆铄，而草木无一毁者，非人情所测也。佛书言：'龙火得水而炽，人火得水而灭。'此理信然。"沈括从新发现的事实来验证"雷是火"的说法，认为雷这种火跟一般的火是不一样的，而且肯定了佛书中关于"龙火"、"人火"的区别的说法。这样，雷究竟是什么，需要继续探讨。那么，王充关于"雷是火"的说法还有没有合理性呢？这种见解有什么价值呢？这就需要把这种见解放在人类认识雷电的发展史中去讨论。

最初，人类看到"雷电迅疾，击折树木，坏败室屋，时犯杀人"①，感到十分可怕。据古书记载，对于雷电，"君子以恐惧修省"②；圣人"虽夜必兴，衣服冠而坐"③，表示"敬天之怒也"。总之，在那时，无论圣人还是君子，都把雷电看作可怕的天怒。

《淮南子》一书中，已经把雷看作是两种相反的能量接触而产生的，"阴阳相薄，感而为雷"④。并且认识到雷的突然性和偶然性，"若雷之击，不可为备"⑤。这种猜测性的见解正与现在正负电感应的说法相符合。

古书讲："龙无尺木，无以升天。"⑥这句话可以理解为：龙

① 《论衡·雷虚》。

② 《周易·震》

③ 《礼记·玉藻》

④⑤ 《淮南子·天文》、《淮南子·兵略》。

⑥ 唐马总编《意林》卷三引桓谭《新论》云："龙无尺水，无以升天；圣人无尺土，无以王天下，"此处"木"作"水"，恐形近而误。王充《论衡·龙虚》篇云："短书言'龙无尺木无以升天'。又曰'升天'，又言'尺木'谓龙从木中升天也。彼短书之家，世俗之人也。见雷电发时，龙随而起，当雷电击树木之时，龙适与雷电俱在树木之侧，雷电去，龙随而上，故谓从树木之中升天也。实者雷龙同类，气感相致。"

(即雷)起码要有一个小木桩或小树才能“升天”。应该说这是对尖端放电现象的描述。

王充认为雷是火,表明他已经观察到打雷会产生高温的事实,雷击的后果与火烧的一样。

沈括观察到雷火能熔金属而不毁漆器,实际上已经接触到物质导电性的问题。金属是导电体,漆器是绝缘体。当然,他当时还没有也不可能有这方面的系统知识,只能说已经观察到某些现象。另外,沈括相信佛书中讲的“龙火得水而炽,人火得水而灭”,可能是当时人们还无法理解的事实。现在我们对这种现象已经能够作出科学的解释:雷火(即电)接触水会更加炽烈,这是由于电把水分子电解成为氢和氧,同时,氢原子结合成氢分子,氧原子结合成臭氧分子,氢分子又与臭氧分子迅速化合使火烧得更加炽烈。而一般的火,经水泼后熄灭,是因为水蒸发带走大量的热量,使燃料迅速降温至燃点以下而不能继续燃烧。

直至18世纪,美国的本杰明·富兰克林才认识到打雷就是放电现象。他在公元1749年指出闪电和电火花两者事实上都是瞬时的,并且产生相似的光和声;它们都能使物体着火,都能熔化金属。又都能杀伤生物体。这些现象,中国古人都已经观察到了,但是没有作过系统的实验和研究。富兰克林的这些说法好像也是对中国古代人们观察雷电现象所作的系统总结。他在公元1752年进行了风筝实验,将雷雨云层中的电荷收集到莱顿瓶里,并且证明了这种电荷同起电机所产生的电荷在效应上是一样的。这就从实验上证实了打雷就是放电现象。但是,认识并不到此为止,打雷现象至今尚未完全弄清楚。例如对于球状闪电,目前仍不了解它是怎样形成的,它的发光时间为什么那么长，其能量从何而来。现在世界上一些科学家正在努力收集资料，加紧研究。

从以上可以看出，王充的“雷是火”的见解，在人类认识雷电的过程中增加了一份科学的内容。而他在中国历史上第一次对此作了合乎经验的科学论证，并且驳斥了“雷为天怒”的迷信说法，因而在哲学上也很有意义。

另外，所谓实际效果有时只是一种“虚象”，或者两种现象之间并没有必然的因果联系，只是一种偶然的巧合。因此，对于实际效果还要有一个“去伪存真”的过程。例如，王充对风随武王之麾而止，水绕孔子之墓倒流的传说，就进行了“去伪存真”。据古书记载，周武王讨伐殷纣王，渡孟津时，遇到大风，他“左操黄钺，右执白旄”，一麾，风就停止了。王充认为，风是气，没有意识，不会听从武王的命令，这可能是“武王适麾之，风偶自止，世褒武王之德，则谓武王能止风矣”①。风要自己停住的时候，武王正好在这时候“麾之”，人们为了称颂武王的功德，就把这个偶然巧合的现象附会在一起，说武王能叫风停止。又如，孔子埋葬在泗水那个地方，泗水倒流了。王充认为那是水“偶自却流”，与“江河之流，有回复之处；百川之行，或易道更路”一样，是偶然发生的自然现象，并没有什么神怪。写书的人却附会说：“孔子之德，能使水却，不湍其墓也。”一些儒者还说：“孔子之后当封，以泗水却流为证。”他们用“泗水却流”这个偶然现象，证明孔子德高，后代应当封爵②。这些巧合的事情很多，它们之间并没有必然的联系，我们不能相信，

① 《论衡·感虚》。
② 《论衡·书虚》。

风会随武王之麾而止，水会绕孔子之墓而流。武王和孔子之德是不会产生这类神奇效果的。

总之，王充既强调用“实”来检验各种传说，又看到实践检验的复杂性，要求人们不可以偏概全，不能仅根据某个方面的“实”就简单地做出总体上的结论。要求人们全面地联系地看问题，他的这些看法基本上是正确的。

（二）以道论之

王充根据自己所认识的道理进行推理，分析各种说法的真假是非，也就是用逻辑证明的方法来考察各个命题的对错。

例如，关于“天雨粟”问题，古书有两处记载，一是燕太子丹被拘留在秦国，秦王说要等到天雨粟以后才能回国。“当此之时，天地祐之”，“天雨粟”，燕太子丹回国了，说明“天雨粟”是吉利的。另一是“仓颉作书，天雨粟，鬼夜哭”[①]。王充理解“此言文章兴而乱渐见，故其妖变，致天雨粟，鬼夜哭也”。在这里，“天雨粟”又成了凶兆。“天雨粟”吉凶难明。

再说，燕太子丹至多是一个贤者，天怎么会专门为他“雨粟”呢？孔子是一个大圣人，“厄陈、蔡，心愿食”，上天为什么不“雨粟陈、蔡”，让挨饿的圣人吃一顿饭呢？另外，“仓颉作文字，业与天地同”，对人类文明贡献极大，“何非何恶而致雨粟，鬼哭之怪？”[②]

王充认为，所谓“天雨粟”，实际上是粟被大风从外地刮来的。因为，有叶实可啄食的植物是地上生出来的，不是天上的

---

①② 《论衡·感虚》。

气变成的。“虽云怪变,怪变因类”,一切奇怪的变化也都有一定的规律或道理,不可能乱变。

对于当时流行的“学道升天”的说法,王充也进行了多方面的考察。

首先,王充认为,万物“禀性受气,形体殊别”①。先天生成的不同形体,便有不同的功能习性,长着蹄足的会跑,长着翅膀的能飞,“人禀驰走之性,故生无毛羽之兆,长大至老,终无奇怪。”② 人既然不生长羽毛和翅膀,那就不可能飞升。

如果说,人在学道成仙的过程中能够长出翅膀,然后能飞升,那么,成仙的人应该长有翅膀。而实际上没有。另外,翅膀也不可能突然间长出来,“物之生产,无卒成暴起,皆有浸渐”③。生物都是逐渐生长起来的,有一个量变的过程。学道的人如果能先长出几寸长的翅膀,能从地面飞到楼台上,那也可以说,学道时间长了,可以飞上天。但是,现在学道的人一寸羽毛也没长出来,楼台也飞不上去,却说以后能飞上天,谁能相信呢?有的说曼都(传说中的好道学仙者)上天后又回家来。王充认为,曼都上天时应该长上翅膀。“万物变化,无复还者”④,他回家时应该还长着翅膀,但是没有听说曼都长着翅膀回家,因此,说他上过天是不可信的。

在这里,王充用自己的认识来分析“学道升天”的说法,认为它是不现实的。他的这些讨论方法在当时的条件下是很有说服力的。当然,科学发展到了今天,人不长翅膀就不能升天的见解已经是很幼稚的想法了,事实上,今天的人并没有长翅膀,升天乃至登月已是众所周知的事了。可见,逻辑验证跟实

①②③④ 《论衡·道虚》。

际经验和科学水平是很有关系的。

逻辑验证必须以实际经验和科学成果为基础。例如讲到齐王烹文挚的事，王充说："致生息之物密器之中，覆盖其口，漆涂其隙，中外气隔，息不得泄，有顷死也。""死之物，烹之辄烂。"[①]能呼吸的动物关在密器中，不让透气，一会儿就会死掉。死了的生物经过煮就会烂掉。王充根据这些实际经验推论文挚烹三昼夜还不死是"虚言"。

王充进行逻辑验证时不仅依据实际经验，还经常用科学研究的成果作为推理的前提。例如他说："天者，气邪？体也？如气乎，云烟无异，安得柱而折之？女娲以石补之，是体也。如审然，天乃玉石之类也。石之质重，千里一柱，不能胜也。"[②]又说："使天体乎，耳高不能闻人言，使天气乎，气若云烟，安能听人辞？"[③]这些推理的前提显然是以天是体或气的认识作为基础的。而这又是当时天文学的研究成果。如果没有汉代论天三家（盖天、浑天、宣夜）的科学争鸣，王充就不可能有天非体即气的认识，那么，以上推论也就不会出现。天是体或气，不是"古昔圣贤之言"，也不是"百姓耳目之实"，而是当时科学研究的重大成果，王充利用这些科研成果反对神学目的论，不能说是经验主义的。

同时，他还讲"万物变化，无复还者"，"物之生长，无卒成暴起，皆有浸渐"，"有血脉之类，无有不生，生无不死"，"寒不累时则霜不降，温不兼日则冰不释"，"寒温自有时"，"阳极反

---

① 《论衡·道虚》。
② 《论衡·谈天》。
③ 《论衡·变虚》。

阴，阴极反阳”，“日月行有常度”。这些命题虽然都是经验总结，但应该说在某种程度上作了理论概括，已经是带普遍性的抽象。“自然界中的普遍性的形式就是规律”[①]。反映这些规律的思想就是理性认识，也就是理论。当然，王充的这些命题还可以作更高的理论概括。但是，我们不能因为由于时代的限制而不能作更高的概括，就把这些理论降为“经验”。理论总是要随着实践的发展而不断提高。当将来理论提高了，我们现在的理论也会显得十分幼稚、肤浅。如果我们把现在还很肤浅的，甚至还是错误的、片面的理论说成不过是经验而已，显然不符合实际情况，也是不公平的。

我们从王充推理的前提中，可以了解到王充的实际经验，当时的科学水平。同时，有些前提也反映了时代的和阶级的局限性。例如，他在驳斥打雷是天对把不干净的东西给人吃的人的一种惩罚时，说：“饮食以不洁净，小过也。以至尊之身，亲罚小过，非尊者之宜也。尊不亲罚过，故王不亲诛罪。天尊于王，亲罚小过，是天德劣于王也。”[②]在反对“天生五谷以食人，生丝麻以衣人”的目的论时，又说：“此谓天为人作农夫桑女之徒也。”[③]在“野人养君子”为天经地义的时代，尊贵的王侯都是受别人供养的剥削者，“天尊于王”，怎么还要为“人”作农夫桑女之徒呢？从以上两例可以看到，王充的思想深受尊卑贵贱的封建伦理的影响。

前提不正确，推论自然就不可靠，反驳或者论证也就显得

① 《马克思恩格斯选集》第 3 卷，第 554 页。
② 《论衡·雷虚》。
③ 《论衡·自然》。

软弱无力。前提即使正确，也可能推导出两种截然相反的结论来，可见推理的情况是十分复杂的。其推论是否正确只能由社会实践来作最后验证。从这种意义上说，社会实践是检验真理的标准具有绝对性。例如，对于董仲舒“设土龙以致雨”，王充是不相信的，他认为土龙不能致雨，并用类比的方法加以论证，他说：“顿牟掇芥，磁石引针，皆以其真是，不假他类。他类肖似，不能掇取者，何也？气性异殊，不能相感动也。”[①]因此，“仲舒之言雩祭可以应天，土龙可以致雨，颇难晓也。”[②]但是，“今设土龙，虽知不能致雨”，[③]王充却能列出十五条理由，用逻辑证明的方法，论证土龙非真，“何以不能致云雨？”说起来也十分“雄辩”，致使后人怀疑《乱龙》篇不是他的著作。这充分说明逻辑证明的局限性、相对性。土龙能不能致雨呢？这在实践中是很容易作出正确的验证和判断的。实际上，王充从心底认为土龙并不能致雨，为土龙致雨法作辩解，是另有一番用心的。“董仲舒请雨之法，设土龙以感气。夫土龙非实，不能致雨，仲舒用之致精诚，不顾物之伪真也。”[④]说明设土龙只是为了表示自己的诚心，以愚弄人民，稳定人心。

从以上对王充验知的两种方法的分析中，我们可以看到，这两种方法各有长处，也各有所不足，应该互相结合，互相补充，才能得出比较正确的结论。一旦把这两种方法分开使用，或者片面强调某一种方法，那么，我们就可以看到它们各自存在着严重的缺陷。强调实际的检验，有可能以个别的、暂时的

①③　《论衡·乱龙》。

②　《论衡·案书》。

④　《论衡·死伪》。

实际效果为标准来衡量一种思想、一个命题的是非对错，出现以个别代替一般的问题，产生经验主义的错误；强调逻辑证明，又容易脱离实际，陷入“此亦一是非，彼亦一是非”的无休止的空谈，产生以一般否定特殊的问题，犯教条主义的错误。而这两种错误，在现代人中也是经常有的。王充虽然也犯过这类错误，但在多数情况下，他还是两种方法结合使用的。被著名的科学史专家李约瑟博士称为“一个极其值得注意的例子”[①]——关于江涛的问题，就是这么验证的。李约瑟博士甚至把这段原文和译文都完整地引用在他的《中国科学技术史》这部巨著中，并且给予很高的评价，说是对传统的迷信说法，给予了致命的打击。王充用这两种方法“疾虚妄”，破除迷信，解放思想，建立了唯物主义的哲学体系。很显然，王充的哲学思想对于古代自然科学的发展起过促进作用，也为思想的发展积累了一些思维经验。

王充讲的以“实”验知，与我们现在讲的社会实践是检验真理的唯一标准，是有重要区别的。王充认为，自己“耳闻目睹”的感知，又经过自己的心“议”一番，所获的“知”是可靠的，而且是一次完成的，不需要继续检验，需要检验的只是别人的传说和古书的记载，即间接经验。而我们认为人的任何认识，包括自己从实践中总结出来的认识都要在实践中反复受检验。认识不是一次完成，而是随着实践发展而发展的无限过程。王充讲“验知”是为了分辨虚实真假是非，以免上当受骗，一般都只在如何说明世界的圈子里打转，而我们讲的实践标准，目的在于如何更正确地认识世界和更有效地改造世界。

---

① 李约瑟《中国科学技术史》第二十一章第九节《潮汐》。

通过这样简单的比较，就可以看到，王充在认识论上是有时代局限性的。

四、博通能用

王充认为，获知首先是"博"的问题。他认为儒生读经，只能讲一经，当然不能算"博"，就是能够讲"五经"，倘是"徒能说经，不晓上古"，也不能算博。不懂历史，就和瞎子一样，"所谓盲瞽者也"①。他又说："知古不知今，谓之陆沉。"如果一个儒生只知道历史，却不了解自己所处的现实社会，就是愚昧无知，孤陋寡闻的人，"不能知汉事，世之愚蔽人也"②。因此，王充认为，"诸生能传百万言，不能览古今，守信师法，虽辞说多，终不为博。"③儒生只会背书，只会跟着老师"鹦鹉学舌"，而不了解社会历史，即使会讲很多，也永远"博"不了。

人的眼睛看不见颜色，叫做盲，耳朵听不到声音，叫做聋，鼻子分不清气味，叫做痈。王充认为："人不博览者，不闻古今，不见事类，不知然否，犹目盲、耳聋、鼻痈者也。儒生不览，犹为闭暗，况庸人无篇章之业，不知是非，其为闭暗甚矣！此则土木之人，耳目俱足，无闻见也。"④人不博通，就像感官不健全的残废人一样。

怎样才能算作广博？王充说："良医服百病之方，治百人

---

①② 《论衡·谢短》。

③ 《论衡·效力》。

④ 《论衡·别通》。

之疾；大才怀百家之言，故能治百族之乱。”①学一种方，只能治一种病，不能称为良医；有一点学问，能分析一两个实际问题，当然都不能算博。在他看来，只有知古达今，掌握各种思想，能够解决社会上存在各种实际问题，那才能算做博。因此，博就是多见多闻，丰富多彩；就是胸怀广大，无所不包；就是含百家之言，知古今行事。

怎样才能有比较广博的知识呢？王充认为一要行远见广。他说：“禹、益并治洪水，禹主治水，益主记异物，海外山表，无远不至，以所闻见作《山海经》。非禹、益不能行远，《山海》不造。然则《山海》之造，见物博也。……使禹、益行地不远，不能作《山海经》。”②《山海经》记物博，是由于作者禹、益见物博，见物博是由于行地远。行远见广才能博学，才能写出《山海经》这样博物的书。

二要学习。前人行远见广，把广博的知识写成书，后人便可以通过看书获得各种知识。“董仲舒睹重常之鸟，刘子政晓贰负之尸，皆见《山海经》，故能立二事之说。……董、刘不读《山海经》，不能定二疑。”③董仲舒认识“重常之鸟”，刘子政认识“贰负之尸”，不是因为行远见广，而是读《山海经》学到的。天下广大，万物众多，任何人也不能走遍天下，见尽万物，因此，读书是获得广博知识的很重要的方法。

王充认为，诸子百家的书（“百家之言”）和史书（“古今之事”）是非常丰富的。他比喻说：人们都喜欢到通都大市去游览，因为那些地方比别处繁华，“都多奇观”，“市多异货”，而

①②③ 《论衡·别通》。

“百家之言,古今行事,其为奇异,非徒都邑大市也”①。就是说,百家书和史书有比都城大市更繁华、更丰富、更多奇异的东西。他又说:“大川相间,小川相属,东流归海,故海大也。海不通于百川,安得巨大之名?夫人含百家之言,犹海怀百川之流也。”②百家之言就象百川的流水,儒生吸收百家思想才能像大海容纳百川流水那样,成为识广知博的人。如果只学一经,只守一家的师法,那就不会达到博。

王充认为,诸子百家的书能够锻炼人的思维,提高分析问题的能力,“百家之言令人晓明”③。百家的书对于经传也是一种重要的补充,百家的书还可以作为参照,纠正经书中的一些错讹,“知经误者在诸子。诸子尺书,文明实是。”④可见王充虽然重视经书,但他不迷信经书,认为要将经书和诸子尺书结合起来,加以研究。同时还要联系古今的事实和当时科学研究成果,来分析经传和诸子尺书上的各种思想。

处处留心皆学问,孔子“入太庙每事问”,“三人行必有我师”。这都是说明随时都有学习的机会,只要好学,留心,就可以学到许多知识,应该说这也是博学者的经验之谈。学习也要有恒心,坚持学,活到老,学到老。王充说:“圣人之好学也,且死不休。”⑤圣人到快死的时候,还是那样好学。孔子就是这样的圣人。孔子以后直至汉朝,凡是以才能著称的人,“非有饱食终日无所用心也,不说‘五经’则读‘书传’”⑥,没有不勤奋的。

总之,多见识,多读书,随时学,坚持学,都是达到博学多闻,而不至于孤陋闭塞的途径。

---

①②③⑤⑥ 《论衡·别通》。
④ 《论衡·书解》。

王充认为，研究学问不但要博，还要能通。如果对学习的内容不能融会贯通，“读诗讽术虽千篇以上，鹦鹉能言之类也。”[①]能通，就是能理解、掌握经传中的思想，变成自己的思想。例如：“孔子得史记以作《春秋》，及其立义创意，褒贬赏诛，不复因史记者，眇思自出于胸中也。”[②]又如：“若司马子长、刘子政之徒，累积篇第，文以万数，其过子云、子高远矣。然而因成纪前，无胸中之造。若夫陆贾、董仲舒论说世事，由意而出，不假取于外，然而浅露易见，观读之者犹曰传记。阳成子长作《乐经》，扬子云作《太玄经》，造于眇思，极窅冥之深，非庶几之才，不能成也。”桓君山“作《新论》，论世间事，辩照然否，虚妄之言，伪饰之辞，莫不证定”。[③]以上说的孔子思想“自出于胸中”，陆贾、董仲舒“论说世事，由意而出”，阳成子长、扬子云著述“造于眇思”，桓君山作《新论》，使世间事“莫不证定”。王充认为，这些人都是通经的人，他们深刻理解、通晓经书的精神实质，并且化成自己的思想，藏于胸中，随时可以用来分析解决各种实际问题和理论问题。

道是无底洞，通是有差异的。王充认为，陆贾、董仲舒“过子云、子高远矣”，但还是浅露易见的，不及阳成子长的《乐经》、扬子云的《太玄经》“极窅冥之深”，比较起来，还是“君山为甲”。就是说桓君山的《新论》比上述几位对道的理解都要更深刻一些。对道的理解也像人在河里走那样，“涉浅水者见虾，其颇深者察鱼鳖，其尤甚者观蛟龙。足行迹殊，故所见之物异也。入道浅深，其犹此也，浅者则见传记谐文，深者入圣室观秘书。

①②③ 《论衡·超奇》。

故入道弥深，所见弥大。”[①]也就是说，对道的研究深度不一样，理解就不同，运用效果也会有所差别，入道越深，所见越大。“大人之胸怀非一，才高知大，故其于道术无所不包。……众共宗之，何也？知经指深，晓师言多也。”[②]伟大的人物就是由于对经传中的道理理解深刻，所以许多人崇拜他，而孔子就是这样的伟人。“子贡曰：‘不得其门而入，不见宗庙之美，百官之富。’盖以‘宗庙’‘百官’喻孔子道也。孔子道美，故譬以‘宗庙’，众多非一，故喻以‘百官’。由此言之，道达广博者，孔子之徒也。”[③]王充认为，孔子就是一位博通的伟人。

王充认为，“通”要表现在能用上，不会灵活运用，就不能说通。“凡贵通者，贵其能用之也。”[④]例如：“入山见木，长短无所不知；入野见草，大小无所不识。然而不能伐木以作室屋，采草以和方药，此知草木而(原作“所”，据裘锡圭校改)不能用也。”[⑤]虽然知道草木的名称、形状，但不会利用草木，说明对草木本质特性还不能了解，不达物性，不能算通。对于圣贤的经传，只会背诵，而不会用来分析实际问题，这只是藏书家，不能算通人，孔子所说的“诵《诗》三百，授之以政，不达”[⑥]的那种人，跟只知草木名称不会采伐利用的人是一样的。

用木材盖房子，用草做药，这都是具体的用。王充所要着重强调的是用儒经中的道。他认为，能够著书立说，谈古论今，就是能用的表现。他说：“著书表文，博通而能用之者也。”[⑦]所谓“博通”，就必须“能用”，能用就是用儒道来分析古今事物，写

①②③ 《论衡·别通》。

④⑤⑦ 《论衡·超奇》。

⑥ 《论语·子路》。

出文章来。这种用法当然有很大局限性，它与我们现在所谓的用于改造世界的实践是有很大区别的，这是需要加以区分的，不可混为一谈。不过，王充所讲的用除了着重于“行道”、治理社会以外，也涉及到一些生产实践的问题，虽然很有限，但在一千九百多年前，能有这么一些认识，已经十分可贵。

王充在求知中，只强调博，不强调专，这是一种片面性，这种片面性是当时社会状况所决定的。当时科学还很不发达，一个有学问的哲学家几乎兼通各门学科，社会需要通才，缺乏通才，王充因此特别强调人要成为通才。针对当时人们不读诸子只尊一经，囿于一孔之见的流弊，他对那些只能讲一经的人作了许多批评。他强调通而不强调专，在当时是可以理解的。我们知道，只是当社会发展到近代，科学分工越来越细，才出现许多专科，只有这时候，根据科学研究的实际需要强调学要专的问题才突出出来，才出现了一些专家。王充虽然也说过：“称干将之利，刺则不能击，击则不能刺，非刃不利，不能一旦二也。蚌弹雀则失鹅，射鹊则失雁，方员画不俱成，左右视不并见，人材有两为，不能成一。”[①]但这里所说的“刺”、“击”、“弹”、“射”、“画”、“视”，都是各种“为”，而不是“学”。可见，王充只在学习、求知中提倡广博，而在干一件事的时候，则强调要集中精力才能干好，这种见解也是很可贵的。

五、以知为力

王充把人的能力分为两种：一种是筋骨之力，相当于孟子

① 《论衡·书解》。

说的"劳力"[1],我们现在叫做"体力";另一种是知力,相当于孟子说的"劳心",我们现在叫做叫"智力",或称"脑力"。"人生莫不有力",只是各种人有不同的力,"儒生以学问为力","人有知学,则有力矣","博达疏通,儒生之力也;举重拔坚,壮士之力也"[2]。也就是说,儒生有知力,壮士有体力。在西方哲学家培根(公元1561年—1626年)提出"知识就是力量"这句名言之前一千多年,王充就已经这样明确地提出"知为力",肯定了知识的社会作用,这是很了不起的[3]。在这里王充认为体力劳动是一种力,是一种改造客观世界的生产力,具有某一方面的知识和技术也是一种改造世界的能力。"垦草殖谷,农夫之力也";"构架斫削,工匠之力也"。但这些观点在王充的思想中不占主要地位。他所讲的"知为力",主要是指社会科学方面的知识对社会的重大影响。

王充认为,"知"对社会政治主要从两个方面发挥作用,表现出"力"来。首先,"知"能够"成人之操,益人之知","练人之心,聪人之知"[4]。就是说,社会知识能够提高人的道德品质,增长人们知识,还能够培养人的坚强意志,给人以智慧。换句话说,"知"能够改造人的思想,提高人的思维能力。对于整个社会来说,就是移风易俗,改变社会的精神面貌。王充把这种社会作用称为"修德","立化"。由于这种作用是通过精神的

---

① 《孟子·滕文公上》。

② 《论衡·效力》。

③ 蒋维乔先生认为,王充《论衡》"能使我国思想的趋势一变,并且所变的方向,还是由神秘而实在的,和培根的情形大略相同,这不能不说是他的伟大功绩!"(《中国哲学史纲要》)。

④ 《论衡·别通》。

潜移默化的过程慢慢实现的，往往需要很长时间才能逐渐看到效果，不是马上就能带来明显的经济利益，因而容易被人们所忽视。在东汉时代，世俗贱下儒生，轻视智力，其原因就在这里。

其次，知的作用表现在政治方面。“萧何入秦，收拾文书，汉所以能制九州者，文书之力。”[①]“萧何以知为力，……坐知秦之形势，是以能图其利害。众将驰走者，何驱之也。”[②]萧何在起义军攻入咸阳时，收集秦朝保存的各种文书，掌握了大量的资料，有了丰富的“知”，因此，可以“以知为力”，知形势，图利害，驱众将，治百乱，制九州，御天下，运筹帷幄之中，决胜千里之外。与此相反，项羽所率领的起义军虽然英勇善战，所向无敌，却由于项羽这个主帅有勇无谋，独断专行，不能重用智谋之士，不善于采纳合理建议，终于落个“霸王别姬”、“自刎乌江”的悲剧下场。

骑马打江山尚且需要知，下马治天下就更需要知了。于是“叔孙通定仪，而高祖以尊；萧何造律，而汉室以宁。案仪律之功，重于野战”[③]。战乱之后，制定各种法律、制度、仪式、典章，使社会安定，天下有章可循，利于发展生产。王充对知的作用的认识，他的“知为力”的见解，是有一定合理性的。

一个国家是这样，对于一个地方也是这样。一个地方官能重用智谋之士，即有“知”的儒生，就能保持安定的政治局面，官也能平安地做下去。相反，如果一个地方官不重视智谋之士，那就可能出乱子，甚至闹到不可收拾的地步。王充举了周

① 《论衡·别通》。

②③ 《论衡·效力》。

长生为例，他说："周长生者，文士之雄也。在州为刺史任安举奏，在郡为太守孟观上书，事解忧除，州郡无事，二将以全。"[①]任安、孟观听取了周长生的建议，得到周长生的帮助，解决了一些疑难问题，排除了一些忧虑。"长生死后，州郡遭忧，无举奏之吏，以故事结不解，征诣相属，文轨不尊，笔疏不续也"[②]。周长生死后，州郡出了乱子，当官的解决不了，多次被召到中央去受审查。王充认为，这是因为不重视文人，使周长生这样有才智的文人无人接班，结果才出现这样混乱的政治局面。在王充看来，有没有周长生这样的文人，对于州郡政局影响极大。在这里，王充夸大了周长生个人的作用，是不太适宜的。但是，社会问题是复杂的，这种现象在有的情况下是有可能出现的。王充在这里强调的是儒生的社会作用，他认为，"论道议政，贤儒之力也。"[③]如果一个政权不许"论道"，也不准"议政"，那就不能充分发挥博学多能的贤儒的社会作用，这对巩固政权是很不利的。秦王朝尽管拥有很强大的军事力量，但由于压制贤儒，政权不巩固，很快就灭亡了。在秦亡汉兴之后，王充作出"知为力"这样的理论概括，是有历史事实作为根据的，也可以说是对历史经验的总结。

当然，知的力量也是有大小差别的。知越多越深，力也越大。具体说来，王充认为，以下两种人力最大：一种人"道重知大"，"其吐文万牒以上，可谓多力矣"。[④]他还特别指出："笔墨之力尤难，况乃连句结章，篇至十百哉！力独多矣。"这就是说，著作多，阐明道理深刻，知识丰富，就是"力多"的表现。"孔子，

①② 《论衡·超奇》。
③④ 《论衡·效力》。

周世多力之人。”多力的人就像大树、大木材，“十围以上，引之不能动。”孔子就是这样的“山中巨木”。道大难行，人们都举不起他，致使他周游列国，无所留止，没人留他当官。“古来材大难为用”，实是材智之士被埋没于草野的共同怨声。因此，王充认为能够举荐任用大才的人也是“多力”的人，这是另一种“多力”的人。他说：“韩信去楚入汉，项羽不能安，高祖能持之也。能用其善，能安其身，则能量其力，能别其功矣。”对于韩信这样一个有韬略的将帅之才，项羽不能用，刘邦则能委以重任，说明刘邦也是多力之人，“手能把持之也，力能推引之也”。同样道理，齐桓公九合诸侯，一匡天下，管仲之力。管仲这样的人才，“桓公能举之，可谓壮强矣！”①王充对于齐桓公和刘邦能够任人重才是很称赞的，他自谓“专荐未达”②，专门举荐那些有才智而还没有名气的人。与此同时，他对压制人才、摧残人才的罪恶行为是深恶痛绝的。那些庸主昏君、官僚政客，大事干不了，小事又不干，自己无能，却又妒忌别人的才能，不但不推荐茂才贤儒，还要千方百计地加以压制、摧残，他们是封建社会的专制之山，不知埋没了多少奇才！王充对于“吴不能用子胥，楚不能用屈原”，表示了极大愤慨，他说：“举物不胜，委地而去，可也，时或恚怒，斧斫破败，此则子胥、屈原所取害也。”③吴王夫差、楚怀王、顷襄王不用人才，摧残人才，也都没有好下场，最后都落个身败名裂、家破国亡的可耻结局。王充认为，用不用有“知力”的人才对国家盛衰兴亡关系极大，例如韩国重用申不害，“行其三符，兵不侵境，盖十五年；不能用之，

①③ 《论衡·效力》。

② 《论衡·自纪》。

又不察其书，兵挫军破，国并于秦”[1]。又如：“六国之时，贤才之臣，入楚楚重，出齐齐轻，为赵赵完，畔魏魏伤。”真是举足轻重啊！王充如此强调儒生的社会作用，反复论述推荐重用贤才之臣的重要意义，跟他的处境是有一定关系的。他“抱其盛高之力，窜于闾巷之深”，求仕心切，深深希望有将相能推荐任用他当个大官，以便施展自己的才能，为封建统治出力。

在比较体力和智力的时候，王充明确指出：“筋骨之力不如仁义之力荣也。”[2]仁义属于道，道是知的主要内容，所以仁义之力就是知之力。他认为知之力比筋骨之力光荣，从萧何、叔孙通与樊哙、郦商众将的比较中已经明确指出：“仪律之功，重于野战，斩首之力，不及尊主。”所以，刘邦把萧何比作猎人，把众将比作猎犬，“萧何安坐，樊、郦驰走”，“高祖行封，先及萧何”。“不及驰走而先安坐者，萧何以知为力，樊、郦以力为功也。”

总之，王充认为，知识是一种力量，而且这种力量比体力要大得多。科学发展的事实继续证明王充这种见解的正确性和进步性。当然，王充当时所讲的“知”主要是对社会科学而言。

关于力的问题，古今中外有各种说法，在宗教徒看来，神力是最大的，所以他们祈祷、祭祀，都希望得到“神”的庇护。专制主义者认为权势是最有力的，如说：“尧为匹夫，不能治三人；而桀为天子，能乱天下。”[3]启蒙思想家与一切蒙昧主义者相反，他们强调知识的力量。王充作为封建社会的启蒙思想

①② 《论衡·效力》。
③ 《韩非子·难势》引《慎子》。

家，在反对天人感应的神学目的论中，提出“以知为力”；英国资本主义启蒙思想家培根反对经院哲学，反对偶象崇拜，反对迷信教条，提出“知识就是力量”；无产阶级革命家高尔基说：“没有任何力量比知识更强大，用知识武装起来的人是不可战胜的。”他们尽管时代不同，所代表的阶级也不一样，但是，他们在反对蒙昧主义的迷信中，提出了一致的口号：“知识就是力量”。我们认为，这个思想在任何时代，都具有进步的意义。

现在一些经济落后的发展中国家，重权力超过重知识，重自然科学超过重社会科学，重应用技术超过基础理论研究。这是现代新蒙昧主义的表现。重知识，重人才，在任何历史时期都是进步的。

六、知论评说

王充不迷信任何个人，也不迷信任何一本书。他只是用“实”作为最高标准，用逻辑推理的方法，验证过去的各种思想。也就是用自己的实际经验、历史知识，特别是科学研究的新成果，来重新系统地批判包括圣人经典在内的过去的一切思想、传说、习惯，在当时的社会条件下，对“知”的一系列问题作出唯物主义的新的理论概括，形成自己的知论思想体系。

在王充知识体系中，有许多思想火花至今还闪耀着智慧的光芒，诸如：对“远图难知，明效易见”的体会；对社会存在决定人的意识的某些认识；对预见先知作了“揆端推类，原始见终”的理解；提出最有学问的人也要向有实际经验的人学习、请教的看法；强调知识要博、通、能用，特别是学以致用的思想；认识来源于群众社会实践的猜测；还有知识是一种力量的见解。这些都是极其宝贵的思想,在今天还有一定的现实意义。尤其是王充"实事疾妄"①的思想,用当时的实际经验和科学成果,分析批判了"天雨粟","雷为天怒","子胥恚恨,驱水为涛","惠王吞蛭","子韦之言星徙,太卜之言地动"等种种世俗迷信和传说,并且提出了一些有一定科学性的新见解,如对"雷是火"的认识和"涛之起也,随月盛衰,小大满损不齐同"的看法,不仅在哲学史上有着重要的意义,而且在科学史上也有一定价值,不但受到哲学史工作者的应有重视,也得到科学史专家的高度赞扬。

在王充知论体系中,也有一些局限性。例如他认为治国的道是永远不变的,"帝王治世,百代同道"②,这与韩非的"圣人不期修古,不法常可;论世之事,因为之备"③的思想相比,显然是落后了。至于认识的历史性和社会性的问题,他与马克思主义产生以前的思想家都一样不甚了解,这是历史的局限性,不是个人的过错。他在推论、类比中,也时有一些不合逻辑的地方。例如他在反对目的论时说:"如谓天地为之。为之宜用手,天地安得万万千千手,并为万万千千物乎!"④如果说大风吹过森林,摇得树林沙沙作响,那么,能不能这么类比:"摇之宜用手,大风安得万万千千手,并摇万万千千树乎?"这样机械地以不同类相比,显然是不恰当的。另外,王充从理论上认识并批判了经验论和唯理论的片面性,由于时代的局限,

① 《论衡·对作》。
② 《论衡·齐世》。
③ 《韩非子·五蠹》。
④ 《论衡·自然》。

他在论述具体问题时，仍不能完全摆脱这两种错误的影响。但是，他已经不是一个经验主义者，也不是经验论和唯理论的调和论者。批判一种思想，又受到这种思想的影响，从而产生矛盾的观点。这种情况不但在王充的思想中存在，而且在其他思想家那里也不同程度地存在着。

第十章 政 论

汉代确立儒学的统治地位以后，儒学的思想深入到社会各个领域。王充讨论政治问题，立足点基本上也在儒学上。他生当东汉中兴时代，政治比较稳定，人民安居乐业，所以他有不少歌功颂德的篇章。他的哲学思想也对政论有所影响。这样，在各种思想的作用下，产生了他的政论。

一、德力具足

对于政治，似乎历来都有两个方面。春秋时代，子产所谓"宽"与"猛"[①]，孔子所谓"道之以政，齐之以刑"和"道之以德，

① 《左传·昭公二十年》载："郑子产有疾，谓子大叔曰：'我死，子必为政。唯有德者，能以宽服民，其次莫如猛。夫火烈，民望而畏之，故鲜死焉；水懦弱，民狎而玩之，则多死焉。故宽难。'"

齐之以礼”[1]。战国时代，孟子所谓“仁政”、“王道”与“虐政”、“霸道”。汉代董仲舒则讲“德”与“刑”。但在各种不同的时代、不同的政治环境下，这两方面不是平衡的。子产在郑国强调“猛”，孔子则以为应该“宽猛相济”，孟子虽然提倡“仁政”，也认为“徒善不足以为政，徒法不能以自行”[2]。董仲舒虽然十分强调“德”，他也认为不能没有“刑”，最理想的是刑“设而不用”。

王充把政治的两方面归结为“德”和“力”。德指仁义道德，力指国家实力、兵力。他说：

> 治国之道，所养有二：一曰养德，二曰养力。养德者，养名高之人，以示能敬贤，养力者，养气力之士，以明能用兵。此所谓文武张设，德力具足者也。事或可以德怀，或可以力摧。外以德自立，内以力自备。慕德者不战而服，犯德者畏兵而却。徐偃王修行仁义，陆地朝者三十二国，强楚闻之，举兵而灭之。此有德守，无力备者也。夫德不可独任以治国，力不可直任以御敌也。韩子之术不养德，偃王之操不任力。二者偏驳，各有不足。偃王有无力之祸，知韩子必有无德之患。[3]

养德，养一批道德高尚的人，即名流。养力即养兵。这两

① 《论语·为政》。
② 《孟子·离娄上》。
③ 《论衡·非韩》。

种人各有各的作用，都是国家所必备者。王充认为二者具备，国家才能安全。如果偏驳，那就有祸患。徐偃王养德不养力，致使亡国；韩非提倡养力反对养德，“必有无德之患”。“无德之患”是什么样子呢？那就是秦始皇那样，“以暴虐为天下始”，“故其亡可立而待”。[1] 王充逻辑推导的结果与历史事实是一致的。秦在统一天下之前，兵强海内，威行诸侯，以便从事，不讲仁义。在那个时候，荀子认为将率是末，仁义是本，说秦国“不求之于本而索之于末，此世之所以乱也”[2]。秦国凭兵将的军事力量消灭诸侯，取得胜利。从这一实践结果看，似乎否定了荀子关于求本的见解。但过不多久，强秦就在人民的反对中崩溃了，切实证明了荀子的关于“索末”导致“世乱”的预见。

我们将荀子的预见、王充的推理和秦亡的事实结合起来研究，似乎发现一条规律。这就是治国之道，要兵将之末与仁义之本相结合，养德与养兵相结合。对于“养德”、“仁义之本”，许多人看不到其作用，以为是多余的。像荀子的学生李斯、韩非以及后代的一些功利学派、实学派的学者都以为仁义道德是无用的，心性修养都是空谈。其结果也必然是人欲横流，世风日下，物质丰富了，精神贫乏了。富而不教，富裕了如果不进行教育，那就会变得像禽兽那样。德确实是重要的。但把一种德看得僵化了也不行。德也是发展变化的，在社会大动荡时代，德也会有较大的更新。如果不注意这种更新，必然成为维护旧道德的保守派。道德更新时代，总要批判旧道

① 贾谊《过秦论》。
② 《荀子·议兵》。

德，提倡新道德，这是正常的。但作为科学来研究，应该对旧道德进行具体分析，并对它的历史作用作出恰当的评价，而不能一概否定。

治国者不管是对外对内，都要德力具足。韩非“以为世衰事变，民心靡薄，故作法术，专意于刑也”，以为风俗败坏，只能用刑法才能解决实际问题。王充不同意，他认为“世不乏于德”，任何败坏的衰世，也不会没有道德，所以也是可以讲德治的。怎么能因为衰世就摒弃德治呢？结论是“治国不能废德”①。

二、百姓安乐

国家治理得好坏，用什么作标准呢？从治国之道可以推导出来，应该“德力具足”。也就是说，国家治理好的应该在德和力两方面都有成绩。从力这方面说，对外能够防御敌人的侵犯，保护人民正常生活；对内能够惩治乱恶之人，维护社会正常秩序。这就叫“太平以治定为效”，太平世界就是指社会必须安定。

王充将汉代与周代作比较，说明汉代政治比周代强。在这种比较中，我们可以看到王充所说的好政治究竟指什么。他说：“周家越常献白雉，方今匈奴、鄯善、哀牢贡献牛马。周时仅治五千里内，汉氏廓土收荒服之外。牛马珍于白雉，近属不若远物。古之戎狄，今为中国；古之裸人，今被朝服；古之露首，今冠章甫；古之跣跗，今履高舄。以盘石为沃田，以桀暴为良民，

① 《论衡·非韩》。

夷坎坷为平均，化不宾为齐民，非太平而何？”[1]疆域扩大，环境改造，人民增加，生活提高，都是国力壮大、社会进步的表现。

从德方面看，当时有各种说法。例如，有的讲受命于天，出有圣人，或者说有瑞物出现，有歌功颂德的文章传世。王充为了证明汉代比周代优越，从各个方面进行广泛的论证，甚至不惜把自己认为是“虚妄”的一些说法都搬出来作为论据。关于这一点，许多论者不知道王充的苦衷，总以为他在打自己的嘴巴。例如，关于受命问题，“五代皆一受命，唯汉独再，此则天命于汉厚也”。五代都是受一次天命，而汉代却受命两次，说明天命对汉代特别优厚。“汉统绝而复属，光武存亡，可谓优矣。”[2]有的人说，周代有三位圣人：文王、武王、周公同时出来，创立了周代的太平盛世。王充说汉代也有许多圣人，“汉之高祖、光武，周之文、武也。文帝、武帝、宣帝、孝明、今上（章帝），过周之成、康、宣王。”[3]汉代的圣人不比周代少，而且更多。只要有弘文之人把汉代的盛事写下来，也会像《尚书》、《春秋》那样成为经传，让后代学者学习、研究。那么，“六经”就会增加为“七经”。如果要比瑞应，周代也比不上汉代。“文、武受命之降怪，不及高祖、光武初起之祐；孝宣、孝明之瑞，美于周之成、康、宣王。孝宣、孝明符瑞，唐虞以来，可谓盛矣。今上即命，奉成持满，四海混一，天下定宁，物瑞已极，人应订隆。”[4]

① 《论衡·宣汉》。
② 《论衡·恢国》。
③ 《论衡·宣汉》。
④ 《论衡·宣汉》。“人应订隆”，刘盼遂案：“订隆当是斯隆之误。”北大本注：“订：并，均。”据此，订字不误。此句大意：人事和瑞应都很隆盛。

这段话简要地说明汉瑞超过唐虞以来的所有盛世。在《恢国》篇中,王充又详细、具体地讲了一番瑞应。从“高祖,母妊之时,蛟龙在上,梦与神遇”,一直数说到东汉章帝元、二、三、四、五年的瑞应,“八龙并出,十一芝累生,甘露流五县”。这些瑞应都是空前的,说明汉代“德惠盛炽,故瑞繁夥也”。《验符》篇中又有“汉瑞非一,金出奇怪”,又更具体地叙述灵芝、甘露、黄龙出现的时间、地点以及发现者。这一切并不能说明王充相信瑞应,只能说明王充极力证明汉优于古代盛世,即使在瑞应方面,也不逊色。王充这些说法是出于论战的需要,并非“自相悖舛”①。在当时群众还相信这些瑞应的时候,如果不在这些方面进行讨论,那么就无法充分说明汉代在一切方面都高于周代,都比前世进步、优越。

在德方面的比较,王充着重表达的主要是两个方面:一是使人民安居乐业,一是在对待天灾人祸时表现出来的宽容仁德。

王充认为,人民安居乐业就是太平世界的重要标准。他说:

> 夫太平以治定为效,百姓以安乐为符。孔子曰:“修己以安百姓,尧、舜其犹病诸!”百姓安者,太平之验也。夫治人以人为主,百姓安而阴阳和,阴阳和则万物育,万物育则奇瑞出。……是故王道立事以实,

① 谢肇淛《文海披沙》卷一:“至《验符》一篇,历言瑞应奇异……皆以为实。前后之言,自相悖舛,此岂足为帐中秘哉!”

不必具验。圣王治世,期于平安,不须符瑞。[①]

从这一段话中,我们可以清楚地看出,王充认为"治人以人为主",只要百姓安乐,就是太平盛世,"不须符瑞"。从这里我们也可以解决学界对王充讲瑞应的误解。就在他认为太平"不须符瑞"以后,罗列了"麒麟、神雀、黄龙、鸾鸟、甘露、醴泉","白雉、紫芝、嘉禾、金出鼎见、离木复合"等等,并且说:"五帝、三王,经传所载瑞应,莫盛孝明。如以瑞应效太平,宣、明之年倍五帝、三王也。"请注意这里有一个"如"字。如,即如果、假如的意思,是不确定的意义。与上面提到的"不须符瑞"是相应的。我们从此可以体会出王充的本意,讲符瑞只是讨论的需要,汉代比周代优越主要表现在人民的安乐上。

要使人民安乐,就要解决天灾人祸给人民带来的困难。

建初孟年(公元76年)发生大旱灾,人民流离失所。当时汉朝政府从无灾区转运粮食到灾区,救济灾民,渡过难关,社会没有因为灾害而造成动乱。王充对此极为赞赏,多次提到。他在《恢国》篇中这样写道:

建初孟年,无妄气至,岁之疾疫也。比旱不雨,牛死民流,可谓剧矣。皇帝敦德,俊乂在官,第五司空,股肱国维,转谷振赡,民不乏饿,天下慕德,虽危不乱。民饥于谷,饱于道德,身流在道,心回乡内。以故道路无盗贼之迹,深幽迥绝无劫夺之奸,以危为宁,以困为通,五帝、三王,孰能堪斯哉!

① 《论衡·宣汉》。

古代遇到灾害，无法抵御，只能用宗教的方式，来进行精神安慰。舜遇七年大旱，只能“以身祷于桑林，自责以六过”，[①]汤“以五过自责”[②]。董仲舒则提倡“设土龙以招雨”[③]。王充认为这些做法的实际意义在于“慰民之望”[④]。安慰民心，说明统治者是关心他们的。在政治没有大错误的情况下，出现旱灾、水灾，高明的统治者“不改政行，转谷赈赡，损鄷济耗”[⑤]，使百姓得以度过灾荒。百姓虽然生活艰难，对于统治者的赈济，从精神上得到极大宽慰。所以在那种严重受灾的年景下，也没有出现抢劫偷盗的现象，流落在外的灾民都想赶快回到家乡。在大灾之年，社会能够如此安定，连五帝、三王也做不到。王充认为，这才是真正的太平盛世。为了救灾，他提出“备乏”、“禁酒”的建议。

在对待敌人的态度上，王充认为汉代也比以前都更人道。这也是统治者道德的重要表现。

首先，周武王是殷纣王的臣子，以臣伐君，不合伦理，所以，伯夷、叔齐都坚决反对，扣马而谏，武王不听，后来他们“不食周粟，饿死首阳”。而汉高祖刘邦不是秦臣，光武帝刘秀也不在王莽那里当官，所以他们造反，名正言顺，没有人像伯夷那样出来阻拦规劝。

其次，据称武王伐纣时采用了姜太公吕望的阴谋来煽惑

---

① 《论衡·感虚》。

② 《论衡·感类》。

③ 《论衡·乱龙》。

④⑤ 《论衡·明雩》。

人民，又进行了军事上的偷袭，“血流浮杵”，才夺得政权。而汉光武帝带领五千人跟王莽的三万人在昆阳拼搏，光明正大地取得胜利。这也是周武王用欺诈方法取胜所不能相比的。

第三，取胜以后，如何对待敌人，也是道义上的重要区别。据说，纣王打败后投火自焚，武王还把纣王的头砍下来悬挂在大白旗的旗杆上示众。这是多么残忍的行为！刘邦没有戮秦二世和子婴的尸体，刘秀也没有戮王莽的尸体。仁德和暴虐差别有多大呀！邹伯奇认为“桀、纣之恶不若亡秦，亡秦不若王莽”，“纣恶微而周诛之痛，秦、莽罪重而汉伐之轻”[①]。两相比较，谁宽厚，谁狭隘，就很清楚了。在对待战败的敌人上，也能体现战胜者的道德水准。

最后，当掌握政权以后，如何对待叛逆者，则是道德水准的重要表现。尧、舜时代，驩兜、共工、三苗、鲧都只是自己犯了错误，还没有背叛行为，却被流放到边远的不毛之地去，结果死在那里。周初，管叔、蔡叔怀疑周公篡权，起来反叛。周公都把他们杀了。在汉朝，广陵王刘荆、楚王刘英都有明显的叛逆企图，汉明帝还再三地赦免他们的死罪，后来他们吞药自杀。刘英的外祖父母家许氏参与图谋不轨，汉明帝原谅了他们，“不绳于法”。隐强侯“悬书市里，诽谤圣政”，汉明帝没有剥夺他的爵位和封地，还让他们的子孙继承下去。“惠滂沛”，恩惠像雨露之施，“内则注于骨肉，外则布于他族”。[②]有的叛逆者被汉明帝流放到边远的地方去，汉章帝更加宽惠，还放他们回到故里。王充感叹道：“开辟以来，恩莫斯大！”从处理叛逆者上，王充认为可以看到汉朝统治者比以前的五帝、三王都更

①② 《论衡·恢国》。

人道，更高尚。

总之，王充认为，各种瑞应难以分别，“别之如何？以政治。”[①]政治搞好了，百姓安居乐业，就是太平盛世。有的人利用奇异之物来进行谴告，那是衰世的表现。“末世衰微，上下相非，灾异时至，则造谴告之言矣。”“教约不行，则相谴告；谴告不改，举兵相灭。由此言之，谴告之言，衰乱之语也。”[②]

三、君子假名

王充是著名的求实求真的哲学家，他在有意无意之中道出了人们对假名的需要，似乎是矛盾的，却确实存在于王充的思想体系中。王充在《问孔》篇中明确认为作为君子应该假名。

《论语·阳货》记载：佛肸叫孔子去，孔子想去。子路不满意：“过去我听老师说过：‘亲身做坏事的人，君子不到他那里去的。’佛肸在中牟叛乱，您要去，这算怎么回事？”孔子说：“有这句话。不是说坚硬的东西磨也磨不坏吗？不是说洁白的东西染也染不黑吗？我难道是个葫芦吗？怎能只是挂着看而不吃呢？”[③]

王充认为这里子路引孔子过去的话来反对孔子现在的行为，而孔子答非所问。另外，王充认为孔子自比匏瓜，“焉能系而不食”，是很鄙陋的说法。接着，王充说：

---

① 《论衡·讲瑞》。

② 《论衡·自然》。

③ 王充引《论语》与现存《论语》比较，文字略有出入，文意不差。

孔子之仕，不为行道，徒求食也。人之仕也，主贪禄也。礼义之言，为行道也。犹人之娶也，主为欲也；礼义之言，为供亲也。仕而直言食，娶可直言欲乎？孔子之言，解情而无依违之意，不假义理之名，是则俗人，非君子也。

王充这段话是说：孔子说"系而不食"，似乎孔子自认为当官不是为了实行自己的主张，而是为了"食"。王充认为，做官主要为了取得俸禄，按符合礼义的说法，是为了实行自己的政治主张。也像娶妻主要为了情欲，按符合礼义的说法，是为了供养双亲。当官如果直接说是为了俸禄，难道娶妻也可以直接说是为了情欲吗？王充认为，孔子的这种说法，是将真情直接暴露出来，没有用义理的名义来装饰一下，这是俗人的说法，不是君子的语言。可见，王充认为，君子说话有时要含蓄一些，要借用礼义之言来装饰。这种装饰，他叫"假义理之名"，简称"假名"。就是说，有的事要创造一个符合义理的名称来说。对于这种说法，我们要从几方面来加以分析。

首先，王充在这里明确提出君子要"假名"的说法，而在别处也用不同方式表达了这一思想。他在《顺鼓》篇中说："月令之家，虫食谷稼，取虫所类象之吏，笞击僇辱以灭其变。实论者谓之未必真是，然而为之，厌合人意。"月令之家，指利用月令搞迷信的那些人。他们说，虫吃庄稼，只要抓住这种虫所象征的官吏，加以惩罚，就可以灭虫除害。如果虫"身黑头赤"，那就象征"武官"；如果虫"头黑身赤"，那就象征"文官"。

“使加罚于虫所象类之吏，则虫灭息不复见矣。”[1]王充经过反复分析，认为这种说法“未必真是”，而这种做法却可以“厌合人意”。百姓受虫灾了，惩罚一下贪官污吏，出出气，虽然未必与他们有关，却能满足人们的精神需要。

古代统治者常常用神灵来装饰政治行为，这也是“假名”的一种方式。据传说，皋陶治狱，用獬豸（读 xiè zhì，独角神兽）去抵触罪犯。它只触有罪的人，不触无罪的人。王充认为，一角之羊不会那么神，它“徒能触人，未必能知罪人”，皋陶只是“欲神事助政”，要用神灵的方法来辅助政治，才这么作弄的。所谓“狌狌知往，乾鹊知来”，猩猩知道过去的事，喜鹊知道未来的事。所谓“仓兕覆舟”[2]。王充认为这些都是“盖有虚名，无其实效也”，都是“人欲神事立化”[3]而造出来的。这个“虚名”也就是“假名”。

统治者利用神灵来辅助政治的事情还很多。他们决定办什么事，然后又进行卜筮，好像是向神灵请教，而实际上只是搞一下这种形式，表明这种做法是出于神意。王充说：“圣人举事，先定于义。义已定立，决以卜筮，示不专己，明与鬼神同意共指，欲令众下信用不疑”。[4] 这种卜筮，是假鬼神之名，为了使下属深信不疑。简单地说，这种“假名”就是迷信骗人。如果统治者决策一再失误，那么这种“假名”的骗人就是失败。因此，王充认为：“卜筮不可纯用，略以助政，示有鬼神，明己不得

---

① 《论衡·商虫》。

② 仓兕，传说是水中之兽，一身九头，常浮出水面，掀翻舟船。原作“仓光”，据孙人和校改。

③ 《论衡·是应》。

④ 《论衡·辨祟》。

专。"[①]用卜筮可助政,但只用卜筮不能代替政治。王充这一点见解是相当高明的。历代统治者不管借用什么名义,搞好政治则是实质性的问题。搞好政治就是要施仁政,使百姓安乐。

民间也有神道设教的问题。例如,世俗说法做豆酱怕听雷声,目的是要人赶快做豆酱,不要拖延到春天。怕影响春耕才造出这种忌讳来。世俗讳在井上磨刀,实际上是怕刀落到井中,却说刀和井合成一个"刑"字,说在井上磨刀会有刑罚之祸。又讳在屋檐下坐,是怕瓦片掉下来砸伤人头。总之,在科学不发达的时代,人们将生活中的经验教训也加以神化,然后进行教育、传播。

另外一些"假名"则是出于礼节。像《礼记·曲礼上》的许多"毋","毋抟饭","毋流歠"等等,王充认为:"礼义之禁,未必吉凶之言也。"[②]一些说法只是礼节上的需要,并不是说那些行为有什么吉凶可言。

总之,精神需要、神道设教、礼节需要,是"假名"产生的主要目的,而产生原因在于科学落后和社会文明较差。

其次,王充对"假名"的态度问题。他肯定君子需要"假名"来文饰一些真实动机,而且认为这是文明的表现。如果不加文饰,直接说出真情,显得粗俗。从这一方面说,他是提倡"假名"的。另一方面,他对统治者利用神灵辅助政治也表示可以理解,但反对迷信这些"假名"。关于卜筮,议论者多,得实诚者寡。钻龟揲蓍,都会有兆数出来。根据兆数,就可以进行解说,有的说吉,有的说凶,没有一定,这就是不可信的一种

---

① 《论衡·卜筮》。

② 《论衡·四讳》。

情况。例如，周武王伐纣的时候，经过卜筮，占曰："大凶。"怎么办？姜太公把龟壳蓍草摔在地上，再踏上脚，一边踩，一边说："枯骨死草，何知而凶！"结果，周武王伐纣取得胜利。又如晋文公与楚国打仗，晋文公做梦与楚成王搏斗，他被楚成王压在下面，楚成王还吸他的脑汁。别人占曰："凶。"咎犯说："吉！君得天，楚伏其罪。盬君之脑者，柔之也。"[①]晋文公被打倒，仰面朝天，占为"得天"。楚成王压在上面，占为"服罪"。咎犯据此得出"吉"的结论来。这当然是一种别解，与众不同的奇解。"以战果胜，如咎犯占。"战争结果正如咎犯的占。从这里可以看出占卜是很难说的。吉凶难辨，靠卜筮来决定政事，则很危险。这既像对占卜迷信的揭露，也像是对统治者的劝告，劝他们要从事理上研究，不能依靠卜筮。

最后，儒家是有意无意在提倡"假名"，后代的封建统治者更多地使用"假名"来办各种事，并且美其名曰："名正言顺"。为了言顺，必须名正。为了名正，于是创造出许多新的假名来粉饰。在这种粉饰下，他们可以为所欲为。镇压农民起义称为"荡寇"，消灭反抗意识叫"破心中贼"。明朝腐败，宦官擅权，以至于天下为宦官魏忠贤遍建生祠。赐魏忠贤印，文曰"顾命元臣"[②]，赐魏忠贤生祠额曰"普德"[③]。反魏忠贤的就是背叛朝廷，就遭诛杀。东林党人议论朝廷腐败，就是"纸上空谈，误人家国"[④]。甚至抨击秦桧、贾似道，也认为是"徒逞臆见，误人家国"[⑤]。这就是不许议论朝政。

---

① 《论衡·卜筮》。

②③ 《纲鉴易知录·明熹宗纪》。

④⑤ 清赵翼《廿二史札记》卷三十五。

这种“假名”风刮进佛寺，一向不杀生的和尚也开始杀人了，美其名曰“送他上西天”。一向不吃荤的僧人也可以吃肉喝酒了，所谓“酒肉穿肠过，佛祖心中留”。什么事都不是绝对不能做的，只要改个名称，换个说法，即假名，那么，就自然“名正言顺”了。

总之，假名在社会生活中是需要的，是一种文明的表现，有时也体现了中国传统的含蓄特点。但后世滥用假名，成为伪君子的手段和恶势力的借口。凡事都有具体界限，不作分析，一概而论，对于“假名”也不适合。

四、命期自然

人类社会是极其复杂的现象。中国历史上许多思想家都想探讨社会治乱、天下兴亡、历史进程的基本规律和根本原因，都能从一些社会现象和历史联系中总结出一些理论。用这些理论又能够解释一些社会历史现象，但同时又存在一些反证现象，无法解释，使人困惑不解，于是又寻找别的模式，提出新的理论，对社会历史现象重新解释。因此，有些人认为历史是历史学家解释的历史。这是现代西方一些学者的新说法。中国古代有天命史观、圣人史观、五德终始说，以及人口论等，王充以后则有势论、道统论、理论、理势论等等。

王充认为天是一块固体自然物，没有意志，不能决定人世间的事，所以他反对天命史观。① 有的人认为圣人治世，世界

① 王充在《齐世》篇中也讲“天命”，实为客观必然性的意思，不同于有意志的天。

就能太平，并且没有任何灾害。但是，“尧之洪水，汤之大旱”，圣人之世不是也有灾吗？相反，“不能为政者莫过桀、纣，桀、纣之时，宜常水旱。案桀、纣之时，无饥耗之灾”①。暴君统治的时代，却没有灾害。王充据此否定圣人史观。他说：“教之行废，国之安危，皆在命时，非人力也。”“命期自然，非德化也。”“昌衰兴废，皆天时也。”

王充对治乱进行一系列的分析。他认为，乱世就是指“贼盗众多，兵革并起，民弃礼义，负畔其上”②。为什么人民会这样呢？原因很简单：“由谷食乏绝，不能忍饥寒。”粮食充足，人民就产生了礼义之心，这就奠定了平安的社会基础。粮食多少是由年景好坏决定的。年景是天气决定的。天气为什么有水旱之不同呢？那是“时数”决定的。他说：“年岁水旱，五谷不成，非政所致，时数然也。”又说：“故世治非贤圣之功，衰乱非无道之致。国当衰乱，贤圣不能盛；时当治，恶人不能乱。世之治乱，在时不在政；国之安危，在数不在教。贤不贤之君，明不明之政，无能损益。”王充在同一篇文章中用了“时数”、“时”、“数”、“命期”、“命时”、“天时”，都没有作出解释，都是指客观必然性的意思，都是非人力所能改变的。这种说法跟他在《命义》篇中所说的“国命”是相一致的。而这里没讲“时命”是由什么决定的，《命义》篇讲“国命系于众星”，众星之气决定了国命。而在《恢国》等篇中，王充歌颂汉德时说政府“转谷赈赡”，使民安度灾荒，社会没有因为灾荒而出现混乱。这说明治乱安危跟贤君明政还是有关系的。在天灾面前，人不是无能为力的，只要有贤君明政，还是可以“以危为宁，以困为通”

---

①② 《论衡·治期》。

的。这里显然是有矛盾的。一般理论推导与具体问题分析之间存在一种不一致性。这是一般与特殊的矛盾。我们可以把王充的历史观称为“时命史观”，而他对汉时政治的具体分析是对自己理论体系的突破。

王充说：“《政务》为郡国守相、县邑令长陈通政事，所当尚务，欲令全民立化，奉称国恩。”[①]又说“《政务》言治民之道”。可见，《政务》一书是王充政论专著，可惜已失传。现在只能从《论衡》书中见到他的部分政治思想。

五、“宣汉”评议

先秦儒家颂古，秦始皇诛杀颂古非今的人。秦亡以后，颂古之风再次兴起，甚至使王莽掌权以后真的按儒家所编造的所谓古制进行改革，脱离实际，而惨遭失败。到了东汉，崇古之风不减。什么都是古的好，古代人个高貌美，健康长寿，一般人都活百岁左右。统治者都是圣人，道德高尚，治理有方。三代祥瑞多，灾异少。总之，世俗“好高古而下今，贵所闻而贱所见”[②]。王充认为，从各个方面进行比较，汉代都比过去强。三代周为高，“实商优劣，周不如汉。”[③]为什么人们都觉得汉不如周呢？主要是当代文人没有歌颂当今皇帝和朝廷。为了“彰汉德于百代，使帝名如日月”，就需要歌颂，公开提出“须颂”的口号，并且身体力行，写下《齐世》、《宣汉》、《恢国》、《须颂》、

---

① 《论衡·对作》。
② 《论衡·齐世》。
③ 《论衡·宣汉》。

《验符》等篇。“极论汉德非常，实然乃在百代之上。表德颂功，宣褒主上”[①]。主要提到的是灾荒之年，朝廷采取救灾的措施，把无灾区的余粮运往灾区，赈济灾民。王充认为这是五帝三王都办不到的事。

过去有一些无聊文人在权势面前阿谀奉承，令人讨厌。又有一些文人自许清高，远离官场，认为官场是一个大黑染缸，清白的人一进官场就会被染黑。所以，西汉贾山说：“夫士修之于家，而坏之于天子之廷，臣窃愍之。”[②]这就形成了传统，当了官的，作威作福，没当官的，自许清高。但王充颂汉都是从实际出发的。而东汉前期的政治确实也比较良好，这种歌颂跟违心奉承，胡编祥瑞，应该有所区别。

许多人对王充“宣汉”没有引起重视，或者轻蔑地称之为“无聊”而已。徐复观对此作了分析。他说：“《论衡》中以极大的分量，从事于歌功颂德，这在古今值得称为思想家中，实系最特出的现象。我的解释，除了他过分力求表现的气质以外，和他身处乡曲，沉沦下僚……有不可分的联系。”“所以，王充在政治方面写下了繁复而异乎寻常的歌功颂德的文章，不必是他的品格上的问题，而实际是由他的遭遇限制了他展望时代的眼界。”[③]简单一句话，王充住在乡间，不了解情况，所以盲目歌颂朝廷。

我以为徐复观的解释未必恰当。实际上，王充到过洛阳（参见第一章《王充生平考辨》），见过大世面，当过州刺史和郡

---

① 《论衡·须颂》。
② 《汉书·贾山传》。
③ 《王充论考》。

太守的属官，并非乡曲之士。如果是孤陋寡闻的乡曲之士，就不会那样博学多才，写出百科全书式的《论衡》。真正长住乡间，还是边远乡间的王符写出来的《潜夫论》却没有歌功颂德的文章。我们讲汉唐盛世，东汉早期又是盛世中的繁荣期。当然值得歌颂。我们放开眼界看历史，尚且如此，而王充歌颂怎么就是“限制了他展望时代的眼界”呢？对政治无非两种态度，一是歌颂，一是批评。二者相互为用，都是需要的。歌颂好的，批评坏的，对历史的发展都是有意义的，应该说，“宣汉”与“过秦”同功。但是，如果方法不当，那就适得其反，不起促进作用，却起阻碍作用。如果一批评就全盘否定，一无是处，历史乌鸦一般黑，天下乌鸦一般黑，那还有什么前途。如果一歌颂就全面肯定，一切皆好，没有什么要改造。这样两种态度、两种方法都是偏颇的，有害的。理论思想家对任何社会都应该有清醒的认识，不为社会潮流所裹挟。王充就是这样反潮流的中流砥柱，头脑清醒的思想家。

另外，徐复观认为，《论衡》中，“许多是争其所不必争的文章；他以最大的自信力所开陈的意见，事实上许多直可称为乡曲之见。”[①]在汉与三代比较中，王充把自己当作“虚妄”批判的所谓“瑞物”摆出来，这既与前说矛盾，由现代人看来，显然又是“所不必争”的问题。王充之所以要争，那是出于当时斗争的需要，当时人就相信这些，王充不得不拿起论敌的思想武器，以毒攻毒。我们应该能够理解这一苦衷。又如，在《非韩》篇中讲跪拜问题，他明知这是没用的，“烦劳人体，无益于人身，莫过跪拜”。但是还要保存，那是因为它是表达礼义的一

① 《王充论考》。

种形式。说明任何社会都需要有一些“形式”。这些“形式”在另一种社会可能就会被废弃,但还必须有另一些新的“形式”。所以,某种“形式”可能在某一社会是必需的,但不是一切社会的普遍需要。社会变了,需要的“形式”也变了,汉代到清朝的跪拜形式被废弃了,代之以作揖,又改为握手,总之,现代不管什么制度的社会,也还都需要“形式”,只是“形式”有所不同而已。例如剪彩、放炮、敬礼、迎送,都是“形式”,以后可能也会改成其他更新的“形式”。因此,汉代需要认真讨论的问题,到了现代,徐复观认为是“不必争”的。这都是很正常的现象。从此可见,我们研究历史、评论历史,应该有“历史主义”观念。

总之,王充歌颂汉朝是实事求是的,是正确的,肯定了历史的发展。跟后代御用文人阿谀奉承是有原则区别的,不可相提并论,等同视之。

第十一章 贤佞论

中国古代对人的分类有各种各样的分法。《左传·昭公七年》有“天有十日,人有十等”的说法。这十等就是:王、公、大夫、士、皁、舆、隶、僚、仆、台。而儒家经常讲的则是君子和小人(野人)、大人和小人。后代则常以忠臣和奸臣来区分朝廷官员,地方官则分清官和贪官。中国关于人群分为对立的两种人的观念是很深的。王充则把人分为贤人和佞人两种,并加详细论述。这种分法有它的价值。

一、佞可觉知

佞人是历史上的反面人物。王充对佞人主要从三个方面来论述。均见《答佞》篇。

（一）佞的本质

佞的本质就是不能禁欲。

人都有情欲，有些人能够“以礼防情，以义割欲，故得循道”。循道就是君子，就是贤人。相反，另一些“纵贪利之欲，逾礼犯义，故进得苟佞”。这种人就是小人，就是佞人。

（二）佞的表现

王充对佞的表现，在与谗的比较中加以论述。他认为，谗与佞都是以嫉妒为本性的小人，表现却不一样。“谗以口害人，佞以事危人；谗人以直道不违，佞人依违匿端；谗人无诈虑，佞人有术数。故人君皆能远谗亲仁，莫能知贤别佞。”谗人直接诬陷别人，所以人君容易发现，疏远。佞人比较隐蔽，有一些权术、手段，弄得贤人无法施展才能，甚至陷于困境，而他却似乎毫无责任。人君也难以发现他有什么错误，似乎和贤人一样。人君对贤佞难分，带有普遍性。

有人问：佞人说不说别人的坏话。王充说：“佞人毁之，誉之；危人，安之。”佞人要诬陷谁，不是说他的坏话，而是极力吹捧对方。要使别人倒霉，故意安慰他。王充假设一个典型的例子：

> 假令甲有高行奇知，名声显闻，将恐人君召问，扶而胜己，欲故废不言，常腾誉之。荐之者众，将议欲用，问人，人必不对曰：“甲贤而宜召也。”何则？“甲意

> 不欲留县，前闻其语矣。声望欲入府，在郡则望欲入州。志高则操与人异，望远则意不顾近。屈而用之，其心不满，不则卧病。贱而命之则伤贤，不则损威。故人君所以失名损誉者①，好臣所常臣也。自耐下之，用之可也。自度不能下之，用之不便。夫用之不两相益，舍之不两相损。”人君畏其志，信佞人之言，遂置不用。

这段话是一个很有意思的假设，大意是：甲德才兼备，名声很大。佞人嫉妒他，怕上级（县令或太守）召他，提拔上去，超过自己，想故意使甲得不到任用，不肯明说，却反而大力赞扬他。由于佞人的鼓吹，向长官推荐甲的人越来越多。长官考虑要任用甲，问人，佞人一定不会说：“甲是贤人，应该招他来。”为什么？佞人有一番道理。他说：“甲的意思不想在县里工作，前些日子听他说过这类话，声称要到郡里去。到了郡里就希望到州里去。志向高的人操行跟一般人不同，有远大目标的人思想就不会只盯着近处。你如果屈才用他，他不满意，否则就装病不来。下命令强迫他来干小事，就伤害贤人。不强迫他来，又损害了政府的权威。所以长官要想维护自己的名誉，还是任用自己的老部下。像甲这样的新人，自己能够迁就他，那当然可以任用，如果觉得不能迁就他，那么任用他就不方便。总之，任用甲对双方都没有好处，不用他对双方都没有损害。”经佞人这么一分析，长官也怕甲志向太高，就听信佞人的话，不任用甲。

---

① “失名损誉”前似脱一“不”字。

《老子》有言曰:“将欲废之,必固兴之。”汉代佞人活用《老子》的思想,对贤人“欲故废之,常腾誉之”。这就是佞人的手段。

佞人会耍权术。所谓“权”,原是指反于经而合于道的措施。经是经常要坚持的原则性。权是相对于经的一种灵活性。初看,权是违反经的,而最后证明,它从根本上符合经,符合道。因此,掌握权比死守经,需要有更高的思想水平。王充认为,贤佞都可以用权,如何区别呢?他说:

> 贤者有权,佞者有权。贤者之有权,后有应。佞人之有权,亦反经,后有恶。故贤人之权,为事为国;佞人之权,为身为家。观其所权,贤佞可论。察其发动,邪正可名。

在权上面区别贤佞有两种方法,一是看他的动机。为身为家,为己私利,就是佞人。为事为国,出以公心,就是贤者。二是看他行权的结果,同样都是违背既定的原则,结果有好有坏。结果好的是贤者,结果坏的是佞人。

佞人有术数,佞者有权。结合起来,就是佞者有权术。佞人用巧妙的办法害人利己,损公肥私。所以,王充称佞人为“恶中之巧者”。佞人害人还不让别人知道,其办法就是糖衣炮弹,歌功颂德。如说:“誉而危之,故人不知。厚而害之,故人不疑。是故佞人危而不怨,害人之败而不仇。隐情匿意,为之功也。”

总之,佞人的表现是隐蔽的。利用阴谋手段暗中害人,是“恶中之巧者”。

(三)觉佞办法

王充认为善恶辨贤佞。“观贤由善,察佞由恶。善恶定成,贤佞形矣。”又说佞人行权“后有恶”。是否可以用办事的效果来确定贤佞呢?立功的都是贤人吗?办事无效,没有立功,都是佞人吗?

效果应该是一个标准。但王充不局限于效果这一标准。因为有的人由于才能不及,或者由于知虑不高,还可能有其他种种客观原因,虽然尽心尽力,却没有取得成功。这种人当然不是佞人。还有一些人努力于长远的、根本的事业,短期内难以见到明显效果。从俗人来看,没有立竿见影,就以为没有效果。还有这种情况:一些人拼命奋斗,干成一些事,效果很明显,但另一些没有出力的人出于嫉妒心理,鸡蛋里挑骨头,硬找出一些鸡毛蒜皮的缺点加以扩大,渲染,似乎事情办糟了。没有深入了解实情又不善于分析的长官可能一叶障目,以为效果不好。还有人确实办好了事,由于没有去贿赂权臣、近嬖,却遭到无端的诬蔑。从以上这些复杂情况来看,“无效,未可为佞也”。没有成效,不能就认为是佞人。相反,有成效,也未必就不是佞人。例如像先秦时代的苏秦、张仪,在王充看来,他们都是佞人。但他们游说诸侯,则有很明显的成效。“苏秦约六国为从,强秦不敢窥兵于关外。张仪为横,六国不敢同攻于关内。六国约从,则秦畏而六国强;三秦称横,则秦强而天下弱。功著效明,载纪竹帛,虽贤何以加之?”苏秦在关外六国开展约从(即联合)活动,六国就强,秦国就畏惧。张仪在关内帮助秦国搞连横,秦就强,六国就弱。这种效果是很明显的。即使贤人也不过如此。王充认为这些成效是“术数所致,非道德之所成也”。这种术数,主要是“揣摩之术”。揣摩各个当权派的政治心理。可见,“佞人亦能以权说立功为效”。多数佞人“学求合于上”,投长官所好,虽然没有费心用力,事情成功似乎都有他的一份。所以,只从效果看,显然是不妥当的、片面的。

只讲效果不行,还要看动机。动机藏于心中,怎么看呢?王充认为采用文王官人法就可以分别真假、贤佞。文王官人法说:“推其往行以揆其来言,听其来言以省其往行。观其阳以考其阴,察其内以揆其外。”这样一来,“诈善设节者可知,饰伪无情者可辨,质诚居善者可得,含忠守节者可见也”。文王官人法中的“阳阴”、“内外”究竟指什么,不那么明确。王充就用汉代通俗的语言来解说这段话的大意。他说:

> 今操与古殊,朝行与家别,考乡里之迹,证朝庭之行,察共亲之节,明事君之操,外内不相称,名实不相副,际会发见,奸为觉露也。

把这段话化成现代语言,大意是:现在的行为与过去不同,在朝廷的表现与在家不一样。考察在乡里的名声,来证实在朝庭的行为,察看供养亲人的态度,对照对待君王的操行。经过对照以后,就可以发现有些人“外内不相称,名实不相副”。这种人就是佞人。

通过比较,很容易发觉佞人。但是,由于长官的地位显赫,是佞人欺骗的对象。他们往往只看到佞人伪装的那一面,上当受骗。王充对人君不能知佞作了很好的分析。

王充说:“佞可知,人君不能知。”平庸的人君不能知贤,也不能知佞，这是容易理解的。英明的人君为什么也不能知佞呢？人君掌握生杀赏罚之权。佞人为了个人私利，升官发财，总是投人君所好，千方百计地讨人君的欢心。同时，佞人常用“损下益上”的办法来使人君满意，“误设计数，烦扰农商，损下益上，愁民说主”。通过盘剥老百姓来为人君聚敛财物，以供挥霍。损害下面老百姓，给上面人君带来益处。例如，春秋末年，鲁国的大臣季氏比周公还要富。孔子的学生冉求还要为季氏继续聚敛财物。对于无休止地聚敛财物，季氏为什么“不知其恶，不知百姓所共非”呢？不知道这是老百姓都反对的坏事，原因就在于季氏处于人君这种特殊地位上，他是受益者。

佞人有大有小。王充认为：“上知之，大难小易；下知之，大易小难。”为什么长官不容易知大佞容易知小佞呢？因为大佞“材高，论说丽美，因丽美之说，人主之威。人主心并不能责，知或不能觉”。大佞手段高明，能说会道，又揣摩透了长官心理。所以，长官感到很顺心，似乎没有什么可指责的，根本没有发觉有什么不正常。小佞就不一样，因为材下，“对乡（向）失漏，际会不密，人君警悟，得知其故”。说话不严密，前后矛盾，长官很快就发现其中有鬼。所以，人君知佞，大难小易。“屋漏在上，知者在下。漏大，下见之著；漏小，下见之微。”朝廷上的奸佞可以欺骗人君，却瞒不过老百姓。大佞办的坏事又大又多，老百姓看得更清楚，小佞干了小坏事，不太出名，老百姓知道的就少些。这就是百姓知佞，小难大易。由于各种人的社会地位不同，对于同一事物的认识却有着很大的差别，甚至会有截然相反的看法。在历代封建朝廷里，是非混淆、黑白颠倒的现象，十分普遍。王充从自已的社会经验和历史知识中认识到人的社会地位对于认识有很大的影响。他的这种观点，已经接触到社会存在决定社会意识这个历史唯物主义的重要原理。这是很可贵的。

王充还有一篇《觉佞》的文章,应与《答佞》为姐妹篇。今佚。内容主要是如何发觉佞人。《答佞》篇是回答别人对《觉佞》篇提出的疑问。

二、观心定贤

贤人是历史上的正面人物。王充主要在《定贤》篇中对贤人作出界定。也就是说,如何确定贤人?以什么为标准?

圣人难知,贤人也难知,世上俗人自以为知贤,实际上不知。他们根据什么来判定贤人呢?

(一)世俗定贤二十种

世俗定贤标准很多,王充列出二十种,一一加以驳斥。今将王充以设问形式列出的二十种,抄录如下:

1. "以仕宦得高官身富贵为贤乎?"
2. "以事君调合寡过为贤乎?"
3. "以朝庭选举皆归善为贤乎?"
4. "以善人所称,恶人所毁可以知贤乎?"
5. "以人众所归附,宾客云合者为贤乎?"
6. "以居位治人,得民心歌咏之为贤乎?"
7. "以居职有成功见效为贤乎?"
8. "以孝于父、弟于兄为贤乎?"

9.“以全身免害，不被刑戮，若南容惧白圭者为贤乎？”

10.“以委国去位，弃富贵，就贫贱为贤乎？”

11.“以避世离俗，清身洁行为贤乎？”

12.“以恬憺无欲，志不在于仕，苟欲全身养性为贤乎？”

13.“以举义千里，师将朋友无废礼为贤乎？”

14.“以经明带徒聚众为贤乎？”

15.“以通览古今，秘隐传记，无所不记为贤乎？”

16.“以权诈卓谲，能将兵御众为贤乎？”

17.“以辩于口，言甘辞巧为贤乎？”

18.“以敏于笔，文墨雨集为贤乎？”

19.“以敏于赋、颂，为弘丽之文为贤乎？”

20.“以清节自守，不降志辱身为贤乎？”

以上20条，大略可以分为五类：一是成功见效，二是众人称善，三是清节自守，四是全身养性，五是才华横溢。下面分别加以述评。

（二）成功见效为贤乎？

许多人都想当大官，在相互竞争中，只有少数人当上大官，多数人则是失败者。因此世俗以官位高低来论贤。王充是仕途上的失败者，又不认输，所以他将这一标准作为头一个攻击对象。他认为当官是靠命，不是靠才，所以官大是“命富贵，不为贤”。

当官居职，成功见效呢？王充认为，成功见效有主观原因和客观原因。例如农业生产很大程度决定于气候变化，气候正常，农业丰收，气候反常，农业受灾。这与当政者贤不贤没有必然关系，更不能以丰歉来定当政者是否贤。如果这样，那么"尧以洪水得黜，汤以大旱为殿下矣"。

如果从自身所从事的职责来看，就不存在天气这一类客观因素。但是，这些职责有的是有明显效果的事，有的却是没有明效的道。例如人带着狗去打猎，抓获禽兽的都是猎狗，猎人有没有功劳呢？王充认为，猎人虽然没有直接抓获猎物，功劳比猎狗还要大。

另外，治理社会像百工一样，有一定的技术。有技术的就能见成效，没有技术，虽贤却无成效。例如西汉时吾丘寿王，曾任汉武帝待诏，曾向董仲舒学习《春秋》，很有水平。后来，汉武帝派他任东郡都尉，"时军发，民骚动，岁恶，盗贼不息"。生产、治安都搞不好。汉武帝责问他，他说"难禁"。召回任光禄大夫，常居左右，"论事说议，无不是者，才高智深，通明多见"。可见，人才有特点，有适应的地方，用之不当，则不会有成效。因此，无成效，未必非贤人。"必以功观贤，则寿王弃而不选也。"

"人之举事，或意至而功不成，事不立而势贯山。"例如，荆轲刺秦王，"天下之士不以荆轲功不成，不称其义"。如果都以成败论贤佞，"是则豫让拔剑斩襄子之衣，不足识也；伍子胥鞭笞平王尸，不足载也；张良椎始皇误中副车，不足记也。"这三个人"有其势而无其功，怀其计而不得为其事，是功不可以效贤"。从这三个贤者不成功来看，不能专用功效来判定贤者。

总之，成功见效者未必贤，功不成、效不足者未必不贤。

（三）众人称善为贤乎？

以上第 2、3、4、5、6 条，都是讲称善的问题。首先是皇帝称善的人是否就是贤人。王充认为不一定。因为有些“顺阿之臣，佞倖之徒”，虽受皇帝宠幸，却不是贤者。他们阿谀奉承，随机应变，从不顶撞皇帝，所以不会被撤职。他们“准主而说，适时而行，无廷逆之郤，则无斥退之患”。甚至只因为长相好看也会使皇帝感到称心如意。朝廷里的同僚都说他好，他就是贤人吗？这种情况也很复杂。有些人出头露面，善于交往，附和人意，说他好的人就多些。相反，有些人埋头苦干，性格又有点清高孤僻，“清直不容乡党，志洁不交非徒”，结果不得人心，陷于孤立。

齐国有两个大夫。即墨大夫政治很有成绩，却没有人说他的好话，尽讲他的坏话。阿大夫治理很差，却有一批人积极为他鼓吹，说他什么都好。高明的齐威王在调查研究的基础上，“以毁封即墨大夫，以誉烹阿大夫”。由于受到诬蔑，即墨大夫受到奖赏。由于受到赞誉，阿大夫受到烹的惩罚。这个典型的例子生动地说明，很多人说好的人未必就是贤人。

王充指出：有些人为了自己的某种目的，需要利用人民，他们也可以暂时采取某种手段，讨取人民的欢心。例如齐国的田成子想要独揽齐国大权，采取大斗贷、小斗收的办法，使人民拥护他。越王勾践为雪会稽之耻，吊死问病，表示特别关心人民，争取人民的支持。他们对人民施伪恩，都是别有用心的，不是真心诚意的。因此，一时骗得人民拥护的人，未必是真贤。

《论语·子路》载，子贡问曰：“乡人皆好之，何如？”子曰：

“未可也。”“乡人皆恶之。何如?”子曰:“未可也。不如乡人之善者好之,其不善者恶之。”王充根据孔子的这种说法,认为“称誉多而小大皆言善者,非贤也”。谁都说好的人不是贤人。只有好人赞誉,坏人诬蔑,那才可能是贤人。似乎按此办法便可以知贤。但还有一个问题,怎么知道说好话的那些人是好人还是坏人,又怎么知道说坏话的那些人是坏人还是好人呢?或者是坏人在称赞,好人在批评,那又怎么区别呢?

至于所归附的人多不多,也不是贤的标准。战国时代四君子:信陵、孟尝、平原、春申,食客各数千,人称贤君。西汉时代大将军卫青和霍去病,门无一客,称为名将。归附的人多不多,都可以是贤人,也都可以不是贤人。

总之,赞誉的人,拥护的人,歌功颂德的人,不论多少,也难以确定贤人。古今中外的社会历史中,常有这种情况,在某个时期,许多人都拥护某个人,过一段时间,情况发生一些变化,许多人又都反对这个人。也许再过若干时日,又有人拥护他。这说明拥护者多少往往是变动不居的,因此,拥护者多少不能作为确定贤佞的标准。

(四)清节自守为贤乎?

以上第8、10、11、13、20各条,都是从道德方面讲的,有人认为孝弟之人是贤者。王充认为,孝的对象是父,弟的对象是兄。如果没有父兄,孝弟就失去意义。如果有父兄,他们对本人非常好,那么,孝弟也就很正常而平凡了。“父兄不慈,孝弟乃章”。像“舜有瞽瞍,参有曾皙”,才会有孝的名声。忠君也是这样,龙逢忠心著称于夏代,是由于桀恶,比干忠心著称于殷朝，是由于纣恶。稷、契、皋陶忠心不著称，是因为他们所处时代的当政者是尧、舜这样的贤君。有些著名忠臣都是死于君难。而大贤处世谨慎，“乱君之患，不累其身；危国之祸，不及其家”。国君的危难不影响大贤人的身家性命的安全。王充引录齐景公与晏婴的一段对话：

齐景公问：“忠臣是怎样侍奉国君的？”

晏婴答：“有难不死，出亡不送。”

齐景公又问：“国君封地、赐爵给臣子。国君有难，臣子不死，国君逃亡，臣子不送。这算忠臣吗？”

晏婴答：“提的建议能被采纳，臣何必死呢？国君能够听从劝谏，一辈子都不用逃亡，臣何必送呢？如果提的建议国君不采纳，以后有难了又去殉难，这是妄死。如果国君不听从劝谏，当他逃亡又去送行，那也不是真心的。所以，忠臣就是能够用最好的办法帮助国君，不能跟国君一起陷于灾难。”

王充根据晏婴的说法，认为历代“死君之难”的所谓忠臣都不属于贤者。大贤似乎没有什么可称道的，而小贤的行为往往是可称道的。“世不危乱，奇行不见；主不悖惑，忠节不立。”大贤处于盛世，似乎不是贤者，小贤处于乱世，成为著名贤者。可见以孝弟忠节来判定贤者也有这种颠倒的情况。

世人竞趋富贵名利，有些人弃富贵，就贫贱，就受到赞扬，成为贤人。王充认为那些弃富贵的人都是迫于形势，都是有原因的。所以，不能以是否弃富贵来定贤否。另外，贫贱之人，如韩信寄食于南昌亭长，颜渊箪食瓢饮，有什么富贵可弃呢？而且富贵都是人所希望得到的，“长沮、桀溺避世隐居，伯夷、于陵去贵取贱”都不是他们的愿望，都是他们不得志不顺心所采取的行动。这是以人的实际生活经验来分析古代的事物，打破儒家把这些人的行为拔高、理想化的原有框框。

有些人清节自守，颇受称道。王充认为这种人不能算贤。原因有二。大贤在世，要随时应变，不能应变，逃避现实，不为贤。大贤在世，要为国君尽力，要为人民作贡献，自己躲起来，对国君和人民都没有好处，那还算什么贤人呀！

总之，仅从当时人的道德观念上来判定贤者也是片面的。

（五）全身养性为贤乎？

为国君殉难不为贤，全身养性是贤吗？也不是。圣人还经常受到迫害，何况贤人？受迫害，未必不贤，不受迫害，未必贤。这是容易理解的。有些人说不想当官，不贪富贵，全身养性，像老子那样，就是贤人。王充认为，像孔子、墨子那样“忧世济民于难”，才叫贤人。不关心世事，不关心人民，何贤之有？

（六）才华横溢为贤乎？

以上第14、15、17、18、19各条都是讲文人的才华的。

当时儒者学习经书，有了一套解说内容，然后不折不扣地传授给学生，学生再传学生，而内容不变。这些内容就成了一家之法，叫家法或师学。王充称这些儒者为世儒。他们“传先师之业，习口说以教”，没有自己的创见，不会分析真假虚实，就像邮递员传递书信那样，也像守门人传达信息那样，不发生错误、遗漏，就是好的了。这些世儒只是文化搬运工，当然不是贤者。有些人将历史事件记下来，后来就可以集成书籍，这算贤人吗？王充认为，只要主持这种记录职务的，就会记录许多事，这样就有了博览通达的名声，像司马迁和刘子政那样。另外，口才好，“难以观贤”，文笔敏捷，“难以为贤”，善于赋颂呢？因为赋颂不能解决是非问题，“无益于弥为崇实文化”，当然也不能算贤。

在王充心目中，只有能辨别是非，引导人民趋向实诚的，才是贤人。其他不管是口才或者文才，还是善于教学的世儒，都不是贤人。

（七）观善心定贤

这不能定贤，那也不能定贤，那怎么才能知道哪一个是贤人呢？王充说：“必欲知之，观善心也。”善心藏于胸内，如何观呢？王充说：

> 何以观心？必以言。有善心，则有善言。以言而察行，有善言，则有善行矣。言行无非，治家亲戚有伦，治国则尊卑有序。无善心者，白黑不分，善恶同伦，政治错乱，法度失平。故心善，无不善也；心不善，无能善。心善则能辩然否。然否议定，心善之效明，虽贫贱困穷，功不成而效不立，犹为贤矣。故治不谋功，要所用者是；行不责效，期所为者正。

察善行，听善言，就可以观善心。善行善言，推出言行无非。言行无非，治家有伦，治国有序，无不善。无善心，则一切皆无能善。心善就能分清是非。能分清楚是非，虽然没有成功见效，也还是贤人。王充所说“治不谋功，要所用者是；行不责效，期所为者正”，与董仲舒所说的“正其谊不谋其利，明其道不计其功”是相一致的。经王充反复辨析，孔子和桓谭都是真正的贤者，虽然没有什么功业，都只是“素”的。

王充对定贤二十种世俗标准，一一加以辨析。不是说这些都不能作为标准，而是说不能将其中任何一个标准当作唯一的不变的死标准。例如说战国四君子“宾客云合”是贤，西汉大将军卫青与霍去病“门无一客”也不失为贤。他反复讨论，都是反对僵化、绝对化的，表现了丰富的辩证法思想。但是，如果后人讨论他的“观善心”、“听善言”、“察善行”，那也是可以指出漏洞、提出难问的。每一个哲学命题都是有争议的，何谓善言？每一阶级都有自己的阶级利益，何谓善行？言行难分善恶，善心岂易观察？社会现象繁纷复杂，真真假假，“假作真时真亦假，无为有处有还无”①。分清善恶，谈何容易！善恶本来就是极为复杂的问题，分清就是非常难的。如果硬要把复杂的问题简单化，把困难的事说得很容易，那就要陷入唯心论的泥坑。

第十二章 儒 论

一、何谓儒者

在《论衡·非韩》篇中，王充说："夫儒生，礼义也。"又说："儒生，道官之吏也。"这就给"儒"定了性。儒是与"礼义"、"道"联在一起的。基本上还是指主张孔孟之道的知识分子。但在《论衡》一书中，王充所讲的"儒"是很复杂的，有时指先秦儒家，如说："儒家之徒董无心，墨家之役缠子，相见讲道。"①有时又指汉代儒者，如说："儒者谓汉无圣帝，治化未太平。"②有时确指儒家学者，如说："儒家……以为死人无知，不能为鬼。"③有时却泛指一般知识分子，如《说日》篇称："儒者论日

① 《论衡·福虚》。
② 《论衡·须颂》。
③ 《论衡·薄葬》。

旦出扶桑，暮入细柳。”我们从以下几个方面来探讨，他所说的儒的比较具体的内涵。先从他对儒的分类谈起。

二、鸿儒超奇

孔子就有“君子儒”和“小人儒”的分法，要子夏当“君子儒”，别当“小人儒”①。荀子则有“俗儒”、“雅儒”、“大儒”的分别，又有“小儒”和“大儒”的不同。“大儒”就是“圣人”。他说：“非圣人莫之能为，夫是之谓大儒之效。”②

王充对儒的分类是较为复杂的。他从几个角度来分。首先从学术水平来分，则有儒生、通儒（通人）、文儒（文人）、鸿儒。

儒生，指从事儒学行业的普通知识分子。有时，王充又说：“能说一经者为儒生。”③能够讲解、教授一本经书的都可以称为儒生。如果一本经书也讲不了，大概就不能入儒流。如果有的人自称儒者，却不学无术，或者“以儒名而俗行，以实学而伪说”，有儒者的名号，行为却是庸俗的，有点学问却用于诡辩，这种人如果说也是儒的话，王充则称他们为“俗儒”④。

通儒，又叫通人。通儒不但要“五经皆习”，还要“怀百家之言”，“通仁义之文，知古今之学”⑤。就是说对儒家和诸子百家的思想和古今的事情都要融会贯通，才称得上通儒。相反，“人

---

① 《论语·雍也》。
② 《荀子·儒效》。
③ 《论衡·超奇》。
④ 《论衡·非韩》。
⑤ 《论衡·别通》。

不博览者，不闻古今，不见事类，不知然否，犹目盲、耳聋、鼻痈者也。”[①]他说，通人有许多文书，有圣人之言和贤者之语，还有上自黄帝下至秦、汉的史事，并有治国肥家之术和刺世讥俗之言。读了这些书会使人聪明，这不是比任何财产都更可贵吗？所以，“儒生不如通人”。

文儒，又称文人。文儒主要指能写文章的儒生。王充认为文儒比通儒更难得也更可贵。为什么呢？通儒知识广博，但不能用这些知识来分析一些实际问题，写出论文来，提出自己的创见。通儒和文儒的差别就在“用”上。“凡贵通者，贵其能用之也。”[②]“好学勤力，博闻强识，世间多有；著书表文，论说古今，万不耐一。然则，著书表文，博通而[③]能用之者也。”读书多，记的知识多，这种人很多。而能写出论文，讨论问题的人，一万人中还不一定有一个。写论文就是学知识“博通而能用”的表现。

文儒虽然能写文章，却需要别人荐举才能当官。他说：文儒“文章滂沛，不遭有力之将援引荐举，亦将弃遗于衡门之下，固安得升陟圣主之庭，论说政事之务乎？”[④]学问大，也像大力士那样，“使之自举，不能离地”。[⑤]

儒生怎么会成为文儒的呢？“使儒生博观览，则为文儒。”儒生只要多读书，多观察实际，再加以思考，就能够成为文儒。

---

① 《论衡·别通》。

② 《论衡·超奇》。

③ 而，原作“所”，据裘锡圭《论衡札记》校改，见中华书局《文史》1979年第五期。

④⑤ 《论衡·效力》。

"文儒非必诸生也，贤达用文则是矣。"[1]不一定有什么学历文凭，也不一定要在太学中受到经学博士教授。

鸿儒，在王充的心目中是超奇的人。他在《超奇》篇中说：

> 故夫能一经者为儒生，博览古今者为通人，采掇传书以上书奏记者为文人，能精思著文连结篇章者为鸿儒。故儒生过俗人，通人胜儒生，文人逾通人，鸿儒超文人。故夫鸿儒，所谓超而又超者也。……鸿儒，世之金玉也，奇而又奇矣。

鸿儒是最高级的。多数儒生"或不能说一经"，"或不能成牍"。少数水平较高的儒生能够写文章，但他们还有等级差别。例如西汉的谷子云、唐子高能够"陈得失，奏便宜，言应经传，文如星月"，却不能"连结篇章"，汇集成书。司马迁和刘向能够汇集古今资料，"累积篇第，文以万数，其过子云、子高远矣"。但是，缺点是"无胸中之造"。陆贾和董仲舒论说世事，"由意而出"，比司马迁、刘向高明，"然而浅露易见，观读之者犹曰传记"。阳成子长作《乐经》，扬子云作《太玄经》，都比较深奥，就像孔子作《春秋》那样，有很高的理论水平，跟圣人的才华差不多了。正如桓谭对扬雄的评价那样："汉兴以来，未有此人。"王充认为，能对扬雄作出这种评价的人，水平一定比扬雄更高。桓谭著作《新论》，"论世间事，辩照然否，虚妄之言，伪饰之辞，莫不证定"。如果与阳成子长和扬子云比较，"君山为甲"，

---

① 《论衡·效力》。

桓谭应排在第一位。王充非常推崇桓谭，认为“君山之论难追”①。他写的《论衡》“细说微论，解释世俗之疑，辩照是非之理，使后进晓见然否之分”②。这是跟《新论》同一性质的书，也许正是“追”君山之论的成果。可见，王充欣赏和高度赞扬的是像桓谭这样的鸿儒。

一些小儒生在社会环境的压迫下，在实际生活中，分化成四种类型。王充在《程材》篇中对这四种儒生作了如下分析：

> 儒生无阀阅，所能不能任剧，故陋于选举，佚于朝庭。
>
> 聪慧捷疾者，随时变化，学知吏事，则踵文吏之后，未得良善之名。守古循志，案礼修义，辄为将相所不任，文吏所毗戏。不见任则执欲息退，见毗戏则意不得，临职不劝，察事不精，遂为不能，斥落不习。有俗材而无雅度者，学知吏事，乱于文吏，观将所知，适时所急，转志易务，昼夜学问，无所羞耻，期于成能名文而已。其高志妙操之人，耻降意损崇，以称媚取进，深疾才能之儒，泊入文吏之科，坚守高志，不肯下学。亦时或精暗不及，意疏不密，临事不识；对向谬误，拜起不便，进退失度；奏记言事，蒙士解过，援引古义；割切将欲，直言一指，触讳犯忌；封蒙约缚，简绳检署，事不如法；文辞卓诡，辟刺离实，曲不应义。故世俗轻之，文吏薄之，将相贱之。

① 《论衡·案书》。
② 《论衡·对作》。

从总体上说，在封建专制时代，儒生是吃不开的。儒生瓦解了。一部分比较聪明伶俐的人，转而去学文吏的事。毕竟是半路出家，不比文吏出色。一部分儒生严守古代的礼义，被上级所厌弃，不予任用，又受到文吏的嘲笑。另有一部分儒生见风使舵，巴结上司，不顾一切，追逐名利。个别有高志妙操的儒生，不愿意放下架子，去向当权者献媚，讨厌一些有才能的儒生堕落成文吏。自己不肯学习文吏的事，在实际中又经常出错，有的考虑不周，有的答对错误，又有违背规矩的行为。有时引用古文，不符合上级意图，有时说了直话，触犯忌讳，有的言行不合标准，不合事实。所以，受到各方面来的压力。这四种类型可以说是儒生在形势逼迫下寻找出路的四种途径。

王充高度赞扬有高志妙操的儒生，坚守自己的高志，不管别人如何贬抑。对于另一些随波逐流、见风使舵的儒生，王充是持批评态度的。认为他们缺乏文德。但是，高志者固然可贵，并非人人所能做到。多数人还是追求美好生活，在形势的逼迫下，他们只好各寻出路，各显神通。他们无可称誉，似乎也无可厚非。为什么呢？形势所逼嘛！逼良为娼，不怨为娼的良妇，应恨逼良者。同样道理，逼儒生损德，不能怨儒生，应恨那个逼人斯文扫地的社会。

王充在《书解》篇中说：

> 夫文德，世服也。

此话大意是说，文化和道德是社会的服装。用现代的说法，文化是文明的表现，文化是社会的窗口。文人受到尊重，就表现出文质彬彬，就自尊自重，对社会风气就起表率的作用。如果贬抑文人，使他们失去表率作用，而一些缺乏文化教养的人又富又贵，为所欲为，那就很容易使政府腐化，社会腐败，物欲横流，世风日下。在这种形势下，要求文人自守高洁，显然是一种苛求。后代文人对韩愈拿到金钱就给写墓碑还有异议，但是，在写文章没有稿费的唐代，想用自己的脑力劳动换取报酬，以补无米之炊，或者改善点生活，还有什么办法呢？写墓碑换点钱，利己并不损人，何乐而不为呢？比起那些敲诈勒索、贪污受贿、损公肥私、亏人利己的官僚，不知要好多少倍。

王充自己很清高，他当然有资格批评缺乏文德的文人。他到晚年生活还是比较困难的。“俦伦弥索，鲜所恃赖，贫无供养，志不娱快。”[①]能像他这样有高志高才的文人毕竟少数。

对高层儒者，王充按传道方式分为世儒和文儒。汉代经学盛行，形成了家学师法。有的经说立于学官，老师就是经学博士，学生很多，形成学派队伍，在社会上颇有影响。有些儒者在家埋头著书立说，默默无闻，被社会所忽视。世俗见解总是从表面看问题，认为当教师的那种世儒可以由学生把自己的学说传下去，是比较可贵的，也受官方重视，设太学，立博士，颇有社会地位。而埋头著书的文儒则差多了。有鉴于此，王充对文儒和世儒何者为优进行一番辨析。“著作者为文儒，说经者为世儒。”著作就是指著书立说。说经者就是指讲解经书的那些教师。当时世儒很有社会地位。“世儒说圣人之经，解贤者之传，义理广博，无不实见，故在官常位，位最尊者为博士，门徒聚众，招会千里，身虽死亡，学传于后。”而文儒自己著书立说，社会不予承认，也没官当，还没有学生，自己一死就没

① 《论衡·自纪》。

有人传播他的学说。所以,当时社会上认为"文儒不若世儒"[①]。王充不同意世俗之见,他说:"夫世儒说圣情,(文儒述圣意)[②]。共起并验,俱追圣人。事殊而务同,言异而义钧。何以谓之文儒之说无补于世?"文儒、世儒都是宣传圣人的思想,虽然方式不同,实质却是一致的。另外,世儒职业容易找到,所以学的人多。因为是平凡的事,可以分出等级来,所以朝廷给设了不同的官位。"文儒之业,卓绝不循,人寡其书,业虽不讲,门虽无人,书文奇伟,世人亦传。"文儒是特殊的职业,他们著作也可以传世。两相比较,世儒口说为虚,文儒著作为实,还是文儒为优。世儒当时虽尊,如果没有文儒记载他们的事迹,他们也不会流传下去。言而无文,其传不远。汉世陆贾、司马迁、刘子政、扬子云,都是善于著述的人,已经流传下来,而世儒《诗》家鲁申公,《书》家千乘欧阳、公孙,没有司马迁把他们写入《史记》,后人就不会知道他们的名字。世儒要靠别人记述才能留名,而文儒可以使几百人名传千古,究竟谁的作用大呢?

有的人说,写书没有什么了不起,只要肯思虑,就可以写出文章来,许多人没有著书,都是因为他们忙于政事,所以没有空闲时间去写书。王充认为,文王"日昃不暇食",还能演《周易》,周公"一沐三握发",还会制礼作乐。"管仲相桓公,致于九合。商鞅相孝公,为秦开帝业。然而二子之书,篇章数十。"有才能就著述,能著述绝不会因为没时间而不著述。没有才能的嚚顽之人,即使给他充足的时间,也不会写出一篇文章来。

有的人说,著作的人善于作文,就不善于政治。"夫有长于

---

① 《论衡·书解》。

② 原无此句,据文意补。

彼，安能不短于此？深于作文，安能不浅于政治？”[1]因此，“吕不韦作《春秋》，举家徙蜀；淮南王作道书，祸至灭族；韩非著治术，身下秦狱。”王充认为：“古以言为功者多，以文为败者希。吕不韦、淮南王以他为过，不以书有非。”[2]管仲、晏婴、商鞅、虞卿，都是在政治上作出贡献又著了很多书的人。这些人在处理政务中运用的思想正是书中所表达出来的意思，可以说，他们的政治和著述是一致的。“陆贾消吕氏之谋，与《新语》同一意；桓君山易晁错之策，与《新论》共一思。观谷永之陈说，唐林之宜言，刘向之切议，以知为本，笔墨之文，将而送之，岂徒雕文饰辞，苟为华叶之言哉？”[3]因为精诚出于胸中，所以文字感人至深。“鲁连飞书，燕将自杀；邹阳上疏，梁孝开牢”[4]。王充在一系列的讨论中，反复强调的是写书作用大，不可轻视。从迄今为止的人类文化史来看，书是传播、保存、积累文化成果的主要方式，书是文化发展的代表，是人类文明的主要载体。书的重要才使印刷术成为中国贡献于世界文明的四大发明之一。古人称书是医愚的药，岂可不重视？书重要，写书的文儒也就身价百倍了。王充自己正是这样的文儒、鸿儒。

综上所述，王充从三种角度对“儒”进行分类。从水平来分，有儒生、通儒、文儒、鸿儒四个级别。从服务社会的方式来分，则有从事教育的世儒，主要包括儒生和通儒；又有著书立说的文儒，主要包括文儒和鸿儒。从对待抑儒的社会环境的办法来分，共有五种类型，而实际上基本类型只有两种：一是随波逐流，向文吏靠近，放弃自己的志向，去追逐名利；一是坚

---

[1][2] 《论衡·书解》。

[3][4] 《论衡·超奇》。

守高志，不管别人如何贬抑，自己宁守清贫，不肯降志媚俗。此外还有一种儒生，既不教授经传，也不撰写文章，只是以礼义指导自己的言行，对周围的人，甚至对整个社会都会产生重大的影响。正如孟子所说："闻伯夷风者，贪夫廉，懦夫有立志；闻柳下惠风者，薄夫敦，鄙夫宽。"王充把这种潜移默化的作用称为"上化"。"此上化也，非人所见。"①"上化"不容易看见，所以，像韩非那样的人就以为儒对社会无益。王充所谓能够产生"上化"作用的儒者实际上也是服务社会的一种方式。因此，我们认为，服务社会除了世儒和文儒之外，还有一种儒，且称之为"德儒"。

王充在对儒分类中，带有一定的感情色彩。汉代知识分子可以从事政治当文吏，从事教育当世儒，从事著述当文儒。这三种职业，王充都经历过，当文吏不受重视，当世儒时间可能较短，主要还是从事《论衡》的写作。他强调文儒的重要性，鸿儒的可贵性，似乎在为自己辩解，大有"老王卖瓜，自卖自夸"的嫌疑。但是，参与政治，有权就有一切，从事教育，还有学生捧场，研究学术，门庭冷落，家景清贫最为困难。在这种社会环境中，主要从事著述的王充备受冷落，长期清贫，感到愤愤不平。不平则鸣。他就对此反复进行辨析。他对社会风气的偏颇感到深深的忧虑。正是忧患，促使他反复思考，列出许多理由来论证儒的社会价值。从纠偏的角度看，他的论辩是有意义的。从价值论上说，他对儒的分析是有合理性的。如果社会不存在那种偏颇，那他的分析则将被视为一种偏见。在社会上，各行各业都有存在的理由，都有其社会价值。轻视、忽视哪一种

① 《论衡·非韩》。

职业都是不妥当的。有一句话说得好:“只有卑鄙的人,没有卑鄙的职业。”从这种意义上说,王充重视文儒,轻视世儒的观点是有时代局限性的。如果从历史长河上看,王充撰写《论衡》,痛疾虚妄,启发思考,对社会影响深远,大大超过当时名闻天下的“五经”博士,也大大超过当时能够叱咤风云的帝王将相。

三、儒吏程材

王充把从事政治活动和处理日常政务的一些知识分子称为“文吏”。他在《程材》、《量知》、《效力》、《别通》等篇中反复讨论儒生和文吏的知识、才能、道德等各方面的区别。他本人就属于儒生,并且在实际生活中受到歧视,很不服气,因此,总是站在儒生的立场反对文吏,偏袒儒生。

王充在《程材》篇中比较儒生和文吏的优劣。他先将知识分为道和事。什么是道呢?王充说:“《五经》以道为务”,“经学至道”。所谓道,就是儒家经书中的治国为人的大道理,就是孔孟之道或仁义之道。所谓事,就是指日常的政务。道是根本的、重要的,对事起着指导的作用。事没有道的指导,就没有原则,就失去方向,就不知道怎么办。洗污泥用水,烧腥气用火,水火就像道,利用水火,就是事。“事末于道”。总之,道是本,是体,事是末,是用。王充认为:“儒生所学者,道也;文吏所学者,事也。”“儒生治本,文吏理末,道本与事末比,定尊卑之高下,可得程矣。”比较才能的结果,儒生尊高,文吏卑下。

从道德气节方面比较,儒生也比文吏优越。儒生研究经书,了解大圣意思,又博学古今,能提出善政大议。“儒生之性,非能皆善也，被服圣教，日夜讽咏，得圣人之操矣。”①文史就不一样，他们没有学习圣人的仁义之道，所以道德不行。王充说：

> 文吏幼则笔墨，手习而行，无篇章之诵，不闻仁义之语。长大成吏，舞文巧法，徇私为己，勉赴权利。考事则受赂，临民则采渔，处右则弄权，幸上则卖将。一旦在位，鲜冠利剑。一岁典职，田宅并兼。性非皆恶，所习为者违圣教也。②

文吏缺乏仁义道德的教育，当了小吏，就弄虚作假，谋取名利，一当上官，就贪污受贿，权术倾轧，大发横财，作威作福。

在对待上司方面，儒生与文吏也有很大差别。文吏善于办事，比较熟悉民情风俗和官场规矩。能够“破坚理烦”，把复杂繁琐乃至棘手的老大难问题，都可以整治得井然有序。因此，文吏受到将相的重视。“取文吏者，必优事理乱者。”为了处理具体政务，就要任用文吏。文吏的特点是服从上级，不提意见，至于将相有了错误，有了危难，他们也不管，只想保住自己。所以，王充说：文吏“以事胜，以忠负”。会办事，但不忠诚。儒生虽然不善于处理政务，但长于匡救。“将相倾侧，谏难不惧”。上级了有问题，儒生敢于提出意见，不怕打击报复，不怕误解反感。所以说：“儒生以节优，以职劣。”

由于儒生和文吏的种种差别，将相选用人才时也有所不同。“各有所取。取儒生者，必轨德立化者也；取文吏者，必优

①② 《论衡·程材》。

事理乱者也。”如果将相“志在修德，务在立化”，那么，在他们的心目中，文吏像瓦石那么卑贱，儒生就像珠玉那么高贵。东海相宗叔犀和陈留太守陈子瑀就是这种“将相”，他们广开儒路，大量征用儒生。王充颇为赞赏。

另外，这里有一个特殊而平常的问题值得提出。王充说：

> 说一经之生，治一曹之事，旬月能之。典一曹之吏，学一经之业，一岁不能立也。何则？吏事易知，而经学难见也。[1]

处理一个部门的事务比较容易，要管理一个部门的人员则比较困难。解说一本经书，有十天半月就可以了，要作为一门学问研究透彻，一年也做不到。文吏的事容易知道，而经学则比较难学。难易问题是明显的，学习时间长短也是公认的。这里本来就有层次的差别。按马克思经济学的说法，就是简单劳动和复杂劳动的区别。简单劳动容易学会，复杂劳动就难于学会，有的则不可能学会。因此，王充就此也作一番比较：

> 儒生能为文吏之事，文吏不能立儒生之学。文吏之能，诚劣不及，儒生之不习，实优而不为。[2]

文吏不能做儒生的事，是才能不行。儒生不会干文吏的事，实际上是不愿意学，并不是学不会。

---

①② 《论衡·程材》。

四、儒的价值

韩非主张明法尚功，所以他认为“儒”是“不耕而食”的，比作一“蠹”。马有用，鹿无用。韩非把儒比作鹿，把文吏比作马。

王充不同意韩非的意见。他以冠履作比喻。冠象征身份，出于礼仪，对身体没有实际用处。履是保护脚的，有实际用处。冠无用，为什么要“加冠于首而立于朝”呢？那是为了遵循礼义。“烦劳人体，无益于人身，莫过跪拜”，见到君父，假使不拜，对身体毫无害处，为什么都要跪拜呢？也是由于礼仪。“礼义在身，身未必肥；而礼义去身，身未必瘠而化衰。以谓有益，礼义不如饮食。”“夫儒生，礼义也；耕战，饮食也。贵耕战而贱儒生，是弃礼义求饮食也。”能不能抛弃礼义呢？“使礼义废，纲纪败，上下乱而阴阳缪，水旱失时，五谷不登，万民饥死，农不得耕，士不得战也。”[①]礼义是封建社会的纲纪。纲纪是维系社会正常运转的机制。这种机制一旦受到破坏而失效，那么社会就会陷入混乱。社会混乱，农民无法耕种，战士不能战斗。王充用一系列比喻来说明儒者似乎无用而实际不可缺少的道理。譬如，原有的堤防似乎没用，如果把它拆了，一旦发大水，就造成水灾。儒者宣传的礼义似乎无补，如果取消，必然会发生混乱。又譬如，一个人走路，脚踩着的地方有用，但必须有没踩着的地方，如果只有踩着的那些地方，而没有踩不着的那些地方，那是谁也不敢走的“路”。又譬如，一个人身体，需要手足才能动，但手足能动却需要身体那些不动的部位，否则，

① 《论衡·非韩》。

手足也动不了。所以说:“事或无益而益者须之,无效而效者待之。”儒生就是耕战所需要的,怎么可以抛弃呢?

儒者究竟有什么价值呢?王充有许多论述,归纳起来可以分三个方面:一是在战争年代,能够建功立业;二是在和平环境里会对社会作出贡献;三是个人人格情操及著作、思想对当时及后世有影响。

在战争年代,儒者起什么作用呢?他们手无缚鸡之力,如何能克敌制胜呢?王充认为,凡是人都有力量,但力量有尊卑大小的区别。他说:“故夫垦草殖谷,农夫之力也;勇猛攻战,士卒之力也;构架斫削,工匠之力也;治书定簿,佐史之力也;论道议政,贤儒之力也”。“筋骨之力,不如仁义之力荣也。”①“儒生奇有先王之道”,“侈有经传之学”②。能够从《五经》中琢磨出“善政大义”,“论道议政”,确定正确的方针政策。例如:“桓公九合诸侯,一匡天下,管仲之力。”管仲之力“就是论道议政”的贤儒之力。同样,伍子胥、屈原也都有贤儒之力,“吴不能用子胥,楚不能用屈原”③,两国都很快败亡。能不能任用贤儒成为战国时代各诸侯国兴衰存亡的关键。所以王充又说:“六国之时,贤才之臣,入楚楚重,出齐齐轻,为赵赵完。畔魏魏伤。韩用申不害,行其三符,兵不侵境,盖十五年;不能用之,又不察其书,行其三符,兵不侵境,盖十五年;不能用之,又不察其书,兵挫军破,国并于秦。殷、周之世,乱迹相属,亡祸比肩,岂其心不欲为治乎?力弱智劣,不能纳至言也。”从商周以来,许多诸侯国都想强盛,由于愚蠢无知,听不进贤儒的意见,所以相继

①③　《论衡·效力》。

②　《论衡·量知》。

灭亡。韩国最为典型，用申不害时，国家富强，不用申不害，很快就被秦国并吞。用不用申不害，是韩国存亡的关键，至为明显。

楚汉战争也是力量的竞争，特别是智力的较量。项羽有强盛的江东子弟兵，战无不胜，由于不会任用贤儒而遭惨败。像韩信这样贤儒，项羽不能任用。“韩信去楚入汉”，刘邦能够信用。结果，韩信在助汉灭楚中起了很大作用。另一个是萧何，他在攻入秦国时收集文书，加以分析研究，“坐知秦之形势，是以能图其利害”，能够指挥樊哙、郦商作战。“萧何以知为力，而樊、郦以力为功”，汉高祖刘邦“比萧何于猎人，同樊、郦于猎犬也”，所以，“高祖行封，先及萧何”[①]。战争胜利以后，叔孙通定礼仪，萧何造律令，巩固了汉朝政权，“仪律之功，重于野战”。这些以知为力的贤儒对治理天下来说比野战的将军功劳更大。

在和平的日子里，儒士的作用更为突出。在决策圈里，上层儒士对决定治理天下的方针政策关系极大。例如，刘邦宠戚氏，想让戚氏养的儿子当太子，要废掉吕后生的儿子。吕后很紧张，赶紧找张良想办法。张良建议以恭敬的态度用丰厚的礼物去聘请“四皓”。刘邦看见“四皓”已经辅助太子，羽翼已成，就打消了废太子的念头。太子的地位终于稳定下来了。这就避免了一场争当太子的政治动乱。如果不采取张良的妥当办法，或者采取强谏，或者采取武力抗争，那是“取诛之道”，自取灭亡。项羽都不是刘邦的对手，太子不过是鸡蛋，怎么会碰得过石头呀！

---

① 《论衡·效力》。

在下层，在基层政权中，儒士的作用也不可忽视。王充是以会稽周长生为典型例子的。“周长生者，文士之雄也。在州为刺史任安举奏，在郡为太守孟观上书，事解忧除，州郡无事，二将以全。”刺史任安和太守孟观都靠周长生排忧解难。“长生死后，州郡遭忧，无举奏之吏，以故事结不解，征诣相属，文轨不尊，笔疏不续也。”周长生死以后，没有这样能够排忧解难的贤儒，所以许多问题一直不能解决，致使刺史、太守常常被朝廷召去训责。虽然也有一些文吏想出力，可惜水平不行，实在帮不上忙。“然则长生非徒文人，所谓鸿儒者也。”[①]周长生不仅是一般文人，是善于著述的“鸿儒”。刺史任安和太守孟观“怀俗人之节”，不能提拔周长生，所以周长生没有当上大官。如果他碰上燕昭王那样有眼光的上级，他“已蒙邹衍之宠”了。

在建初孟年，王充也曾经向上级建议“备乏”、“禁酒”[②]，但没有被采纳。“以数谏争不合”，辞去郡功曹的职务。王充的上级大概比任安、孟观还要差一些。任安、孟观起码还能采纳周长生的建议，而王充的上级根本听不进王充的建议。王充任属官，从未当过主官，所以他的议论常要主官“将相”应当如何如何，有时批评他们有眼不识贤儒，“力劣不能拔举”贤儒，甚至妒忌贤儒，“不能容善”[③]。世上同时存在着贤儒和俗吏，“将明道行，则俗吏载贤儒，贤儒乘俗吏；将暗道废，则俗吏乘贤儒，贤儒处下位。”主官“将”英明，贤儒就受重用，当上大官，否则，贤儒就受排挤，就处于下位。总之，在王充看来，责

① 《论衡·超奇》。
② 《论衡·对作》。
③ 《论衡·状留》。

任都在主官身上，“咎在长吏”[①]。这是他长期只任属官的社会地位决定的。

有些儒士，没有赶上战争年代，也没有受到政界人物的重视和任用。他们有什么社会价值呢？有一些儒士可以当“世儒”，教授学生，传播知识。另一些儒士可以当“文儒”，关起门来，著书立说，为人类生产精神产品，提供精神财富。当然，还有一种人，既不教授，也不著述，有没有价值呢？有的。其中有些儒士道德高尚，成为人们学习的榜样，对社会产生广泛的影响，甚至能起到移风易俗的作用。王充把这种社会影响叫做“上化”。他说：“夫志洁行显，不徇爵禄，去卿相之位若脱躧者，居位治职，功虽不立，此礼义为业者也。国之所以存者，礼义也。民无礼义，倾国危主。今儒者之操，重礼爱义，率无礼之士，激无义之人。人民为善，爱其主上，此亦有益也。‘闻伯夷风者，贪夫廉，懦夫有立志’，‘闻柳下惠风者，薄夫敦，鄙夫宽’。此上化也，非人所见。”[②]高尚道德甚至能使强大的敌军退兵。例如：“段干木阖门不出，魏文敬之，表式其闾，秦军闻之，卒不攻魏。使魏无干木，秦兵入境，境土危亡。秦，强国也，兵无不胜，兵加于魏，魏国必破，三军兵顿，流血千里。今魏文式阖门之士，却强秦之兵，全魏国之境，济三军之众，功莫大焉，赏莫先焉。”[③]段干木闭门不出，对魏国却有如此大的贡献。这恐怕只是特殊的一例。如果有人因此以为与敌人打仗，只要敬一下贤者就可以退敌军，那就非吃大亏不可。在王充之前就已有这种教训。典型的有宋襄公不厄人而兵败，徐偃王修仁义而国亡。

① 《论衡·状留》。

②③ 《论衡·非韩》。

王充以此得出新的体会："治国之道，所养有二：一曰养德，二曰养力。养德者，养名高之人，以示能敬贤；养力者，养气力之士，以明能用兵。此所谓文武张设，德力具足者也。"[①]只有德力具足，才能立于不败之地。儒生的高尚道德是社会国家所需要的，但是，它不是唯一的需要。

五、儒生之短

社会需要儒生，儒生比文吏重要。但儒生也有短处。王充特写《谢短》篇以揭其短。在上面已经提到，儒生处理具体政务不像文吏那么熟练，"不晓簿书"，不懂公文的规格，是其一短。除此之外，王充又给儒生列出几短。

首先，儒生读"五经"，只知道"五经"的内容。对于"五经"之前的上古之世和"五经"之后的秦、汉之事，都不太了解。"夫知古不知今，谓之陆沉"，"夫知今不知古，谓之盲瞽"。对于古今之事，"不能知者，短也"。

其次，对于"五经"的来历、流衍、变化情况，即经学发展史，儒生却若明若暗。例如《尚书》，现在有二十九篇本，又有百篇本和一百零二篇本。二十九篇本怎么来的？百二篇本是谁写的？秦焚书时，《尚书》诸篇都在什么地方？汉代以后，最早录《尚书》的是哪一个皇帝？最初学习《尚书》的是谁？对于《周易》、《礼》、《诗》、《春秋》，王充也都提出一连串问题，认为都是儒生不能完全正确回答的。儒生整天讲"五经"，对于"五经"的发展史不甚了解，也是一短。

---

① 《论衡·非韩》。

第三，儒生守信师法，不肯博览，什么都只相信老师说的，对别人的说法都不研究，也不了解。以为老师说的都是正确的，不知“难问”[①]。思想受到严重局限。师法代代相传，很快就僵化成了教条。这又是一短。

王充从各方面评论儒家，基本上持肯定态度。特别推崇儒学创始人孔子和汉代经学大师董仲舒。他的《问孔》主要是反对世儒学者神化孔子。

① 《论衡·问孔》。

第十三章　文　论

一、文有多义

王充在《论衡》中讲“文”有多种意义。我们按现代的思路来整理，大体上可以分为五大类：一是天文，如“天有日月星辰谓之文”①，“上天多文而后土多理”②。二是花纹，如“龙鳞有文”③，“蝮蛇多文”④，太伯“文身断发，以让王季”⑤。文身就是在身体上刻画各种花纹。三是文明。《齐世》篇说：“文质之法，古今所共。”文明与质朴，是古今所共有的。《佚文》篇：“大人君子以文为操也。”以文明作为品操，即精神文明。《齐

---

① 《意林》引《论衡》佚文。

②③ 《论衡·书解》。

④ 《论衡·言毒》。

⑤ 《论衡·初禀》。

世》篇的“君子文”,君子是文明的。四是文化,《书解》篇说:“夫文德,世服也。”文化是社会的服装。《祸虚》篇:“文者德惠之表。”文化是统治者对人民施德惠的表现,破坏文化当然没有德惠可言。《佚文》篇:“文当兴于汉。”文化应当在汉代兴盛起来。五是文章,如《自纪》篇:“所读文书亦日博多”,“经传之文,贤圣之语,古今言殊,四方谈异也。”“文贵夫顺合众心,不违人意,百人读之莫谴,千人闻之莫怪。”这些“文”都是指文章。这类用法比较多。

现在,我们可以对这些文的意义作出分析,加以区别,但在王充那里,却经常混在一起,贯通使用,不加以分别,却联在一起作种种类比。例如《书解》篇:“夫文德,世服也。空书为文,实行为德,著之于衣为服。”文化在书上就是文章,实施于社会就是道德,表现在衣着上就是服装(指款式和文彩)。王充认为,不但人是这样,其他物也是这样,“龙鳞有文,于蛇为神;凤羽五色,于鸟为君;虎猛,毛蚡蛇;龟知,背负文。”“上天多文而后土多理,二气协和,圣贤禀受,法象本类,故多文彩。瑞应符命,莫非文者。”“物以文为表,人以文为基。”龙、凤、虎、龟、皮毛甲都有花纹,跟天文、文化、文明、文章,全都放在一起,都称为“文”,都是美好的象征。因此,我们研究王充的文论,重点在于研究他对文章的认识,同时也涉及到其他的意义。

二、五文在世

王充在《佚文》中将文分为五类:“五经、六艺为文,诸子传书为文,造论著说为文,上书奏记为文,文德之操为文。”五经六艺指儒家的经书和注解经书的传，这是第一类。诸子传书指先秦诸子的著作和记载史实的史书。造论著说指一般有独到见解的理论著作。上书奏记都是指向上级提意见、建议之类的文书。文德之操指有文德品行的文人即精神文明的人。王充认为："立五文在世，皆当贤也。"五文中能成立一文在世上者，都够格当贤人。"人无文德不为圣贤"①，人没有文化道德，就不能当圣贤。王充是强调文化的重要性的。这五文中，他认为最了不起的是"造论著说之文"，为什么呢？这种文是作者自己对世俗事情作出特殊的分析，只读几本古经旧文是不顶事的。心中想出来的，亲手写成的，不是专门解释经典的那些注家所能办到的。先秦诸子虽然也写了不少文章，但都是讨论别的问题，没有歌颂国君的，那是对国家，对教化都是没有好处的。造论著说的人积极歌颂朝廷，是诸子所无法比拟的。上书奏记既为国家也为自己，文德之操主要注意个人修养，对国君没有太大好处。总之，相比之下，造论著说的文最难得也最可尊贵。而王充自己的著作《论衡》就是造论著说之文。

王充在《对作》篇对"论"作明确的解释。文分三等：作、述、论。圣人作，以前没有的，圣人创作，这是经典。例如，以前没有八卦，伏羲创造了八卦，这就是作。在圣人创作的基础上加以发挥、发展，这叫述。贤人能够述圣人的经典。王充认为《太史公书》(即《史记》)、刘子政《序》(《新序》)和班叔皮《传》(《史记后传》)都可以称为"述"。桓谭的《新论》、邹伯奇的《检论》和自己的《论衡》都只是"论"。它们既没有创造前所未有的理论，也没有对圣人经典作什么发挥，只是对世俗的书籍，"订其真

① 《论衡·书解》。

伪，辩其实虚”，或者说用已有的理论和事实对世俗的见解作出分析批判。这三种著作，我们也可以理解为：作就是创造理论，述是阐发理论，论是运用理论。

汉武帝独尊儒术以后，儒家的典籍成为经书。经书在当时思想界有至高无上的权威。王充也承认“圣人作经”，但他认为保存下来的经已经不是原来那个样子了。他说：《五经》遭秦朝李斯等人的破坏、烧禁，到汉代，“经书缺灭而不明，篇章弃散而不具”。又遭到晁错等人臆解删改，面目全非，“不知何者为是”①。而讲经的人不是博学通览的人，只是“师师相传”，搞章句之学，真假是非都分不清。诸子的书在秦朝时没被毁坏，所以能完整地保存到汉代。既然经书已失去本来面目，而诸子仍然完整保存，那么，可以用诸子书校正经书的错误。“知经误者在诸子”②。王充这种说法在当时经书有绝对权威的情势下无疑是石破天惊的论调。

汉代独尊儒术以后，对孔子圣人、对儒家经书、对三代盛世都捧上了天。王充实事求是，反对那种过分夸张乃至神化。因此他对孔子进行问难，认为三代不如汉。他对经书分析批判，本意也在于反对绝对化，反对神化。在当时，这是一种反潮流的思想，因为当时这种潮流是统治者支持的，被确认为正统的，所以王充的反潮流思想就成了异端。统治者支持的潮流派，由于大江东去，泥沙俱下，都夹杂较多的污泥浊水，既有投机者的谎言，也有御用文人的空话，还有一大批随波逐流者的喊声和受蒙蔽的人们盲目附和的响应声，当然也有“六经注我”的真正理论家。总体是杂，精华少而污泥多。受压迫的反

①② 《论衡 · 书解》。

潮流派既无权势可倚，只能凭事实，凭理论，凭自己的博学才能，所以人数少而精，在反潮流中不仅表现出较高的理论水平，也充分表达了大无畏的精神。我们读这些反潮流文章时，总是受益较多。难怪王充《论衡》始终有很强的生命力和吸引力。历代好之者终不绝，原因也许正在这里。

三、文为世用

王充说："圣人作经，贤者传记，匡济薄俗，驱民使之归实诚也。"①圣贤写文章都是为了移风易俗，使人民趋向于实诚。如果社会没有问题，那么圣贤就不会写文章，周朝人民文明不差，孔子就不会作《春秋》，杨朱、墨翟之学说不冲击儒学，孟子就不会挺身而出捍卫儒道。韩国不小弱，韩非就不会写书。刘邦要是知道下马治天下，陆贾就不必奏事了。总之，社会如果没有什么问题，圣贤也就不会有什么作为。"故夫贤圣之兴文也，起事不空为，因因不妄作，作有益于化，化有补于正。"②贤圣著书不是空对空的，而总是有原因的。所以他们著书有益于教化，教化为了使风俗纯正。例如，孔子作《春秋》，"采毫毛之善，贬纤介之恶。可褒，则明其善以义其行③；可贬，则明其恶以讥其操。"④桓谭《新论》"质定世事，论说世疑"，考察订正事情的真假虚实，讨论分析疑难问题。在这种意义上说，"《新论》之义，与《春秋》会一也"。⑤因此可以说，"孔子不王，素王

①② 《论衡·对作》。

③ 《论衡·案书》，原作"则义以明其行善"，据文意改。

④⑤ 《论衡·案书》。

之业在于《春秋》。然则，桓君山素丞相之迹，存于《新论》者也。"[1]王充酷爱桓谭《新论》，曾谓"挟桓君山之书，富于积猗顿之财"[2]。

王充认为他的《论衡》也是不空为的。他说："是故《论衡》之造也，起众书并失实，虚妄之言胜真美也。"当时社会风气是"虚妄显于真，实诚乱于伪，世人不悟，是非不定，紫朱杂厕，瓦玉集糅"。著作《论衡》就是为了"冀悟迷惑之心，使知虚实之分"(《对作》)，那样就能消灭虚妄之文，达到移风易俗的目的。王充认为其《论衡》就是为了"疾虚妄"，将其与《诗经》并称。他说："'《诗》三百，一言以蔽之，曰：思无邪。'《论衡》篇以十数，亦一言也，曰：疾虚妄。"[3]他还把《论衡》与《春秋》并提。他说："是故《春秋》为汉制法，《论衡》为汉平说。"[4]王充又将《论衡》、《政务》两书与桓谭《新论》和邹伯奇《检论》并提，认为这些书都不是作，都只能称"论"。从以上观点看，王充经常将桓谭《新论》、自己《论衡》与经书并提，说明他重视"论"。"论"虽然不是新创造，也不是有本于前，只是发自胸臆，针砭时弊，有为而作，文露旨直。在某种意义上，论与经是一致的。王充各书和《论衡》各篇都是有为之作。这是不容置疑的。谢承说他"见事而作，著《论衡》八十五篇"[5]。《政务》大概都是上书奏记之类的文章，也是见事而作的。他说："《政务》为郡国守相，县邑令长陈通政事，所当尚务，欲令全民立化，奉称国恩。"[6]《政

① 《论衡·定贤》。
②③ 《论衡·佚文》。
④ 《论衡·须颂》。
⑤ 《艺文类聚》卷五十八引。
⑥ 《论衡·对作》。

务》一书中有《备乏》、《禁酒》两文，是作者的"上书奏记"。他说："建初孟年，中州颇歉，颍川、汝南民流四散，圣主怀忧，诏书数至。《论衡》之人，奏记郡守，宜禁奢侈，以备困乏。言不纳用，退题记草，名曰《备乏》。酒縻五谷，生起盗贼，沉湎饮酒，盗贼不绝。奏记郡守禁民酒，退题记草，名曰《禁酒》。"[①]王充著书是针对现实的问题，希望对社会能起到移风易俗的作用。为世用就是他所要实现的价值。他说："然则著书表文，博通而能用之者也。"[②]他以草木作比喻："入山见木，长短无所不知；入野见草，大小无所不识。然而不能伐木以作室屋，采草以和方药，此知草木而[③]不能用也。……凡贵通者，贵其能用之也。"他又说："为世用者，百篇无害；不为用者，一章无补。"[④]王充的"不空为"，就是"为世用"。

四、劝善惩恶

王充说："鸿文在国，圣世之验也。"[⑤]圣世才能出鸿文，有鸿文就说明是盛世。鸿文主要不在文字的数量上，而在于文章的水平上。文章的水平就是它的社会效益。王充认为，文章的社会效益就是"劝善惩恶"。所以，他说：文章"岂徒调墨弄笔为美丽之观哉"！哪里只是为了好看！主要功用在于"载人之行，

---

① 《论衡·对作》。

② 《论衡·超奇》。

③ 此句"而"字和上句"博通而能用"中的"而"字，原作"所"，据裘锡圭校改。

④ 《论衡·自纪》。

⑤ 《论衡·佚文》。

传人之名也。”记载人的行为，传播人的名声。“善人愿载，思勉为善；邪人恶载，力自禁裁”。[1] 好人做了好事，希望载入史册，名垂千古，流芳百世。而坏人做了坏事，怕被写入史册，遗臭万年。所以，有鸿文可以勉励好人多做好事，而坏人在做坏事时也有所节制。这就是现在所说的舆论监督作用。可见，“文人之笔，劝善惩恶也”。古代有谥法，人死以后，加一个谥号，一方面为了“章善”，表彰善行，同时也为了“著恶”，暴露恶行。仅仅一个字的谥法也起着劝善惩恶的作用，何况那些长篇大论的文章呢！“况极笔墨之力，定善恶之实，言行毕载，文以千数，传流于世，成为丹青，故可尊也！”[2]

为了劝善惩恶，写文章要如实记载，要公正，否则就失去应有的社会效益。例如，扬雄写《法言》时，他的老乡、蜀地的富人，送来千万的钱，表示希望将他载入《法言》。扬雄没有接受，说：“夫富贾无仁义之行，犹圈中之鹿，栏中之牛也，安得妄载！”[3]只是做生意发了财，没有做什么好事，就像鹿牛那样没有人性，有什么可载的，怎能随便写入书中？又如，班彪写《续太史公书》(《史记后传》)，把乡里人的恶行也写上了。虽然是同乡人，做了坏事，也一样要写上，不容许避讳。“子云不为财劝，叔皮不为恩挠”，说明“文人之笔，独已公矣”。[4] 文人的笔是公正的。圣贤把自己的思想变成文字，文字集成文章，文章表达了圣贤的思想。后人都是从文章中了解圣贤的意思，来区别正邪是非。所以文章不应随便乱写。“文章千古事，得失寸

---

①② 《论衡·佚文》。

③ 据《初学记》卷十八校补。

④ 《论衡·佚文》。

心知"[①]。王充认为自己的《论衡》就是为了"疾虚妄"而写的。"疾虚妄"才能使风俗归于实诚。为此,文章贵实诚,实指真实,符合实际情况。诚指正确,符合道理。王充提倡写文章要实诚,反对虚妄。

五、痛疾虚妄

王充认为文章虚妄的终极根由是世俗的好奇心。"世俗之性,好奇怪之语,说虚妄之文。何则?实事不能快意,而华虚惊耳动心也。是故才能之士,好谈论者增益实事,为美盛之语,用笔墨者造生空文,为虚妄之传。听者以为真然,说而不舍;览者以为实事,传而不绝。不绝,则文载竹帛之上;不舍,则误入贤者之耳。至或南面称师,赋奸伪之说;典城佩紫,读虚妄之书。明辨然否,疾心伤之,安能不论?孟子伤杨、墨之议大夺儒家之论,引平直之说,褒是抑非,世人以为好辩,孟子曰:'予岂好辩哉?予不得已!'今吾不得已也!虚妄显于真,实诚乱于伪,世人不悟,是非不定,紫朱杂厕,瓦玉集糅。以情言之,岂吾心所能忍哉!"[②]这一段话的大意是:世俗有一种好奇的心理,真实事情引不起人们的兴趣,漂亮假话却可以激动人心。所以,好议论的人喜欢夸大事实,写文章的人爱编造奇闻。听了夸张故事的人以为是真的,就深信不疑,看了虚假奇闻的人以为是实事,就不断传播。这些夸张的故事和虚假的奇闻,不断传播,有的被贤者听信,有的被载入史册,有的被当老师的误为真事加

① 唐·杜甫《偶题》诗句。

② 《论衡·对作》。

以宣扬，有的被官吏所诵读而又影响他人。这些虚妄的言论如此广泛流行，能够明辨是非的人对此感到痛心疾首，怎么能不加以讨论呢？战国时代，杨朱、墨翟的言论广泛流行，压倒儒家的言论，孟子对此深感忧伤，提出公正的言论，表扬对的，批判错的，世人以为孟子喜欢辩论。孟子说："我哪里喜欢辩论？我是不得已呀！"王充说，我现在也是不得已呀！假话比真话更时髦，真话被假话所淹没，世人受蒙蔽，是非被颠倒，真假好坏都混在一起。从感情上说，我能忍心吗？我能不进行辩论吗？王充就是在这种情绪下，不得已才撰写了《论衡》一书。这里体现了他的社会责任感。

社会流行的虚妄之言究竟有哪些呢？大体上可以分以下几个方面：

首先是经书。王充说："儒者说《五经》，多失其实。"他以《尚书》和《春秋》两经为例。《尚书》，有的说本来有一百零二篇，被秦火烧后，只剩下二十九篇。王充从《尚书》传授的来龙去脉和版本的流传中考察认为，孔子传授的是百篇本《尚书》，秦火烧书时，伏生把百篇《尚书》藏在山中。汉景帝时，百篇《尚书》还保存着。伏生传给晁错二十余篇后就老死了。晁错学到二十余篇传给倪宽。到汉宣帝时，《尚书》才确定二十九篇本。百两篇本《尚书》是东海张霸伪造的，结果后人以为《尚书》本来有百两篇。有的儒者说《尚书》二十九篇是效法天上北斗和七宿的。天上四方各有七宿，共二十八宿，加上北斗，共二十九。这就是《尚书》二十九篇的来历。王充说：如果说《尚书》二十九篇是有什么效法的意义，那么，《诗经》三百零五篇又效法什么呢？二十九篇是残存的篇数，还有什么法则呢？

有的儒者说《春秋》写十二公，是效法一年十二个月，写二百四十二年，是根据中寿三世的，中寿八十岁，三世共二百四十年。王充认为这些说法都是没有根据的。他认为，圣人作经，贤者作书，都是把一个道理说完了，就自然成为一篇，讲另外一个道理时，又立另外一篇，根据事情和意思的不同分成不同的篇，根本没有什么效法的对象。

关于《尚书》和《春秋》的名称来历。说《尚书》的人讲《尚书》就是"上古帝王之书，或以为上所为，下所书"。王充认为这种说法"得经之实"。说《春秋》的就牵强附会，"失圣之意"，如说《春秋》的人讲《春秋》："春者，岁之始，秋者，其终也。《春秋》之经，可以奉始养终，故号为《春秋》。"王充认为，《春秋》是鲁国史书的名称，孔子沿用旧名，未必有什么深刻的含义。因此，他说："说《尚书》者得经之实，说《春秋》者失圣之意矣。"① 《春秋左氏传》载："桓公十有七年冬十月朔，日有食之。不书日，官失之也。"《左传》认为《春秋》经对这次日食没有写日期是一种遗漏。王充认为这是符合实际情况的。但是，《公羊传》和《谷梁传》都认为这次没有日期是有意不写的，其中包含深刻的意义。王充说："失平常之事，有怪异之说，径直之文有曲折之义，非孔子之心。"② 本来正常的现象，被拐弯抹角地说成是有什么特殊的含义，根本不符合孔子的思想。

关于五代名号的来历，王充认为都是发祥地的地名。他说："唐、虞、夏、殷、周者，土地之名。尧以唐侯嗣位，舜以虞地得达，禹由夏而起，汤因殷而兴，武王阶周而伐，皆本所兴昌之地，重本不忘始，故以为号，若人之有姓矣。"秦朝起于秦国，汉朝起于汉中，王莽从新都侯起家的，所以叫新朝。但是，解说

①② 《论衡·正说》。

《尚书》的人却说这些代号都是功德隆盛的名义，说“唐”是荡荡的意思，“虞”是乐，“夏”是大，“殷”是中，“周”是至。这些解说都是对五代的褒扬，但不符合事实。假使秦、汉也在经传上，他们也会用什么高尚的道德来解说“秦”与“汉”。

解说经书的人总是加以增饰，歪曲了事实，曲解了原意。这些虚妄说法不断流传。后来儒生只是相信前师的说法，不探究本来的意思，或者虽作探究，也只是重复传统的虚妄说法。因此，“《五经》皆多失实之说”。①

其次是传书。王充在“九虚三增”中所批判的虚妄言论，多见于《左传》、《国语》、《吕氏春秋》、《淮南子》、《史记》、《说苑》、《新序》、《礼记》、《韩诗外传》、《吴越春秋》、《越绝书》、《汉书》、《白虎通义》和一些谶纬之书。这些书都记载许多故事，讲许多道理，王充认为是虚妄的，都提出来，分析批判。许多生动的例子在其他章节都曾提到，这里就不再重复。

就《书虚》篇看王充的分析。王充开篇就说：“世信虚妄之书，以为载于竹帛上者，皆贤圣所传，无不然之事，故信而是之，讽而读之。睹真是之传与虚妄之书相违，则并谓短书，不可信用。”要么都信，要么都不信。接着列举传书之言十一例，一一加以分析批判。这十一例分别是：一、延陵季子出游，见路有遗金。事见《韩诗外传》卷十第十八章。二、颜渊与孔子上太山望吴昌门外白马。事见《韩诗外传》佚文，《艺文类聚》卷九十三引。三、舜葬于苍梧，禹葬于会稽者，巡狩年老，道死边土。事见《史记·五帝纪》和《夏本纪》。诸如此类。这里举一个较短的例子来看王充的分析。“传书称：魏公子之德，仁惠下士，兼

① 《论衡·正说》。

及鸟兽，方与客饮，有鹯击鸠，鸠走，巡于公子案下。鹯追击，杀于公子之前，公子耻之，即使人多设罗，得鹯数十枚，责让以击鸠之罪。击鸠之鹯，低头不敢仰视，公子乃杀之。”事见《艺文类聚》卷九十一引《列士传》。大同小异，异者有“鹯”作“鹞”，都是猛禽。“数十枚”作“二百余头”。这是类似童话的故事。世人却以为真有此事，因而称赞“魏公子为鸠报仇”。王充认为：“此言虚也。”

王充从三方面来分析这个故事的虚假性质。首先，鹯是一种鸟，它跟人的心理不同，语言不通，无法进行思想交流。圣人也不能让鸟兽行仁义，魏公子怎么能使鹯低头自责呢？而且鹯鸟千万数，击鸠的鹯飞去，哪能刚好又被捕获？其次，鹯鸟如果能低头自责，那就是圣鸟。圣鸟应该知道魏公子的言行道德，那就不会在他面前把鸠击死。人还有不能改过的，鸟却能悔悟。这种说法是否太离奇了呢？也许当时魏公子确实捕到很多鹯鸟，其中有一只鹯鸟在被捕的过程中折断颈部，所以放在那里，只能低垂着头。别人根据魏公子的道德，为了宣扬，就说鹯鸟认错。结果凭空编造了虚假的故事。王充批判一种虚妄说法时，往往要探讨一下虚妄说法如何从真实事情中产生。真实事情是如何由于某种需要经过歪曲而成为虚妄的。

传书虚妄有的表现在记事不实上，有的则表现在说理不通上。王充在《祸虚》篇中对司马迁也作了批评。《史记·蒙恬列传》载：秦二世派使者要蒙恬自杀，蒙恬很感叹，认为自己没有罪过。后来他想到筑万里长城可能绝地脉。这就是自己的最大罪过，吞药自杀。司马迁认为绝地脉不是什么罪过。秦灭诸侯，人心未定，蒙恬是名将，当时他不强谏，救百姓之急，却顺从秦始皇的意愿，大兴土木，弄得民不聊生。这才是真正的罪过。王充认为:“夫蒙恬之言既非,而太史公非之亦未是。”蒙恬和司马迁都不对。蒙恬的错误,司马迁已指出。司马迁的错误,王充作了这样的分析:蒙恬为名将,当谏不谏,才导致灭身之祸。司马迁自身推荐李陵,推荐错了,所以受下蚕室的刑罚。如果说蒙恬受诛是由于有错误,那么司马迁下蚕室也是因为自己有错误。如果说自己是受了冤枉,那么批评蒙恬也就没有道理了。而且在《伯夷列传》中,司马迁很感慨地议论善恶报应问题:“七十子之徒,仲尼独荐颜渊为好学。然回也屡空,糟糠不厌,而卒夭死。天之报施善人,其如何哉!盗跖日杀不辜,肝人之肉,暴戾恣睢,聚党数千人,横行天下,竟以寿终。是遵何德哉?”就是说,好人颜渊为什么早死,坏人盗跖为什么长寿?颜渊不应当早死,蒙恬为什么就应该早死呢?道理说不通。

还有一些被称为“短书”的诸子杂书。王充也都加以批判。总之,一部《论衡》,都在批判虚妄。因此,有的学者如日本的重泽俊郎称王充哲学为“汉代的批判哲学”。

六、文欲易晓

王充主张写文章要通俗易晓,理由如次:

首先,写文章和说话一样,目的在于让别人了解自己的意思。“口则务在明言,笔则务在露文。”①写文章表达思想,为了让别人看懂,就要做到通俗易晓。

其次,写文章要“为世用”,用于改变社会风气,那就要使有文化的人都能看懂。他写《讥俗》、《节义》时,“冀俗人观书

① 《论衡·自纪》。

而自觉，故直露其文，集以俗言”。写得比较通俗，很多语言都是当时社会上流行的口头语、顺口溜之类。有的人批评这些文字太浅显了，他认为对俗人只能用这种语言，否则，那就是牛刀割鸡，反而不适宜。例如孔子的马走失了，被农民关起来不给他，子贡很有口才，向农民说了半天，农民还是不给马。孔子学生中有一个养马的人向农民说两句幽默的话，农民就很高兴地把马牵出来还了。为什么呢？说话要看对象。对俗人应该讲通俗的话。

第三，高水平的文章是深入浅出的。王充说："何以为辩？喻深以浅。何以为智？喻难以易。"[①]什么样的文章才是高水平的呢？用浅显的文字阐述深刻的哲理，用容易知晓的文字表达难以理解的道理。写文章，复杂的情况说不明白，深刻的道理说不清楚，"浅文读之难晓，名曰不巧，不名曰知明"[②]。好文章应该是"剖破浑沌，解决乱丝，言无不可知，文无不可晓"[③]。

有的人提出，圣贤的经艺之文都不好懂，要老师解释才能懂，也像玉隐藏在石中，珠闭匿在鱼腹那样。王充对此也作出回答。他认为圣贤的文章是过去的俗言。由于古今语言的变化，现在读起来觉得比较难懂。这叫语言差异，并不是因为水平高故意写得难懂些。另外，玉藏石中，珠在鱼腹，也像人的思想在心中那样，当玉从石中剖析出来，颜色就十分鲜艳。珠从鱼腹中露出，光彩耀人。王充说：我的文章没写出来时，藏在胸中，也像玉隐珠匿。当写于竹帛之上，也像玉剖珠出，"烂若天文之照，顺若地理之晓"，什么都清清楚楚，别人看了全明

①② 《论衡·自纪》。
③ 《论衡·案书》。

明白白。

最后，王充总结说："夫笔著者，欲其易晓而难为，不贵难知而易造。口论务解分而可听，不务深迂而难睹。"[1]深入浅出的文章才是高水平的，最糟糕的是"难知而易造"，"浅文难晓"，即"浅入深出"。

七、书难纯美

《论衡》出来以后，有些人就进行挑剔，认为它与经传都不一样，跟前人都没有相似地方的文章能算好文章吗？

王充认为众人的儿女，虽然都不一样，"各以所禀，自为佳好"，都以自己的特色，形成各种自然美。如果勉强要像别人就会失去自己的本来面目。说话如果要学别人的腔调，就丧失自己的真情。"美色不同面，皆佳于目；悲音不共声，皆快于耳。酒醴异气，饮之皆醉；百谷殊味，食之皆饱。"[2]美女面貌不同，但都是漂亮悦目的。好的音乐声调不同，但都是悦耳的。不同气味的酒，饮了都可以醉，各种粮食，吃了都饱肚子。一切事物，虽然形式不一样，其实际效果都是一致的。正所谓"不管白猫黑猫，能抓住耗子的就是好猫"。舜眼重瞳，禹眉八采，面目不同，都可以成为圣人。说文章应当跟前人一样的才好，那就是说"舜眉当复八采，禹目当复重瞳"。强求形式上的一致，是违背自然原则的。

有的人提出，师旷奏曲都是悦耳的，狄牙烧菜都是可口

---

① 《论衡·自纪》。

② 《论衡·自纪》。

的，“通人造书，文无瑕秽”，例如《吕氏春秋》和《淮南子》就是这样纯美的书，挂在市门，没有人能提出修改一个字。

司马迁《史记·吕不韦传》记载：吕不韦召集门客编写一部巨著，叫《吕氏春秋》。写成后，“布咸阳市门，悬千金其上，延诸侯游士宾客有能增损一字者予千金。”结果没有人能够提出修改意见。据桓谭说，淮南王刘安主编的《淮南子》跟《吕氏春秋》一样，“书成，皆布之都市，悬置千金，以延示众士，而莫能有变易者，乃其事约艳，体具而言微也。”[①]这两部巨著都是我国古代较早集体创作的理论著作，写成后，公布出来，能改一字者，赏给千金。但是，没有人能够得到这迷人的“千金”。说明这两部书是纯美的，一点毛病也没有，谁也提不出修改意见，哪怕是增一个字或删一个字，都是不可能的。就像宋玉在《登徒子好色赋》里所描写的美人那样，增加一分偏高，减少一分偏低，肥一点嫌胖，瘦一点嫌小，一点也增减不得。按桓谭的说法，这两部巨著的优点是叙述事情简洁精彩，论述道理完备，语言也很微妙。但是，果真好到不能再好了吗？现在的人自然是不会相信的，古代也有人持怀疑的态度。王充就是其中一个。

首先，王充认为，世界上没有绝对好的东西。他说：“稻谷千钟，糠皮太半；阅钱满亿，穿决出万，大羹必有淡味，至宝必有瑕秽，大简必有大好，良工必有不巧。”[②]稻谷中有很多糠皮，上亿的钱中破烂的将有一万，最好宴会也会有不可口的菜，最珍贵的宝玉也会有污点。简是古代用来刻字的竹片。

① 《文选》卷四十杨德祖《答临淄侯笺》李善注引桓谭《新论》。
② 《论衡·自纪》。

官方诏书用的简长三尺，经书简长二尺四寸，民间使用的简长一尺，叫尺书，也叫短书。此处大简似指官方文书。"大好"，据刘盼遂等人考校，应为"不好"。这句话大意是：官方文件也必定有不好的地方。最好的工人也有不熟悉的技巧。总之，世界上一切最好的东西也都有它的不足之处，都不是"纯美"的。书当然也不能例外。

其次，王充还探讨了书不能纯美的原因。他说："救火拯溺，义不得好；①辩论是非，言不得巧。入泽随龟，不暇调足；深渊捕蛟，不暇定手。言奸辞简，指趋妙远；语甘文峭，务意浅小。""为文欲显白其为，安能令文而无谴毁？"②救火和救落水的人，就不能像平常那样拘于礼仪。辩论是非问题，语言不可能都那么巧妙。到沼泽捉乌龟时，为了快点追上它，脚步就不能走得那么稳当。在深渊里捕捉水蛟，双手难免要出现慌乱。写文章也是这样，有的文章，语言简陋，意思深刻；有的文章，语言精彩，内容肤浅。写文章要想明白表达自己的意思，怎么能使文章的各方面让人家都找不到任何毛病呢？这就是说，写文章如果注意了语言形式的技巧，在思想内容方面就难免会有某些不完善之处。如果注意到思想内容的深刻性，在语言文字方面总会有些美中不足。因此，十全十美的文章是不可能有的。"辩言必有所屈，通文犹有所黜。"③再好的言论和文章也都有不足之处。

---

① 北京大学历史系注本，注"义"为"仪"，指仪表，姿态，义不得好，译为"姿态好看不了"。可备一说。《孟子·离娄上》所谓"嫂溺，援之以手"，《淮南子·氾论训》所谓父溺"则捽其发而拯"，都是讲权，讲与"男女授受不亲"和"孝子事亲"之义"忤而后合"的。这也许是王充"义不得好"的来历。取后一说，义不必通"仪"。

②③ 《论衡·自纪》。

王充的这一见解是对的，需要加以补充的是，由于社会的变化，实践的发展，人类认识水平的提高，过去被公认为正确的理论也会显出它的缺陷。因此，理论总是灰色的，唯有生活之树才是长青的。

最后，王充认为《吕氏春秋》和《淮南子》这两本书也不是纯美的。他说：《吕氏春秋》和《左传》一样，"言多怪，颇与孔子'不语怪力'相违返也"[①]。《吕氏春秋》说什么怪事了呢？《忠廉》载卫懿公的使臣弘演剖腹纳懿公肝的事则属怪事。其文曰：

> 卫懿公有臣曰弘演，有所于使。翟人攻卫，其民曰："君之所予位禄者，鹤也；所贵富者，宫人也。君使宫人与鹤战，余焉能战？"遂溃而去。翟人至，及懿公于荣泽，杀之，尽食其肉，独舍其肝。弘演至，报使于肝，毕，呼天而啼，尽哀而止，曰："臣请为襮。"因自杀，先出其腹实，内懿公之肝。……弘演可谓忠矣，杀身出生以徇其君。

王充在《儒增》篇中复述了这个故事，认为"腹实出辄死，是手不能复把矣"。内脏掏出来，人就死了，手就不能拿东西了，弘演怎么能拿别人的肝放到自己的腹腔里去呢？王充说："言此者，欲称其忠矣。"讲这样的故事，是要称赞弘演的忠心。

① 《论衡·案书》。

又如齐王烹文挚①等也都是出于《吕氏春秋》的怪事虚言。

王充所批判的虚妄之言出于《淮南子》的相当多。例如，《论衡·道虚》所引虚妄之言，“卢敖游乎北海，经乎太阴，入乎玄阙，至于蒙谷之上”云云，就出于《淮南子·道应》。《儒增》篇“儒书称鲁般、墨子之巧，刻木为鸢，飞之三日而不集”，就来自《淮南子·齐俗》。还有，《淮南子·本经》中说的“苍颉作书而天雨粟”，王充在《感虚》篇中作了分析批判。另外，对于《淮南子·览冥》中的“武王怒斥，风济波罢”，“阳公援戈，日反三舍”，《本经》中的“尧射十日”，《主术》中的“汤以身祷于桑林以求雨”，《道应》中的“子韦言星徙”，“太子能动地”，等等，王充都认为是“虚妄之言”而加以批判。《吕氏春秋》和《淮南子》都有这么多“虚妄之言”，怎么能是纯美的书呢？

两书并不纯美，为什么当时悬挂于市门之上，悬赏千金，却没有人能改一字呢？王充认为这是有原因的。他说：

> 言金由贵家起，文粪自贱室出。《淮南》、《吕氏》之无累害，所由出者，家富官贵也，夫贵，故得悬于市；富，故有千金副。观读之者，惶恐畏忌，虽见乖不合，焉敢谴一字？

王充认为，世俗的看法是：至理名言是高贵人说的，不值钱的文章是出自于贫贱人家。《吕氏春秋》是秦相国吕不韦主编的，《淮南子》是淮南王刘安召集门客写的。这两部书之所

---

① 事见《吕氏春秋·至忠》，《论衡·道虚》认为这与黄帝升天、淮南度世一样是虚言。

以没有受到攻击,正因为它们都出自富贵人家。由于官大,这些书才可以悬挂在都市的城门上;由于家富,他们才能拿出千金作赏钱。读这些书的人,心里惶恐,精神紧张,虽然有一些不同见解,还怎么敢指出哪个字用得不合适呢?也就是说,没有人给《吕氏春秋》和《淮南子》两本书提修改意见,并不能说明它们是纯美的,只是书的作者的社会地位、政治权势,使读者不敢提任何意见。在封建专制制度下,许多人都会有这种体会。

在汉朝中央集权的封建专制之下,说真话是很难的。王充敢于说真话的勇气令后世钦佩。被统治者神化了的孔大圣人,王充敢于据理问难,对于孟子、韩非这些贤人,他能够"刺孟"、"非韩",对于《吕氏春秋》和《淮南子》,当然更可以作出自己的毫无顾忌的分析批判。对于"书不能纯美"这样包含深刻的辩证法道理的命题,能不能贯彻到底,关键在于是否承认自己的书也不是纯美的,尤其是毕生竭尽心力所著的代表作。王充认为自己的代表作《论衡》也不是纯美的,也有许多缺点错误,所谓"茂林多枯枝"①。

我们对于王充的这一命题,可以作一点引申。书既然都不是纯美的,自然就不应该盲目相信书本。孟子说:"尽信书,则不如无书。"②孟子反对迷信书本是对的,但无书却也不见得更好。书虽然不是纯美的,还是要看的。书要多看,多比较,多思考,分析研究,有所吸取,也有所舍弃,这样才能开卷有益,不受欺骗。怕受书骗而不读书,正如因噎废食。书是医愚的药。这药不是单味偏方,而是极其复杂的配方。正因为

① 《论衡·自纪》。
② 《孟子·尽心下》。

每一本书都不是纯美的，所以我们才需要博览群书。另外，一本书都有一种基本观点，或基本倾向，也像一种中药有独特的气味性能。书本的思想对人们观念的影响，也像中药对人体机能的影响。如果说愚是思想病，那与身体的疾病也相似。读书治愚也像服药治病那样。因材施教和对症下药，就有一致之处。良医善于选药配方，良师善于选书讲解。王充的"书不能纯美"，给我们的启迪良多。

八、说经评传

王充对前人的文化遗产作了全面的审查、批判，对儒家经传以及诸子百家也都加以分析、评论。

王充对于儒家经书还比较相信，但他又认为，遭秦火以后，"经缺而不完"①，经书不是完整的。再加上，"儒者说《五经》，多失其实。"②于是，他认为有必要澄清一下关于经书的说法。

王充在《谢短》篇中向经师们提出一连串关于经书的问题。"先问《易》家：《易》本何所起？造作之者为谁？……问《尚书》家曰：今旦夕所授二十九篇，奇有百二篇，又有百篇。二十九篇何所起？百二篇何所造？秦焚诸书之时，《尚书》诸篇皆何在？汉兴，始录《尚书》者何帝？初受学者何人？问《礼》家曰：前孔子时，周已制礼，殷礼夏礼，凡三王因时损益，篇有多少，文有增减，不知今礼，周乎？殷、夏也？……问《诗》

---

① 《论衡·书解》。

② 《论衡·正说》。

家曰:《诗》作何帝王时也?……问《春秋》家曰:孔子作《春秋》,周何王时也?自卫反鲁,然后乐正,《春秋》作矣。自卫反鲁,哀公时也。自卫,何君也?俟孔子以何礼,而孔子反鲁作《春秋》乎?孔子录史记以作《春秋》,史记本名《春秋》乎?制作以为经乃归《春秋》也?"

他在《正说》篇中对这些问题作出解答。"正说"就是纠正别人的错误说法,发表自认为是正确的见解。我们认为,王充对经书的说法未必都对,他的说法经常成为考据学家的论据,往往成为诸多说法中的一种。

《尚书》。王充认为,孔子传授的是百篇本,"《尚书》本百篇,孔子以授也"。后遭秦火,只剩下二十九篇。当秦焚坑之时,济南伏生带百篇本《尚书》躲入山林,秦亡后,他才出来。汉景帝派晁错去向伏生学习,才学二十多篇,"伏生老死,书残不竟"。晁错只学二十多篇,然后传授给倪宽。汉宣帝时,河内女子发老屋得《易》、《礼》、《尚书》各一篇。《尚书》增加这一篇以后才形成现行的二十九篇本。汉武帝时,鲁共王从孔壁中又得百篇本《尚书》,因是古文,大家都看不懂,就秘藏于皇宫。汉成帝时,征为古文尚书学,征聘研究古文尚书的人才。东海张霸根据百篇本的序,"空造百两之篇"。汉成帝用秘藏的百篇本校一下,全不相同。后来流传的一百零两篇本的《尚书》就是张霸伪造的。可见,二十九篇本《尚书》是"残而不足"的,是秦火烧剩下的,没有什么"法则"可言。但当时有的人说这二十九篇所效法的对象是二十八宿加北斗。这是毫无根据的。

《春秋》。王充多次讲到孔子作《春秋》。"《春秋》为汉制法”[1]，就是“孔子为汉制文，传在汉也”[2]。孔子怎么作《春秋》的呢？他认为，鲁国的史记就叫《春秋》，又叫“不修春秋”。“不修春秋者，未修春秋时鲁史记。”[3]孟子说：“王者之迹熄而《诗》亡，《诗》亡然后《春秋》作。晋之《乘》，楚之《梼杌》，鲁之《春秋》，一也。”王充根据孟子的说法，认为：“若孟子之言，《春秋》者，鲁史记之名，《乘》、《梼杌》同。”《春秋》与《乘》、《梼杌》一样都是春秋时代各诸侯国的史书。“孔子因旧故之名以号《春秋》之经，未必有奇说异意，深美之据也。”“故圣人作经，贤者作书，义穷理竟，文辞备足，则为篇矣。其立篇也，种类相从，科条相附。殊种异类，论说不同，更别为篇。意异则文殊，事改则篇更。据事意作，安得法象之义乎？”[4]

王充认为，孔子作《春秋》是由于“周道弊”[5]。所以孔子“采求毫毛之善，贬纤介之恶，拨乱世，反诸正，人道浃，王道备”[6]。他“采善不逾其美，贬恶不溢其过。责小以大，夫人无之”[7]。采善、贬恶，都恰如其分。孔子借《春秋》发挥自己的思想，表达王道的理想。“孔子得史记以作《春秋》，及其立义创意，褒贬赏诛，不复因史记者，眇思自出于胸中也。”[8]“孔子作《春秋》，以示王意。然则孔子之《春秋》，素王之业也”，“观《春

---

① 《论衡·须颂》。
② 《论衡·佚文》。
③ 《论衡·说日》。
④ 《论衡·正说》。
⑤ 《论衡·定贤》。
⑥ 《论衡·对作》。
⑦ 《论衡·感类》。
⑧ 《论衡·超奇》。

秋》以见王意”。就是说，孔子的王道思想就在《春秋》的褒贬微言之中。这是汉人，包括王充对《春秋》的一般见解。

《易》。王充在《对作》篇明确讲到伏羲作八卦。他说：“《易》言伏羲作八卦，前是未有八卦，伏羲造之，故曰作也。文王图八，自演为六十四，故曰衍。”而在《正说》篇却明确否定这种说法。他说：“说《易》者皆谓伏羲作八卦，文王演为六十四。夫圣王起，河出图，洛出书。伏羲王，《河图》从河水中出，《易》卦是也。禹之时得《洛书》，书从洛水中出，《洪范》九章是也。故伏羲以卦治天下，禹案《洪范》以治洪水。古者烈山氏之王得河图，夏后因之曰《连山》；归藏氏之王得河图，殷人因之曰《归藏》；伏羲氏之王得河图，周人曰《周易》。其经卦皆六十四，文王、周公因彖十八章究六爻。世之传说《易》者，言伏羲作八卦，不实其本，则谓伏羲真作八卦也。伏羲得八卦，非作之；文王得成六十四，非演之也。演作之言，生于俗传。”《易》就是《河图》。三王得《河图》，分别叫《连山》、《归藏》、《周易》。世俗流传的是《周易》。

《诗》。王充认为，“《诗》作民间”[1]。圣王派人到民间采集，编辑而成的。“《诗》采民以为篇”[2]。古代收集的诗约有几千篇。“《诗经》当时亦数千篇，孔子删去复重，正而存三百篇。”[3]孔子出去游说诸侯，连“天下最贤之国”鲁、卫也不肯任用，孔子只好回家，“故退作《春秋》，删定《诗》、《书》”[4]，经过

---

① 《论衡·对作》。
② 《论衡·书解》。
③ 《论衡·正说》。
④ 《论衡·知实》。

筛选以后,《诗》的主旨是健康文明的。"《诗》三百,一言以蔽之,曰:思无邪。"[1]《诗》主要是歌颂君主的善行。"宣王惠周,《诗》颂其行。召伯述职,周歌棠树。是故《周颂》三十一,《殷颂》五,《鲁颂》四,凡颂四十篇,诗人所以嘉上也。"[2]王充认为,他的《论衡》有褒颂汉德的内容,其中有《齐世》、《宣汉》、《恢国》、《验符》等篇。《论衡》也像《诗经》那样,有一个主旨,即"疾虚妄"。

《礼》。孔子说:"殷因于夏礼,所损益,可知也。周因于殷礼,所损益,可知也。"王充据此认为:"夏、殷、周各自有礼。"[3]传说"周公一沐三握发,为周改法而制","周公制礼乐,名垂而不灭"。[4]《周礼》有六典,现存《礼》没有六典。《周官》之法与现存《礼》也不相应。可见,《周礼》也像古文《尚书》、《左传》那样一时不传。汉武帝时,鲁恭王拆除孔子旧宅时发现《礼》三百篇。汉宣帝时,河内女子发老屋,得逸《礼》一篇。今《礼》有三:《周礼》、《仪礼》、《礼记》。王充说:"《礼记》造于孔子之堂"[5]。但他所引的《礼记·瑞命》篇文:"雄曰凤,雌曰皇。雄鸣曰即即,雌鸣足足。"不见于现存《礼记》和《大戴礼》。或者是佚篇[6]。

《论语》。王充认为这是"弟子共纪孔子之言行"[7]。一般经

① 《论衡·佚文》。

② 《论衡·须颂》。

③ 《论衡·正说》。

④ 《论衡·书解》。

⑤ 《论衡·案书》。

⑥ 北京大学历史系《论衡》注释小组认为是"指《大戴礼》中的《瑞命》篇,今已佚失。"见《论衡注释》,中华书局,1979年10月版。

⑦ 《论衡·正说》。

书用二尺四寸的竹简书写,《论语》只用一尺(即八寸)的竹简书写,是为了保存、携带方便。《论语》从孔壁中发现古文二十一篇,齐、鲁、河间还有九篇,共三十篇。汉昭帝女能读古文《论语》二十一篇,汉宣帝时代的博士却感到“书难晓”[①]。后来用隶书抄写,广泛传播。孔子十一世孙孔安国传授给鲁人扶卿,才开始使用《论语》这个名称。

王充肯定《左传》,反对《公羊传》、《谷梁传》的一些说法,被列为经古文学家之一员。他认为八卦出于河图,被列为八卦起源的六种说法之一。[②] 就是说,王充对经书的论述有考据的价值。不过,有一些说法,后世是有怀疑的。刘盼遂指出:《案书》篇亦云,孝武皇帝时,鲁共王坏孔子教授堂以为宫。此处“孝景皇帝为孝武皇帝之误”[③]。另如,东海张霸,《汉书·儒林传》和《经典释文·叙录》并作“东莱张霸”,刘盼遂“疑《论衡》误也”。关于读古文《论语》的事,“既帝女能读,而宣帝博士转难晓,此皆无稽之说,不足与深辨也”。[④] 据章炳麟考证,认为汉昭帝没有女儿,所以认为“女字误衍”[⑤]。总之,王充这些说法为后世考证提供了一些参考资料。

王充对其他书籍也有许多评论。对于《春秋》三传,他说:“公羊高、谷梁寘、胡毋氏皆传《春秋》,各门异户,独《左氏传》

① 《论衡·正说》。

② 刘钰《关于易经卦画起源之研究》,原载《求真杂志》第一卷第八期,1946年12月。后收入《周易研究论文集》第一辑,北京师范大学出版社,1987年9月版。

③ 《论衡集解·正说》篇注。

④ 刘盼遂引刘宝楠《论语正义》语。

⑤ 《广论语骈枝·后序》。

为近得实。"[①]理由是《左传》与《礼记》、《史记》比较一致。他认为《国语》也是"实书"。"《国语》,左氏之外传也。左氏传经,辞语尚略,故复选录《国语》之辞以实。然则左氏《国语》,世儒之实书也。"王充认为,《左传》与《吕氏春秋》都有"言多怪"的毛病,这跟孔子"不语怪力"是相违背的。

当热心于给汉朝统治者歌功颂德的时候,王充对先秦诸子提出批评:"周、秦之际,诸子并作,皆论他事,不颂主上,无益于国,无补于化。"[②]王充的这一说法是很偏颇的。在春秋战国的乱世时代,各统治集团争权夺利,尔虞我诈,用人民的生命去换取自己的利益。在这种情况下,"主上"有什么值得歌颂呢?诸子所论"他事",正是治理乱世的各种方案。这些方案都有某些合理性,不能说是"无益于国,无补于化"的。王充在同一篇的结尾中说《论衡》一书的宗旨是"疾虚妄"。"疾虚妄"也不都是"颂主上",更多的却是"论他事"。而且,过去一些歌颂,调子有点过了头,王充还把它们当作"虚妄"的言论在"三增"中加以批判,痛"疾"不已。王充主张"实",是他的思想主流。对汉朝的歌功颂德也是求"实"的。这要首先肯定。但是,先秦诸子就不同了,他们所处的乱世,无功可歌,无德可颂,只有混乱、悲惨、残酷,使他们忧虑、患难。强求士人歌颂乱世,只能逼出虚妄来。这种歌颂只能是哀曲挽歌!王充批评他们不歌颂是没有道理的。

对于诸子,王充还有一些具体的评论,颇有价值。如对名家公孙龙的评价。他说:"公孙龙著坚白之论,析言剖辞,务折

① 《论衡·案书》。
② 《论衡·佚文》。

曲之言，无道理之较，无益于治。”名家“析言剖辞”，对逻辑研究有一定价值。王充强调学术都要为政治服务，显然是偏颇的。对于齐国三邹，他说：“齐有三邹子之书，沪洋无涯，其文少验，多惊耳之言。”①邹子之书气魄很大，但很少可以用事实检验。王充很重视验证，大概对邹子之书也不太感兴趣。因此，他说：“案大才之人，率多侈纵，无实是之验；华虚夸诞，无审察之实。”②有才华的人，夸夸其谈，没有实在的内容。相反，“商鞅相秦，作耕战之术；管仲相齐，造轻重之篇；富民丰国，强主弱敌，公赏罚，与邹衍之书并言”。商鞅、管仲的书都是很有实际内容的书，用于治国，可以产生明显的社会效益，可以富民强兵。这是王充比较赞许的有效益的书。但是，作为唯物论者，他承认现实，《商子》、《管子》与《邹子》并存，同时在社会上流传。王充对司马相如和扬雄的赋也不欣赏，认为它不能从思想上给人们以分清是非。他说：“以敏于赋颂，为弘丽之文为贤乎？则夫司马长卿、扬子云是也。文丽而务巨，言眇而趋深，然而不能处定是非，辩然否之实。虽文如锦绣，深如河、汉，民不觉知是非之分，无益于弥为崇实之化。”③赋颂是文艺作品，可供欣赏、玩索，没有澄清是非的功能。王充在这里对赋颂作这样评论显然不合文艺规律。另外，王充对诸子“不颂主上”而论他事，以为无益于世，此处对汉赋只有“赋颂”而不辨是非，也认为无益于化。诸子论是非而不歌颂，汉赋歌颂而不论是非。王充都加以批评，难道是心境不同而产生这种矛盾吗？

《史记》保存了有关苏秦之死的两种说法。《苏秦列传》说

①② 《论衡·案书》。

③ 《论衡·定贤》。

他在齐国当客卿，齐大夫与他争宠，派人刺杀他。《张仪列传》说苏秦作为燕国的奸细打入齐国，事情败露，被齐王车裂而死。此两说本可统一。《苏秦列传》说，齐王求凶手不得，这时苏秦还没死，“乃谓齐王曰：‘臣即死，车裂臣以徇于市，曰“苏秦为燕作乱于齐”，如此则臣之贼必得矣。’于是如其言，而杀苏秦者果自出，齐王因而诛之。”齐大夫派人刺苏秦，是内幕。齐王车裂苏秦是为了抓凶手。张仪远在西秦，不了解内幕，以为齐王诛苏秦是真事，皆在事理之中。王充以为《史记》这两种说法，“世人疑惑，不知所以”，并且认为“宜从仪言以定其实”。①如果按王充的说法，苏秦之死的内幕就成了不解之谜。

《史记·三代世表》从黄帝开始，以后的五帝、三王都是他的子孙。而《殷本纪》说简狄浴于川，见玄鸟坠卵，简狄取吞之，因孕生契。契是商祖。《周本纪》说姜嫄野出，见大人迹，履之则妊身，生后稷。王充说：“夫观《世表》，则契与后稷，黄帝之子孙也；读《殷》、《周本纪》，则玄鸟、大人之精气也。二者不可两传，而太史公兼纪不别。”②王充对此也表示不满意。他认为应该写正确的。但传说远古时代的事情，怎么能知道哪一种说法对呢？王充按常识推论，《殷》、《周本纪》的说法不对，原因是说古代帝王之妃“不宜野出，浴于川水”，说那样会“违尊贵之节”③。实际上，远古时代帝王之妃并不像汉代皇妃那样尊贵，并不都闭藏于深宫大院之中。野出、浴川是常有的事。

总之，王充对《史记》的意见就是不别是非。而实际上，许多时候是非难别，两说或多说并存，则更为客观。

对于陆贾《新语》和董仲舒的著作，王充首先肯定它们“皆

---

①②③ 《论衡·案书》。

言君臣政治得失，言可采行，事美足观。鸿知所言，参贰经传，虽古圣之言，不能过增。”[①]他认为“陆贾之言，未见遗阙”[②]。《新语》没有什么缺点，由于“浅露易见”，通俗易懂，有的人说它不过是“传记”文章。[③] 王充对董仲舒是很称赞的，但认为他关于“雩祭可以应天，土龙可以致雨”的说法，“颇难晓也”[④]。

王充对西汉北方三家作了这样的评价：“子长少臆中之说，子云无世俗之论，仲舒说道术奇矣。”[⑤]司马迁善于述事，自己的创论较少。扬雄的学说属于高精尖产品，不同于世俗之见，所以比较难懂，以至被刘歆讥为“用覆酱瓿”，用来做酱瓮盖。仲舒道术奇在于用阴阳五行精化天人感应说。

关于书籍，王充提出“才有浅深，无有古今；文有伪真，无有故新”，反对“好珍古不贵今，谓今之文不如古书”的世俗陋见。他列举邹伯奇的《元思》，袁太伯的《易章句》，袁文术的《咸铭》，吴君高的《越纽录》，周长生的《洞历》，认为都不比刘向、扬雄的著作差。特别是桓谭《新论》，王充评价尤高。他说：“质定世事，论说世疑，桓君山莫上也……君山之论难追也。”桓谭《新论》“剖破浑沌，解决乱丝，言无不可知，文无不可晓”，用通俗语言阐述深刻的道理，使世人读后能分清是非，贬恶褒善，所以说“《新论》之义，与《春秋》会一也”[⑥]。《新论》和《春秋》是一样的。“孔子不王，素王之业在于《春秋》。然则，桓君山素丞相之迹，存于《新论》者也。”[⑦]因此，王充有“挟桓君山之书，富于

---

①②④⑤⑥ 《论衡·案书》。

③ 《论衡·超奇》。

⑦ 《论衡·定贤》。

积猗顿之财"[1]的感觉。可惜的是，王充赞赏的那些书大多没有留传下来，周长生的《洞历》一字未存，桓谭《新论》也都佚失。现在只有后人辑佚本。可见，古代文化名著失传者实在太多。

① 《论衡·佚文》。

第十四章　自成一家

王充的哲学是东汉初期时代精神的精华，是他经过长期的艰苦劳动才创造出来的优秀成果。思想成果必有所承继。王充继承了谁的思想成果呢？他究竟属于哪一家呢？

关于王充属于哪一家的问题，前人多有争议。历代书目如《隋书·经籍志》、《旧唐书·经籍志》、《新唐书·艺文志》、《崇文总目》、《文献通考》、《四库全书总目提要》等都把王充《论衡》列入子部杂家类。那就是说王充是一个杂家。清代熊伯龙认为王充是孔子的信徒，他在《无何集》卷之首《说一》说：

> 《论衡》无一不宗孔子，即《幸偶》一篇，称舜者一，称孔子者九；至他篇之称孔子者，不可胜纪。其宗孔子也明矣。《问孔》一篇，断非仲任所作。或指《论衡》为杂家者流，其视仲任也浅矣。夫仲任，孔子之徒也。

孔子信徒，就是儒家。儒家在汉代分为两大派，一是今文经学，一是古文经学。王充属于哪一派呢？蒋祖怡认为王充是今文经学家，因为《论衡》所引儒家经传“多系今文”①。冯友兰认为王充是古文经学家。他说：“在经学方面，王充站在古文经学的立场，跟官方的今文经学相对立。”②刘师培认为王充是墨家。他说：王充《论衡》“近于强辩，殆南方墨者之支派欤！”③也有人不同意这些看法，说他“诃墨诘儒，历诋世论”④。谁都批判，包括儒墨两家。侯外庐主编的《中国思想通史》则称王充“属于道家”⑤。日本学者见初敏枝认为王充属于古文经学家⑥。在“批儒评法”的七十年代，王充成了反对孔孟之道的“法家代表”，也有人认为王充“遥绍荀卿”⑦，继承了荀子的思想。

王充究竟属于哪一家呢？我们试作以下分析、探讨。

一、本非儒家

汉代儒家由于对先秦儒家经典的解释不同，分为今文经

① 《王充卷》第199页。

② 《中国哲学史新编》第二册第302页，人民出版社，1964年6月版。

③ 《南北文学不同论》，《国粹学报》第九期。

④ 谭献《复堂日记》。见蒋祖怡《王充卷》第268页。

⑤ 《中国思想通史》第二卷第269页，人民出版社，1957年4月版。

⑥ 《王充と〈论语〉の精神》，日本九州大学中国哲学研究会《中国哲学论集》13。

⑦ 郑文《王充哲学初探》第24页，人民出版社，1958年版。

学和古文经学两大派。周予同在注释皮锡瑞《经学历史》时所作的序言中说："今文学以孔子为政治家，以六经为孔子政治之说，所以偏重于'微言大义'，其特色为功利的，而其流弊为狂妄。古文学以孔子为史学家，以六经为孔子整理古代史料之书，所以偏重于'名物训诂'，其特色为考证的，而其流弊为烦琐。"今文经学阐发微言大义，为汉代政治服务，但多附会不实之处，董仲舒是其代表人物。古文经学产生于今文经学之后，反对臆解经书，但对汉朝政治没有多大益处，所以不受统治者重视。

王充对今文经学注意较多。首先他特别赞赏董仲舒，认为董仲舒"策文最善"①。"策既中实，文说美善"②，就是说它击中时弊，文章又美。"董仲舒虽无鼎足之位，知在公卿之上。"③据说乌获是古代的大力士，王充称董仲舒为"文之乌获也"④。"笔墨之力尤难，况乃连句结章，篇至十百哉！力独多矣。"⑤董仲舒这样能够著书立说的人是多力的人。王充甚至把文王、孔子和董仲舒作为一脉相承来看待，他说："文王之文在孔子，孔子之文在仲舒。"⑥他还说，董仲舒论"君臣政治得失，言可采行，事美足观"。可以与经传并列，"虽古圣之言，不能过增"。⑦ 董仲舒讨论政事所发表的意见，古代圣人也不能超过他。

王充在高度赞扬董仲舒的时候，也批评了他的不足之处。

---

① 《论衡·佚文》。
②③ 《论衡·别通》。
④⑤ 《论衡·效力》。
⑥ 《论衡·超奇》。
⑦ 《论衡·案书》。

他认为，董仲舒说“雩祭可以应天，土龙可以致雨，颇难晓也”[①]。王充在许多地方批评天人感应说，虽然没有指名道姓，实际上所批评的对象也包括董仲舒。但是，他似乎对董仲舒有点偏爱。明明知道土龙不能致雨，他还要专门写《乱龙》篇为之辩解，并且认为“仲舒览见深鸿，立事不妄，设土龙之象，果有状也”。又说：“夫土龙非实，不能致雨，仲舒用之致精诚，不顾物之伪真也。”[②]就是说，尽管土龙实际上不会致雨，但是，董仲舒设土龙致雨还是有根据的，是为了表达自己的精诚愿望。总之，王充对于董仲舒，赞扬多于批评，由上述材料以及王充在《论衡》中曾经六十二次提到董仲舒[③]来看，我们看不到“王充和董仲舒是针锋相对的”。

今文经学认为孔子是政治家，儒学经典可以指导制定汉代的政治方针。王充说：“孔子为汉制文，传在汉也。”[④]又说：“孔子制作，垂遗于汉。”[⑤]说明王充同意今文经学家的这一看法。关于孔子作《春秋》，王充的看法与今文经学家也比较接近，他说：“孔子得史记以作《春秋》，及其立义创意，褒贬赏诛，不复因史记者，眇思自出于胸中也。”[⑥]这就是说，孔子作《春秋》并不是简单地记载史实，而是寓褒贬于其中，体现了作者的政治思想，这就是今文经学家阐发“微言大义”的根据。王充接着说：“凡贵通者，贵其能用之也，即徒诵读，读诗讽术虽

---

① 《论衡·案书》。
② 《论衡·死伪》。
③ 据北京大学历史系《论衡注释》附录五统计。
④ 《论衡·佚文》。
⑤ 《论衡·程材》。
⑥ 《论衡·超奇》。

千篇以上，鹦鹉能言之类也。”[①]阐发“微言大义”是为当时的政治服务，这才有益于国，可补于化。只会背书，不能用以治国，那是“鹦鹉学舌”而已。这当然也是今文经学家的观点，并且是对古文经学的繁琐考证的一个批评。

王充受今文经学的影响，归纳起来，主要有三：一是古为今用，认为《春秋》为汉制法；二是为当时的统治者服务，儒生从“五经”中体会出“善政大义”，有助于治国立化；三是提倡独立思考，有创见，“发胸中之思，论世俗之事，非徒讽古经，续古文也”。[②] 王充对董仲舒的赞扬主要也说明了这几点。

王充对今文经学也有一些批评，主要有以下三个方面：

一、“说圣太隆”[③]。神化孔子是汉代今文学家的一大特点。例如说孔子这样的圣人“神而先知”，“所言皆无非”，甚至喝酒也比别人多，“文王饮酒千钟，孔子百觚”。[④] 王充都加以驳斥，认为圣人不是神，不能先知，只是能通过观察推类而有预见，圣人的话不是句句都对，“贤圣之言，上下多相违”[⑤]。王充说：“儒者称圣泰隆，使圣卓而无迹；称治亦泰盛，使太平绝而无续也。”[⑥]说明他的头脑比较清醒，不盲目迷信古人，也不随波逐流，人云亦云。

二、天人感应说。“儒者之说，又言人君失政，天为异；不

---

① 《论衡·超奇》。
② 《论衡·佚文》。
③ 《论衡·指瑞》。
④ 《论衡·语增》。
⑤ 《论衡·问孔》。
⑥ 《论衡·宣汉》。

改，灾其人民；不改，乃灾其身也。先异后灾，先教后诛之义也。”①这是董仲舒“天人三策”的基本思想。王充认为这种说法，“损皇天之德，使自然无为转为人事，故难听之也”。②

三、说“五经”多失其实。王充在《正说》篇中指出，“儒者说‘五经’多失其实。”今文经学家偏重于“微言大义”，难免有许多牵强附会之处。例如《尚书》有二十九篇，今文家说，孔子更选二十九篇，是立一个法则。王充认为，这是俗儒的说法，这种说法“失圣人之意，违古今之实”。又如《春秋左氏传》（古文派）载：“桓公十有七年冬十月朔，日有食之。不书日，官失之也。”日食没有写明日期，是史官失误，《左传》这种说法比较可信。但是在《公羊传》、《谷梁传》（今文派）看来，没有写日期，是有深刻的含意的，于是就要千方百计地去发现其中的“微言大义”，结果，“平常之事，有怪异之说，径直之文，有曲折之义，非孔子之心”。因此，王充认为，“经之传不可从”。

王充虽然在某些看法上接近今文经学家的观点，甚至赞扬今文经学家的代表人物，但是，他写《论衡》的主旨是“疾虚妄”，这些“虚妄”主要来自今文经学家的天人感应说。因此，很难说他是今文经学家。

那么王充是不是古文经学家呢？

当今文经学臆解儒家经典成为一代风气的时候，“唯孔安国、毛公、王璜、贾逵之徒，独非之，相承以为妖妄，乱中庸之典；故因汉鲁恭王、河间献王所得古文，参而考之，以成其义，为之古学”。③ 这就是说，古文经学是维护儒家经典的，认为今

---

①② 《论衡·谴告》。
③ 《隋书·经籍志》。

文经学解经是“妖妄乱中庸之典”，因而用“所得古文，参而考之，以成其义”。

王充反对今文经学的天人感应说，与古文经学有一致之处，但是他并没有“站在古文经学的立场”，因为他和古文经学家反对今文经学的目的和方法都不一样。古文经学家用“所得古文，参而考之，以成其义”，目的在于反对臆解，维护儒家经典的纯粹；而王充反对天人感应说，痛疾虚妄，却是为了“冀悟迷惑之心，使知虚实之分”①。古文家反对臆解儒经，总是引经据典，加以考辨；而王充却是列举“俗间之凡人所能见”②的实际经验和科学研究的成果以及古今之事，再考之以心，进行分析判断，来破除迷信虚妄。可见，王充和古文经学家在反对今文经学的天人感应说中是同中有异的。

王充讲“知古不知今，谓之陆沉”，“知今不知古，谓之盲瞽”③。似乎对今古文经学都有批评，但他对“不知今”的批评更多一些，如说：“儒生不能知汉事，世之愚蔽人也。”④王充对只能背诵经传，守信师说，不能从经传中体会出治国道理来的儒生批评尤多，如说：“诸生能传百万言，不能览古今，守信师法，虽辞说多，终不为博。”⑤又如：“自武帝以至今朝，数举贤良，令人射策甲乙之科，若董仲舒、唐子高、谷子云、丁伯玉，策既中实，文说美善，博览膏腴之所生也。使四者经徒能摘，笔徒能记，不见古今之书，安能建美善于圣王之庭乎？”⑥他还

①② 《论衡·对作》。

③④ 《论衡·谢短》。

⑤ 《论衡·效力》。

⑥ 《论衡·别通》。

说："发胸中之思，论世俗之事，非徒讽古经，续古文也。论发胸臆，文成手中，非说经艺之人所能为也。"[①]从以上几段话来看，王充对学经不能致用的儒生批评是很多的，这些儒生大概包括古文经学家和今文经学家中的一部分俗儒。从他提倡学经以致用于汉代政治来看，他倾向于今文经学家，更多地批评古文经学家。由于今文经学受到汉代统治者的长期重视，能借政权之力，得以广泛流传，所以今文经学所表现出来的虚妄颇多。因而，王充在《论衡》中批评今文经学的篇幅分量最大。我们不应只看表面，由此得出他是古文经学家的结论来。

古文经学和今文经学尽管有许多不一致的地方，然而他们在"独尊儒术"的情势下，都是信仰儒家经典，尊崇圣人孔子的。但王充却不是这样。他不是儒家经典的信徒，他认为儒家经书遭受秦始皇焚烧之后，已经残缺不全，"经书缺灭而不明，篇章弃散而不具"[②]。再加上"晁错之辈，各以私意，分拆文字，师徒相因相授，不知何者为是"。另外，"秦虽无道，不燔诸子。诸子尺书，文篇俱在，可观读以正说，可采掇以示后人。"儒家经典和诸子百家之书相比，王充认为，"经缺而不完，书无佚本，经有遗篇。""书亦为本，经亦为末，末失事实，本得道质。"结论是"知经误者在诸子"[③]。要用诸子百家的书来校正儒家经典，这在"独尊儒术，罢黜百家"的时代，委实是振聋发聩的说法。

同样，王充对当时儒家最崇拜的圣贤也不迷信，他的《问孔》、《刺孟》、《实知》、《知实》等篇都是反对迷信圣贤的代表

① 《论衡·佚文》。

②③ 《论衡·书解》。

作。他在《问孔》篇中说:“贤圣之言,上下多相违;其文,前后多相伐者。”又说:“苟有不晓解之问,追难孔子,何伤于义?诚有传圣业之知,伐孔子之说,何逆于理?”接着就给孔子提出十几个问题,来揭示孔子“上下相违”、“前后相伐”的情况,甚至指责孔子想当官,“不为行道,徒求食也”。王充还在《知实》篇中,列举了十五个事例,说明孔子不是天生的圣人,不能神而先知。他认为“圣可为”、“圣可学”、“圣人可勉成也”。就是说,圣人并不是高不可攀的,只要努力学习,每个人都可以争取当圣人。“如卓与人殊,禀天性而自然,焉可学?而为之安能成?”这种说法显然是很对的。他在《实知》篇中,也驳斥了所谓圣人“不学自知,不问自晓”的说法。王充自己对儒家圣贤不迷信,也反对别人迷信。在独尊儒术、神化孔子的时代,王充敢于“问孔”,确非易事,没有大无畏精神,绝难办到。

王充这样对待儒家圣人和经典,在汉代,既不属于今文经学派,也不属于古文经学派,当然更不属于先秦儒家。

各个历史时期本来都有各自的特点,各种社会各个时期又有许多复杂的矛盾和情况,所以一概而论,一刀切,一贯到底的说法是不符合历史实际的。把汉代的学术争论归结为古文经学和今文经学的争论是不全面的。今古文经学之争是汉代的独特的社会现象,但不能说当时一切文人都是非今即古的。也不能说一切争论都是经学之争。王充这位哲学家,虽然不能不受到当时两派争论的影响,但他毕竟不属于其中任何一派。

还有一些人根据王充的自然观与荀子的看法很相似,便认为他“遥绍荀卿”,是继承了荀子的唯物主义思想。荀子是儒家,王充当然也就是儒家了。

诚然，王充的天道（气）自然论和荀子的《天论》思想有一致之处，他们都认为天灾与政治的好坏没有必然的联系。但是，天下智谋之士，所见略同，未必都有“绍”（继承）的关系。王充的天道自然论是道家的天道自然无为的理论和汉代天文学研究成果相结合，再加入汉代关于气的思想，经过融合才产生的。这些思想的形成，都有线索可寻。而王充对荀子的《天论》只字未提，无任何线索可以证明他们之间的继承关系。王充在《论衡》中提到荀子的地方很少，除了在《本性》篇中批评荀子“性恶”论“未为得实”外，只在《别通》和《对作》两篇分别提到过他。在《别通》篇中，王充说：“周世通览之人，邹衍之徒，孙卿之辈，受时王之宠，尊显于世。”对他的学术思想并未加以评论。在《对作》篇中，王充只在设问话中提到他，“上自孔、墨之党，下至荀、孟子之徒，教训必作垂文，何也？”但是，王充在“对曰”之后的答话中，只讲到孔子、孟子、韩非以及汉代的思想家陆贾、董仲舒、桓谭等人，却没有论及荀子。冯友兰认为王充“对荀子，除了性恶论一点外，没有批评。这可见他的思想跟荀子有很多一致之处”[①]。这种论证方法不能不令人吃惊！王充没有提到庄子的任何错误，对吕不韦一点也没有批评过，是否可以说王充和庄子、吕不韦有更多的“一致之处”呢？反之，王充批评孔子最多，能否说他是反孔子的呢？过去曾经有人以此说王充“对儒家祖师爷孔丘和孟轲进行了猛烈的批判”。只看批评的一面，显然是片面的。

实际上，王充对孔子是很推崇的。他在《论衡》中提到孔子

① 见《中国哲学史新编》第二册，第 304 页。

达六百二十次之多①，而且经常是作为圣人提到的。例如，王充在《知实》篇中列举了圣人的十六件事，其中十三件属于孔子。王充还在许多地方直接提“孔子圣人”，“百世之圣”②，甚至在《问孔》篇中也说：“孔子，圣人也。”王充还认为孔子有超群的才智，有“大才”③，“圣才”④，如“山中巨木”⑤。孔子还能“见窍睹微，思虑洞达，材智兼倍，强力不倦，超逾伦等，耳目非有达视之明，知人所不知之状也”⑥。他好学，“且死不休”⑦，“孔子道美”，还是一个“鸿笔之人”⑧，“作《春秋》，删五经，秘书微文，无所不定”⑨。王充认为，孔子还有最高尚的道德，他是“率礼之人”⑩，“仁圣之人”⑪，“忧世济民于难”⑫，是“舜之次也”。总之，“孔子道德之祖，诸子之中最卓者也”⑬。王充认为孔子是这样一位有德有才的伟大人物。了不起的古代圣人，“可效仿者，莫过孔子”⑭。王充还把自己的《论衡》跟孔子编撰的《春秋》、《诗》相提并论。

王充既然这么推崇孔子，为什么又要“问孔”呢？我们知

---

① 据北京大学历史系《论衡注释》统计。

②⑦ 《论衡·别通》。

③ 《论衡·逢遇》。

④ 《论衡·幸偶》。

⑤⑨ 《论衡·效力》。

⑥ 《论衡·知实》。

⑧ 《论衡·须颂》。

⑩ 《论衡·语增》。

⑪ 《论衡·指瑞》。

⑫ 《论衡·定贤》。

⑬ 《论衡·本性》。

⑭ 《论衡·自纪》。

道,《论衡》的写作宗旨是“疾虚妄”,因为当时的社会风气是“虚妄显于真,实诚乱于伪,世人不悟,是非不定,紫朱杂厕,瓦玉集糅”[1]。用现代话说,就是思想一片混乱。对于这种社会状况,王充认为是不可容忍的,他说:“以情言之,岂吾心所能忍哉!……不得已,故为《论衡》。”[2]《问孔》篇当然也是“不空为”的,该文开宗明义地点明本文的针对性。他说:

> 世儒学者,好信师而是古,以为贤圣所言皆无非,专精讲习,不知难问。夫贤圣下笔造文,用意详审,尚未可谓尽得实,况仓卒吐言,安能皆是?不能皆是,时人不知难;或是,而意沉难见,时人不知问。案贤圣之言,上下多相违;其文,前后多相伐者。世之学者,不能知也。

这段话的大意是说,圣贤经过细心思考写出来的文章,还不能都符合实际情况,何况仓卒之间说的话,哪能每一句都对呢?既然不是都对,儒者也不知道反驳那些错的。即使说对的,由于语意隐晦,儒者也未必都能正确理解,又不知道提出问题,以便正确理解其真实思想。实际上,圣贤说的话和写的文章,有许多不明确、相抵触的地方,当时儒者却不知道,只是一味地迷信盲从,以为圣贤说的话没有不对的。王充就是针对“世儒学者”这种对古代圣贤,特别是对孔子的迷信思想,而写出《问孔》这一战斗篇章的。王充从被当时儒者奉为神圣不可侵犯的儒家经典中找出孔子的一些言行,提出了十几个问

---

①② 《论衡·对作》。

题，作了详细分析，从而驳斥了“世儒学者”“以为贤圣所言皆无非”的绝对化观点，以破除人们对贤圣之言的迷信。王充的《问孔》，究其实是反对迷信孔子。当然，王充更反对神化孔子，他在驳斥“文王饮酒千钟，孔子百觚”时说：“如一坐千钟百觚，此酒徒，非圣人也。”这样神化的结果，并没有给圣人增加什么光彩，只是起了反作用，“是缺文王之广，贬孔子之崇也”，①反而损害了孔子的崇高形象。为了维护孔子之崇，他坚决反对神化孔子。

可见，王充对孔子是有肯定，有否定，肯定多于否定，尊崇多于批评。他认为孔子是圣人，不是神，也不是完人，孔子也并非至善至美。但是“毋求备于一人”。王充指出孔子的一些错误，并不是为了反对孔子，而是为了反对“世儒学者”迷信孔子，神化孔子。王充对孔子的评价当然难免受到社会思潮的影响，他在《问孔》篇中所提的问题也不能说都是恰当的，但是我们认为，他对于孔子采取分析的态度，比当时俗儒的迷信态度显然高出一筹。

因为《论衡》中有《问孔》、《刺孟》两篇，王充曾一度被封为“大法家”，实际上，王充不反对孔子，也不是“大法家”。王充写了一篇《非韩》的文章，旨在批判先秦法家思想集大成者韩非理论，夹在《问孔》和《刺孟》中间。他认为：“治国之道当任德也。韩子任刑独以治世，……韩子岂不知任德之为善哉？以为世衰事变，民心靡薄，故作法术，专意于刑也。”韩子这种主张，“必有无德之患”。王充认为治国之道，有两方面，即养德和养力，韩非的理论只讲力，不养德，是片面的。这是对法家理论带根本

---

① 《论衡·语增》。

性的批评。因此，无法把他列入法家。当然王充也不是“反韩”派，他仍然多次把韩非作为贤者来看待，还称赞他的反迷信的精神，说：“韩非《饰邪》之篇，明已效之验，毁卜訾筮，非世信用。”①可以说，王充对韩非的注意远过于对荀子的注意。世间事物是复杂的，一个人的思想也是复杂的、变化的，甚至是矛盾的。因此对任何人物和事件的评价，都应该采取分析的态度。因为批评了某人一句，就认为是反对这个人；赞扬了某人一句，就认为是属于那一派的。对于具有这种思想方法的人，我们又怎么能跟他讨论复杂的问题呢？

二、亦非道家

王充在《自然》篇中说：“天地合气，万物自生，……或说以为天生五谷以食人，生丝麻以衣人，此谓天为人作农夫桑女之徒也，不合自然，故其义疑，未可从也。试依道家论之。”这就是说，他要用道家天道自然无为的理论来分析批判天道有为说。“夫天道，自然也，无为。……黄、老之家，论说天道，得其实矣。”②他完全同意道家的天道自然无为的说法，在道家和儒家之间作出了抉择，“论之，所以难别也，说合于人事，不入于道意。从道不随事，虽违儒家之说，合黄、老之义也”③。从以上几段话来看，王充的天道自然论与黄老道家的天道观有一

① 《论衡·卜筮》。
② 《论衡·谴告》。
③ 《论衡·自然》。

定的联系。有人以此认为王充属于道家[①]。这是值得商榷的。

首先，在老子那里，“道”是哲学的最高范畴。“道”是自根自本的，“先天地生”[②]，“道生一，一生二，二生三，三生万物。”[③]又说：“天下万物生于有，有生于无。”[④]“道，可道，非常道；名，可名，非常名。无名，天地之始；有名，万物之母。”[⑤]这就是说，天地万物都是“道产生的”，“道”是宇宙的本原。但是，王充这位唯“实”论哲学家根本不理会“道”的问题，始终没有谈过什么是“道”，“道”又产生过什么。他有着与道家完全不同的宇宙观，他认为天地不是“道”生的，“天地不生，故不死”。天地是“无终始者”[⑥]。万物也不是“道”产生的，而是天地之气产生的，“天地合气，万物自生”。天地——气——万物，而天地都是物质实体，没有意识，所以他是唯物主义一元论者，认为天地是万物的本原，也是气的本原。

其次，道家以天道自然无为引出人道也要自然无为，提倡“绝圣弃智”，“恬淡无欲”、“知足”、“不争”，“不敢为天下先”。总之，人道无为表现在两个方面，一是人要无所作为，一切听其自然，至少是王充对道家的思想作了这样的理解，他说：“黄、老之操，身中恬淡，其治无为。正身共己，而阴阳自和，无心于为，而物自化，无意于生，而物自成。”[⑦]王充不同意这种

① 侯外庐主编《中国思想通史》第二卷第269页：“王充思想虽属于道家”。

② 《老子》第二十五章。

③ 《老子》第四十二章。

④ 《老子》第四十章。

⑤ 《老子》第一章。

⑥ 《论衡·道虚》。

⑦ 《论衡·自然》。

看法，他认为："然虽自然，亦须有为辅助。"[①]例如耕地播种就是"人为"，播种之后，作物生长，那是"自然"。人类不能不干活，等待自然界的恩赐。生产是这样，政治也是这样。"恬憺无欲，志不在于仕，苟欲全身养性为贤乎？是则老聃之徒也。道人与贤殊科。忧世济民于难，是以孔子栖栖，墨子遑遑。不进与孔、墨合务，而还与黄、老同操，非贤也。"[②]在这里，王充赞成孔子、墨子积极地参与政治活动，"忧世济民于难"，不同意黄、老道家的消极避世，"苟欲全身养性"的行为。王充看到"浮妄虚伪，没夺正是"，就"心喷涌，笔手扰，安能不论？"于是写下了《论衡》这部战斗性很强的著作。所以说，"《论衡》之造也，起众书并失实，虚妄之言胜真美也。"[③]可以说，王充的一生是"有为"的一生，他的实践也是对道家"人道无为"的有力批判。

人道无为另一方面表现在治身方面，以恬淡无欲、养精爱气来求延年度世。王充认为这种说法也是"虚妄"的。他说："夫恬淡少欲，孰与鸟兽？鸟兽亦老而死。……草术之生何情欲，而春生秋死乎？夫草木无欲，寿不逾岁；人多情欲，寿至于百。此无情欲者反夭，有情欲者寿也。"[④]可见，道家所说的"恬淡无欲延寿度世"是不可能的。

第三，道家论说天道自然无为只是抽象的理论，或者说只是一种思辨性的猜想，因此缺乏说服力。对此，王充直接批评说："道家论自然，不知引物事以验其言行，故自然之说未见信

① 《论衡·自然》。
② 《论衡·定贤》。
③ 《论衡·对作》。
④ 《论衡·道虚》。

也。”[1]王充在论述自然之说时，引用了大量的实际经验和科学研究成果来加以论证，大大充实了自然之说的实际内容，使它建立在有一定事实为依据的基础上，加强了说服力，扩大了影响。自然之说，在王充的哲学中成了反神学目的论最有力的理论武器。

从以上分析来看，王充从道家那里吸收了什么呢？仅仅吸收了天道自然无为的说法，并且在具体内容方面和应用方面除了自然非人为这个意义外，几乎没有共同之处。这里可以借用冯友兰先生的说法，王充只是“抽象继承”了道家的天道自然无为的说法。因此不能把他列入道家。

三、难称杂家

王充关于命的思想主要来源于孔孟儒家。这有以下几段话可以证明：

> (1) 孔子称命，不怨公伯寮；孟子言天，不尤臧仓，诚知时命当自然也。[2]
>
> (2) 孔子圣人，孟子贤者，诲人安道，不失是非，称言命者，有命审也。[3]
>
> (3) 孔子曰：“道之将行也与，命也！道之将废也与，命也！”由此言之，教之行废，国之安危，皆在命

---

① 《论衡·自然》。
② 《论衡·偶会》。
③ 《论衡·命禄》。

时，非人力也。[①]

(4) 儒家之议，以为人死有命。言有命者，见子夏言“死生有命，富贵在天”。[②]

关于人性的思想，王充明确指出：“唯世硕、公孙尼子之徒颇得其正。”认为“人性有善有恶”[③]。同时他也同意孔子“惟上智与下愚不移”的说法，认为“极善极恶，非复在习”，“圣化贤教，不能复移易也”。[④]并以此为据，否定告子人性无善恶的思想。

另外在无鬼论、幸偶说、学而知之的认识论、仁义思想、以德治国等许多方面，都吸收了儒家的思想。但他不属于儒家。

王充与天人感应的神学目的论作斗争的思想武器是从道家天道自然无为的理论中吸取的，但他也不是道家。

王充的薄葬主张与墨子的思想相一致，但他反对墨家的有鬼论，而且对其“原察百姓耳目之实”提出批评，认为这种“失实之议”是“墨术所以不传”的根本原因。既然墨术不传，王充自然不属于墨家。

王充的效验的思想很难说没有受到墨子的“三表”说的影响。当然，他主要还是受到战国、西汉一些思想家的影响，首先是受到韩非的“参验”思想的影响。他说：“若韩非《饰邪》之篇，明已效之验，毁卜訾筮，非世信用。”[⑤]讲效验在西汉很盛

① 《论衡·治期》。
② 《论衡·命义》。
③④ 《论衡·本性》。
⑤ 《论衡·卜筮》。

行,西汉思想家陆贾和贾谊都有过类似论述,陆贾说:“善言古者,合之于今;能术远者,考之于近。”[①]贾谊说:“稽之天地,验之往古,按之当今之务。”[②]又说:“君子为国,观之上古,验之当世,参以人事,察盛衰之理,审权势之宜,去就有序,变化有时,故旷日长久而社稷安矣。”[③]这就是说考虑问题要以古今事实作为根据。同时,考察一种思想的是非,也要用古今事实作为“参验”的标准。汉武帝在策问中也提到:“善言天者,必有征于人;善言古者,必有验于今。”[④]这种讲效验的方法论也影响到自然科学的各个领域,当时的天文学和医学也是注重效验的,例如,比较各种历法的优劣,就是通过验之天状和考其朔晦。太初历、四分历都是由于准确率高而得以实行。当时流行的医书《黄帝内经》中也说:“善言天者,必有验于人,善言古者,必有合于今,善言人者,必有厌于己,如此则道不惑而要数极,所谓明也。”[⑤]这些流行的讲效验的方法论对王充是有重大影响的,实际经验和自然科学的成果为这种思想提供了大量的事实依据。王充的效验思想主要是继承了以前哲学家的思想。如果认为王充的这种思想完全是从天文学中吸取的,也缺乏充分的根据,不符合事实。胡适说:“王充的哲学只是当时科学的方法运用到天文学以外的问题上去。当时的天文学者最注重效验,王充的批评方法也最注重效验。”[⑥]胡适

① 《新语·术事》。
② 《治安策》,《汉书·贾谊传》。
③ 《史记·秦始皇本纪》引贾谊《过秦论》。
④ 《汉书·董仲舒传》。
⑤ 《黄帝内经·素问·举痛论》。
⑥ 胡适:《王充的论衡》,见《现代学生》第一卷四、六、八、九期。

所讲天文学者注重效验的事例都远在哲学家提出“效验”的方法论之后。他的说法，颠倒了历史事实的顺序，又抹杀了天文学以外关于效验的思想对王充的影响，有挂一漏万之嫌。

王充对先秦名家和阴阳家也都有批判，如他说：“公孙龙著《坚白》之论，析言剖辞，务折曲之言，无道理之较，无益于治。齐有三邹子之书，沪洋无涯，其文少验，多惊耳之言。案大才之人，率多侈纵，无实是之验；华虚夸诞，无审察之实。”① 王充认为他们虽然也能讲得头头是道，但是，没法验证，没有道理，不能运用于实践。王充又说：“周秦之际，诸子并作，皆论他事，不颂主上，无益于国，无补于化。”②这里所说的“无益于国，无补于化”的先秦诸子应该主要指名家、阴阳家这些学派，因为儒家、法家、道家、墨家这些学派并不是没有实际意义的。可见王充不属于先秦诸子的任何一家。

王充不但吸取了先秦各家的一些思想精华，而且也吸收了汉代思想家的一些思想资料，他既吸收了今文经学家的思想，也吸收了古文经学家的思想，他吸收了《吕氏春秋》和《淮南子》中的许多思想，也接受了司马迁、刘歆、扬雄、桓谭、班彪等人的一些观点。这里应该提出的是，王充对桓谭和周长生有特别高的评价。

桓谭对扬雄的评价是“汉兴以来，未有此人”。王充认为这种看法，“可谓得高下之实矣”。他又加以议论：“能差众儒之才，累其高下，贤于所累。又作《新论》，论世间事，辩照然否，虚妄之言，伪饰之辞，莫不证定。彼子长、子云说论之徒，君山为

① 《论衡·案书》。
② 《论衡·佚文》。

甲。"[1]这就是说，桓谭比扬雄更高。对于桓谭的《新论》，王充作了很高的评价，他说："众事不失实，凡论不坏乱，则桓谭之论不起。"[2]很显然，王充《论衡》的写作主旨"疾虚妄"，"起众书并失实，虚妄之言胜真美"[3]，与桓谭写作《新论》是比较一致的。他之所以感到"挟桓君山之书，富于积猗顿之财"[4]，就是因为他们的思想是相通的，有许多见解是比较一致的。王充还把桓谭称为"汉之贤人"，与孔子相连，"孔子不王，素王之业在于《春秋》。然则，桓君山素丞相之迹，存于《新论》者也"[5]。他还认为，"君山之论难追"，"《新论》之义，与《春秋》会一也"[6]。"质定世事，论说世疑，桓君山莫上也"，甚至还把桓谭和古代圣人相比拟，说刘向父子、扬雄和桓谭"犹文、武、周公并出一时"[8]。总之，在王充的心目中，除了孔子，就是桓谭最高了，在所有提及桓谭的二十六次中，全用褒词，没有过任何批评。但是，《新论》已佚，不能见其全貌，不过仅从辑本中也可以看到一些为王充所继承的思想，例如：桓谭在与刘歆讨论问题时，讲到钩吻"非为杀人生"，巴豆毒鱼，杏核杀狗，都不是上天有意造成的，"天为非故作也"。[9] 王充否定天是有意志的，批驳"天生五谷以食人，生丝麻以衣人"的说法，跟桓谭的思想是一致的。对于学道成仙、恬淡无欲、延年度世的问题，

---

①⑧　《论衡·超奇》。

②③　《论衡·对作》。

④　《论衡·佚文》。

⑤　《论衡·定贤》。

⑥⑦　《论衡·案书》。

⑨　《新论·祛蔽》，见《太平御览》卷九九〇引。

桓谭是采取否定态度的，他说："谁当久与龟鹤同居?"[①]怎么知道龟能活三千岁呢？"彼树无情欲可忍，无耳目可阖，然犹枯槁朽蠹，人虽欲爱养，何能使之不衰?"[②]王充在《道虚》篇中看法与此相同，认为鸟兽草木无情欲并不能长寿，人无情欲，岂能延年度世？王充偶适的思想也许受到桓谭的启发。桓谭说："天下有鹳鸟，郡国皆食之，而三辅俗独不敢取之，取或雷霹雳起。原夫天不独左彼而右此，其杀取时，适与雷遇耳。"[③]王充在解释"杞梁氏之妻向城而哭，城为之崩"时说："或时城适自崩，杞梁妻适哭"[④]。在说明"邹衍……仰天而叹，天为陨霜"时说："衍因拘而叹，叹时霜适自下。"[⑤]桓谭关于两小儿辩日的问题，关于以烛火喻形神的关系问题，对王充也有明显的影响。王充的"齐部世刺绣，恒女无不能，襄邑俗织绵，钝妇无不巧"[⑥]，"火生者不伤燥，水居者无溺患"[⑦]，与桓谭的"吴之玩水若鱼鳖，蜀之便山若禽兽"[⑧]的说法相同，都强调环境对人的才能的影响作用。黄侃以为王充《论衡》"窥其渊源所自，大抵推衍扬、桓"。[⑨] 这也说明王充从桓谭那里所吸取的思想是很多的，因《新论》亡佚，我们无法全面地探讨他们之间的联系，仅从只言片语中，尚可见到许多一致之处。

关于周长生，王充说他"作《洞历》十篇，上自黄帝，下至汉

①② 《新论·辨惑》，见《太平御览》卷 720 卷 956 引。

③ 《新论·离事》，见《太平御览》卷 13 和 925 引。

④⑤ 《论衡·感虚》。

⑥ 《论衡·程材》。

⑦ 《论衡·累害》。

⑧ 《新论·启寤》，见《太平御览》卷 932 引。

⑨ 《汉唐学论》。

朝，锋芒毛发之事，莫不纪载，与太史公《表》、《纪》相似类也。上通下达，故曰《洞历》。”[①]他说周长生“言之卓殊，文之美丽”，是“文士之雄”，“所谓鸿儒者也”[②]。王充还认为：“长生之《洞历》，刘子政、扬子云不能过也”[③]，“文人之所共宗”[④]。甚至将文王、孔子、董仲舒和周长生作为一脉相承的学派流传。可见，王充对周长生及其历史著作《洞历》是十分推崇的，不可能不受他的思想的影响，由于《洞历》早已失传，现在无从了解该书内容，也就弄不清王充和周长生的思想有哪些相同之处。不过，我们从这里可以认识到，王充博学多才，才华横溢，虽然有时表现出矜才负气，自命不凡，蔑视那些不学无术、骄奢淫逸的文吏政客，但对于确有真才实学的文人却不相轻，而是倍加推崇，极力颂扬的。

从以上可以看出，用先秦诸子百家来衡量王充的思想，把它归入哪一家也不合适，按汉代经学两派来分，它也不属于任何一派。因此，《隋书·经籍志》把王充《论衡》列入“兼儒、墨之道，通众家之意，……是以杂错漫羡，而无所指归”的“杂家”。清朝的《四库全书总目》把它列入“子部·杂家类”，并说：“儒者颇病其芜杂。”但是，王充的思想有比较完整的、系统的体系，“疾虚妄”而归之于“实诚”，是不应列为“杂错漫羡”“无所指归”的杂家的。据先秦百家来看，王充思想是无序的，不入任何一家，从实虚来看，他的思想是有序的，是崇实疾虚的。

总之，用先秦诸子百家的框框已经不能适合王充的思想体系，我们就更用不着找九流十家的帽子来硬套它了，实事求

---

①②④　《论衡·超奇》。

③　《论衡·案书》。

是，应该说他自成一家——唯实求真的唯物主义哲学家。

王充没有家学师法的局限，对于各种思想都重新加以研讨批判，力求分清是非虚实，真假对错，而不管这些思想是属于哪一家哪一派的，也不管是古人的，还是今人的，只要经过“考之以心，效之以事”①，他认为是对的，哪一家的也都可以接受；他认为是错的，哪一家的也一样加以批判，抛弃。正因为他不依傍哪一家，才能独树一帜，自成一家。也正因为他不属于哪一家，才能比较客观地、少有偏见地批判继承历史文化遗产，取百家之长，学众人之优，建立起时代精神的高塔，成为中国哲学发展史上巨大的里程碑。

① 《论衡·对作》。

第十五章　超前觉醒

王充及其《论衡》在封建时代，“攻之者众，好之者终不绝”。到了现代，情况又是如何呢？变成了“好之者众，攻之者终不绝”。真所谓攻好并存，毁誉交加。公认的看法是：王充为汉代学界之一奇人，《论衡》为汉代学界之一奇书。奇在何处？仁者见仁，智者见智。

一、汉代奇人

现代，中外学术交流广泛。王充放在世界思想史上，让全世界学者来从各种角度加以审视。中国学者也引进各种西方思维模式，对王充从各个方面进行重新评论。审视、评论的结果如何呢？首先，西方学者喜欢说王充像西方古代某一学者，像谁呢？有的说王充在“灵魂论”方面，可以“与柏拉图相提并论”，从王充批评儒道两家的谬见和扫除当时流行的一切社会迷信来看，有人认为王充“无疑乃为中国之伏尔泰”[①]。伏尔泰（Voltaire 1694—1778）是法国启蒙思想家、作家和哲学家。他揭露封建贵族，抨击天主教会，反对宗教迷信。王充和伏尔泰在反对迷信方面是有一致之处的。前苏联学者阿·阿·彼得洛夫则认为王充跟希腊伊壁鸠鲁一样。他写道：“马克思给伟大希腊思想家伊壁鸠鲁的评语，可以应用到王充身上。马克思写道，伊壁鸠鲁乃是‘古代真正的、激进的启蒙思想家，他公开地抨击了古代宗教。……’唯物主义者、无神论者、迷信和愚昧无知的不共戴天的敌人、真实知识的宣扬者——王充，同样是中国古代真正的、激进的启蒙思想家。”[②]伊壁鸠鲁（Epikouros，前 341—前 270）是古希腊哲学家。著述很多，多亡佚，仅留三封信和片断言论集成的《格言集》。主要思想以原子唯物论反对宗教迷信，在当时有启蒙作用。中国学者认为王充和培根有更多的相似之处。蒋维乔说王充“能使我国思想的趋势一变，并且所变的方面，还是由神秘而实在的，和培根的情形大略相同，这不能不说是他的伟大功绩！”[③]弗兰西斯·培根（Francis Bacon，1561—1626）是英国哲学家，马克思称他是“英国唯物主义和整个现代实验科学的真正始祖”。培根强调经验，王充强调证验。培根提出假相说，揭露神学、唯心主义及一切谬误的根源，王充提出天道自然论，批驳天人感应神学目的论。培根是近代归纳逻辑的主要创立者，王充是古代

① 日本学者狩野直喜《中国哲学史》（岩波书店出版）引霍克氏（Doctor Forke）语。

② 《王充——中国古代的唯物主义者和启蒙思想家》一书结论。

③ 《中国哲学史纲要》，台湾中华书局，1975 年 11 月版。

东方逻辑大师。培根提出知识就是力量的口号，而王充提出“知为力”，表达了同一思想。不同的是，培根不是无神论者，而王充是。可谓大同小异。有位逻辑学家说王充是中国的培根。王充比培根早一千五百年，我以为应该说：培根是英国的王充！

二、执著求真

王充在《论衡》中有“九虚三增”，主要是批评书籍中的虚妄言论和增饰的内容，概括起来就是“疾虚妄”。疾虚妄是为了求实诚，也就是求真。他说：“虚妄显于真，实诚乱于伪，世人不悟，是非不定，紫朱杂厕，瓦玉集糅。以情言之，岂吾心所能忍哉！”虚实真假混杂在一起，世人又分辨不清，王充出于强烈的社会责任感，“今吾不得已”而著《论衡》。①

汉武帝独尊儒术以后，经学思潮弥漫于西汉思想界。东汉时代，连附会经书的谶纬也具有极高的权威性。桓谭由于不相信谶纬，就算犯了“非圣无法”的大罪，差点被杀头。许多学者埋头于钻研经书，作章句之学。另一些文人追求利禄，热衷于荒谬的谶纬迷信。在这种经学时代，孔子是社会崇拜的大圣人，一切都被神化了。王充认为当时“说圣太隆”，写下《问孔》、《实知》、《知实》等篇，对神化孔子的各种错误说法进行详细的分析批判。王充因此遭到封建时代的许多学者的非难。现在有人为他辩解。黄云生说：“仲任虽有崇道之言，而尊儒之语，则更过之；虽有褒黄老之学之笔，而美尧、舜、孔、孟之文，则远超其上。且其一生落魄，勤于学问，力于著作，无黄老之操，

① 《论衡·对作》。

有孔孟之行，不应列之于道家，惟宜归之于孔门。”“仲任生当儒教迷信泛滥，丧失本真之世，借道家之言，以攻儒者之蔽。”“其实，《问孔》、《刺孟》二篇，皆为破汉儒守师信古、不能怀疑问难而作启发，非为贤者立论。学者不察其表，每执此以难仲任，致仲任多蒙不白之冤。呜呼！此所谓心者诚难知，而理者诚难论乎！”①黄云生认为王充是真正的儒家，只是为了儒家的纯洁而提出一些批评意见，被误认为是反儒家者受到谴责，蒙不白之冤。日本学者狩野直喜认为王充是批评了儒家。他写道：“王充其人不仅奇矫，其持论亦与一般儒者大异其趣。如《问孔》《刺孟》二篇即其一例。向来中国之学者，皆因其肆无忌惮地批评孔孟，故动辄兴师问罪。但近时西洋之中国学者，却因此而激赏之。梅耶氏曾云：王充乃一位哲学家，或许为中国哲学家中最具新颖、最有思想者。”②中国学者也有“激赏”的。如梁运华写道：“王充这种敢于冲破传统偏见的束缚，在圣人面前不是跪下，而是挺立起来的唯物主义者的战斗精神，在把孔夫子的一套当作宗教教条一样强迫人民信奉的时代，确是一颗思想的明珠。”③钟师肇鹏先生说：“王充《论衡》不仅在中国而且在世界哲学之林也是一部当之无愧的唯物主义巨著。”④有人说：“王充是汉代名副其实的包罗万象博综古今的天才。简直可以说他的批评的锋刃——不仅是破坏性的而且有建设性的——就没有放过汉代任何一个哲学问题和自然科

---

① 《王充评论》，三信出版社，1975年6月版。

② 《中国哲学史》，岩波书店出版。

③ 《论衡注释·前言》，中华书局，1979年版。

④ 《王充年谱》，钟肇鹏，齐鲁书社，1983年版。

学问题。”[①]“王充的学说是中国古代唯物主义发展的顶峰。”[②]“他用丰富的事实，细致的辩论，从各方面打击了当时官方哲学的神秘主义、唯心主义和宗教迷信。”[③]这些说法都一致认为王充是以唯物主义反对唯心主义。因此，冯友兰先生称王充为“唯物主义哲学阵营里”的“一个大哲学家”[④]。有的学者称王充为“充满物性的思想家”，如陈丽桂对王充的评论是：“不提供理想，只指明人间的是非，教人怎样去辨清真相，了解事实，让人对自己所生存的环境，有一个更近真的认识。因此，在手法上，他是以破坏来建树，以扫除代替美化，在思想界里，他是占着批判的席位，而不是引导的席位的。有人说，他是思想界的病理学家，实在不无道理。”“王充的思想，完全是他自己独特的面貌，而不曾依傍过哪一家。只要经他判断是对的，哪一家都可以接受；一旦经他判断是不对的，是‘虚妄’的，那么不管是哪一家的，都该推翻，都该廓清。这和汉代专讲家学、师学流派的学术界是截然不同的。”王充学说是“我国物性思想界里最有力，也可以说是绝无仅有的代表”[⑤]。

黄云生说，王充“勇气胆识，特立独行，堪称前无古人后无来者，五千年中仅此一人而已”[⑥]。黄国安写道：“王充以为论事必求真，必有验。这种实证的精神和怀疑的态度，直到现在

① 《王充——中国古代的唯物主义者和启蒙思想家》。

② 杨兴顺为上书所写序言。

③ 《中国哲学史新编》1984 年修订本第三册第 290 页，人民出版社，1985 年 3 月版。

④ 《中国哲学史新编》1984 年修订本第三册第 239 页。

⑤ 《王充》，见《中国历代思想家》第二册。

⑥ 《王充评论》。

还是做学问的人所必备的。而其不畏权威,不屈于传统,勇于批评,勇于探求的自由开放的思想,是封建社会里的凤毛麟角。”他批判神学的天,“其态度的严正,目光之犀利,与夫辩证的坚锐,一千九百年后的今天,读来仍有余威!”①

在九百六十万平方公里的中华大地上,五千年绝无仅有的一人,当然是奇中又奇的大奇人。大奇人王充就“奇”在执著求真上。由于求真,他抨击各种虚假和谬妄的说法,因此,他的学说被称为“批判哲学”②。钟泰认为王充“信己太过,疑古太甚”③,德国汉学者福尔克则说王充是“怀疑论者”④。所谓“怀疑论者”、“批判哲学家”,均非无稽之谈。但一经证验,即不怀疑,确属实诚,即不批判。他对桓谭《新论》就是推崇备至。可见这两顶帽子都有些偏,似乎也不太合适。我以为,王充实事疾妄,是一位唯物主义哲学家。他一无依傍,二无党派,只讲是非对错,没有情面忌讳,幽处独居,考论实虚。表现了执著求真的精神。世代学者都因为种种原因无法都讲实话真话。王充因此成为“绝无仅有”的一人。我以为,王充是一个执著求真的唯物主义哲学家。在官场上敢讲真话的人就更难得了。据陆九渊说法,三代以后,在官场上敢讲真话的,“唯汉赵充国一人而已”⑤。西汉官僚赵充国,东汉学者王仲任,敢讲真话的两个人都在汉代,实在难得。

---

① 《王充虚妄论之研究》,《台东师专学报》第一期。

② 重泽俊郎《汉代批判哲学的形成》,大东文化研究所,1957 年 6 月版。

③ 《中国哲学史·王充》。

④ 见杨兴顺《序言》。

⑤ 《陆九渊集》第 218 页,中华书局,1980 年版。

三、超前觉醒

胡适、陈丽桂都说王充有“科学精神”。韩逋仙认为,王充《问孔》、《刺孟》打破儒者们的偶像崇拜,“颇合于英国近代经验派哲学家及现代美国实验哲学的精神”[①]。前者指培根,后者指杜威。日本学者森三树三郎说:关于无神论观点,“现代人亦与王充之立场相同”;并且,“王充所提出的问题,可谓已超越乎历史而仍然成为现代人之课题矣”。[②] 日本又一学者渡边秀芳说,王充破除汉代诸迷信时,“一一引证,穿微入细,使人感到一种痛快味。所以本书不仅是汉代宗教史上的好史料,在邪教横行的今日,尤有精读之必要”[③]。徐道邻说:“他在思想史上的重要地位,是无人能否认的。尤其从现代学术的立场来看,中国过去的思想家在思想方式上,在学术气息上,再没有人比他和现代人更为接近的了。”又说王充“长于严格逻辑的思考和细微敏锐的观察”,又有“非常健全的知识论”,是个“了不起的心理学家”[④]。黄云生总结说:“就整体而言,《论衡》一书,充满革命之精神,洋溢批判之气息,尊崇怀疑之态度,倡导独立之思考,黜伪存真,劝善惩恶,宗旨实为至大至正。”[⑤]

现代,对王充及其《论衡》虽然好之者颇众,而攻之者仍不绝人。现代攻王充者以劳思光为主要代表。他在《中国哲学

---

① 《中国中古哲学史要》,正中书局。

② 《从上古到汉代性命观的发展》。

③ 《中国哲学史概论》。

④ 《王充论》,见《东海学报》第3卷第1期,1961年6月。

⑤ 《王充评论》,三信出版社。

史》第二册中对王充《论衡》的评价是“无明确深切之理论或见解”,“理论却浮浅脆弱,对先秦诸家之深切处均无了解,又不能自成一系统,仅可看作一堆批评意见及质疑之语。”“至于近人以‘革命性’一类词语形容(原误印“客”)王充其人其说,则更失之远矣。”“若谓王充为‘有科学思想’之学人,则更属无稽之语矣。”“开出魏晋南北朝清谈之风,王充即此一趋势之代表人物。”[①]另外一些人则不同,评价有前后高低的不同。例如冯友兰在1933年出版的《中国哲学史》中对《论衡》的评价是:“《论衡》一书,对于当时迷信之空气,有摧陷廓清之功,但其书中所说,多攻击破坏,而少建树,故其书之价值,实不如近人所想象之大也。”时隔三十年,他在1964年出版的《中国哲学史新编》中作了新的评价:“正在官方经学和唯心主义阵营努力加强其地位的时候,唯物主义哲学阵营里出了一个大哲学家,王充。他的哲学体系完整,斗争性极强。在两汉哲学斗争的战线上,他是唯物主义阵营的主将,他的哲学体系是董仲舒的哲学体系的对立面。”既是大哲学家,又是斗争的主将,哲学体系完整,斗争性又极强,那么,王充《论衡》的价值,就可想而知了。到了1975年,徐复观在《两汉思想史》卷二增订再版的《自序》中说:“几十年来,把王充的分量过分夸张了。本书中的《王充论考》一文,目的在使他回到自己应有的位置。在这种揭破的工作中,应当引起研究者乃至读者自身对感情与理智的反省。就东汉思想而言,王充的代表性不大。”

这里有些问题值得探究。首先是代表性问题。就东汉思想而言,《白虎通义》最有代表性,它是全国经学家深入讨论再

① 《中国哲学史》,三民书局,1981年版。

由皇帝裁决的官方文件。它代表统治者的思想。但是,王充是另一方面的代表,代表在野的封建时代知识分子的愿望。而书的价值并不是由代表性的大小决定的。而代表性问题也是变化的。王充思想在东汉代表性不大,在东汉末期至魏晋时代,代表性就大起来了,而《白虎通义》却相反。

其次,有特色的书在社会上的反映也有特点。《论衡》在历史上"攻""好"长期并存是一大奇观。倘若将"攻""好"言论细加研究,就会发现其内容和时期都不相同。"攻"主要在伦理方面,不尊敬上天,不迷信圣人,违背了封建伦理。"攻"的时期往往在封建社会比较稳定,思想控制比较牢固、严密的大一统时代。"好"主要在知识学问方面。王充博学多才,雄辩有力。当封建社会秩序混乱,思想失去控制,学术界可以平等讨论的时候,王充思想就受到普遍重视。统治者一旦树立权威思想,以势压人,不讲道理,王充思想就被打入"异端",只有在野的思想家暗地喜好它。在不平等讨论时,思想服从权威。在平等讨论时,思想服从真理。真理的权威只有在平等讨论中才能确立。在不平等讨论中,只有权威而没有真理,或者说权威冒充真理。王充思想的真理光辉在封建统治思想失去权威以后才能大放光芒。由于社会原因,对王充思想的评价会有高低变化,但不能由此而认为王充思想在社会稳定时期代表性不大,价值也不大。

另外,徐复观说:"灾异说把皇帝的精神压得透不过气来",王充提出天道自然观,"把感应灾异之说打倒了,而一切归于不可知,亦无可奈何的命运。这对于皇帝,对于朝廷,的确是精神上的一大解放,同时也是在政治上他的一大贡献"。但是,历代没有一个皇帝好读《论衡》,也没有一个皇帝读了《论衡》就会“精神大解放”的。

当然，徐复观对王充只是有些贬抑，还常常说一些肯定的话，如说：王充“在伪中求真”，“不仅是非常合理的态度，而且在研究传说性的历史时，是非常必要的”。对雷的解释，“应当算在他所作的各种解释中是最好的解释”。实际上对潮汐、雨谷、吞蛭等的解释也非常科学、精彩。总之，徐复观对王充有所肯定，肯定的内容要比劳思光多一些。

我们认为，王充旨在求真，所以在伦理方面求善和在艺术方面求美讲得少一些，而在知识方面讲求真，特具科学精神。他对自然客观性的信仰，对描述精确性的强调，对理论实证性的注重，对科学创造性的追求，都具备了现代科学的基本精神。这些科学精神使得《论衡》才可能在现代科学的时代大放异彩，令人感悟。一千九百多年前的古人而有现代科学精神，说明王充超前觉醒了。正如朱亚宗所说：

> 王充在中国古代思想史上，也是远远超越时代的具备了完整科学精神与气质的最早一个思想家。在王充身上，人们看到一种近代科学精神的超前觉醒。①

在先秦，孟子、庄子、荀子都有很高的哲学水平，在《管子》、《吕氏春秋》和《墨辩》中都有一些具体科学的内容。但是，它们的科学精神都不太突出，而王充《论衡》则富有科学精神。这种科学精神到了近代由于西方科学的传入才被重视起

---

① 朱亚宗《王充：近代科学精神的超前觉醒》，《求索》1990年第一期。

来。在整个封建时代，这种科学精神跟封建思想总是格格不入的。因此，在近两千年前，王充就有这种精神是一种“超前觉醒”。他的“知为力”也是这种精神的部分内容，而这种思想与被称为“整个现代实验科学的真正始祖”的英国哲学家弗兰西斯·培根的名言——“知识就是力量”是完全一致的。

王充《论衡》，“攻之者众”，是由于“超前觉醒”，“好之者终不绝”，也由于“超前觉醒”。“超前觉醒”不符合当时世俗之见，遭到攻难，是可以理解的。“超前觉醒”启发心智的启蒙作用，使许多学者感佩不已，也是很自然的。

王充为什么能够“超前觉醒”呢？原因是多方面的。

首先是他能独立思考。他从小学的就是经书，但他不迷信经书，“经明德就，谢师而专门”，不守师法，不搞章句之学，这样才能摆脱旧学的束缚，冲破世俗的陋见，探索自己发展的新路，研讨自己感兴趣的理论问题和现实问题。这是第一前提。如果不能独立思考，只能随波逐流，人云亦云，那么，“觉醒”也很困难，就更谈不上“超前”了。

其次，凡事能从客观实际出发，实事求是地分析各种问题。这是觉醒的根据。他根据温湿生虫的事实驳斥虫灾是所象类的官吏导致的说法。根据潮汐与月亮相应的事实驳斥伍子胥冤魂为涛的传闻。考察雷击现场，以为雷是火而不是天怒，也不是天取龙。这些研究都是首先承认客观实际，并用客观实际来判定理论的真假是非。王充虽然不能事事都得出正确的认识，但这种从客观实际出发的思想方式却充满科学精神，对人类认识的发展具有重大意义。

董仲舒从当时社会的思想实际出发，用天人感应的唯心主义形式来论证自己的政见，对社会产生深刻的影响，在西汉时代就被称为“儒者宗”，对整个有经学传统的封建社会都有深远的影响，是著名的经学大师。当近代科学兴起以后，董仲舒天人感应论就没有了立足之地了，受到广泛的驳斥与批判。王充正与此相反。他从客观实际出发，否定世俗陋见，受到封建时代的俗儒的普遍反对，到了近代以后，由于基本符合科学精神，而受到热烈的赞赏。董仲舒圣其时者，王充显于后世，所谓各得其所哉！由此可见，“超前觉醒”的哲学家、思想家生前必然多苦难，千载之后有知音。

天资比较聪明的人，如果一生比较得意，那就可能没有成就。有权有势，玩人丧德；有名有利，玩物丧志。如果这种人一生不得志，总在逆境中挣扎、奋斗、苦思、冥想，那就可能想出深刻的哲理，创出人间的奇迹。“超前觉醒”的思想家多苦难。反过来，也许正是多苦难、多忧患才造就出“超前觉醒”的思想家。王充自幼聪明，又博通诸子百家，却“仕数不耦”。当个属吏，提个建议，上级又不接受！“数谏争，不合”，只好辞职回家。“升擢在位之时，众人蚁附；废退穷居，旧故叛去”，世俗寡恩，使他门可罗雀。在这种极端寂寞、孤独的时候，“乃闭门潜思，绝庆弔之礼，户牖墙壁各置刀笔，著《论衡》八十五篇，二十余万言，释物类同异，正时俗嫌疑”①。也正是在这样困境下，王充才会深入思考人生种种问题，写出不朽之作。如果王充少年得志，平步青云，位至公卿，权倾朝野，高朋满座，宾客盈门，车来马往，应接不暇，那他就可能不去考虑那些理论问题，也就不会写出像《论衡》这样的专著。至多像吕不韦、刘安那样，靠权势笼络一批文人替他们写书传名。可见，苦难生活，忧患意

① 《后汉书》本传。

识，是促成"超前觉醒"思想家的重要动力。这是原因之三。

原因之四是王充的博学多才。他对于古今事件、天文地理、诸子百家、经传谶纬，无所不通，民间迷信，风俗习惯，也多有了解。这对他来说，是比较分析的重要依据，也是避免狭隘偏颇的重要条件。如果没有历法地理方面的知识，他就无法解释"邹衍一叹，天为陨霜"的现象；如果没有医药方面的知识，也就不能说明楚惠王吞蛭而腹疾愈的问题；他将天文学、气象学、声学等知识运用于反驳与证明，否定天人精神感应，确定天道自然论。王充不但知识丰富，而且能够融会贯通，灵活地用来阐述辩证法道理，以驳斥无稽之谈。例如在《祸虚》篇中，他列举因果报应的各种说法：子夏丧子又失明，是由于有三罪；秦王逼白起自杀，白起认为是因为在长平之战时坑赵卒数十万，犯了大罪；秦二世逼蒙恬自杀，蒙恬认为是自己领导筑长城，绝地脉，犯了罪；李广难封，是由于诈杀羌兵降者八百人。据此，王充提出：李斯妒才，幽杀韩非，后遭车裂之诛，是因果报应。那么，被幽杀的韩非犯了什么罪呢？商鞅欺骗老朋友，活捉公子卬，受到诛杀的报应，而公子卬受害又有什么前罪呢？如果韩非、公子卬都是有罪过的，天派遣李斯、商鞅去惩治他们，那么，李斯、商鞅奉天行罚，何罪之有？"夫诸有罪之人，非贼贤则逆道。如贼贤，则被所贼者何负？如逆道，则被所逆之道何非？"[①]同一个人，善恶无异，却有成败、进退、穷通、好坏的种种变化。例如虞舜，先为父弟所害，后遇尧，立为帝。同一个舜，先受害，并没有什么罪过，立为帝，也不是由于有改过表现。怎么能用善恶来说明人间祸福的变化呢？

---

① 《论衡·祸虚》。

善恶报应只是劝善的宣传,其中并无必然的因果联系。王充对许多问题的认识比别人深刻,除了博学之外,闭门潜思也是重要原因。在这种意义上说,多思才能出智慧。无所用心的人有再多的感觉印象也成不了智慧。

最后,王充的理论经得起历史的考验,重要的是他诚心求真。当别人提出他的说法不与世俗相同时,他答曰:“论贵是而不务华,事尚然而不高合。论说辩然否,安得不谲常心、逆俗耳? 众心非而不从,故丧黜其伪而存定其真。如当从众顺人心者,循旧守雅,讽习而已,何辩之有?”[①]写文章,论述问题,就是要批评世俗的错误说法,如果要顺人心,那还辩论什么呢? 那就是背诵、学习而已。辩论为的是黜伪存真。有的人说他的文章与前人都不一样。他认为,“各以所禀,自为佳好”,不一样才有特色。如果勉强模仿别人,必然失去自己的特色。“饰貌以强类者失形,调辞以务似者失情。”[②]写文章如果追求与别人的相似,那就不能真实地表达自己的思想感情。总之,王充《论衡》是诚心求真之作,不怕违背世俗,不怕责难非议,坚定地阐述自己看法,毫不动摇,毫无顾忌,这才有了科学精神的超前觉醒,没有对地位、利益的任何顾虑,没有奉承上司的任何念头,也没有投合读者口味的想法,只是求实求真。这种著作比较接近客观实际,又符合辩证唯物论原则,有更多的合理性和进步意义,也符合人民的利益。相反,一些言不由衷的上书呈文和随风急转的理论文章,企图说出最后真理,为民立极,或者想创造一个哲学体系,包罗无遗,其结果却被历史作为文化垃圾成批地抛弃掉。而《论衡》却万古长青!

---

①② 《论衡·自纪》。

索　　引

人　名　索　引

二　画

三　画

四　画

五　画

六 画

七　画

八画

九　画

十　画

十一画

十二画

十三画

十四画

十五画

十六画

十七画

十八画

文 献 索 引

二 画

三 画

四 画

五 画

六 画

七　画

八　画

九画

十画

十一画

十二画

十三画

十四画

十六画

十七画

重要词语索引

五　画

六　画

七　画

八　画

九　画

图书在版编目(CIP)数据

桓谭　王充评传/钟肇鹏,周桂钿著. —南京：南京大学出版社,1993.11(2006.12 重印)
(中国思想家评传丛书/匡亚明主编)
ISBN 978-7-305-01636-3

Ⅰ.桓…　Ⅱ.①钟…②周…　Ⅲ.①桓谭(? ～56)—评传②王充(27～97)—评传　Ⅳ.B234

中国版本图书馆 CIP 数据核字(2006)第 044106 号

中国思想家评传丛书
桓谭　王充评传
钟肇鹏　周桂钿 著

南京大学出版社出版发行
社址：南京市汉口路 22 号　邮编：210093
电话：025-83596923　025-83592317　传真：025-83328362
网址：http://www.NjupCo.com
电子邮箱：Press@NjupCo.com
Sales@NjupCo.com(市场部)
南京爱德印刷有限公司印刷
开本 850×1168　1/32　印张 18.5　字数 400 千
1993 年 11 月第 1 版　　2006 年 12 月第 4 次印刷
印数 5501—6500
ISBN 978-7-305-01636-3

定价：56.00 元